O DIREITO À RUA

POLÍTICAS PÚBLICAS E A FUNÇÃO SOCIAL DAS VIAS URBANAS

FREDERICO HADDAD

Prefácio
Maria Paula Dallari Bucci

O DIREITO À RUA
POLÍTICAS PÚBLICAS E A FUNÇÃO SOCIAL DAS VIAS URBANAS

1ª reimpressão

Belo Horizonte

FÓRUM
CONHECIMENTO JURÍDICO
2023

© 2022 Editora Fórum Ltda.
2023 1ª reimpressão

É proibida a reprodução total ou parcial desta obra, por qualquer meio eletrônico, inclusive por processos xerográficos, sem autorização expressa do Editor.

Conselho Editorial

Adilson Abreu Dallari
Alécia Paolucci Nogueira Bicalho
Alexandre Coutinho Pagliarini
André Ramos Tavares
Carlos Ayres Britto
Carlos Mário da Silva Velloso
Cármen Lúcia Antunes Rocha
Cesar Augusto Guimarães Pereira
Clovis Beznos
Cristiana Fortini
Dinorá Adelaide Musetti Grotti
Diogo de Figueiredo Moreira Neto (*in memoriam*)
Egon Bockmann Moreira
Emerson Gabardo
Fabrício Motta
Fernando Rossi
Flávio Henrique Unes Pereira
Floriano de Azevedo Marques Neto
Gustavo Justino de Oliveira
Inês Virgínia Prado Soares
Jorge Ulisses Jacoby Fernandes
Juarez Freitas
Luciano Ferraz
Lúcio Delfino
Marcia Carla Pereira Ribeiro
Márcio Cammarosano
Marcos Ehrhardt Jr.
Maria Sylvia Zanella Di Pietro
Ney José de Freitas
Oswaldo Othon de Pontes Saraiva Filho
Paulo Modesto
Romeu Felipe Bacellar Filho
Sérgio Guerra
Walber de Moura Agra

FÓRUM
CONHECIMENTO JURÍDICO

Luís Cláudio Rodrigues Ferreira
Presidente e Editor

Coordenação editorial: Leonardo Eustáquio Siqueira Araújo
Aline Sobreira de Oliveira

Rua Paulo Ribeiro Bastos, 211 – Jardim Atlântico – CEP 31710-430
Belo Horizonte – Minas Gerais – Tel.: (31) 2121.4900 / 2121.4949
www.editoraforum.com.br – editoraforum@editoraforum.com.br

Técnica. Empenho. Zelo. Esses foram alguns dos cuidados aplicados na edição desta obra. No entanto, podem ocorrer erros de impressão, digitação ou mesmo restar alguma dúvida conceitual. Caso se constate algo assim, solicitamos a gentileza de nos comunicar através do *e-mail* editorial@editoraforum.com.br para que possamos esclarecer, no que couber. A sua contribuição é muito importante para mantermos a excelência editorial. A Editora Fórum agradece a sua contribuição.

Dados Internacionais de Catalogação na Publicação (CIP) de acordo com ISBD

H126d	Haddad, Frederico O direito à rua: políticas públicas e a função social das vias urbanas / Frederico Haddad. 1. reimpressão - Belo Horizonte : Fórum, 2023. 324p.; 14,5cm x 21,5cm. Inclui bibliografia. ISBN: 978-65-5518-333-7 1. Direito. 2. Direito Urbanístico. 3. Direito Administrativo. 4. Direito Municipal. 5. Direito Constitucional. 6. Direito Econômico. 7. Direito Público. 8. Direitos Humanos. 9. Sociologia. 10. Urbanismo. 11. Economia urbana. I. Título.
2022-237	CDD 341.374 CDU 349.44

Elaborado por Vagner Rodolfo da Silva - CRB-8/9410

Informação bibliográfica deste livro, conforme a NBR 6023:2018 da Associação Brasileira de Normas Técnicas (ABNT):

HADDAD, Frederico. *O direito à rua*: políticas públicas e a função social das vias urbanas. 1. reimp. Belo Horizonte: Fórum, 2022. 324p. ISBN 978-65-5518-333-7.

AGRADECIMENTOS

Este trabalho tem origem na dissertação de mestrado em Direito do Estado, defendida em março de 2019 na Faculdade de Direito da USP, sob orientação da Profa. Maria Paula Dallari Bucci.

Em nível institucional, agradeço à FDUSP, pelo amparo durante a pesquisa de mestrado; ao escritório VMCA, pelos incentivos concretos ao esforço acadêmico que oferece a seus associados e associadas; e à Editora Fórum, por ter aceitado tratar e publicar o trabalho neste volume.

À Professora Maria Paula, rendo agradecimentos e homenagens para muito além do protocolo. Pela orientação, ainda na graduação, do trabalho de conclusão de curso que iniciou meus estudos sobre a questão urbana. Pela orientação cuidadosa em cada etapa da pesquisa de mestrado. Pelo apoio a esta publicação, incluindo o prefácio generoso. E, sobretudo, pela liderança, inspiração e as ricas trocas que seguem acompanhando minha jornada, na academia e fora dela.

Sinceros agradecimentos às Professoras Ermínia Maricato e Daniela Libório Di Sarno, que compuseram a banca de avaliação final, ao Professor Eduardo Alcântara de Vasconcellos, que participou da banca de qualificação, e ao Professor Floriano de Azevedo Marques Neto, que integrou ambas. Os quatro são referências teóricas e contribuíram muito com a pesquisa, seja pelos comentários nas etapas de avaliação, seja por sua produção pretérita.

Aos amigos e parceiros de pós e de TEB, Laio Correia Morais e Rodrigo Boldrini, por deixarem o caminho da pesquisa mais leve. Ao primeiro, lembro as aventuras de TEB aplicada.

Ainda sobre a trajetória de pesquisa, agradeço muito, pelas conversas e debates valorosos, aos amigos, amigas e colegas que integram ou passaram pelo Grupo Estado, Direito e Políticas Públicas, coordenado pela Profa. Maria Paula, e pelo Grupo Direito e Políticas Públicas, coordenado pelo Prof. Diogo R. Coutinho, orientador da pesquisa do doutorado em curso.

Ao adorável amigo e escritor André Balbo, meu muito obrigado pelas duas revisões, finas e atentas. Primeiro, antes do depósito da dissertação, e depois, na reta final que precedeu o envio desta versão do texto à Fórum. Na sua figura, estendo agradecimentos a todos os amigos e amigas que acompanharam e apoiaram o trajeto da pesquisa.

Aos meus pais, Fernando e Ana Estela, à minha irmã Carol e às famílias Haddad, minhas referências de vida e fortalezas, sem os quais não seria. Obrigado pelo apoio incondicional em todas as frentes possíveis.

À Letícia, companheira de vida, companheira de estudos, companheira e motivo de sonhos, que esteve comigo em todos os momentos da pesquisa e da preparação deste livro. Obrigado por tudo.

Streets and their sidewalks, the main public places of a city, are its most vital organs. Think of a city and what comes to mind? Its streets. If a city's streets look interesting, the city looks interesting; if they look dull, the city looks dull.

(Jane Jacobs, The Death and Life of Great American Cities)

As ruas pensam, têm ideias, filosofia e religião. Como tal, nascem, crescem, mudam de caráter. E, eventualmente, morrem.

(João do Rio, A alma encantadora das ruas [lembrado por Luiz Antonio Simas, em O corpo encantado das ruas])

SUMÁRIO

PREFÁCIO 11

INTRODUÇÃO 15

CAPÍTULO 1
POLÍTICAS PÚBLICAS RODOVIARISTAS E A PRODUÇÃO DA CIDADE 25

1.1   A opção política pelo rodoviarismo e suas consequências sobre a cidade e as vias 25
1.1.1 Comentário sobre o sentido da política rodoviarista e a questão da terra 26
1.1.2 Trajetória do rodoviarismo no Brasil 30
1.1.3 O modelo rodoviarista de cidade e a eleição do carro 42
1.1.4 O incrementalismo como método de reprodução e a natureza distributiva das políticas públicas rodoviaristas 51
1.1.5 Impacto social do rodoviarismo: a pertinência da abordagem sociológica 59
1.2   Organização das vias urbanas e produção do espaço urbano 69
1.2.1 Teoria da renda e localização 69
1.2.2 Anulação do espaço pelo tempo: transporte e acessibilidade como fatores diferenciais 74
1.2.3 Circulação da mercadoria força de trabalho 79
1.2.4 Fenômeno da gentrificação e o desafio do Poder Público 85

CAPÍTULO 2
AS VIAS URBANAS COMO OBJETO DE ESTUDO JURÍDICO 93

2.1   Definição jurídica das vias urbanas 93
2.1.1 Delimitação do conceito de via urbana: critérios geográfico e qualitativo 95
2.1.2 Classificação das vias urbanas 99
2.1.3 Sistema Viário Urbano 108
2.1.4 Transportes urbanos e sua ordenação 112
2.1.5 Questões controvertidas associadas ao conceito jurídico de via urbana 115
2.2   Formação jurídica das vias urbanas 118
2.2.1 Urbanização e urbanificação 118
2.2.2 Formação jurídica das vias públicas urbanas 120

2.2.3 Parcelamento urbanístico do solo, loteamento e arruamento 125
2.2.4 Planejamento urbanístico e princípios do direito urbanístico 131
2.2.5 Estatuto da Cidade, instrumentos urbanísticos e ordenação dos transportes 137

CAPÍTULO 3
REGIME JURÍDICO DAS VIAS URBANAS 145

3.1 Regime jurídico dos bens públicos no Brasil 145
3.1.1 Noção de bens públicos e domínio estatal 146
3.1.2 Delimitação e classificação dos bens públicos no direito brasileiro ... 151
3.1.3 Regime jurídico geral dos bens públicos 159
3.1.4 Afetação e gestão do uso dos bens públicos 171
3.1.5 Função social dos bens públicos e regime jurídico das utilidades públicas 182
3.2 Regime jurídico das vias urbanas 189
3.2.1 As vias urbanas enquanto bens públicos 190
3.2.2 Regime jurídico da afetação principal das vias urbanas 194
3.2.3 A gestão dos usos secundários das vias urbanas 207
3.3 Tipologia das decisões sobre os usos das vias urbanas 213
3.3.1 Decisões relacionadas ao uso principal e seu regime jurídico 215
3.3.2 Decisões relacionadas aos usos secundários e seu regime jurídico ... 220

CAPÍTULO 4
FUNÇÃO SOCIAL DAS VIAS URBANAS: TEORIA E APLICAÇÃO 225

4.1 Aspectos teóricos da função social da propriedade 226
4.1.1 Aspectos históricos da função social da propriedade 226
4.1.2 Função social da propriedade no Brasil e aplicabilidade aos bens públicos 231
4.1.3 Função social da propriedade urbana e o direito à cidade 241
4.1.4 Função social da propriedade urbana no ordenamento brasileiro .. 246
4.2 Função social das vias urbanas e sua aplicação 257
4.2.1 O caso do Minhocão 267
4.2.2 O caso do transporte individual privado de passageiros em São Paulo 289

CONCLUSÃO 307
Síntese da conclusão 312

POSFÁCIO
A RUA E A CIDADE PÓS-PANDEMIA 313

REFERÊNCIAS 317

PREFÁCIO

Este livro propõe uma pergunta tão fundamental, que espanta não ter sido estudada até hoje pelos juristas. De quem é a rua? Quem decide como ela será explorada? Em benefício de quem? Segundo que regras e que regime jurídico?

Esse é o mote de *O direito à rua. Políticas públicas e função social das vias urbanas*, livro de estreia de Frederico Haddad, escrito originalmente como dissertação de mestrado, que tive o prazer de orientar, defendida com brilhantismo no Departamento de Direito do Estado da Faculdade de Direito da Universidade de São Paulo perante banca composta pelas professoras Ermínia Maricato (FAU-USP), Daniela Libório (FD-PUC-SP) e pelo professor Floriano Azevedo Marques Neto (FD-USP).

Além da redação fluente, num texto agradável e inteligente, o livro realiza um competente exercício de interdisciplinaridade, com domínio que raramente se vê em trabalhos jurídicos. Com isso, torna-se leitura de referência para os pesquisadores interessados em utilizar a abordagem Direito e Políticas Públicas (DPP) para tratar de objetos complexos, em escala ampla, segundo processos em que as dimensões política e jurídica estão entrelaçadas.

O Capítulo 1 busca fundamentos no urbanismo para compreender o que no jargão da área se denomina de "produção do espaço urbano", no caso, a produção das ruas ou das vias urbanas. Sob influência do rodoviarismo, definiu-se verdadeira sina para as cidades brasileiras, cujo espaço se organiza com prioridade absoluta para a circulação do automóvel e todos os interesses que o cercam. Em seguida, o livro trabalha noções de economia, para compreender as relações entre renda e localização, que fazem da acessibilidade um fator de discriminação para a fruição dos recursos da cidade. A circulação e o transporte estão no centro desse escalonamento do gozo de direitos, segmentando as áreas de privilégio onde reina a gentrificação.

No segundo capítulo, começa a construção do objeto propriamente jurídico do trabalho, com base nos conceitos do Direito Urbanístico. Examinando as vias urbanas em cotejo com noções como parcelamento do solo, loteamento e arruamento, planejamento e instrumentos urbanísticos, vai paulatinamente se construindo a rede argumentativa que dará condição de examinar o objeto complexo a que se propôs. O capítulo terceiro é dedicado à análise jurídica de corte mais tradicional, baseada na análise do regime dos bens públicos pelo Direito Administrativo. Mas esse capítulo é concluído com uma original "tipologia das decisões sobre os usos das vias urbanas".

Feito esse percurso, no quarto capítulo o livro tem instrumentos suficientes para apreciar a questão da função social das vias urbanas, não a partir de motes prescritivos sobre o que se deseja para a cidade, mas das disputas em torno da sua construção efetiva. Com isso, produz-se uma elaboração conceitual que não fica ao largo da dogmática jurídica, mas, enriquecida com as análises multidisciplinares dos capítulos precedentes, está pronta para ser utilizada na fundamentação jurídica das disputas sobre vias urbanas e seus usos.

O livro termina com uma interessante análise do problema dos aplicativos de transporte, forma de exploração econômica baseada no uso intensivo e contínuo do viário urbano. Trata-se de mais um tema imprescindível a reclamar o uso dos instrumentos de gestão e regulação das vias para uma distribuição menos desigual dos ônus e benefícios da cidade.

Assumindo o necessário compromisso com uma visão prospectiva, voltada à concepção de soluções bem estruturadas juridicamente, para a realização do acesso democrático à cidade, Frederico Haddad produziu uma bela contribuição. Desenvolvendo o que já havia apresentado em versão condensada (HADDAD, 2019[1]) o autor traz uma amostra de como, entretecendo conhecimentos das várias disciplinas que informam um objeto complexo, aqui, as vias urbanas, a abordagem DPP pode desvelar as combinações de um macrodireito de vocação progressista (o art. 182 da Constituição Federal e o Estatuto da Cidade, entre outros) e uma microexecução eminentemente conservadora. Confere-se a devida importância ao nível mesoinstitucional, aos arranjos jurídico-institucionais onde são amalgamadas as regras e práticas, inclusive informais ou ilegais, que definem por último como o direito e as instituições efetivamente atuam. Quem queira incidir sobre as políticas públicas deve entender essa composição multiníveis da ação pública, para dominar suas estratégias. No caso das vias urbanas, como são tomadas as decisões que definem a repartição — desigual, segundo

---

[1] HADDAD, Frederico. A pertinência da abordagem Direito e Políticas Públicas ao estudo da política urbana no Brasil: o exemplo da pesquisa sobre as vias urbanas e sua função social. *Revista Estudos Institucionais*, v. 3, n. 5, p. 1044-1063, 2019.

nossa tradição — dos ônus e vantagens da cidade. O livro de Frederico demonstra como isso pode ser feito, numa área fundamental como as cidades, e aponta caminhos promissores para a abordagem DPP.

São Paulo, 1º de fevereiro de 2022.

Maria Paula Dallari Bucci
Profa. Livre-Docente da Faculdade de Direito da USP. Foi Secretária de Educação Superior do Ministério da Educação (2008-2010), Superintendente Jurídica da USP (2014-2017) e Procuradora-Geral do Conselho Administrativo de Defesa Econômica – Cade (2003-2005). Autora, entre outras obras, de *Judicialização da Saúde: a visão do Poder Executivo* (2017) e *Fundamentos para uma Teoria Jurídica das Políticas Públicas* (2013), que conquistou o Prêmio Jabuti 2014 (categoria Direito, 3º lugar). Orientou a dissertação de mestrado que originou o presente livro.

INTRODUÇÃO

O direito à cidade e o direito ao transporte, apesar da positivação relativamente recente,[1] já têm sua forma de efetivação bem delineada na legislação brasileira e nos principais documentos internacionais sobre assentamentos humanos. Nas últimas décadas, houve um incremento expressivo no tratamento jurídico da questão urbana em geral e da mobilidade urbana em particular. É o que ilustram, no plano internacional, os documentos produzidos nas três principais conferências promovidas pela ONU Habitat (Vancouver, 1976; Istambul, 1996; Quito, 2016); e, no plano nacional, a promulgação do Estatuto da Cidade (Lei nº 10.257/2001) e da Política Nacional de Mobilidade Urbana — PNMU (Lei nº 12.587/2012). Esta última ganhou reforço com a promulgação da Emenda Constitucional nº 90 de 2015, que incluiu o transporte no rol dos direitos sociais fundamentais previstos no art. 6º da Constituição Federal de 1988 (CF/1988).

O aprofundamento em torno da questão urbana, refletido na evolução de seu tratamento legislativo após a redemocratização, não foi fruto do acaso. A urbanização brasileira, intensificada a partir da segunda metade do século XX, foi marcada por uma lógica de aplicação discriminatória da lei (MARICATO, 2000) e pela ausência de regulação efetiva da atuação dos particulares por parte do Poder Público, com consequente prevalência de interesses privados. O processo resultou, entre outras coisas, na apropriação dos incrementos de renda derivada por uma minoria, à custa da conformação de cidades espacialmente segregadas e socialmente excludentes. Esses dois fatores compõem o pano de fundo de um cenário repleto de mazelas que atingem a grande maioria das populações urbanas: elevados níveis de desigualdade, degradação ambiental, congestionamento e baixa mobilidade, violência urbana, déficit habitacional, precariedade de serviços públicos, discriminação e a combinação da miséria social com a própria miséria da vida urbana.

---

[1] O direito à cidade e o direito ao transporte estão expressamente elencados no Estatuto da Cidade (art. 2º, I). No caso do primeiro, há autores que, a meu ver corretamente, o depreendem da própria previsão do art. 182 da Constituição Federal de 1988. É o caso, por exemplo, de Saule Jr. (2007).

A gravidade do quadro é realçada se considerado que as cidades comportam, hoje, mais da metade da população mundial e quase 85% da população brasileira. Alçadas, no Brasil e no mundo, à condição de organização social hegemônica (CASTELLS, 1983; GLAESER, 2011) e regidas por uma lógica excludente, as cidades se tornaram não apenas o palco principal dos conflitos políticos e sociais, mas também um objeto frequente desses conflitos. Como aponta David Harvey (2014, p. 230-231), a luta de classes no interior das cidades, que diz respeito, em princípio, à exploração sofrida no local de trabalho, se funde à luta pelos direitos de cidadania, relativos a formas secundárias de exploração, que têm seus efeitos sentidos no local onde as pessoas vivem, e não onde trabalham.

Assim, multiplicam-se nas cidades, que se apresentaram já em sua origem moderna como lócus prioritário de contestação do poder soberano constituído (WEBER, 2009, p. 485-489), movimentos sociais e grupos de interesse cujas pautas primordiais são ligadas à organização da vida urbana, a exemplo dos coletivos que reivindicam moradia digna, melhores serviços de transporte e a ocupação livre e democrática do espaço público. No Brasil, esse fenômeno social começa a se acentuar a partir da década de 1970 (MARICATO, 2011, p. 23), quando o agravamento dos problemas urbanos e a maior mobilização social — cujo alcance se amplia em compasso ao processo de redemocratização e à abertura à participação política decorrente — canalizaram a tensão política, entre outras vias, em direção à intensificação das demandas por direitos nas cidades.

A trajetória dos marcos jurídico-institucionais do direito urbanístico é, portanto, uma história imbricada com aquela protagonizada pelos movimentos sociais urbanos e a produção acadêmica que reforçou o substrato teórico a suas reivindicações.[2] Trata-se de processo marcado por conflitos políticos. A constitucionalização inédita da política urbana na CF/1988 foi fruto da Emenda Constitucional de Iniciativa Popular de Reforma Urbana, promovida por seis entidades de categorias profissionais e movimentos populares e assinada por 130 mil eleitores de todo o Brasil.[3] O Estatuto da Cidade tem origem em projeto

---

[2] Saule Junior destaca a vinculação, referindo-se às lutas sociais pela reforma urbana iniciadas nos anos 1960: "A trajetória do direito à cidade como um direito fundamental emergente no sistema legal e jurídico brasileiro está totalmente vinculada à trajetória das lutas sociais pela reforma urbana iniciada nos anos 60" (2007, p. 47).

[3] Maricato (2000, p. 143) aponta que o Fórum Nacional de Reforma Urbana (FNRU), entidade criada por setores progressistas da Igreja Católica, setores não governamentais e técnicos de assessoria aos movimentos sociais urbanos e pelas próprias lideranças dos

de lei proposto mais de uma década antes de sua promulgação, tendo sido objeto de movimentada tramitação legislativa e de debates que refletiram a tensão social em torno da questão urbana (ROLNIK, 2012). No longo percurso de tramitação, muitas alterações do texto original foram negociadas com o Fórum Nacional de Reforma Urbana — FNRU (CARTY; COSTA, 2014, p. 7).

No mesmo sentido, o caminho que levou à criação do Ministério das Cidades em 2003 "teve uma pavimentação consolidada por muitos e sucessivos passos dados por um número cada vez maior de lideranças sociais, profissionais e técnicas de diversas origens", responsáveis por elaborar e influenciar uma série de documentos, projetos de lei, plataformas e programas (MARICATO, 2011, p. 24).[4] A promulgação da Lei nº 12.587/2012, que institui a PNMU, foi precedida de 17 anos de tramitação no Congresso Nacional (IPEA, 2012). Se, de um lado, o desenho da política se beneficiou do acúmulo de conhecimentos e consensos sobre mobilidade urbana, de outro, sua tramitação no Parlamento foi movida por divergências, sendo que o avanço da pauta se valeu de pressões sociais crescentes das populações urbanas, insatisfeitas com a precariedade dos serviços de transportes.

É nesse contexto que se dá o incremento da produção legislativa, com a promessa de um viés transformador, que incorpora, como resultado do embate de forças e ideias, parte do acúmulo e reflexão dos movimentos sociais urbanos e da produção acadêmica sobre cidades. Apesar do avanço representado pela instituição de normas urbanísticas estruturantes no plano nacional, há ainda um enorme descompasso, muitas vezes voluntário (MARICATO, 2000; 2011), entre as prescrições normativas e o padrão de políticas públicas contemporaneamente formuladas e executadas nas principais cidades brasileiras. Aquelas indicam um caminho de mudança; estas, de modo geral, vêm reforçando muitos dos elementos que produziram a atual conformação do território urbano, socialmente excludente e espacialmente segregado (MARICATO, 2011; ROLNIK, 2012; FERNANDES, 2006).

Não se poderia esperar que, num passe de mágica, a legislação transformasse a complexa realidade urbana, resultante do acúmulo

---

movimentos, foi uma das entidades responsáveis pela inserção de algumas conquistas relacionadas à ampliação do direito à cidade.

[4] Nesse ponto, Maricato também destaca que tiveram papel na elaboração desses documentos, além do FNRU, partidos políticos progressistas, instâncias legislativas, entidades sindicais, profissionais e acadêmicos. Segundo a autora, esses documentos foram apresentados em fóruns internacionais, em especial a Conferência Internacional "Habitat II", em 1996 (MARICATO, 2011, p. 24).

de décadas de decisões e políticas incidentes sobre a organização das cidades. Em contrapartida, não se pode banalizar o fato de políticas públicas urbanas posteriores à legislação e flagrantemente contrárias às suas disposições concorrerem para o agravamento de problemas que a sociedade brasileira anseia e reivindica ver enfrentados.

Isso reforça a ideia de que o papel do direito não se encerra na instituição de normas gerais que estruturem e balizem amplamente a ação estatal. Para além disso, o direito desempenha grande influência sobre todo o processo de produção e implementação de políticas públicas, entendidas como "programas de ação governamental visando a coordenar os meios à disposição do Estado e as atividades privadas, para a realização de objetivos socialmente relevantes e politicamente determinados" (BUCCI, 2002, p. 241). Como sintetizam Maria Paula Dallari Bucci e Diogo R. Coutinho (2017, p. 317), o direito está amalgamado às políticas públicas e pode cumprir distintas funções: normatizar os objetivos a serem perseguidos; apontar os instrumentos a serem utilizados em sua consecução; criar canais de participação social e legitimação democrática; e estruturar arranjos institucionais voltados à coordenação de processos e à atribuição de responsabilidades.

No sentido de ampliar a visão sobre essa relação multidimensional entre direito e políticas públicas, é pertinente considerar, ainda, o aspecto processual inserido na maior parte das funções estatais desempenhadas no ciclo de políticas públicas, que extrapolam a atividade legislativa. O desenvolvimento do processo de planejamento, do processo orçamentário, do processo administrativo e outros (BUCCI, 2013, p. 77 e ss.) se estrutura a partir do direito e se vale recorrentemente de instrumentos jurídicos, incluindo o manejo das normas infralegais. Estas últimas são de especial importância para a abordagem de direito e políticas públicas em que se referenciou a presente pesquisa, tendo em vista seu enfoque "na concepção, implementação e funcionamento dos arranjos institucionais, expressões particulares de organização da ação governamental" (BUCCI; COUTINHO, 2017, p. 316).

No caso da política urbana, o imbricamento em questão pode ser percebido, por fim, a partir da consideração de fatores específicos, tanto resultantes do arranjo federativo vigente que a envolve, como ligados à natureza da questão em si.

No primeiro caso, remete-se ao modelo de federalismo adotado pela CF/1988, composto por três níveis de governo, entre os quais foram distribuídas, de modo complexo e com nível oscilante de detalhamento, competências legislativas, tributárias e materiais. A repartição de competências combina elementos centralizadores e descentralizadores

(ARRETCHE, 2004), conformando, por vezes, arranjos fragmentados. Assim, mesmo quando fundado em critério ordenador expressamente estabelecido pelo texto constitucional, o modelo exige elevado esforço de coordenação e cooperação entre os entes federados (SILVA, 2010), o que frequentemente depende de instrumentos e soluções de natureza jurídica.

É o que se passa, claramente, com a política urbana e a política de mobilidade em particular. O art. 21, XX, da CF/1988 conferiu à União competência para instituir os princípios e diretrizes do desenvolvimento urbano e do sistema nacional de viação. Por sua vez, o art. 22, XI, atribuiu à União competência privativa para legislar sobre trânsito e transporte, enquanto o art. 24, I, atribuiu a União, Estados e Distrito Federal competência concorrente para legislar sobre direito urbanístico.

A execução da política de desenvolvimento urbano, cujos princípios e diretrizes são instituídos pela União, foi, corretamente, deixada a cargo dos Municípios, como dispõe o art. 182 da CF/1988, que inaugura o inédito capítulo constitucional sobre política urbana. Na mesma linha, o art. 30 conferiu aos Municípios competência para legislar sobre assuntos de interesse local (inciso I) e para organizar e prestar os serviços públicos de interesse local, incluído o transporte coletivo, caracterizado como essencial (inciso V). Menciona-se, ainda, a competência dos Estados para instituir regiões metropolitanas, aglomerações urbanas e microrregiões, integrando organização, planejamento e execução de funções públicas de grupos de municípios limítrofes (art. 25, §3º, da CF/1988).

O funcionamento desse modelo complexo depende de interação qualificada entre os entes federativos e de articulação densamente regrada e instrumentalizada pelo direito. Dessa descrição exemplificativa do arranjo de distribuição de competências que envolvem a questão urbana, depreende-se que as normas gerais estabelecidas pela União sobre a garantia do direito à cidade, incluindo-se o direito ao transporte, são apenas um primeiro passo à efetivação desses direitos. A partir delas, cabe aos Municípios formular regras e políticas próprias, dando consequência aos princípios, diretrizes, objetivos e instrumentos da política urbana e da política de mobilidade no plano jurídico institucional local. Cabe-lhes, ainda, a partir do desempenho das demais funções estatais e do manejo de seus respectivos mecanismos jurídicos, promover e executar ações governamentais que deem concretude e materialidade a essas políticas considerando as particularidades locais.

Na etapa da execução da política há também papel relevante do direito, realçado pela natureza da questão urbana. A organização das cidades é marcada por um conflito distributivo multidimensional e de alta intensidade, sendo a redistribuição de recursos e o combate às desigualdades objetivos incontornáveis da política urbana tal qual positivada. Se a ausência, a assimetria ou inefetividade da regulação estatal em relação ao comportamento dos agentes privados resulta, quase que invariavelmente, na apropriação concentrada dos ganhos advindos da urbanização, o direito urbanístico, em tese, tem como fundamento primordial, legitimador de sua intervenção, a justa distribuição dos ônus e benefícios resultantes do processo de urbanização (SILVA, 2012, p. 45).

A execução da política urbana, consistente na persecução dos princípios e objetivos e na mobilização, pelo Poder Público local, dos instrumentos jurídicos dispostos nas legislações nacional e municipal, envolve a distribuição ou redistribuição de recursos rivais e potencialmente escassos entre interesses conflitantes. A disputa por esses recursos extrapola o âmbito orçamentário, recorrente nas políticas públicas em geral, referindo-se em especial à distribuição do próprio território urbano e da infraestrutura nele existente entre diferentes usos e atores sociais. Assim, as políticas públicas urbanas lidam diretamente com o conflito social em torno do acesso à terra e aos bens públicos, com diversas implicações políticas e jurídicas (MARICATO, 2000; 2011).

Na fronteira entre a política urbana em geral — focada essencialmente nas atividades de planejamento urbano e definição das regras de uso e ocupação do solo — e a política de mobilidade urbana — integrante da primeira e focada na organização dos transportes urbanos e da circulação —, há uma excelente ilustração desse conflito distributivo e do desafio por ele imposto à Administração local na execução da política urbana: a definição, regulação e gestão dos diferentes usos das vias urbanas. Trata-se da árdua tarefa de distribuir o espaço público urbano de circulação — que praticamente se confunde com o espaço público das cidades e é parte expressiva da totalidade da terra urbana — na busca por harmonizar formas de utilização relacionadas às mais diversas necessidades e direitos das populações urbanas, que extrapolam a função de circulação e o direito ao transporte, mas são igualmente importantes à efetivação do direito à cidade.

Mesmo que a legislação urbanística federal tivesse sido clara e objetiva em relação à aplicação de todos os princípios, diretrizes, objetivos e instrumentos urbanísticos (MARICATO, 2011) — o que reduziria a influência das disputas entre "especialistas" e "técnicos" nesse campo (BUCCI; COUTINHO, 2017, p. 316) —, a complexidade do problema ainda imporia aos Executivos municipais a formulação e execução de políticas públicas específicas. Sobretudo, tendo-se em conta as particularidades locais em termos políticos, econômicos, sociais, culturais, ambientais e geográficos, determinantes das condições de regulação e gestão das vias urbanas. A produção dessas políticas tem como pressuposto a compreensão da natureza e regime jurídico das vias urbanas, bem como do contexto fático, seus limites e possibilidades, permitindo que as ações governamentais incidentes sobre esse bem público partam da identificação dos conflitos envolvidos e sirvam aos interesses públicos juridicamente determinados, em especial à efetivação de direitos sociais nas cidades. Como notou Maricato (2000; 2011), o maior desafio não é a formulação da lei ou do planejamento urbano, mas justamente a disputa por sua efetiva e justa aplicação.

A partir dessa ideia, a pesquisa que originou este livro teve como o objeto de análise principal as ruas, sua função social e as políticas públicas que afetam sua conformação e seus usos. A partir de investigações acerca de seu conceito, natureza jurídica, formação, regime jurídico e das tensões entre política e direito envolvidas na produção e gestão das vias urbanas, buscou-se estudar a incidência do princípio da função social da propriedade sobre essa espécie de bem público e sobre as decisões estatais que conformam seu uso. Com isso, pretende-se contribuir para a compreensão sobre como os conflitos distributivos em torno da alocação do espaço público de circulação podem ser processados em uma ordem jurídica democrática, a partir dos arranjos jurídico-institucionais envolvidos na produção de políticas públicas para as cidades.

Conforme detalhado ao longo do trabalho, a centralidade conferida à categoria função social se justifica por sua capacidade de comunicar as tensões existentes entre o político e o jurídico, perpassando ambos os planos e sua relação de interdependência. Trata-se de categoria apta a conectar os conflitos e o complexo regime jurídico que incidem sobre as vias urbanas. Já a adoção da abordagem direito e políticas públicas parte do entendimento de que a complexidade do problema de pesquisa demanda um olhar amplo e prospectivo sobre a questão (como deve ser a perspectiva do Poder Executivo), considerando sua escala e as possíveis medidas coordenadas voltadas a endereçá-la (BUCCI, 2017). Em linha com a escolha da categoria "função social", essa abordagem permite colocar lado a lado fatores políticos e jurídicos e examinar, de forma estruturada, suas influências recíprocas. Nos termos de Bucci e Coutinho (2017, p. 314), o campo escolhido tem como norte a contribuição à tarefa de "identificar, discutir e aperfeiçoar as relações que se estabelecem entre as políticas públicas e o arcabouço jurídico que as conforma e operacionaliza [...]".

Em vista desses objetivos e premissas, o trabalho foi dividido em quatro capítulos: (1) problematização do objeto do trabalho, a partir de considerações sobre as decisões estruturantes que marcaram a produção das vias e as decisões incrementais acerca de sua gestão, contextualizando-se tais decisões em vista do quadro mais amplo da economia política da produção do espaço urbano; (2) delimitação das vias urbanas enquanto objeto de estudo jurídico, por meio de considerações sobre seu conceito, classificação e formação jurídica; (3) sistematização do regime jurídico incidente sobre as vias urbanas no ordenamento brasileiro, tendo como ponto de partida o regime geral dos bens públicos no Brasil e como ponto de chegada uma proposta de tipologia original de decisões sobre a gestão dos usos das ruas; e (4) discussão da aplicação do princípio da função social da propriedade às vias urbanas como premissa de análise crítica do processo de decisão sobre a gestão dos usos das vias urbanas.

As fontes de pesquisa se ajustaram às especificidades envolvidas em cada um dos capítulos acima enumerados.

O primeiro busca elementos não jurídicos com o intuito de dirigir olhar crítico ao objeto de estudo. Sua bibliografia centrou-se na produção pertinente de economia política, economia espacial, geografia crítica, urbanismo, história e ciências sociais, sublinhando-se os aspectos relevantes à regulação jurídica das vias urbanas.

O segundo capítulo, focado no conceito jurídico e no processo jurídico de formação das vias urbanas, se volta, principalmente, à doutrina nacional e estrangeira de direito urbanístico e à legislação urbanística federal. Pontualmente, recorreu-se a legislações municipais a título exemplificativo. Em sintonia com essas fontes, trata-se de uma parte mais descritiva e sistematizadora do trabalho, ainda que concatenada com alguns dos aspectos críticos trabalhados no primeiro capítulo.

O terceiro capítulo tem enfoque na literatura de direito administrativo, sobretudo nacional. Mais especificamente, naquela que trata do regime jurídico dos bens públicos e de aspectos relacionados à sua função social. Analisa também a legislação brasileira pertinente às vias urbanas, traçando a conexão entre o regime jurídico amplo dos bens públicos e o regime específico das vias urbanas. Culmina com a proposta de uma tipologia original das decisões relacionadas aos usos das vias urbanas.

O quarto capítulo parte das conclusões extraídas dos demais para trabalhar, a partir da bibliografia pertinente, a noção de função social da propriedade e sua aplicação às vias urbanas como critério jurídico orientador para o endereçamento de conflitos. Esse último capítulo é encerrado com a análise de dois exemplos utilizados como campo de aplicação dos aspectos teóricos abordados: o caso do Minhocão e o caso da regulação dos aplicativos de transporte individual privado de passageiros na cidade de São Paulo.

A heterogeneidade de referências, que suscita riscos e desafios notáveis à preservação do rigor e da profundidade do texto em cada recorte, se justifica pela exigência de um olhar multidisciplinar sobre as vias urbanas para uma formulação adequada sobre sua função social, em convergência ao que propõe a abordagem de direito e políticas públicas.

Encerrando esta introdução, cabe enunciar, em suma, a pergunta que este trabalho buscou responder e sua pretensão. Todos os temas aqui mobilizados se prestam a endereçar a seguinte questão: qual é a função social das vias urbanas e quais os parâmetros jurídicos de aferição do cumprimento da função social da propriedade quando se trata desse bem público? A razão de ser da indagação parte do descompasso entre a importância da investigação do regime jurídico incidente sobre a gestão das vias urbanas e a pouca atenção que lhe tem sido reservada no campo do direito, em contraste com o estudo de outras aplicações do princípio da função social da propriedade.

No caso da propriedade privada, urbana ou rural, as formulações sobre as implicações da incidência desse princípio parecem ter se tornado coletivamente mais intuitivas, ao menos no campo teórico. É evidente que muitas *nuances* seguem ensejando conflitos jurídicos e políticos e que a disputa pelo significado do princípio opera sob uma lógica dinâmica, tendendo à recolocação permanente do dissenso e ao risco constante de retrocessos. Contudo, essa dinâmica não impediu que consensos tenham adquirido algum nível de estabilidade a partir da trajetória do debate.

Assim, no caso da propriedade privada o adensamento teórico de convergências oferece, em primeira análise, critérios mais palpáveis de aplicação do princípio da função social. Dificilmente alguém sustentaria seriamente que um latifúndio improdutivo ou um lote vazio no centro de uma grande cidade estão em conformidade com a função social da propriedade, o que não afasta ser esse um princípio em constante construção e disputa.

Mas e no caso das vias urbanas? Quais os critérios a serem observados? Uma rua se distancia de sua função social nas situações em que é menos utilizada ou utilizada de forma menos intensa? Ruas fartamente ocupadas por veículos motorizados são mais funcionais e socialmente desejáveis? Elementos que limitam a livre circulação desses veículos configuram disfuncionalidades das ruas? Que tipo de circulação deve ser priorizada? Em vista da multiplicidade de usos primários e secundários possíveis e da incontornável limitação física do espaço frente às demandas que lhe incidem, como arbitrar e regrar o acesso e a fruição das vias à luz do interesse público? O que preenche, materialmente, a ideia de função social das vias urbanas? Existe um direito geral à rua?

A pretensão de levar a cabo esse debate é contribuir, do ponto de vista analítico, com os desafios que permeiam a produção de políticas públicas urbanas pelo Poder Público municipal, mostrando o que está em jogo em suas decisões políticas de alocação e regulação das vias, quais são seus deveres em relação a essa tarefa e quais os instrumentos à sua disposição para a consecução dos objetivos juridicamente determinados no ordenamento brasileiro. A perspectiva adotada é, portanto, inversa àquela mais comumente utilizada na literatura atenta ao tema das vias urbanas: não se trata de descrever como a organização geral das cidades impacta as vias e seu funcionamento, mas de dar enfoque justamente às decisões sobre os usos das vias urbanas e seus desdobramentos para a organização das cidades, sem deixar de estabelecer as relações de mútua influência entre as duas dimensões.

CAPÍTULO 1

POLÍTICAS PÚBLICAS RODOVIARISTAS E A PRODUÇÃO DA CIDADE

Como pontuado na introdução, este capítulo busca essencialmente problematizar o objeto de estudo "vias urbanas" a partir de uma análise crítica de sua posição e seu papel no âmbito da produção do espaço urbano. Para tanto, são delineados os aspectos políticos envolvidos em sua formação e, em seguida, toma-se um distanciamento maior para buscar compreender como esse processo específico se insere na lógica mais ampla de produção do espaço urbano. Tanto neste capítulo como no próximo, optou-se por um caminho que parte do específico para o geral. O espelhamento tem em vista formar um contraste entre os institutos do direito urbanístico — descritos no próximo capítulo — e os conflitos políticos, econômicos e sociais que permeiam o contexto em que se dá sua aplicação, expostos a seguir.

1.1 A opção política pelo rodoviarismo e suas consequências sobre a cidade e as vias

Neste primeiro tópico do capítulo, pretende-se explorar a economia política do processo de formação e conformação das vias urbanas. Trata-se de abordar a lógica que dirigiu, no Brasil e em boa parte do mundo, a produção das vias urbanas, atinente à atividade de organização dos transportes urbanos, e a conformação de seu uso, ligada principalmente à organização da circulação.

Importante explicitar o pressuposto de que não há hierarquia entre planejamento dos transportes e planejamento da circulação

(VASCONCELLOS, 1996), tratando-se de atividades estatais conectadas, que exercem entre si mútua influência, ambas afetando decisivamente as políticas relativas às vias urbanas. De um lado, a atividade de organização da circulação, que incide sobre as vias já formadas, pode ensejar a promoção de alterações no sistema viário ao longo do tempo, provocando a transformação incremental das vias urbanas. A organização dos transportes urbanos, de outro lado, é a principal atividade a afetar a produção das vias urbanas, de modo que a configuração viária resultante da política de transporte adotada determina, estruturalmente, as possibilidades de organização da circulação. Tanto uma como a outra afetam as condições de uso das vias urbanas e as possibilidades de se dar cumprimento à sua função social.

Assim, a relação entre organização dos transportes urbanos e organização da circulação, da perspectiva da conformação das vias, pode, a depender de sua interação, exemplificar a ideia de equilíbrio pontuado, em que decisões incrementais são condicionadas pela dependência da trajetória de políticas pretéritas e reproduzem o sentido de decisões estruturais anteriores, até que decisões estruturais lhes sobrevenham e rompam o ciclo, inaugurando um novo equilíbrio ou padrão de políticas públicas. A mesma relação, de certa forma, remete ao modelo *mixed scanning*, proposto por Etzioni (1967) como visão intermediária, flexível e pretensamente mais realista, que combina aspectos dos modelos racionalista e incrementalista de tomada de decisão sobre políticas públicas.

Nessa perspectiva, pretende-se ilustrar a seguir como a formação do sistema viário urbano das grandes cidades brasileiras foi marcada por uma escolha política estruturante no longo prazo, reproduzida de modo incremental ao longo das décadas: a opção pelo rodoviarismo. A proposta é buscar entender, ainda que de modo exploratório e não exaustivo, alguns dos principais elementos envolvidos nessa escolha e seus desdobramentos sobre a configuração das vias urbanas e a organização das cidades.

1.1.1 Comentário sobre o sentido da política rodoviarista e a questão da terra

Sem prejuízo de outros empregos, o termo "rodoviarismo" costuma ser utilizado em textos que abordam o planejamento dos transportes e sua ligação histórica com a dinâmica político-econômica (OLIVEIRA, 1986; ACCORSI, 2006; PAULA, 2010; PEREIRA; LESSA, 2011; LOPES, 2015), ocorrendo também na produção sobre urbanismo

(p. ex. MARICATO, 2011, p. 171-183; 2000, p. 167). Dependendo da aplicação, o significado preciso do termo parece variar, mas há um sentido comum: a indicação de prioridade ao modal rodoviário, seja no investimento em transporte ou na produção das vias urbanas ou extraurbanas; e a indicação de prioridade aos meios de transporte individual motorizado.

Foram identificados na pesquisa textos com enfoque no histórico das decisões políticas e institucionais que configuraram essa escolha prioritária (LOPES, 2015; OLIVEIRA, 1986), as motivações de tais decisões (PAULA, 2010; ACCORSI, 2006) e sua interação com a organização da economia nacional em geral e a organização das cidades em específico (MARICATO, 2011; VASCONCELLOS, 2013). O conteúdo da política nem sempre é claramente definido, mas, quando ocorre, revela a preocupação com a análise da substituição do modal ferroviário pelo rodoviário e dos subsídios diretos e indiretos à aquisição e ao uso do automóvel.

Diante disso, interessa à abordagem pretendida lançar luz sobre um aspecto específico do conteúdo da política rodoviarista, que nem sempre aparece de modo destacado na produção sobre o tema.[5] Se o sentido da política rodoviarista fosse, de fato, a substituição majoritária da infraestrutura de transporte sobre trilhos pela infraestrutura de transporte sobre pneus, muito provavelmente não teria gerado tanto debate e controvérsia. A título ilustrativo, propõe-se um exercício de imaginação.

Suponha-se que as ferrovias instaladas pelo Brasil tivessem sido substituídas por rodovias de asfalto por onde só fosse permitida a circulação de ônibus para transporte coletivo de passageiros e caminhões para transporte de carga, ambos organizados de modo centralizado — pelo Estado ou por concessionárias de serviço público —, como ocorre frequentemente no caso do transporte ferroviário. Em termos jurídicos, a hipótese implicaria conferir-se à infraestrutura de transporte rodoviário um uso especial, e não geral.[6] É provável que a discussão sobre os modais se reduzisse à eficiência econômica de cada modelo de organização dos transportes, considerando custos de construção, manutenção, combustível, capacidade, capilaridade etc.

---

[5] Maricato (2011) e Vasconcellos (1996 e 2013) dão maior ênfase ao ponto tratado a seguir em relação às demais obras pesquisadas.
[6] A distinção jurídica entre os diferentes tipos de uso é feita em detalhe no Capítulo 3.

De modo distinto e mais extremo, suponha-se que não houvesse alternativa ao modal ferroviário, mas se promovesse a multiplicação de trilhos paralelos para que cada empresa ou indivíduo pudesse, com sua própria locomotiva individual, percorrer a infraestrutura de transporte no horário e sentido que melhor lhe aprouvesse — destinando-se os trilhos ao uso geral pelos proprietários de locomotivas. Nesse caso, será que boa parte do sentido das discussões em torno da preferência de modal não permaneceria sendo aplicável?

É evidente que ambas as hipóteses são absurdas e ignoram as diferenças intrínsecas entre os meios de transporte sobre trilhos e os meios de transporte sobre pneus. Essa reflexão não pretende sugerir que o debate em torno dos modais de transporte não seja relevante, mas, em vez disso, demonstrar que há algo de estrutural por trás desse debate de modais: a disputa pelo acesso à terra e à infraestrutura públicas.

Esse olhar sobre o tema permite identificar o conflito distributivo de fundo. A escolha política pelo modelo rodoviarista aqui tratada não é fundamentalmente a opção pelo asfalto em detrimento do trilho, mas a decisão de franquear a infraestrutura pública de transporte ao uso irrestrito por uma parcela da população, em detrimento da coletividade. Vale pontuar, aquela parcela que detém maior nível de renda e, portanto, acesso a automóveis particulares.

Entre todas as formas de incentivo ao transporte individual motorizado — pesquisa científica, subsídios à oferta de e à demanda por automóveis, política e estímulos monetários, política energética etc. —, aparece de forma destacada a decisão de abrir estradas e ruas adaptadas ao uso individual e franquear seu uso a particulares, que utilizam seus próprios veículos para transitar por onde e quando bem entenderem. Como se busca mostrar ao longo do tópico, a opção pelo rodoviarismo significou que, na disputa de interesses em torno do acesso ao espaço de circulação, o Estado arbitrou (e ainda vem arbitrando) em favor dos interesses privados, contribuindo para uma lógica regressiva de reprodução e aprofundamento das desigualdades sociais no meio urbano.

Entre as implicações desse entendimento, tem-se a pertinência de analisar a política rodoviarista como mais um capítulo do estudo da disputa em torno da terra, nó da sociedade brasileira que conserva seus traços mais arcaicos e se manifesta de modo eloquente nas cidades, conforme apontou Maricato:

> Em outra ocasião já destacamos, como fizeram inúmeros autores, a correlação entre a propriedade privada da terra (o cativeiro da terra) com a libertação dos escravos (o cativeiro do trabalho). Os conflitos

sociais que marcam todo o século XIX revelam a forte e evidente relação que articula acesso à terra, mão de obra e colonização [...]. O latifúndio resiste, mais de quatro séculos, a todos os debates e propostas de mudança.
O processo de urbanização será marcado fortemente por essa herança. Embora a urbanização da sociedade brasileira se dê praticamente no século XX, sob o regime republicano, as raízes coloniais calcadas no patrimonialismo e nas relações de favor (mando coronelista) estão presentes nesse processo. A terra é um nó na sociedade brasileira... também nas cidades. A legislação é ineficaz quando contraria interesses de proprietários imobiliários ou quando o assunto são os direitos sociais. (2000, p. 149-150)

A observação de que o estudo da política rodoviarista configura um capítulo da questão da terra — situada no centro do conflito político e social brasileiro, ainda que de forma renovada (MARICATO, 2011, p. 186) — não se limita à percepção de que a produção e configuração das vias possuem relação com e exercem influência sobre a dinâmica fundiária. Significa, além disso, que a produção e distribuição das vias, em si, pode ser tida como uma das manifestações do conflito em torno do acesso à terra no Brasil. A aplicação dessa leitura à visão proposta acerca do conteúdo da política rodoviarista remete ao fato de que as raízes coloniais a que Maricato faz menção não influenciaram apenas o tratamento estatal da propriedade privada, mas também, e de modo determinante, a constituição do regime jurídico dos bens públicos no Brasil.

Conforme descrição de Floriano de Azevedo Marques Neto (2008, p. 98 e ss.), o sistema de transferência de suas terras, adotado pela Coroa Portuguesa, iniciado com as capitanias hereditárias e a delegação, aos donatários particulares, da prerrogativa de dar ou conceder terras incultas pela distribuição de sesmarias, condicionou a constituição dos bens públicos no Brasil a partir de duas consequências principais. Em primeiro lugar, esses sistemas precários de concessão de terras por simples transferências de posses, em geral a título gratuito, geraram mecanismos de apropriação privada das terras da colônia, formando uma dinâmica de surgimento da propriedade privada a partir da ocupação, legitimada ou não pelo Estado, de bens originalmente públicos. A segunda marca relaciona-se ao descontrole de registros e à prática recorrente da ocupação sem outorga, que contribuíram à configuração de um arranjo em que os bens públicos passaram a ser concebidos como uma xepa, um remanescente das terras não ocupadas pelos privados.

Segundo o mesmo autor, esse histórico teve reflexos sobre a falta de preocupação em demarcar juridicamente o patrimônio público (2008, p. 104-105). Assim, a menor importância reservada ao tratamento dos bens de uso compartilhado no tempo da colônia estaria na raiz da dificuldade de caracterização de um "regime dominial do patrimônio público" no direito brasileiro (2008, p. 90). A evolução desse tratamento, não apenas no Brasil, dependeu do processo de urbanização, que impõe o cultivo de um espírito comunitário ou, ao menos, de uma maior preocupação com regras de convivência e a gestão dos bens de uso comum. Como relata Caio Prado Junior (2012, p. 21 e 31), os centros urbanos tiveram pouca importância no período colonial brasileiro, prevalecendo o poder dos proprietários rurais, mesmo nas administrações municipais.

Diante dessas peculiaridades do contexto histórico nacional, tem-se mais um motivo para encarar o conteúdo e sentido da política rodoviarista nacional como parte de um quadro mais amplo da disputa política e jurídica pela terra. É legítimo cogitar que as características do processo de formação dos bens públicos no Brasil podem ter contribuído também ao tratamento historicamente reservado às vias urbanas — umas das principais e mais antigas espécies de bem público — e, mais tarde, tenham facilitado a adoção e perpetuação do modelo rodoviarista de cidade no Brasil. Como se busca ilustrar adiante, assim como a propriedade pública se constituiu, nos primórdios, como um resto daquilo que não foi anteriormente apropriado, legal ou ilegalmente, por particulares, o modelo de gestão e ocupação das vias urbanas consolidado nas últimas décadas reproduz lógica análoga. Impera nas ruas o primado do individualismo e a lei do mais forte: ocupa o espaço público quem tem mais recursos, relegando-se ao uso comum ou coletivo os restos.

1.1.2 Trajetória do rodoviarismo no Brasil

Para entender o processo político de formação do sistema viário brasileiro é preciso desnaturalizá-lo. A atual configuração das vias do país não é fruto do acaso ou de uma evolução social e tecnológica espontânea e linear. Há uma clara opção macropolítica envolvida nesse processo, que não se limita à questão urbana. A conformação das vias urbanas e extraurbanas, assim como as escolhas feitas quanto à organização dos transportes, foi estabelecida pela adoção voluntária e deliberada de políticas públicas de dada orientação, que contaram com a convergência de uma multiplicidade de fatores econômicos, políticos, institucionais e ideológicos para se desenvolverem e se perpetuarem. Esse perfil de políticas, assim como o movimento que lhe deu suporte, é denominado por parte dos autores que se debruçaram sobre o tema como rodoviarismo (MARICATO, 2011; ACCORSI, 1996; OLIVEIRA, 1986; PAULA, 2010; LOPES, 2015).

É oportuno contextualizar esse processo a partir do nível federal, que, nesse caso, repercutiu decisivamente sobre políticas adotadas em âmbito local. No plano nacional, com base nos aspectos comuns das obras que se propuseram a descrever a ascensão das políticas rodoviaristas, é possível sintetizar essa ascensão dividindo-a em três períodos históricos: (i) o primeiro, do início do século XX até o ano de 1930; (ii) o segundo, de 1930 a 1945; e (iii) o terceiro, entre 1945 e o início da década de 1980, de ápice delimitado a partir de 1955, com a ascensão de Juscelino Kubitschek (JK) à presidência. Passa-se a caracterizar cada um desses períodos da perspectiva nacional para, no subtópico seguinte, indicar como a adoção dessas políticas repercutiu no nível urbano e foi combinada com decisões locais.

O primeiro período não contempla a execução pelo Estado de políticas rodoviaristas propriamente ditas: não é possível aferir uma prioridade explícita e consistente ao transporte rodoviário, mas é quando se inicia o movimento rodoviarista. Apesar de o país ter começado a importar veículos dos Estados Unidos logo no início do século XX, os dados indicam que o transporte rodoviário ainda ocupava um espaço tímido na realidade brasileira. Em 1917, a frota nacional era de apenas 5 mil veículos, dos quais cerca de 90% se concentravam nos estados de São Paulo e Rio de Janeiro, quase sempre nas zonas urbanas (FERREIRA--NETO, 1974, p. 40). De outro lado, é o período em que começam a se organizar, econômica e politicamente, os grupos de interesse ligados ao rodoviarismo e se inicia a formação de bases institucionais para a construção de rodovias.

Em relação à organização dos grupos rodoviaristas, têm-se os seguintes fatos ilustrativos.[7] Em 1907, é fundado o *Automóvel Club do Brasil* (ACB), com o intuito de promover a defesa do automóvel e do transporte rodoviário (OLIVEIRA, 1986). O próprio ACB foi responsável pela construção da primeira estrada de rodagem no Brasil — inaugurada em 1922 e aberta ao trânsito em 1926 —, ligando o então Distrito Federal à cidade de Petrópolis; em 1916, foi organizado o 1º Congresso

---

[7] A maior parte dos fatos aludidos no parágrafo foi extraída de Lopes (2015), em sistematização que os combina com os marcos institucionais nas p. 51-52.

Nacional de Estradas de Rodagem. Em 1919, a norte-americana *Ford* instala a primeira montadora de automóveis no país, seguida pela *General Motors* em 1925, mesmo ano em que foi criada a Federação Brasileira de Estradas de Rodagem.

Em 1926, elaborou-se o primeiro Plano Geral para a Base da Rede Rodoviária Brasileira, conhecido como "Plano Catramby", que propunha a construção de rodovias superpostas aos traçados ferroviários. Além do Catramby, foram desenvolvidos em 1927 outros dois outros planos rodoviários: o "Plano Luiz Schnoor", que defendia a construção de rodovias passando pelo planalto central; e o "Plano da Comissão de Estradas de Rodagem Federal" (CERF), que também propunha uma rede que passasse pelo planalto central, mas focada nas regiões Centro-Sul e Nordeste (PEREIRA; LESSA, 2011, p. 28).

No plano institucional, começa a se constituir um aparato de construção de estradas, sem que se identifique ainda tendência consistente de prioridade à rodovia. Citam-se alguns marcos:[8] em 1905, o governo autoriza a abertura de crédito para a construção de estradas que liguem capitais (Lei nº 1.453/1905), ampliando a medida, em 1906, às cidades com mais de 10 mil habitantes; em 1907, cria-se subvenção para as empresas de serviços de transporte por automóveis industriais (Decreto nº 1.811/1907); em 1908, o Governo Federal é autorizado a firmar acordos com os estados para investir em estradas, desde que convergentes com o transporte ferroviário e fluvial; em 1911, a Repartição Federal de Fiscalização foi transformada em Inspetoria Federal de Estradas — IFE (Decreto nº 3.454/1911), subordinada ao Ministério da Indústria, Viação e Obras Públicas — MVOP; em 1921, o IFE incorporou funções de planejamento, tornando-se o primeiro órgão federal de planejamento rodoviário; em 1922, o MVOP foi autorizado a subvencionar até 50% do custo de construção e conservação de estradas (Decreto nº 4.460/1922); por fim, em 1927, foram criados a Comissão de Estrada de Rodagens Federais (CERF) e um fundo exclusivo para investimento em estradas federais executado pelo MVOP (Decreto nº 5.141/1927).[9]

A compreensão da transição do primeiro para o segundo período passa pelas transformações políticas e econômicas, no Brasil e no

---

[8] Marcos institucionais baseados na sistematização realizada por Lopes (2015, p. 51-52).

[9] Essas últimas medidas, sobretudo a constituição do fundo, ganham simbolismo maior se considerado que foram tomadas pelo então Presidente Washington Luís. Em seu discurso de posse, Washington Luís proferiu uma frase que ficou famosa e pode ser vista como uma espécie de coroamento desse primeiro período de ascensão do rodoviarismo enquanto movimento ideológico: "Governar é abrir estradas".

mundo, que convergiram para uma mudança de orientação política que transcende a organização dos transportes. Até a década de 1920, o Brasil era um país de economia rural voltada para a exportação, politicamente controlado pelas oligarquias regionais. Até então, ferrovias e hidrovias eram os modais prioritários para transporte de cargas de média e longa distância e a integração do território nacional não era uma necessidade premente. Assim, o papel do transporte rodoviário, pouco estruturado, era bastante delimitado:

> Inicialmente, quando a estrutura produtiva tinha uma especialização marcante na exportação de produtos primários [...], a estruturação do espaço geo-econômico caracterizava-se pela descontinuidade, formando um arquipélago de atividades dependentes do mercado externo. Verificava-se, então, a concentração das atividades econômicas, em geral, numa faixa litorânea restrita, com acesso relativamente fácil à navegação de cabotagem ou de longo curso. As atividades industriais ainda incipientes visavam, tão-somente, o atendimento de necessidades urbanas elementares. Neste contexto geo-econômico, cabia a sistemas ferroviários isolados a função principal de escoar fluxos de produção primária no sentido interior-litoral e, subsidiariamente, distribuir mercadorias importadas. A grande quantidade de portos, associada a um bom sistema de navegação para a época, propiciava uma integração longitudinal da faixa litorânea e o intercâmbio entre os pólos exportadores. *Neste estágio, as ligações rodoviárias surgem com um caráter exclusivamente local, atendendo aos centros urbanos e distritos municipais, sem comprometer a complementaridade do sistema ferrovia-porto-navegação.* (BARAT, 1978, p. 91, grifo meu)

Esse cenário começa a se alterar no final da década de 1920. A crise econômica mundial de 1929 teve como um dos efeitos a queda dos preços dos produtos agrícolas no mercado internacional e, no ano seguinte, a Revolução de 1930 traz concretamente, pela primeira vez, uma ambição de desenvolvimento nacional por meio da industrialização, inaugurando o período "nacional desenvolvimentista". A nova conjuntura internacional e a orientação política governamental convergiram para uma série de objetivos interligados: o desenvolvimento das forças produtivas nacionais, o fomento ao mercado interno, a intensificação da presença do Estado na economia, o investimento em infraestrutura, a integração do território nacional e assim por diante. Alçando-se a um dos principais eixos dessa política de desenvolvimento, a construção da infraestrutura do país passa a ser encarada com outro viés pelo Estado, provocando alterações na regulação desse setor:

A relação do Estado com o desenvolvimento e construção de infraestrutura básica no país, em particular no que diz respeito aos setores de transportes e energia, sofreu profundas modificações a partir da década de trinta. Até então, a forma de regulação hegemônica na produção das obras de infra-estrutura e operação dos serviços públicos gerados a partir destes era o Contrato de Concessão [...]. De maneira geral, o governo federal delegava a Estados e municípios a formalização e administração dos contratos de concessão que foram, paulatinamente, sendo monopolizados por grandes grupos privados internacionais [...]. Iluminação pública, fornecimento de gás, redes de saneamento básico, *construção e operação de estradas de ferro*, geração e transmissão de energia, *transporte coletivo através de bondes nas grandes cidades* eram algumas atividades em que tal modelo de regulação era dominante.

[...] a partir da década de 30, significativas mudanças começam a ocorrer no sentido de um reordenamento do modelo institucional que regia o setor de infra-estrutura no país. Tais mudanças têm como ponto de partida e principal incentivador o Estado, através da ação do governo a nível federal. Datam deste período as primeiras iniciativas no sentido de um maior controle sobre a operação dos grupos estrangeiros atuantes no setor de infra-estrutura e sobre a qualidade e o regime das concessões no país. Assim é que o governo federal assumiu para si a autorização prévia de quaisquer novas concessões bem como a revalidação das que se encontravam em andamento. [...] através do Decreto n. 24.336 [...] de 1934, definiu-se que futuras concessões seriam permitidas apenas a brasileiros ou a sociedades em que pelo menos 60% das ações com direito a voto pertencessem a brasileiros. (ACCORSI, 1996, p. 23-24, grifos meus)

Como adiante detalhou Accorsi (1996, p. 24), o aumento do controle sobre grupos estrangeiros, até então principais agentes da construção da infraestrutura do país, se deu de diversas maneiras: condicionamento da renovação das concessões à renegociação dos contratos; eliminação da "cláusula ouro", que protegia o capital estrangeiro contra oscilações monetárias; mudança da política tarifária, cuja liberdade era um dos eixos no modelo em vigor, criando-se novos critérios para reajuste; congelamento de tarifas para forçar a renegociação de contratos vigentes; limitação do acesso dos grupos estrangeiros a novas concessões. Nesse contexto, em que o setor de infraestrutura passa a ter um caráter estratégico, o capital estrangeiro sofre restrições e, de outro lado, o empresariado nacional ainda se mostra incapaz de atender às demandas produtivas (LOPES, 2015, p. 74), o Estado passa a ter um papel central, atuando diretamente na construção da infraestrutura nacional.

Para fazer frente a esse desafio, dá-se início a um processo de significativas mudanças institucionais, a fim de permitir uma atuação dessa natureza. Especificamente no que tange às políticas relativas ao transporte, tem-se entre 1930 e 1945 um período no qual, em que pesem as oscilações e conflitos, houve a constituição das principais bases institucionais que permitiram, no período subsequente, o desenvolvimento das políticas rodoviaristas propriamente ditas.

Entre as principais medidas que indicam o caráter conflituoso e, ao mesmo tempo, o viés predominante das políticas, destacam-se:[10] em 1931, a criação do Plano Rodoviário do Nordeste; em 1932, a extinção do fundo especial voltado ao investimento em rodovias, com redução das verbas federais para estradas; em 1933, a restauração da CERF (extinta em 1931) para elaborar um projeto de lei para criação do Departamento Nacional de Estradas de Rodagem (DNER); em 1934, aprovação do primeiro Plano Geral de Aviação Nacional — PGAN (Decreto nº 24.437), basicamente ferroviário (OLIVEIRA, 1986, p. 109); em 1937, a criação do DNER (Lei nº 467/1937) em bases diferentes daquelas propostas pela CERF; em 1940, a criação do Fundo Rodoviário dos Estados e Municípios, composto por parcela do novo Imposto Único sobre combustíveis Lubrificantes — IUCL (Decreto nº 2.615/1940); em 1943, a formação de comissão para elaborar o Plano Rodoviário Nacional (PRN), aprovado no ano seguinte; em 1944, a revisão do plano de viação, aumentando-se a quilometragem de construção de rodovias previstas; e, finalmente, em 1945, após a deposição de Getúlio Vargas, a transformação do DNER em autarquia, com garantia de autonomia financeira e administrativa, a criação do Fundo Rodoviário Nacional e o incentivo à criação de departamentos de estradas nos estados federados — os futuros DERs (medidas do Decreto-Lei nº 8.463/1945, batizado "Lei Joppert").

Além de indicarem a tendência de alterações e a existência de conflitos, essas medidas revelam o principal objeto das controvérsias colocadas. Accorsi (1996, p. 29) resume as principais reivindicações dos grupos rodoviaristas: (i) "o reconhecimento da autonomia do DNER", (ii) "a garantia de um fluxo de recursos contínuo e de longo prazo para o desenvolvimento das obras rodoviárias" — imune às incertezas políticas; e, a partir disso, (iii) a organização de um sistema decisório capaz de manter continuamente a política de investimento no transporte rodoviário, partindo do DNER e tendo como pressuposto suas ramificações estaduais. Os grupos de interesse que defendiam tal orientação, representados inclusive por uma parcela da burocracia,

---

[10] Mudanças baseadas nos levantamentos feitos por Accorsi (1996, p. 23 e ss.) e Lopes (2015, p. 41 e ss.).

chocavam-se com o viés centralizador do Governo Vargas, que resistia às pressões pela autonomia do DNER.

O advento da "Lei Joppert", logo após a queda de Vargas, significa a vitória dos movimentos rodoviaristas nessa disputa e, do ponto de vista institucional, é o principal elemento desse período na construção da política rodoviarista brasileira (LOPES, 2015; PEREIRA; LESSA, 2011; ACCORSI, 1996; OLIVEIRA, 1986).[11] Contudo, o plano institucional não pode ser analisado isoladamente. O papel que o transporte rodoviário ocuparia no Brasil não dependeu apenas das bases institucionais e do planejamento rodoviário. Sua posição resulta de um conjunto de decisões relativas à política de transporte como um todo, ainda que essas decisões nem sempre decorram de processo racional e linear. Além disso, deve-se ter em conta que a própria política nacional de transporte é influenciada por fatores políticos e econômicos alheios às vantagens e limites de cada modal e de cada meio de transporte.

Em relação à política de transporte, os planos e medidas relativas aos demais modais (especialmente, marítimo e ferroviário) influenciam intensamente a definição do papel do transporte rodoviário. Assim, ainda que menos visível nesse período, dada a precariedade da infraestrutura de transporte como um todo frente à crescente demanda, há um conflito implícito relativo à escolha de modais e suas funções. Como nota Lopes (2015, p. 43), no Plano de Viação de 1934, as ferrovias e a navegação ainda eram tidas como os meios de transporte prioritários para grandes volumes e grandes distâncias, tendo em vista seu baixo custo. Até 1940 não era comum a construção de rodovias com traçados paralelos aos trilhos, tendo em vista a função mais delimitada das primeiras.[12] Além disso, até a "Lei Joppert", a construção de rodovias também tinha como obstáculo a dificuldade de financiamento, sendo que, da criação do DNER em 1937 até o advento da lei em 1945, foram construídos apenas 1.519 quilômetros de estradas no país (OLIVEIRA, 1986, p. 107).

---

[11] Para Accorsi (1996, p. 31), o Decreto-Lei nº 8.463/1945 é "sem dúvida o marco a partir do qual se desenvolveu o futuro sistema de transporte rodoviário no Brasil tendo como elemento estruturante o DNER e os DERs estaduais, conferindo substância às reivindicações do rodoviarismo no interior do aparelho do Estado." Lopes (2015, p. 125) também é taxativo ao classificar a "Lei Joppert" como "grande propulsora do rodoviarismo brasileiro".

[12] Paula (2010, p. 144) demonstra a importância desse elemento nos debates políticos travados no Congresso e no Executivo Federal ao longo do ano 1954. A controvérsia colocada era se a construção de rodovias paralelas aos trilhos gerava ou não uma "concorrência predatória" ao modal ferroviário.

Conforme explica Barat (1978, p. 91), a intensificação do processo de industrialização a partir de 1940, com expansão e diversificação da oferta, resulta em fluxos adicionais de bens, que passaram a ser transportados com participação crescente do modal rodoviário, que apresentava vantagens econômicas de curto prazo. Concomitantemente, o sistema ferroviário, que apresentava sinais de degradação desde o início do século (LOPES, 2015, p. 110; PAULA, 2010, p. 149), é atingido pelos efeitos da Segunda Guerra Mundial, que dificulta a importação de componentes fundamentais às ferrovias, agravando os efeitos do subfinanciamento. A deterioração das ferrovias, agravada pela inversão de prioridades, também reforça o impulso de construção de rodovias, ao passo que, em um processo de retroalimentação, o reforço do rodoviarismo contribui para acentuar a negligência crescente com o sistema ferroviário:

> A expansão excessiva do sistema rodoviário situa-se cumulativamente como efeito e causa da deterioração dos sistemas ferroviário e de navegação costeira. Com efeito, a proliferação de novos investimentos rodoviários ao mesmo tempo que atenderam à pressão da demanda pelos serviços de transporte, oferecendo um ajustamento *expost*, a partir de certo ponto a própria ampliação exagerada do transporte rodoviário na composição da demanda passou a dificultar, também, as condições de recuperação das demais modalidades. (BARAT, 1978, p. 114-115)

Nesse contexto, contando com o aparato institucional já desenvolvido, as políticas rodoviaristas deslancham a partir de 1945, com grande proeminência até a chegada da década de 1980. Entre 1950 e 1975, a extensão das redes federais e estaduais de rodovias passou de 3 mil para 65 mil km (Vasconcellos, 2013, p. 28-29). Em paralelo ao início da intensificação da construção de rodovias protagonizada pelo DNER, a ênfase da primeira década desse período é a formação do setor privado da construção, que adquire gradativamente capacidade produtiva para liderar as obras. Como sintetiza Lopes, a formação do setor foi favorecida pelo próprio arranjo institucional existente:

> [...] entre 1945 e 1955, o rodoviarismo no Brasil tem as seguintes características: os planos rodoviários de Minas Gerais e São Paulo formaram os primeiros mercados de grande atuação; com relação aos planos federais, estes foram pioneiros na pavimentação de estradas; os recursos para o setor vinham do FRN e de dotações orçamentárias estaduais e federal; *o DNER e os DERs são os principais construtores, além de demandantes; e, as firmas privadas nacionais ainda são pequenas e carecem de equipamentos e*

conhecimentos técnicos para atuarem com mais vigor. [...] No entanto, o mais marcante é que, já no início de constituição de um amplo mercado de construção pesada no Brasil, fica evidente *o caráter político das concorrências, ou seja, as empreiteiras necessitavam de boas articulações públicas e não de ótimas ofertas de preços.* Posteriormente, ainda recorriam a *práticas que permitiam aditar os contratos para transformar as obras num negócio mais rentável possível.* (LOPES, 2015, p. 78-79, grifos meus)

Ferraz Filho (1981) reforça essa narrativa sobre o percurso de emergência das empreiteiras da construção pesada no país, valendo-se de depoimento de um ex-Diretor do DNER do Governo Dutra sobre a situação em 1948/1949:

[...] o DNER era o grande construtor. Eu tinha, entretanto, no trecho que construí nesta época pequenas empreiteiras trabalhando sob meu comando. Enquanto o DNER dispunha de tratores pesados, caminhões e escavadeiras, o maior dentre os empreiteiros privados que participaram da obra possuía um tratorzinho D-7 e umas carrocinhas puxadas a burro. Este era o tipo de empreiteiro brasileiro em construção rodoviária. Eles começaram assim. Depois, naturalmente estimulados pela política do DNER, que foi uma política estimulada pelo próprio governo, foram crescendo. (FERRAZ FILHO, 1981, p. 47, *apud* LOPES, 2015, p. 77)

Ou seja, a partir de 1945, o DNER, já então autarquia com fluxo contínuo de recursos, era responsável pela execução direta das obras e subcontratava as construtoras privadas, ainda pequenas, para o auxiliarem. Como lembra Accorsi (1996, p. 40), as regras atinentes às licitações públicas até 1966 eram precárias, de modo que a autonomia orçamentária e administrativa também significava que o DNER pudesse atuar com ampla discricionariedade em relação aos procedimentos de escolha para contratação, contribuindo para o favorecimento dos grupos empresariais mais bem relacionados. Assim como na fase da contratação, a falta de mecanismos de controle em relação aos serviços subcontratados e a descentralização da execução aos órgãos estaduais permitiam que as empreiteiras obtivessem condições muito vantajosas, por meio de aditivos e outros expedientes. A partir da intensificação das obras, as construtoras se capitalizam, tornando-se não apenas atores econômicos fundamentais à realização das obras — superando a capacidade de execução direta do DNER —, mas também agentes políticos influentes.[13]

---

[13] Paula (2010, p. 144) registra a existência de uma "bancada rodoviária" no Congresso

Em paralelo, a construção e pavimentação de rodovias seguiram em ritmo crescente. Em 1951, foi feita nova revisão do PGAN, propondo a criação de uma rede rodoviária de 61 mil quilômetros e conferindo ao modal rodoviário o papel de via pioneira de penetração (PEREIRA; LESSA, 2011, p. 30). Para além dos números, é simbólica uma mensagem do então Presidente Getúlio Vargas ao Congresso Nacional em 1953:

> [o país demonstra] decidida preferência pela rodovia — em detrimento da ferrovia — mesmo nos casos em que, tecnologicamente, a estrada de ferro seja a melhor solução, como quando trata de atender a um volume ponderável de carga ou de passageiros, a distâncias consideráveis. [...] mesmo que isso possa implicar em desembolsos muito maiores e, em certos casos, com menor rendimento. E o Poder Público é induzido a chamar a si os investimentos mais importantes, isto é, a construção da via, além de sua conservação, o que alivia consideravelmente o custo aparente da exploração de tal meio de transporte, tornando-o mais atrativo para o particular do que, no exemplo, o ferroviário. [...] mas é meu dever advertir que, ao menos por enquanto, o custo do transporte ferroviário é várias vezes mais leve, em termos de divisas, do que o rodoviário, porque aqui mesmo podemos fazer os trilhos e os vagões e logo estaremos construindo as locomotivas, e porque a estrada de ferro aceita energia como poderemos produzir em quantidade ilimitadas, a exemplo da hidrelétrica ou, em certas regiões, da lenha ou do carvão nacionais.[14]

O trecho escancara o caráter prioritário conferido ao transporte rodoviário a partir de decisões políticas. Ou seja, não se tratou de escolhas de planejamento calcadas apenas ou principalmente na eficiência dos modais ou na eficácia da política de transporte em geral.[15]

A partir da ascensão de JK à presidência, o rodoviarismo vive seu período áureo, com o aprofundamento das políticas em curso e sua inserção em uma lógica mais ampla. Seu Plano de Metas contemplava diretamente o setor do transporte rodoviário em três itens. A meta 8,

---

Nacional e a ascendência de grupos de empreiteiros sobre o Partido Social Democrático (PSD), que controlou o DNER entre 1945 e 1964 e comandou o MVOP durante o Governo Juscelino Kubistchek (1956-1960).

[14] Trecho extraído de Paula (2010, p. 151).
[15] Barat (1978, p. 115) evidencia esse fato ao afirmar que: "[c]hegou-se, em meados da década dos 60, a uma situação de hipertrofia do sistema rodoviário que implicou, concretamente, o transporte ineficiente de muitos bens, distorcendo a função econômica específica dos transportes, principalmente nas regiões de maior desenvolvimento. Assim, o sistema de transportes chegou a constituir-se num obstáculo às próprias possibilidades de desenvolvimento econômico."

atinente à pavimentação de rodovias, previa inicialmente 3.000 km, o que foi revisado, ao longo do mandato, para 5.000 km — a serem pavimentadas pelo Governo Federal —, o que implicava quase sextuplicar os 920 km existentes. A meta 9, relativa à construção de novas rodovias de "primeira classe", previu, em princípio, 10.000 km, o que foi revisado para 12.000 km, significando mais do que dobrar a rede existente. A meta 27 tinha por objeto o desenvolvimento da indústria automobilística e estabeleceu a produção de 170 mil veículos. Havia, ainda, a meta síntese, referente à construção de Brasília, que contemplou a ideia de um "cruzeiro rodoviário" (PEREIRA; LESSA, 2011, p. 31), com a construção de eixos rodoviários que interligassem a nova capital aos estados. A própria configuração da nova capital não deixa de ser um símbolo do rodoviarismo, haja vista a dependência do automóvel como pressuposto de sua organização territorial e a famosa escassez de calçadas.

Em relação a esses objetivos, o plano não ficou no papel. As três metas foram batidas e superadas: em apenas cinco anos, foram 6.202 km de vias pavimentadas (124% da meta), 14.970 km de rodovias novas (124% da meta) e 199.180 veículos fabricados pela indústria nacional (117% da meta) — entre caminhões, jipes, utilitários e automóveis. É ilustrativo comparar os desdobramentos dessas metas com os daquelas relativas ao transporte ferroviário: a meta 6 (reaparelhamento das ferrovias) foi atingida em 76% e a meta 7 (construção de ferrovias), em apenas 39,4% (PAULA, 2010, p. 152). As metas relativas ao transporte rodoviário foram claramente prestigiadas, sendo possível identificar medidas de toda ordem tomadas com foco na garantia de seu cumprimento.

No que tange ao investimento em rodovias, destaca-se o incremento de recursos provenientes diretamente de dotações orçamentárias, ultrapassando, pela primeira vez, as verbas arrecadas ao FRN[16] (ACCORSI, 1996, p. 57), e a reserva de recursos para importação de maquinário rodoviário em favor dos empreiteiros que participavam do Plano Rodoviário Nacional, conforme instrução 113 da Superintendência da Moeda e do Crédito — SUMOC (LOPES, 2015, p. 82). Sob JK, o DNER deixou de executar as obras diretamente, passando à condição de controlador. Em relação à indústria automobilística, a formação do Grupo de Execução da Indústria Automobilística (GEIA) e a garantia de uma série de estímulos cambiais, fiscais, creditícios e comerciais

---

[16] Além do incremento das dotações orçamentárias destinadas às rodovias, outro fator que contribuiu para essa inversão foi a corrosão da arrecadação com o IUCL, que abastecia do FRN, decorrente do aumento da inflação.

propiciaram a instalação de 16 fábricas de automóveis e de 120 fábricas de autopeças, capitaneadas pela indústria nacional emergente. As políticas rodoviaristas e o apoio à produção automobilística entraram no centro da política nacional de desenvolvimento, em um arranjo que tem em seu núcleo econômico as montadoras estrangeiras, a indústria nacional de autopeças e o setor nacional da construção civil, contando com o apoio de atores secundários, a exemplo da indústria da borracha.

Após o breve hiato de ajuste fiscal que marcou o governo Jânio Quadros, no governo João Goulart e nos governos da ditadura militar, o foco e a intensidade das políticas rodoviaristas se mantiveram (PEREIRA; LESSA, 2011, p. 33; LOPES, 2015). No caso dos governos militares, deu-se em paralelo progressiva desativação de estradas de ferro. Entre 1964 e 1984, foram extintos mais de 10 mil km de ramais do interior, principalmente de passageiros, priorizando-se a manutenção apenas daquelas ferrovias consideradas estratégicas (PAULA, 2010, p. 144). A aliança entre o Estado e empreiteiras em torno da construção de rodovias também se consolidou, favorecendo, ao lado de outros fatores, a formação de um oligopólio no setor (LOPES, 2015; ACCORSI, 1996).

Segundo Lopes (2015), o setor rodoviário só deixou o *status* de carro-chefe das grandes empreiteiras em 1972, quando as obras de barragem ganharam primazia. Mesmo assim, o investimento em rodovias seguiu expressivo até o final da década de 1970, desacelerando apenas a partir do segundo choque do preço do petróleo (1979), agravado pela crise econômica que acometeu o país no início dos anos 1980 (BARAT, 1981).

Isso não significou a priorização de outros modais, mas apenas a influência de um fator exógeno. A política nacional de transporte segue marcada até os dias atuais pelo viés rodoviarista. A partir de 1993, o Imposto sobre Produto Industrializado (IPI) do carro de mil cilindradas foi reduzido de 20% para 0,1% (VASCONCELLOS, 2013, p. 40). Em 2008, o Brasil produziu aproximadamente 2,8 milhões de automóveis de passageiros e comerciais leves, número que ficou em torno de 2,9 milhões em 2010 (MARICATO, 2011, p. 79). A despeito da grave crise econômica iniciada em 2015, a produção não ficou abaixo de 1,7 milhão em nenhum ano anterior a 2020, marcado pelo início da pandemia do coronavírus e a desestruturação de inúmeras cadeias produtivas mundo afora. Se no ano de 1999 o produto das indústrias automobilísticas representou 13% do PIB nacional, sob fortes incentivos públicos de diversas naturezas, essa proporção passou a 19,8% apenas uma década depois. Conforme se verá no subtópico seguinte, a produção das cidades e a adaptação de suas vias foram parte decisiva desse modelo de desenvolvimento.

Não se pretendeu neste subtópico exaurir a complexa história do rodoviarismo brasileiro, mas ilustrar o percurso de sua ascensão. A conformação do sistema viário brasileiro não foi ocasional ou resultado de um processo decisório pacífico, linear e racional. Com algumas idas e vindas e discordâncias pontuais, por força da convergência de uma multiplicidade de fatores políticos, econômicos e institucionais, nesse período consagrou-se a primazia do transporte rodoviário, defendido por uma coalizão de grupos de interesses — setores empresariais, políticos, burocratas, técnicos e entidades de representação. Nesse imbricado processo, identifica-se uma tônica na política nacional de transporte e na produção das vias do país, resultante de um conjunto de decisões tomadas no âmbito da União, que colocou as atividades econômicas ligadas ao setor rodoviário no centro do projeto nacional de desenvolvimento. Como se passa a detalhar, esse viés das políticas nacionais repercutiu sobre e se valeu de políticas atinentes à produção das cidades e de suas vias.

1.1.3 O modelo rodoviarista de cidade e a eleição do carro

No subtópico anterior, buscou-se ilustrar como políticas públicas implementadas em várias frentes pelo Estado brasileiro implicaram uma prioridade consistente ao modal rodoviário e ao automóvel como meio de transporte: a política tributária, os subsídios à produção e ao consumo de automóveis, a política de acesso ao crédito, a pesquisa científica, a escolha dos investimentos nacionais em infraestrutura, a negligência a outros modais (como ferrovia e hidrovia), o aparato institucional e assim por diante. As medidas descritas indicam que a produção de estradas, a indústria automobilística e os setores econômicos ligados a essas atividades entraram no centro da política nacional de desenvolvimento. Para enfatizar sua importância, foi adiada a análise de um último elemento-chave desse conjunto de políticas: a adaptação das cidades e de suas ruas aos carros.

Como ponto de partida, destaca-se raciocínio de Maricato sobre a importância da adaptação das cidades e sua inserção em uma teia composta por cadeias produtivas diversas:

> De todos os fatores que contribuem para a piora da condição de vida das metrópoles, o modelo de mobilidade baseado na matriz rodoviarista, especialmente no automóvel, e o relativo desprezo pelo transporte coletivo são, talvez, os de maior impacto (2011, p. 79).

A impermeabilização do solo causada pela urbanização dispersa que avança horizontalmente sobre todo tipo de território ou uso, a área ocupada e impermeabilizada pelo automóvel nesse modelo de urbanização (estacionamentos, avenidas, amplas rodovias, viadutos, pontes, garagens, túneis) [...] *A indústria do automóvel envolve não apenas a produção de carros (exploração de minérios, a metalurgia, a indústria de autopeças e os serviços mecânicos de manutenção de veículos), mas também a infraestrutura relacionada à circulação.* Somente nesses processos citados já teríamos o envolvimento de forte movimento econômico e, portanto, de significativo poder político. Mas a rede de negócios e interesses em torno do automóvel vai bem mais longe e envolve inclusive o coração da política energética, estratégica para qualquer projeto de poder nacionalista ou imperialista. (2011, p. 174-175, grifo meu)

Infere-se que a adaptação das cidades ao transporte individual motorizado não é apenas reflexo de políticas nacionais sobre o território urbano. A produção da cidade adaptada a esse modelo de mobilidade passa a ser também instrumento de uma agenda mais ampla. Busca-se ilustrar, a seguir, de que modo isso se deu nas cidades brasileiras, utilizando como principal exemplo a representativa constituição do sistema viário do município de São Paulo, em torno do qual se formou a maior mancha urbana do país. Preliminarmente, cabe tecer considerações sobre o processo comum pelo qual passaram as grandes cidades brasileiras e dos países em desenvolvimento, sobretudo na segunda metade do século XX.

Como indica Eduardo Alcântara de Vasconcellos (1996, p. 42), embora tenha sido um processo verificado em boa parte do mundo, a adaptação das cidades aos carros variou no tempo, intensidade e forma, a depender das condições econômicas de cada país ou região. Nos Estados Unidos, desde os anos 1920, cidades como Chicago e Los Angeles já experimentavam profundas transformações a partir do rearranjo da oferta de transporte, derivado de um processo célere de mercantilização. Nas cidades europeias, a adaptação do espaço se intensificou apenas no pós-guerra, entre outras coisas, por conta de um processo mais lento de mercantilização. Na chamada periferia do capitalismo, a maioria dos países seguia até então com infraestrutura extremamente precária, baseando a ampla maioria dos deslocamentos nos meios não motorizados. A exceção foram alguns países como Brasil, México e Coreia do Sul, que desde a primeira metade do século vivenciaram um processo de industrialização que permitiu a diversificação dos meios de transporte.

Ainda conforme Vasconcellos (1996, p. 43), no caso da América Latina, a infraestrutura de transporte foi, no início do século XX, organizada a partir das companhias de transporte sobre trilhos. Com o fim da Segunda Guerra Mundial e o aumento massivo da produção mundial de veículos automotores, o transporte urbano sobre trilhos passa a sofrer pressão competitiva de ônibus, caminhões e, sobretudo, dos carros. Por uma série de razões políticas e econômicas, o transporte sobre trilhos foi negligenciado e se deteriorou, tornando o sistema de transporte público dependente dos operadores de ônibus. No caso específico do Brasil, a partir do desenvolvimento da indústria automobilística, as classes médias das grandes cidades começaram a migrar do transporte público para o transporte individual, de maneira que o automóvel expandiu, a partir de então, sua ocupação do espaço de circulação.

Como explica Barat (1978, p. 311-312), antes mesmo da adaptação das cidades por meio da implementação de políticas locais, já era possível identificar os impactos da política rodoviarista nacional sobre a conformação dos territórios urbanos:

> No Brasil, o processo de deterioração dos transportes ferroviário e marítimo nas últimas décadas, bem como o declínio sistemático de suas participações [...] contribuíram de maneira marcante para distorções locacionais que afetaram a configuração metropolitana. Atividades industriais que envolviam transferência e manuseio de grandes concentrações de carga densa, que tradicionalmente procuraram localizar-se ao longo dos troncos ferroviários ou nas áreas portuárias, acabaram localizando-se ao longo de acessos rodoviários ou mesmo próximas a estreitas faixas portuárias [...].
>
> Por conseguinte, [...] [deu-se] a dispersão da localização industrial no âmbito metropolitano, criando novas concentrações e até congestionamentos (São Paulo). Indústrias de grande porte foram atraídas para zonas de influência das rodovias e buscaram uma proximidade exagerada dos mercados consumidores para compensar as deficiências de transporte. Além disso, cabe lembrar que a disponibilidade concentrada de economias externas em poucas áreas só poderia gerar um processo cumulativo de concentração de localizações industriais.
>
> A política de investimentos rodoviários, por sua vez, orientou-se no sentido de competição com as ferrovias nas regiões que apresentavam elevada concentração de produção e busca das fronteiras agrícolas em expansão. Todo o esforço federal de investimento na implantação e melhoria da infra-estrutura rodoviária concentrou-se praticamente nas ligações de média e longa distâncias, *relegando a segundo plano o problema do tráfego local*. A preocupação com as ligações de pontos de origem e destino distantes favoreceu, em muitos casos, o esvaziamento econômico

de espaços intermediários nas áreas de influências das rodovias, servidos por infra-estrutura local deficiente. (1978, p. 310-311, grifo meu)

Há, portanto, um contexto mundial de ascensão do transporte rodoviário e uma política nacional de prioridade a esse modal que, se não determinaram, repercutiram sobre as possibilidades de organização do transporte em nível urbano pelos poderes locais. Esse panorama não justificaria, contudo, a análise da adaptação das cidades ao automóvel como um efeito inevitável ou automático das políticas nacionais descritas, devendo-se entendê-la como um processo ativo, com lógica própria e que integra determinada agenda política de desenvolvimento. Sendo inviável analisar esse processo de modo mais detalhado em nível nacional e tendo em vista as particularidades de cada cidade, se utilizará como ilustração a formação do sistema viário paulistano.

Embora sua fundação date do século XVI, a ascensão da cidade de São Paulo como polo econômico do estado e do país é relativamente recente — inicia-se no final do século XIX. Segundo Caio Prado Junior (2012, p. 122 e ss.), essa ascensão conta com uma contribuição fundamental da posição geográfica da cidade em relação ao seu entorno, aliada à topografia e à configuração dos rios, que conformam um relevo acidentado, cortado por faixas nitidamente diferenciadas de terra, que seguem em todos os sentidos do estado, sem comunicação direta entre si, irradiando de um centro comum. A proximidade do único porto natural dessa região da costa brasileira (o porto de Santos), em torno do qual não havia terra litorânea plana suficiente para um desenvolvimento de maior vulto, e a localização como ponto de passagem obrigatório de todas as regiões produtoras do interior foram, e possivelmente ainda são, dois dos principais ativos do município. Essas faixas de terra irradiantes do núcleo territorial comum e desconexas entre si recebem as vias de comunicação entre as regiões produtoras e a capital do estado, que se tornou um entreposto comercial quase inescapável.

Desse modo, a formação do sistema viário metropolitano, desde o início, esteve vinculada ao desenvolvimento econômico e territorial. Na sistematização desse processo feita por Santos (2014), identifica-se o início do crescimento da cidade a partir da instalação da primeira ferrovia, a *São Paulo Railway*, que ligou por trilhos o interior (Jundiaí) ao litoral (Santos), passando pela capital, sendo ativada no final da década de 1860. A partir do final do século XIX, intensifica-se a instalação das indústrias, justamente ao longo das ferrovias, facilitando a chegada da matéria-prima e o escoamento da produção (PRADO JUNIOR, 2012,

p. 140). Também em torno das ferrovias, formam-se os bairros operários, constituindo regiões densamente povoadas. A indústria paulistana desenvolveu-se rapidamente e foi "a mola mestra do desenvolvimento urbano de São Paulo na primeira metade do século XX" (PRADO JUNIOR, 2012, p. 140).

Na década de 1870, instalou-se o primeiro modo de transporte coletivo de São Paulo, o bonde, até 1900 movido à tração animal, quando a *Light & Power Company* (*Light*) instalou o sistema de bondes elétricos. Nesse período, houve transformação relevante das vias, que foram adequadas ao bonde a partir do alargamento, do prolongamento e da pavimentação. Em 1912, a rede de bonde chegou a 190 km (SANTOS, 2014, p. 20), seguindo seu processo de expansão.

Durante as primeiras décadas do século, a rede de bondes não apenas foi o principal modo de transporte coletivo, como assumiu papel estruturante da expansão territorial (SANTOS, 2014, p. 20). Nesse período, o setor imobiliário da cidade foi impulsionado pela crise do Encilhamento[17] dos primeiros anos da República, com ênfase para os ramos da construção civil e de loteamentos.[18] A especulação imobiliária se tornou base de sustentação de diversas companhias, entre as quais a inglesa *City*, que em 1912 controlava 37% da área urbana de São Paulo e era a principal agente dos processos de formação dos bairros (YÁZIGI, 2000, p. 103). Assim, a valorização das zonas lindeiras, gerada pela instalação dos bondes elétricos, se combinou com os fins da especulação, formando bairros a partir de uma lógica de prevalência dos interesses privados no processo de urbanificação.

Em paralelo, começou a se estabelecer aos poucos na cidade uma frota de automóveis. Embora em número bastante reduzido nas primeiras décadas, os carros logo provocaram consequências notáveis. Em 1917, a frota não chegava a 1.800 veículos, sendo que em 1912 as reclamações relativas aos acidentes ocasionados pela circulação veloz de automóveis eram representativas, tendo merecido editorial do jornal *Estado de S. Paulo* de 25 de maio (YÁZIGI, 2000, p. 124). Em 4 de dezembro de 1920, o mesmo veículo de imprensa denunciaria em novo editorial a impunidade dos motoristas infratores. Outro ponto relevante destacado por Yázigi (2000, p. 124) é a gradual segregação de classes nas vias. As classes mais abastadas, usuárias do automóvel,

---

[17] Nome dado às políticas de crédito implementadas pelo então Ministro da Fazenda, Ruy Barbosa, principalmente constantes no Decreto de 17 de janeiro de 1890, baseadas na emissão de papel-moeda, com o intuito de incentivar o desenvolvimento da indústria.
[18] LÉRIAS, 1988, p. 262, *apud* YÁZIGI, 2000, p. 101.

aumentaram sua ocupação das vias e se afirmaram como superiores ao restante da população, que "sobrou" nas calçadas.

Santos (2014, p. 21) descreve como, a partir de uma política comercial da *Light* de congelamento da tarifa de bonde motivada pela manutenção do monopólio do serviço e pela prioridade ao setor de energia no qual também atuava, iniciou-se, a partir dos anos 1910, um processo de deterioração gradual da rede, gerada pela queda da arrecadação tarifária e pela sobrecarga do sistema. Em contrapartida, em meados da década de 1920, começaram a circular os primeiros ônibus para transporte urbano, meio de transporte que foi impulsionado pela degradação do sistema de transporte sobre trilhos e pela possibilidade de garantir maior flexibilidade aos trajetos, mostrando-se mais adequado, por exemplo, à atenção dos bairros periféricos, desprovidos de infraestrutura viária.

O transporte urbano sobre pneus, coletivo e principalmente individual, passou a ocupar posição de destaque. Em 1930, a frota de ônibus chega a 400 e a de automóveis passa de 22 mil, ambas seguindo em crescimento acelerado nos anos seguintes. Nesse ano de 1930, Prestes Maia apresenta seu famoso Plano de Avenidas, inspirado em planos anteriores e no estudo de experiências estadunidenses. O Prefeito Fábio Prado (1934-1938) iniciou a execução de um conjunto de intervenções alinhadas às propostas do plano, sendo sucedido pelo próprio Prestes Maia no cargo:

> Como toda filosofia do plano sugere, tem-se em vista equacionar o trânsito congestionado no centro, aumentando mais o escoamento pela cidade, com avenidas perimetrais e de irradiação, com larguras que vão de 33 a 45 metros. Inicia-se um segundo anel envolvendo a cidade. Avenidas de fundo de vale tornam mais fáceis as ligações norte-sul. Criam-se praças, alargam-se ruas por quase todos os bairros próximos ao centro; rios são canalizados. Fala-se numa nova fundação da cidade [...]. É a estruturação que grosso modo vai durar até fins dos anos 50. [...] Sob intervenção de Ademar de Barros, o próprio Maia (1938-1945) sucede Prado e tem ocasião de retomar seu velho e obstinado projeto com poucas modificações. *Em 1940, a frota registrada na cidade era de 46.576 veículos.* [...] [A referência da malha implantada] *liga-se somente à necessidade de se avaliar o quanto a cidade se construiu em função dos automotores* [...]. (YÁZIGI, 2000, p. 145, grifos meus)

Tais intervenções provocaram mudanças estruturais na cidade, mas não se mostram capazes de solucionar as questões em torno da organização do transporte urbano: congestionamento, acidentes, degradação da infraestrutura viária, com baixos índices de pavimentação, falta de mobiliário urbano (YÁZIGI, 2000, p. 146). Essas dificuldades marcam as décadas de 1940 e 1950, quando cresceram os movimentos reivindicatórios nos bairros, demandando, principalmente, transporte, pavimentação e saneamento. Na década de 1940, verifica-se o início de um processo de crescimento muito acentuado da participação do transporte por ônibus, o qual, ao final da década, passou a atender um número maior de passageiros do que a rede de bondes.

Segundo Vasconcellos (2013, p. 31), a transição dos sistemas de bondes para o de ônibus foi feita nas grandes cidades brasileiras a partir da criação de empresas públicas de ônibus, como exemplificam os casos de São Paulo (1947), Belo Horizonte (1949), Porto Alegre (1952) e Salvador (1955). Conforme dados compilados por Santos (2014, p. 23), em meados da década de 1950, o transporte por ônibus de São Paulo já atendia mais de 650 milhões de passageiros por ano, enquanto o transporte por bondes teve sua participação reduzida a menos de 300 milhões de passageiros por ano.

No final da década de 1950, as políticas de JK de incentivo à produção de automóveis repercutiram no meio urbano, incluindo São Paulo, que viveu um aumento massivo da frota, ultrapassando os 160 mil veículos em 1960, número que quase quadruplicou até 1970, chegando-se, em 1980, a quase 1,9 milhão de automóveis (VASCONCELLOS, 1996, p. 45). Também na entrada da década de 1950, acentuou-se o processo de desativação da rede de bondes, extinta definitivamente em 1968. A partir desse período, seguindo a lógica da política nacional, o município centrou-se em atender (e induzir) a demanda por transporte motorizado individual, em detrimento dos demais, como ilustram dados organizados por Vasconcellos (1996, p. 47; 2013, p. 31 e ss.).

Em 1961, sob nova gestão de Prestes Maia, o Poder Público municipal acelerou a construção da rede viária, a exemplo da abertura das marginais dos rios Pinheiros e Tietê, da Avenida 23 de Maio e da Avenida Cruzeiro do Sul. Entre 1968 e 1972, 27% do orçamento municipal foi investido na construção e ampliação da rede de vias arteriais e expressas e na adoção de técnicas de operação de trânsito, proporção equivalente a 11% dos orçamentos do período entre 1973 e 1980 (VASCONCELLOS, 1996, p. 47). Entre 1960 e 1980, foram construídos 619 km de faixas expressas e 865 km de faixas de vias não expressas, promovendo-se expansão considerável da rede viária adaptada aos automotores. O Elevado Presidente Costa e Silva, inaugurado em 1971, pode ser considerado um símbolo desse período, sendo objeto de análise detida no final do Capítulo 4 deste volume.

Somado aos esforços para expansão da malha viária, investiu-se na operação do tráfego: implantação de um sistema de semáforos computadorizado; criação, em 1976, da Companhia de Engenharia de Tráfego (CET); e abertura de 20 mil vagas de estacionamento rotativo junto ao meio-fio, mediante pagamento da chamada "zona-azul" (VASCONCELLOS, 1996, p. 47). Na década de 1970, as despesas com o controle da circulação chegaram ao patamar de 3% do orçamento municipal.

O resultado dessas políticas municipais foi o crescimento absoluto e relativo do número de deslocamentos urbanos feitos por automóvel, em prejuízo do transporte público, que teve sua participação no total de viagens reduzida de 63,5% em 1967 para 54,4% em 1987 (VASCONCELLOS, 1996, p. 46). Mesmo a inauguração do metrô, em 1974, não foi capaz de reverter essa tendência, tendo atraído apenas 3,4% do total de viagens até 1977, próximo à representatividade das ferrovias do subúrbio (VASCONCELLOS, 1996, p. 46). Considerando apenas os meios de transporte coletivo, o ônibus se tornou o principal meio de locomoção, chegando a uma frota de 8,5 mil veículos em 1979 (SÃO PAULO, 1979, p. 17) e sendo responsável por aproximadamente 54% das viagens em 1977.

Para além da migração entre os meios de transporte — do coletivo para o individual, dos trilhos para os pneus —, o território urbano passou por uma transformação profunda e, pela primeira vez, foi efetivamente interligado pelas vias de circulação (VASCONCELLOS, 1996, p. 48). O índice de mobilidade aumentou 50% entre 1950 e 1977 (VASCONCELLOS, 1996, p. 46), alcançando 12 milhões de viagens diárias em 1979 (SÃO PAULO, 1979, p. 17). No mesmo ano, estima-se que o trânsito da cidade incorporava, em média, cerca de 500 automóveis por dia a uma frota que já beirava os dois milhões de veículos.

Esses fatos evidenciam que a demanda dos usuários de automóveis entrou no centro da pauta política da cidade. Em um mandato que pretendeu amenizar os impactos do trânsito de São Paulo,[19] abrindo calçadões para pedestres no centro da cidade, visando à diminuição dos acidentes e reservando faixas exclusivas de ônibus em algumas avenidas, o Prefeito Olavo Setúbal (1975-1979) realizou cerca de 10 mil intervenções no trânsito, incluindo a construção de 68 km de vias arteriais e 22 km de estradas vicinais, bem como a pavimentação de

---

[19] Em trecho de seu discurso de posse (16.04.1975), Olavo Setúbal clama por "uma cidade menos dura, menos fria, menos materialista [...]" (SÃO PAULO, 1979).

sete milhões de metros quadrados de vias, além do investimento em operação de tráfego. Os números ilustram como, ainda na década de 1970, São Paulo havia tomado um caminho sem volta — assim como ocorreu com muitas outras capitais brasileiras, no mesmo período ou mais tarde. Em poucas décadas, a cidade foi tomada pelos automóveis, sendo que mesmo as políticas que buscavam atenuar tendências encontravam entraves robustos na centralidade a que o automóvel foi alçado e em um sistema viário a ele adaptado.

Sobre isso, vale transcrever a síntese de Vasconcellos, referindo-se amplamente ao processo de urbanização brasileiro:

> A expansão urbana descontrolada foi acompanhada de um projeto igualmente prejudicial à economia da sociedade e à equidade no uso dos recursos públicos: a construção de um sistema viário caro e de baixa produtividade.
> A forma primordial de apoio ao uso do automóvel ocorre pela construção de um sistema viário extenso, conectando o espaço interno das cidades. A provisão dessa rede viária possibilita amplo uso do território, na medida em que os usuários de automóvel podem atingir qualquer ponto no espaço geográfico por elas coberto, a qualquer hora. (2013, p. 38)

Nas décadas seguintes, a prioridade ao automóvel se naturalizou. Uma vez tomadas as decisões fundamentais que enviesaram a produção da cidade adaptada, o automóvel passou a ter a presunção de titularidade sobre a via urbana. Intervenções de alto impacto em prol do transporte individual motorizado se tornaram a praxe na cidade, por mais radicais que fossem.[20] De outro lado, qualquer medida singela em sentido oposto, com intuito de contribuir à inversão da lógica posta, tornou-se uma afronta à ordem estabelecida. Descrita a trajetória de estruturação desse modelo, pretende-se abordar na sequência a sua dinâmica de reprodução no tempo e a natureza dessas medidas enquanto componentes de um padrão de política pública. Após a decisão política estruturante de adoção do modelo rodoviarista, esse viés é reproduzido

---

[20] Maricato dá um exemplo ilustrativo dessas naturalizações ao aludir ao tamponamento de córregos, prática que substitui o desenho do sistema hídrico por um sistema de avenidas e, por consequência, torna financeiramente inviável a manutenção das galerias subterrâneas, "insuficientes e insustentáveis do ponto de vista da macrodrenagem da cidade, cuja superfície é crescentemente impermeabilizada" (2011, p. 81). A relação remete ao fato de que a impermeabilização do solo gerada pela reprodução do modelo rodoviarista eleva a probabilidade da ocorrência de enchentes no meio urbano, que afetam principalmente os mais pobres.

e agravado na gestão das vias de modo incremental, envolto em uma embalagem de tecnicidade e neutralidade.

1.1.4 O incrementalismo como método de reprodução e a natureza distributiva das políticas públicas rodoviaristas

Por um longo período, o aumento do acesso ao automóvel incrementou drasticamente a mobilidade e a acessibilidade de seus usuários e diminuiu relativamente o custo de transporte de deslocamentos mais longos, contribuindo ao fenômeno do espraiamento urbano (BRUECKNER, 2011, p. 69-70;[21] GLAESER, 2011). Com o tempo, o espaço de circulação se congestiona, dando indícios de sua insuficiência para esse tipo de ocupação. Mais vias são adaptadas e ampliadas, o que intensifica o espraiamento em razão do aumento da proporção do solo utilizada para servir aos automóveis (vias, estacionamentos, postos de gasolina etc.). Os investimentos públicos em obras viárias pressionam para cima o valor da terra nas regiões afetadas, expulsando os mais pobres para locais mais distantes do centro ("periferização") e elevando os custos de deslocamento dessas populações que, em sua maioria, não têm acesso ao transporte individual motorizado. A peculiar interação desses processos nas metrópoles da periferia do capitalismo foi apontada por Maricato:

> Nas cidades do mundo periférico esse espraiamento das indústrias, dos serviços (grandes *shoppings*, depósitos, portos secos etc.) e dos condomínios residenciais, que se apoia no transporte por automóvel, disputa espaço que anteriormente era ocupado apenas pela população excluída das áreas mais centrais, valorizadas pelo mercado imobiliário. A ocupação periférica pela moradia precária também constitui uma forma de espraiamento sem que seus moradores contassem com automóveis para se deslocar, como no caso da suburbanização das cidades dos países capitalistas centrais. (2011, p. 104)

---

[21] Nessa passagem, Brueckner refere-se especificamente ao espraiamento pela suburbanização, que consiste no assentamento de pessoas de classes médias e altas em locais mais distantes da região central das cidades, fenômeno mais comum nos países desenvolvidos, mas que também ocorre em países em desenvolvimento. O exemplo mais intuitivo são os condomínios de luxo, que ainda se multiplicam próximo às franjas dos grandes centros urbanos e talvez venham a ganhar novo impulso com as mudanças de hábito, por ora conjunturais, trazidas pela pandemia da Covid-19.

Além de o incremento de vias consubstanciar, em si, possível causa de aumento no tráfego de veículos por meio da chamada "demanda induzida[22]", seu efeito sobre a intensificação do espraiamento estimula a dependência do automóvel, reforçando a inibição da utilização de outros meios pela adaptação da cidade ao carro e contribuindo para deteriorar as condições de organização do transporte coletivo e dos modos ativos. Daí em diante, medidas aparentemente lógicas do ponto de vista incremental levam a um processo de "retroalimentação" (JACOBS, 2011, p. 389). Glaeser explica esse processo:

> O congestionamento de tráfego também é um desafio para a engenharia, assim como um teste psicológico, principalmente porque cada melhoria muda o comportamento dos motoristas de forma que, na verdade, acaba contrabalançando aquela melhoria. *Por décadas tentamos resolver o problema do excesso de carros para tão poucas pistas construindo mais vias de transporte; mas, depois, cada nova autopista ou nova ponte atrai mais tráfego. Os economistas Gilles Duranton e Maththew Turner descobriram que os quilômetros percorridos pelos veículos aumentam essencialmente em proporção direta com a quantidade de quilômetros de novas autoestradas, e chamaram esse fenômeno de lei fundamental do congestionamento das vias de transporte.* (2011, p. 103, grifo meu)

O efeito cumulativo é dramático: o uso do automóvel e a adaptação da cidade a este meio de transporte contribuem para a erosão das cidades (JACOBS, 2011, p. 378 e ss.). O termo "erosão" com esse sentido foi cunhado por Jane Jacobs (1961/2011), que apreendeu precocemente as minúcias do complexo processo de transformação das grandes cidades. No capítulo 18 de *Morte e Vida das Grandes Cidades*, a autora descreve como a crescente adaptação das cidades aos automóveis — com investimentos no aumento e alargamento do sistema viário, na abertura de estacionamentos e na operação de um tráfego mais célere —, somada à consequente dispersão do território, aumentam a dependência do automóvel, incrementando seu uso e trazendo a necessidade de abertura de mais vias, de modo a contribuir à formação de um círculo vicioso.[23]

---

[22] Segundo Speck (2016, p. 85): "Demanda induzida é o nome que se dá quando o aumento da disponibilidade de ruas reduz o custo do tempo de dirigir, fazendo com que as pessoas dirijam mais e impedindo quaisquer reduções de congestionamento. [...] Em 2004, uma meta-análise de dezenas de estudos anteriores descobriu que 'em média, um aumento de 10% na quilometragem de vias induz a um aumento imediato de 4% em quilometragem rodada, que chega a 10% — toda a capacidade, em poucos anos'".

[23] A lógica desse processo é bem ilustrada por Jacobs: "Por causa do congestionamento de veículos, alarga-se uma rua aqui, outra é retificada ali, uma avenida larga é transformada

Assim, seguindo passos supostamente neutros e justificáveis, a identificação de um ponto de congestionamento de veículos leva, "naturalmente", à adoção de políticas como o alargamento de vias ou a construção de um viaduto. A abertura de mais vias, que parece a medida mais lógica para solucionar os engarrafamentos, aumenta a dispersão do território e, por conseguinte, a dependência do automóvel, trazendo mais veículos para as vias, que novamente se congestionam. Tem-se, então, na abertura de vias, na adaptação da cidade ao automóvel e na indução desse padrão de mobilidade, os motores do referido processo de retroalimentação. Vasconcellos alude aos contornos desse processo nas cidades brasileiras:

> Essa macroacessibilidade elevada [dos usuários de automóveis] constitui, assim, um bônus extraordinário para essas pessoas, que têm uma circulação garantida a priori e ilimitada. Por outro lado, as pessoas que dependem do transporte público ficam limitadas à distribuição geográfica das linhas de ônibus e de sua frequência de passagem pelos pontos de parada. Em uma cidade típica do Brasil, os ônibus usam apenas 17% das vias disponíveis e, em muitas regiões, operam com frequências baixas [...].
> A sociedade motorizada por meio de ônibus, automóveis e caminhões precisa de faixas de rolamento nas vis de 2,5 a 3 metros de largura. Assim, uma rua local com sentido duplo de circulação precisa ter uma largura de seu leito carroçável de 5 a 6 metros. No Brasil, por influência de códigos de obras e de infraestrutura oriundos principalmente dos Estados Unidos, as vias locais passaram a ter 8 a 10 metros, causando um aumento de 100% em seu custo de construção e manutenção. A postura está ligada ao princípio de que o trânsito aumentará e precisará ocupar o espaço adicional, mas na realidade isso acontece em pequena quantidade de ruas [...]. (2013, p. 38-39)

Paralelamente, as próprias técnicas de intervenção do planejamento da circulação são enviesadas pela visão de cidade forjada após a adoção da política rodoviarista (VASCONCELLOS, 1996, p. 84 e ss.). Cinco dos sete objetivos da política de transporte — macroacessibilidade, microacessibilidade, nível do serviço, custos e os impactos ambientais — são renegados, focando-se apenas em fluidez

---

em via de mão única, instalam-se sistema de sincronização dos semáforos para o trânsito fluir rápido, duplica-se pontes quando sua capacidade se esgota, abre-se uma via expressa acolá e por fim uma malha de vias expressas. Cada vez mais solo vira estacionamento, para acomodar um número sempre crescente de automóveis quando eles não estão sendo usados" (2011, p. 389).

e segurança, com evidente subordinação do segundo ao primeiro. A absurda quantidade de acidentes com vítimas originada pelo transporte individual motorizado é vista como um conjunto desconexo de fatalidades, de responsabilidade individual. Até mesmo a fiscalização é impactada, priorizando-se, em sua logística, as infrações de veículos parados, que comprometem muito mais a fluidez do que a segurança no trânsito (VASCONCELLOS, 1996, p. 135).

Para além do espraiamento e da intensificação do uso do automóvel, Jacobs explica outros dois desdobramentos fundamentais do referido processo de retroalimentação: (i) a intensificação do uso do automóvel implica, em regra, diminuição mais do que proporcional do uso do transporte público (2011, p. 392), pressionando o índice de mobilidade global para baixo; (ii) a diminuição da combinação de usos da cidade, cuja diversidade — apontada pela autora como seu principal ativo econômico e social — é ameaçada pelos impactos da nova conformação do território sobre a vida urbana (2011, p. 398).

O primeiro desdobramento remete ao padrão de política pública composta pelas medidas incrementais gestadas a partir da adoção estruturante do modelo rodoviarista de cidade. Uma vez institucionalizada, a visão rodoviarista influenciou de modo transversal diversas áreas da gestão urbana, levando a intervenções sobre o viário urbano supostamente "neutras", mas que perpetuam e agravam um modelo de prioridade absoluta ao automóvel em detrimento dos demais meios de transporte e de usos que não a circulação. Da perspectiva dos direitos, esse viés encoberto das intervenções e suas consequências permitem caracterizar a natureza da política pública em questão. Para apreendê-la, é essencial entender de que maneira o planejamento dos transportes urbanos, descrito mais até aqui, está encadeado com o planejamento da circulação.

Um pressuposto dessa investigação diz respeito à própria natureza da via urbana enquanto bem econômico. Empresta-se aqui a classificação utilizada pelo economista Paul Samuelson (1954). Na apresentação das premissas de seu estudo (1954, p. 387), o autor assume a existência de duas categorias de bens: (i) bens de consumo privado, caracterizados pela divisibilidade entre indivíduos, de modo que o consumo de um indivíduo adicional afeta a possibilidade de consumo pelos demais; e (ii) bens de consumo coletivo, caracterizados pelo fato de que o consumo por cada indivíduo sobre o bem não subtrai o consumo dos demais, de forma que, uma vez realizado o custo de sua produção, o custo unitário de um usuário adicional é nulo ou tende a zero.

Nesse segundo grupo, figuram bens como a segurança, a iluminação ou o ar. No primeiro, restaria a grande maioria dos bens públicos e privados (no sentido jurídico), entre os quais as vias urbanas. A via urbana é, portanto, um bem de consumo individual e, como tal, caracteriza-se como bem rival e excludente, traços que podem se realçar ou atenuar a depender do padrão de ocupação e regramento. Mesmo já produzida a via urbana, a superveniência de cada usuário adicional tende a gerar custos sociais, que podem ser maiores ou menores, a depender do padrão de uso. Por conseguinte, quando se eleva a intensidade de uso por um indivíduo ou por um meio de transporte, restringem-se as condições de uso pela coletividade, por outros meios de transporte ou, ainda, por usos distintos daquele ora intensificado. Enfim, os diferentes usos disputam entre si o mesmo espaço, incidindo sobre as vias urbanas um inescapável conflito distributivo.

Contudo, há uma desigualdade de partida nas condições dessa disputa, já que "o consumo do espaço de circulação depende do tipo de transporte utilizado e da ocupação média dos veículos" (VASCONCELLOS, 1996, p. 33). Como explica Vasconcellos:

> Um automóvel médio necessita de 40 a 50 m² par circular entre 25 e 30 km/h em uma cidade com vias e semáforos. Como ele normalmente transporta uma ou no máximo duas pessoas, o consumo individual de espaço viário é cerca de dez vezes maior que o consumo das pessoas que usam ônibus, o que levanta uma séria questão de equidade no uso do bem público.
> [...] Pode-se observar que [nas grandes cidades brasileiras] os automóveis ocupam entre 70 e 91% da área das vias [principais], restando pouco para os ônibus, que transportam mais pessoas. No caso dessa pesquisa [baseada em dados Ipea/ANTP de 1998], a ocupação média dos automóveis era de 1,5 pessoa e a do ônibus de 39 pessoas, o que significa que o usuário do automóvel estava consumindo doze vezes mais espaço do que o usuário do ônibus (assumindo que o ônibus ocupa o dobro de espaço de um automóvel). Esse padrão de iniquidade no uso do espaço se multiplica infinitamente nas vias de todas as cidades do Brasil. (2013, p. 130-131)

Desse modo, o acesso ao automóvel e a capacidade de utilizá-lo como meio de transporte, associados ao nível de renda de cada indivíduo ou família, determinam a possibilidade de uso e ocupação do espaço de circulação. Nas palavras de Vasconcellos, "o espaço viário (de consumo gratuito) é apropriado de forma totalmente diversa conforme a renda das pessoas, ensejando importantes questões de equidade"

(1996, p. 42). É nesse sentido que a expansão do viário — custeada por recursos públicos, motivada pela atenção às demandas do transporte individual e desacompanhada de medidas de gestão equalizadoras — é tratada por autores de diferentes áreas e inclinações como uma política que gera desigualdade.

Para ficar em dois exemplos ilustrativos, são os casos de Edward Gleaser (2011) e Manuel Castells (1983), referências no tema da questão urbana em suas respectivas áreas de atuação. Para o primeiro, economista urbano de inclinação liberal, o investimento na expansão das vias sem qualquer forma de cobrança dos usuários de automóvel consiste, na prática, em um subsídio ao carro[24] (2011, p. 103). Em abordagem bastante diversa, o sociólogo urbano também defende que o modo de gestão do viário pode consubstanciar um fator de diferenciação entre os usuários, dessa vez por um recorte de classe:

> Da mesma maneira, *o modo de gestão do meio de circulação* depende ao mesmo tempo do próprio meio e do tipo de gestão social que se liga a ele. Mais concretamente, se o progresso técnico e a evolução urbana conduzem a uma socialização crescente dos meios de circulação, não decorre uma realização e uma gestão coletiva da troca, pois outros determinantes sociais [...] levam a uma certa individualização dos meios de troca. Esta tendência dupla está na base da oposição clássica entre 'transportes em comum' e 'transportes individuais', cuja caracterização exata consiste nisso: para os primeiros, há socialização tanto das condições de troca quanto da própria troca, enquanto, para os segundos, há socialização das condições de circulação (produção das vias) e individualização do instrumento de circulação (o carro particular) donde a distorção que se segue. Se há especificação espacial e determinação do modo de gestão, há também *diferenciação social*, quer dizer distribuição desigual dos meios de transporte entre os grupos sociais (segundo, em última instância, seu lugar nas relações de produção) e distribuição desigual dos meios de transporte no espaço, ele próprio socialmente diferenciado. (1983, p. 279-280)

---

[24] Conforme Glaeser: "O problema de tráfego reflete essencialmente a impossibilidade de saciar a demanda por algo que seja gratuito. As estradas são onerosas para construir e valiosas em sua utilização; no entanto, os motoristas americanos [parecidos com os brasileiros nesse ponto] parecem pensar que o direito de dirigir de graça lhes foi prometido pela Carta de Direitos. A União Soviética costumava aplicar artificialmente preços baixos pelos bens de consumo, e o resultado disso eram prateleiras vazias e longas filas. Basicamente, é isso o que ocorre quando se permite que as pessoas dirijam gratuitamente pelas ruas da cidade" (2011, p. 103).

Considerando o traço de rivalidade das vias urbanas e a convergência da organização do transporte e da organização da circulação em torno da prioridade irrestrita ao automóvel, fica clara a natureza da política pública forjada pela visão rodoviarista de cidade. A partir do modelo de Lowi (1995), pode-se inferir que se trata de uma política pública de caráter eminentemente distributivo. A partir das medidas adotadas, o conjunto das vias urbanas, bem público rival e pertencente à coletividade, é distribuído desigualmente a partir de um processo descentralizado, fragmentado e local, sem um critério positivado ou expresso (LOWI, 1995, p. 183). Privilegiam-se, assim, indivíduos pertencentes às classes que têm acesso ao transporte individual motorizado, em detrimento dos demais. Ao contrário do que prescreve o autor como o horizonte ideal, essa política é adotada como única possível, sem se reconhecer a possibilidade de outros padrões (1995, p. 191).

Em prejuízo da formulação de políticas amplas o suficiente para beneficiar um grande número de pessoas (políticas constitutivas) ou que, independentemente do alcance, expressassem um estado de direito (*rule of law*) ao direcionar de forma clara os benefícios e ônus a grupos sociais a partir de uma moralidade pública incidente sobre atividades ou ativos até então tidas como privados ("políticas redistributivas"), opta-se, veladamente, por uma política distributiva, que agrava desigualdades (1995, p. 198). Nesse sentido, o caso da gestão rodoviarista das vias urbanas ilustra bem a afirmação de Lowi de que "a política distributiva claramente se aproxima da completa privatização do público".[25]

Antes de abordar, no subtópico seguinte, os efeitos dessa política distributiva no aprofundamento das desigualdades preexistentes, retorna-se ao segundo desdobramento adicional da expansão viária explicada por Jacobs: a perda de diversidade.

Em sua obra, Jacobs (2011) destrincha as condições necessárias para garantir a diversidade no meio urbano: (a) quadras curtas, que

---

[25] Tradução livre do autor a partir do trecho: "Distributive policy, in this context, crearly comes closest to being a complete privatization of the public". No mesmo sentido é a observação de Wanderley Guilherme dos Santos: "Obviamente, não existe a rigor nenhuma política que seja em última instância apenas distributiva. O limite real de recursos faz com que a hipótese de que determinada medida possa ser replicada um número infindável de vezes seja materialmente falsa. Na melhor das hipóteses poderá ser repetida tantas vezes quantas forem propostas, ao custo porém, no final, de que outras políticas sejam inviabilizadas. Aparentemente, porém políticas distributivas são universalmente gratuitas no sentido de que não estariam subtraindo o mesmo tipo de oportunidade de ninguém" (1993, p. 35-36).

integram o território e abrem oportunidades constantes de se virar a esquina, possibilitando que as pessoas, por diferentes caminhos, se deparem com a diversidade de comércios e serviços; (b) variedade de idades das construções e a presença de prédios antigos, cujos custos mais baixos, relacionados à amortização dos valores investidos na construção, permitem a instalação de estabelecimentos específicos, de retorno financeiro mais baixo, demorado ou incerto ("prédios novos atraem velhas ideias"); (c) combinação de usos principais (uso misto), que garante interação entre pessoas com diferentes motivações em frequência bem distribuída no tempo, seja pelos horários do dia ou dias da semana; e (d) concentração ou adensamento populacional, que encurta distâncias, otimiza o uso da terra e evita a padronização derivada do predomínio do que é consumido pela maioria, como ocorre nos subúrbios.

O objetivo por trás dessas condições é a presença de vida nas ruas, intensamente utilizadas por todos os tipos de pessoas, o que guarda relação de influência mútua à multiplicidade de escolhas disponíveis.

A erosão derivada da expansão viária indiscriminada mina todas essas condições, por diversos motivos. Um primeiro refere-se ao fato de que o espraiamento derivado da expansão gera diminuição da densidade demográfica. Como já indicado, o aumento do viário sobre o solo urbano rivaliza com outros usos e, de outro lado, os investimentos em infraestrutura viária aumentam o preço da terra nas adjacências, afastando as populações de renda mais baixa das regiões "centrais". A perda de densidade demográfica afeta a diversidade, já que inviabiliza negócios que atendem à demanda de nichos minoritários, conduzindo os estabelecimentos comerciais à padronização, de modo a atrair o maior contingente de pessoas possível.[26]

O espraiamento e o desequilíbrio gerados no preço da terra nos diferentes pontos do território também dificultam a combinação de usos e favorecem a segregação entre residências e comércios. Esses fatores afetam a possibilidade de convivência de construções de valores e idades distintos, já que os bairros mais valorizados ou em valorização tendem a uma renovação irrestrita, com a condenação dos

---

[26] Esse quadro é agravado, em certos municípios, pela multiplicação de condomínios fechados (verticais e horizontais, os quais, ao "retirar" as pessoas das ruas e do convívio no espaço público, contribuem para minar a diversidade na cidade. Conforme anota Sposito (2013, p. 55), "as novas formas de produção do espaço urbano e as escolhas espaciais realizadas no período parecem apontar para a diluição da vida urbana, nos termos já expostos, em função da busca de certo padrão de homogeneidade [...]".

demais bairros à deterioração, ao menos até que sejam a bola da vez na dinâmica especulativa. A abertura de vias expressas e a obsessão com a fluidez dos automóveis levam, ainda, à diminuição do número de cruzamentos, formando quadras mais longas ou desfiguradas. Todas essas consequências somam-se à inibição pura e simples da caminhada por um território disperso e hostil, eliminando incentivos e motivos para o deslocamento a pé. A rua se descaracteriza, perde vida e se torna um mero local de passagem de veículos.

Muito da análise de Jacobs foi confirmado a partir da expansão do sistema viário urbano, descrita, de modo exemplificativo, no subtópico anterior. As transformações do território geraram impactos sobre a organização urbana, fundando uma nova relação das pessoas com a cidade. Tendo em vista o caráter distributivo da política de mobilidade, essas transformações não atingem igualmente as diferentes classes sociais que coexistem no meio urbano. Por isso, como se passa a detalhar, justifica-se buscar descrever o impacto social do modelo rodoviarista de cidade a partir de uma abordagem sociológica, em linha com a proposta de Vasconcellos (1996, p. 105).

1.1.5 Impacto social do rodoviarismo: a pertinência da abordagem sociológica

O impacto do modelo rodoviarista sobre a organização social é aqui tratado a partir de duas perspectivas, que convergem a uma mesma conclusão. Primeiro, aborda-se o aprofundamento das desigualdades a partir da adoção da política distributiva representada pelo rodoviarismo, cujas consequências recaem sobre as populações para as quais o transporte individual motorizado não é uma opção. Em seguida, discutem-se os efeitos dessa política sobre a organização da vida daqueles que dispõem do automóvel para se deslocar, trazendo mudanças de hábito e consumo que passam a integrar o processo de retroalimentação erosiva das cidades, contribuindo para a perda da diversidade e daquilo que poderia ter como sua essência.

Como mencionado antes, a iniquidade das condições de uso efetivo do espaço de circulação, derivada das desigualdades sociais e da consequente disparidade de acesso ao automóvel, é causa de outras formas de iniquidade. Essas outras formas de iniquidade indicam a influência da questão do planejamento dos transportes urbanos e da circulação sobre variadas dimensões da vida urbana, repercutindo sobre as possibilidades de fruição do direito à cidade pela população.

Vasconcellos destaca três principais iniquidades derivadas do acesso desigual ao espaço de circulação: a iniquidade de segurança; a iniquidade ambiental; e a iniquidade temporal (1996, p. 38).

Sobre a iniquidade de segurança dos deslocamentos, afirma o autor:

> O consumo do espaço com meios físicos diferentes, em velocidades diferentes, introduz um impacto que é dramático no caso dos países em desenvolvimento: a possibilidade de conflitos entre os veículos e pedestres ou ciclistas e os acidentes decorrentes, tem sido uma das mais importantes causas de morte. Em termos políticos, o transporte motorizado cria o direito de ameaçar a vida e a saúde de outras pessoas, mesmo que de forma não intencional. (VASCONCELLOS, 1996, p. 37)

Assim, a diferença na forma de consumo do espaço de circulação tem potencial lesivo não apenas à segurança dos que adotam o uso do veículo individual motorizado, mais veloz, mas à de todos aqueles que circulam pela cidade, com destaque para pedestres, ciclistas e motociclistas.[27] Alguns dados ilustram a gravidade da questão. Já em 1979, levantamento feito por Punyahotra,[28] analisando 16 países em desenvolvimento, mostrou que as mortes no trânsito constituíam a terceira maior causa de mortes, depois da diarreia e da tuberculose (VASCONCELLOS, 1996, p. 23). Em 2012, 9.700 pessoas morreram por acidentes de trânsito apenas nas capitais brasileiras.[29] Segundo relatório da CET-SP,[30] mais de 28 mil pessoas foram vítimas de acidentes de trânsito no ano de 2014 na cidade de São Paulo, sendo que 1.249 vieram

---

[27] O caso das motocicletas, que ganharam maior importância econômica a partir da década de 1990 a partir de importantes estímulos estatais, merece destaque. Conforme Vasconcellos (2013, p. 85-86): "Os motociclistas passaram a ser as maiores vítimas do trânsito na maior parte das cidades, alterando completamente o quadro médico-hospitalar do país. Isso foi agravado ainda pelo fato de que os acidentes com motocicletas produzem muito mais vítimas do que os ocorridos com outros tipos de veículos (dada a vulnerabilidade do motociclista). No âmbito nacional, o impacto do número de mortos em motocicletas assumiu a característica de tragédia social. O número de fatalidades no trânsito ocorridas com usuários de motocicleta e registradas pelo Ministério da Saúde em seu sistema de informações, Datasus, aumentou de 725 em 1996 para 10.825 de 2010, ou seja, foi multiplicado 15 vezes."

[28] Ao tratar da referida pesquisa, Vasconcellos cuidava da seguinte obra: PUNYAHOTRA, Vichid. *Road traffic accidents in developing countries*. Thailand: National Research Council, 1979.

[29] Informação no Mapa da Violência de 2014 (p. 77), disponível em: http://www.mapadaviolencia.org.br.

[30] Informação disponível em http://www.cetsp.com.br/media/414031/RelatorioAnualAcidentes2014.pdf. (p. 8-10).

a óbito. Os acidentes de trânsito representaram no referido ano 11,5% das mortes violentas na cidade. Dos mortos, 44,4% eram pedestres. A consequência da iniquidade de segurança, provocada em boa parte pelo padrão desigual de acesso ao espaço de circulação, indica a correlação entre política de mobilidade e a segurança e saúde da população urbana. Os desdobramentos e externalidades geradas são variados. Em relação aos direitos humanos, parte da população urbana tem seu direito à vida e à integridade física ameaçados pelas condições de mobilidade. Em termos demográficos, tem-se uma causa de expressiva perda de população economicamente ativa. Sob a ótica do Estado, demanda-se um esforço para que o serviço público de saúde dê conta de atender os milhares de feridos,[31] ao mesmo tempo que a previdência social ampare as famílias daqueles que perderam a vida ou se tornaram inválidos.[32] O próprio planejamento da circulação é afetado, na medida em que os transtornos gerados pelos acidentes acarretam, com frequência, a perda temporária de faixas de rolamento, prejudicando a velocidade média do trânsito de pessoas e mercadorias e, consequentemente, a eficiência produtiva da cidade.

A iniquidade ambiental, por sua vez, tem origem no fato de as diferenças no tipo e intensidade de uso do espaço de circulação se refletirem nos níveis de impacto do transporte de cada grupo social sobre a poluição sonora, visual e, principalmente, atmosférica. Como ocorre na comunidade internacional, composta por países com diferentes níveis e padrões de desenvolvimento, no interior das cidades, a variação de graus de emissão de poluentes na atmosfera por cada tipo de meio de transporte afeta a população como um todo.[33] Em nível macro, os efeitos das mudanças climáticas de médio e longo prazos repercutem de modo heterogêneo, fazendo-se mais severos em relação às populações vulneráveis.

---

[31] Conforme destacam Rubim e Leitão, "estima-se que o sistema de saúde brasileiro gaste em média R$50 bilhões ao ano com tratamentos e outros custos decorrentes de acidentes de trânsito" (2013, p. 56).

[32] Segundo Vasconcellos (2013, p. 86), "no período entre 2000 e 2012, houve 176 mil indenizações por morte e 781 mil indenizações por invalidez de usuários de motocicletas [no Brasil]".

[33] A questão ganha destaque se considerada a grande importância que a garantia de um meio ambiente saudável assumiu na agenda internacional nas últimas décadas e a expressiva participação dos veículos a motor nas emissões de poluentes na atmosfera. Estudos divulgados em 2013 indicam que o setor de transporte é segundo maior emissor de gases de efeito estufa no Brasil — 7 a 9% das emissões, ficando atrás apenas das queimadas e mudanças no uso do solo (RUBIM; LEITÃO, 2013, p. 57).

Um levantamento de 1993 mostrou que, na cidade de São Paulo, os veículos motorizados já respondiam por 94% do monóxido de carbono e 77% dos hidrocarbonetos concentrados na atmosfera (VASCONCELLOS, 1996, p. 31). Em 1987, a CET-SP realizou uma medição sobre a contribuição dos meios públicos e privados para a poluição atmosférica no corredor Rebouças/Consolação (São Paulo/SP), dando a dimensão da divisão de responsabilidades sobre tais emissões (VASCONCELLOS, 1996, p. 32, Tabela 2.31). Do volume de monóxido de carbono medido, 97,8% haviam sido emitidos por automóveis e apenas 2% por ônibus. Em relação ao volume de hidrocarbonetos, a proporção pouco se alterou: 96,1% e 3,4%, respectivamente.

Segundo números de 2013 do Ministério dos Transportes, das emissões oriundas do transporte de pessoas no Brasil, 68% eram provenientes do transporte individual, enquanto 32% eram de responsabilidade do transporte coletivo (RUBIM; LEITÃO, 2013, p. 57). Essa disparidade reflete o desigual consumo de energia por cada meio de transporte: em 2007, considerando cinco áreas metropolitanas do país, verificou-se que o transporte individual respondeu por percentuais entre 59 e 75% do total de energia consumida. Não só a queima de combustíveis, mas a produção de dejeto[34] e a própria conformação do território adaptado têm impactos graves socioambientais, como ilustra, no segundo caso, a correlação entre níveis de impermeabilização do solo e riscos de enchentes (MARICATO, 2011, p. 78).

Um desdobramento dessa iniquidade ambiental diz respeito aos seus efeitos sobre a saúde das populações urbanas. A distribuição desigual do viário urbano está intimamente ligada à deterioração da qualidade da atmosfera, que, por sua vez, afeta a saúde da população urbana como um todo, sempre com agravantes às populações mais vulneráveis. Estudo feito pelo laboratório de poluição atmosférica da Universidade de São Paulo estimou que, na cidade de São Paulo, 99 mil pessoas morreram entre 2006 e 2011 por doenças respiratórias ou cardiovasculares ligadas à poluição do ar.[35] Mais uma vez, restrições de direitos sociais apresentam impacto relevante sobre a dimensão

---

[34] Conforme Vasconcellos (2013, p. 164), o aumento do uso do transporte privado "aumenta o consumo de recursos naturais ou vegetais, como borracha, ferro e outros metais", bem como "o descarte de materiais, como pneus, óleos, plásticos e carcaças de veículos — alguns com grandes impactos ambientais — requerendo inclusive grandes áreas de acumulação".

[35] Informação constante em matéria do Jornal Nacional, disponível em: http://g1.globo.com/jornal-nacional/noticia/2015/06/oms-diz-que-poluicao-atmosferica-mata-oito-milhoes-de-pessoas-por-ano.html.

econômica e a demanda por políticas públicas nas cidades: a perda de população economicamente ativa, os gastos crescentes no sistema de saúde público, a formulação de programas para melhorar a qualidade do ar etc.

Finalmente, a iniquidade temporal guarda relação com as diferenças de fluidez e velocidade média entre os tipos veículos, que impactam o tempo de percurso. Estima-se que, em sistemas não congestionados, as diferenças de tempo de deslocamento entre automóveis e ônibus possam chegar a 200% (VASCONCELLOS, 1996, p. 35). Em cidades congestionadas, essa diferença pode se reduzir a algo em torno de 15%. A rigor, a diferença do tempo gasto com mobilidade já começa com iniquidade de acesso ao meio de transporte. O transporte público demanda a chegada até o ponto e a espera da chegada do veículo, que variam de acordo com o recobrimento espacial da rede, a frequência do serviço e a disponibilidade de conexões (VASCONCELLOS, 1996, p. 35). Já no caso do transporte individual, o tempo de acesso é abreviado. Superado o acesso, a velocidade média dos veículos particulares também supera a do transporte coletivo, principalmente nas vias onde não há segregação de faixas para o transporte público, medida que mitiga o impacto do congestionamento gerado, majoritariamente, pelos automóveis. O transporte individual tende, ainda, a adotar o percurso mais curto ou rápido, enquanto o transporte coletivo depende da organização de rotas predefinidas, que permitam racionalizar a oferta frente à demanda social por transporte.

Esse desnível no tempo dos deslocamentos tem um impacto socioeconômico notável. Na prática, para as populações urbanas economicamente ativas, isso implica um aumento da jornada de trabalho daqueles que, por não disporem do mesmo acesso ao sistema viário, gastam mais tempo para chegar ao local onde trabalham e, no fim do dia, para voltar a suas residências. O maior tempo no deslocamento gera gastos adicionais: ao sistema de transporte, pela perda de eficiência; ao usuário, pelo repasse desses gastos adicionais à tarifa cobrada; aos consumidores, pelo repasse do aumento da parcela das tarifas custeadas por empregadores aos produtos e serviços em geral.[36]

Há, portanto, um "efeito cascata" sobre o sistema de produção. Uma pesquisa de Haddad e Vieira (2015) estimou que a morosidade

---

[36] No caso do Brasil e de outros países em que o empregador participa, direta ou indiretamente, dos custos de transporte de seus empregados, o aumento da tarifa derivado da ineficiência impacta os custos de produção, com desdobramentos sobre toda a economia. Sobre isso, ver Lei nº 7.418/1985, que institui o Vale-Transporte.

do trânsito da Região Metropolitana de São Paulo (RMSP) pode ter sido responsável por um déficit no PIB brasileiro de mais de R$150 bilhões. As principais causas apontadas foram a grande dependência ao uso do automóvel e o tamanho da frota de veículos em circulação, diretamente vinculadas à organização da circulação e à distribuição do sistema viário.

Além dessas, há outras formas de iniquidade derivadas da distribuição do espaço de circulação. A iniquidade do conforto, por exemplo, é evidente a partir da comparação da situação daqueles que se deslocam sentados e bem acomodados em veículos particulares à daqueles que se espremem em lotações cuja falta de espaço também está ligada aos congestionamentos produzidos pelos automóveis. As condições de locomoção têm impacto na capacidade de trabalho, estudo e exploração de potencialidades dos usuários.

Duas outras formas de iniquidade relacionadas indiretamente à distribuição do espaço de circulação podem ser aventadas. A primeira diz respeito à destinação de recursos públicos como custeio para a manutenção das vias. A desigualdade relativa aos investimentos é um dos componentes do modelo de mobilidade atual. Em função do arranjo jurídico-institucional adotado em muitos Municípios brasileiros,[37] os recursos destinados à conservação das vias são aplicados, de modo concentrado, ao leito carroçável, delegando-se aos particulares dos imóveis adjacentes a responsabilidade por manter as calçadas em boas condições, o que dificilmente ocorre. Ainda que seja crível o argumento da falta de recursos para promover, com o erário, a manutenção de ambos (leito carroçável e calçadas) — sobretudo em um cenário de restrições fiscais —, a busca por fontes alternativas de recursos justamente para as calçadas (e não para os leitos carroçáveis, majoritariamente ocupados por automóveis) não deixa de ser sintomática. Trata-se de possível faceta adicional de iniquidade correlata à distribuição desigual do espaço de circulação.

A segunda hipótese de iniquidade refere-se à possível desigualdade na oferta de informações de interesse dos usuários dos diferentes meios de transporte. *Grosso modo*, as frequências de radiodifusão também constituem um espaço público de circulação. Não de pessoas ou

---

[37] No Município de São Paulo, por exemplo, o tema é regulado pela Lei Municipal nº 15.442/2011, que dispõe em seu art. 7º: "Os responsáveis por imóveis, edificados ou não, lindeiros a vias ou logradouros públicos dotados de guias e sarjetas, são obrigados a executar, manter e conservar os respectivos passeios na extensão correspondente à sua testada, na conformidade da normatização específica expedida pelo Executivo".

bens materiais, mas de informações transmitidas na forma de notícias. Assim como o viário urbano, trata-se de um bem público rival e excludente, mas que é concedido pelo Estado para a exploração econômica por emissoras de rádio e televisão. A possibilidade levantada é a de que, reproduzindo a lógica da distribuição do viário e mantendo o padrão do que já foi verificado a partir de outros recortes em relação a notícias sobre cidades,[38] os programas informativos de rádio e televisão reservam, em sua grade, maior espaço e atenção às informações relativas ao trânsito de automóveis e aos fatos a ele pertinentes, em detrimento de notícias de interesse dos usuários de transporte coletivo ou individual não motorizado, que constituem a maior parte das populações das cidades brasileiras.

A análise sistemática dessas formas de iniquidade ligadas à gestão das vias contribui para desconstruir o senso comum de que a opção pelo transporte individual, por quem pode fazê-la, se deve em grande parte à má qualidade do transporte coletivo. A premissa da afirmação é a de que seria viável oferecer um serviço de transporte público de qualidade e acessível em cidades construídas para o automóvel e geridas de modo a incentivar seu uso cotidiano. Ou seja, essa ideia conta a história de trás para frente. A priorização do transporte individual, primeiramente na criação do viário e, repetidamente, na gestão e regramento de seu uso, foi o que o tornou mais desejável àqueles que podiam optar e foi também a causa primordial da precariedade perene do transporte coletivo, que pune aqueles que não têm escolha. Cada nova adaptação espacial ao automóvel deteriora as condições de organização do transporte coletivo. Para além da influência na conformação territorial, os meios individuais e coletivos disputam o mesmo espaço, sendo a capacidade de ocupá-lo o principal fator determinante a afetar os demais componentes de seu desempenho: tempo, frequência, conforto etc. Raciocínio semelhante vale para a subutilização dos meios ativos.

---

[38] Conforme Maricato (2000, p. 166): "Fazendo uma pesquisa na imprensa de São Paulo, Flávio Villaça constatou que 70% das notícias se referiam ao quadrante sudoeste da cidade de São Paulo, onde se concentram as camadas de mais alta renda e o mercado imobiliário sofisticado. Quando a notícia se referia a algo que estava fora dessa mancha, era acompanhada de um qualificativo: a avenida da Zona Leste, acidente na Zona Norte. Ou seja, a região que concentra a população de alta renda é tomada como a representação da 'cidade'. A parte é tomada pelo todo. Aí moram os chamados formadores de opinião". A partir desse dado e sua relação com a classe dos e as regiões habitadas pelos formadores de opinião, tem-se um reforço da hipótese de que, enxergando a cidade com sua própria lente, os editores, comentaristas, apresentadores e âncoras dos principais veículos de comunicação de massa tendem a privilegiar a perspectiva dos usuários de automóveis, o que contribui, no longo prazo, para a reprodução do modelo rodoviarista de cidade.

À luz do exposto, sintetiza-se que o acesso ao carro, garantido pelo maior nível de renda, implica grande aumento da capacidade de consumo do espaço de circulação e essa apropriação desigual do espaço é a raiz de uma série de outras formas de iniquidade. Na conformação rodoviarista de cidade, o acesso ao carro dá direito ao usuário de percorrer maiores distâncias, de modo mais rápido e confortável e com maior frequência. Em contrapartida, garante o privilégio de poluir mais, socializando os prejuízos, e de causar mais acidentes, transferindo o ônus principalmente a pedestres, ciclistas e motociclistas, além de afetar as possibilidades de desempenho do transporte coletivo, que depende do mesmo espaço de circulação. Do ponto de vista coletivo do direito à cidade, a garantia desses direitos e privilégios aos usuários de automóvel se dá à custa da erosão das cidades, que se espraiam e perdem as vantagens econômicas, sociais e políticas do adensamento (JACOBS, 2011). A noção do "comum" sucumbe à ascensão do automóvel,[39] em prejuízo do transporte coletivo, da cidade e, de certa forma, dos próprios usuários de automóveis enquanto cidadãos.[40]

Essas formas de iniquidade relacionadas ao espaço de circulação, ora como causa, ora como consequência de sua distribuição desigual, remetem à distinção feita por Bourdieu (2013, p. 136) entre espaço físico, espaço social e espaço apropriado, conferindo respaldo à tese de que "o espaço apropriado é um dos lugares onde o poder se afirma e se exerce":

> A capacidade de dominar o espaço apropriado, notadamente apropriando-se (material ou simbolicamente) dos bens raros (públicos ou privados) que aí se encontram distribuídos, depende do capital possuído. O capital permite manter a distância pessoas e coisas indesejáveis e, ao mesmo tempo, aproximar-se das pessoas e coisas desejáveis, minimizando assim o dispêndio (notadamente de tempo) necessário para delas de apropriar. [...] a posse do capital garante, além da proximidade física (residência) em relação aos bens raros, a quase ubiquidade que torna possível o domínio econômico e simbólico dos meios de transporte e de comunicação. (BOURDIEU, 2013, p. 136-137)

---

[39] Conforme Harvey: "As ruas congestionadas pelo tráfego tornam esse espaço público particular quase inutilizável até para os motoristas (para não falar de pedestres e manifestantes) [...]. Esse tipo de rua não é um comum. Antes do surgimento dos carros, porém, as ruas geralmente o eram — um lugar de socialização popular, um espaço para as crianças brincarem [...]. Contudo, esse tipo de comum foi destruído e transformado em um espaço público dominado pelo automóvel" (2014, p. 146).

[40] Dunker (2009), cuja formulação é retomada no capítulo 4, explica como esse estilo de vida adotado pela classe média em torno do transporte individual motorizado e do insulamento em condomínios fechados resultou em um cenário de miséria urbana e humana, com a perda de qualquer horizonte utópico razoável.

Mesmo aqueles que dominam a ocupação das vias urbanas, a partir da possibilidade de uso frequente do automóvel, não ficam imunes às transformações do território geradas pelo modelo rodoviarista e seu impacto na organização social. O uso intensificado do automóvel e a cidade a ele adaptada provocam mudanças radicais de consumo e de hábito sobre as classes médias urbanas, reforçando as transformações territoriais iniciadas a partir do espraiamento urbano. Vasconcellos resume a amplitude dessas mudanças:

> O grande aumento nas viagens por automóvel feitas por setores limitados estava relacionado a mudanças econômicas e urbanas mais amplas: a rede diária de atividades da classe média, apesar de diferenças entre subgrupos específicos, incorporou novos destinos e motivos, principalmente ligados à educação privada, medicina privada, esporte, lazer e compras, com impactos profundos nas suas necessidades de transporte. Antes da modernização, essas atividades eram feitas com frequência menor, muitas delas gratuitamente, e na maioria das vezes dentro de distâncias que podiam ser percorridas a pé. A maioria das crianças da classe média frequentava escolas públicas do bairro, usava serviços locais de saúde (públicos) e brincava nas ruas ou em lotes vazios das proximidades. As compras eram feitas em pequenos estabelecimentos locais e viagens de longa distância para fora da cidade eram feitas em ocasiões especiais (férias), frequentemente de trem ou de ônibus.
> A modernidade trouxe mudanças significativas nos padrões de viagem [...]. Agora, as crianças de classe média frequentam escolas privadas, muitas vezes localizadas longe de suas casas [...]. Os serviços médicos privados também se espalham no espaço, o abastecimento da casa requer a viagem ao supermercado, os locais de compras estão crescentemente localizados em *shopping centers* regionais e as vias estão fechadas ao lazer, na medida em que os automóveis estacionados (e os que passam) monopolizam o espaço. O lazer é obtido em clubes particulares e nos poucos parques públicos restantes. Adicionalmente, as viagens de fins de semana são agora frequentes [...]. (VASCONCELLOS, 1996, p. 113-114)

O transporte por automóvel se torna, então, um pressuposto de toda a organização da vida daqueles que podem acessá-lo. A rede de atividades familiares das classes médias e altas poderia se tornar inviável a partir de outros meios de transporte que não o carro. De outro lado, alterar essas atividades significaria, em muitos casos, abster-se dos hábitos de consumo que caracterizam essas classes enquanto tais no arranjo de organização social que emergiu após o processo de modernização do país. Seja por essa ótica, seja pela ótica daqueles sobre quem incidem os males das iniquidades de distribuição do viário urbano, o automóvel "transformou-se em um meio de reprodução de classe", um "instrumento vital para a existência e a reprodução da nova classe média gerada pelo processo de concentração de renda" (VASCONCELLOS, 1996, p. 117), e, ao mesmo tempo, um meio de reprodução intergeracional da pobreza, em função de todas as consequências que significou.[41]

Desse modo, ainda que a opção pelo carro possa ser vista por diversos prismas — como o econômico, derivado de sua maior utilidade em um ambiente de livre escolha dos consumidores; o político, oriundo do fator de poder e liberdade que representa; o antropológico, pelo símbolo de *status* em que se transformou;[42] ou até o psicológico, diante do prazer que supostamente possa vir a trazer a seus usuários — o aspecto sociológico, de classe, se faz predominante (VASCONCELLOS, 1996). As condições sociais, políticas e econômicas foram determinantes para estabelecer o contexto concreto em que o carro se tornou socialmente, e não individualmente, preferível.

No agregado deste tópico, identifica-se uma série de setores da economia ligados à ascensão do carro como meio de transporte prioritário, estabelecendo-se uma relação de mútua dependência entre o desenvolvimento de tais setores e a hegemonia do automóvel. O sucesso desse casamento, como é característico do modo de produção capitalista, dependeu de decisões estatais em diversas áreas, incluindo-se a necessária adaptação das cidades ao automóvel, com implicações não apenas sobre a formação e distribuição física das vias, mas sobre a produção e conformação do território urbano de modo geral.

Sem prejuízo de reconhecer o avanço tecnológico notável que representam os veículos automotivos, infere-se, a partir da visão apresentada, que a ascensão do automóvel não foi fruto apenas da sua capacidade de suprir demandas individuais e sociais preexistentes, mas também, e de modo crescente, de atender a demandas e a interesses: (i) da indústria, derivados da aposta feita no automóvel como produto e das adaptações da organização da produção ligadas a essa aposta; (ii) ligados ao padrão de desenvolvimento adotado por diversos países, entre os quais o Brasil; e (iii) de parcelas da população urbana que

---

[41] Nesse ponto, Vasconcellos (1996) faz referência ao seguinte trabalho: DRAIBE, Sônia M. A natureza social de investimentos em transporte de massa: o exemplo da região metropolitana de São Paulo. *Revista dos Transportes Públicos*, n. 61, p. 37-58, 1993.

[42] A esse respeito, muito ilustrativa a famosa frase do poeta Roland Barthes: "Os carros hoje são quase equivalentes às grandes catedrais góticas: a suprema criação de uma era, concebida com paixão por artistas anônimos — por toda a população que se apropria deles com objetos mágicos". De modo trágico, o autor morreu em 1980, vítima de um atropelamento por automóvel.

passaram a "depender" do automóvel em função das necessidades de classe oriundas, em muito, da própria adaptação do território urbano às características do deslocamento por veículos automotores e dos hábitos que adquiriram a partir disso. Em nenhum caso e sob qualquer perspectiva se está diante, portanto, de uma necessidade natural ou mesmo advinda de um processo evolutivo e virtuoso da organização social.

Do ponto de vista da questão urbana, a análise até aqui empreendida partiu de um recorte específico, relativo às vias urbanas, que se insere na lógica mais ampla da produção da cidade. Pretende-se, no tópico seguinte, situar o objeto do capítulo nessa lógica mais ampla, sublinhando os pontos de maior pertinência desse processo ao tema das vias urbanas.

1.2 Organização das vias urbanas e produção do espaço urbano

Como adiantado, a proposta deste tópico é entender de modo mais amplo em que contexto estão inseridas a formação e a gestão das vias urbanas do ponto de vista da organização social e econômica no modo de produção capitalista. O tema da produção do espaço urbano já foi tratado por diversos autores, a partir de diversas perspectivas. Não se trata aqui de fazer uma sistematização ampla dos elementos apontados na literatura sobre esse processo. A ideia é apenas apresentar alguns conceitos da contribuição da economia política e da geografia crítica para a questão urbana a partir de recortes pertinentes ao objeto do trabalho, jogando luz sobre uma lógica sistêmica, que permeia e influencia decisões políticas, afetando a vida nas cidades em diferentes níveis e aspectos.

1.2.1 Teoria da renda e localização

Uma das contribuições pioneiras do pensamento econômico para a compreensão da dinâmica das cidades, datada da primeira metade do século XIX, é atribuída a Johann Heinrich von Thünen.[43] A partir de uma releitura do princípio dos rendimentos decrescentes, formulado por David Ricardo (1817/1996), suprimindo a variável originalmente

---

[43] A obra paradigmática do autor, que não compõe a bibliografia deste livro, é a seguinte: VON THÜNEN, J. H. *Der isolierte staat in beziehung auf landwirtschaft und nationalökonomie*. Hamburg: Perthes, 1826.

utilizada da fertilidade[44] em favor do foco no elemento da distância em relação a um mercado consumidor preestabelecido, o economista alemão desenvolveu um modelo precursor da economia espacial. Essa abordagem, com ênfase na relação entre localização relativa e distribuição da atividade econômica, exerceu forte influência, ao longo do século seguinte, sobre os estudos econômicos que indicaram a importância decisiva do transporte e da localização nas investigações sobre o funcionamento das cidades.

Ainda no século XIX, outro autor alemão que de muitas maneiras dialogou com a obra de David Ricardo sublinhou a importância da variável "custo de transporte" ao ciclo de reprodução do capital. Segundo Karl Marx, o movimento físico real de mercadorias do local onde são produzidas até o lugar de consumo é integrante do processo produtivo e, portanto, é um fato que gera valor (MARX, 1982, Livro II, p. 153-155). Mesmo não alterando a qualidade ou a quantidade do produto, o transporte é necessário para colocá-lo em condições de consumo, situação a partir da qual o valor de uso dos bens finalmente se realiza no ciclo produtivo. Nesse sentido, para o autor, o produto está realmente acabado, libertando-se da condição de "capital-mercadoria", quando chega ao mercado (MARX, 1982, Livro II, p. 264).

Em decorrência desse processo, segue Marx, "o capital produtivo nela [indústria de transporte] aplicado acrescenta valor aos produtos transportados, formado pela transferência de valor dos meios de transporte e pelo valor adicional criado pelo trabalho de transporte" (MARX, 1982, Livro II, p. 153). No mesmo sentido, se a "mercadoria" produzida pela indústria de transporte é consumida "produtivamente, sendo um estágio da produção da mercadoria que transporta, seu valor se transfere à mercadoria como valor adicional" (MARX, 1982, Livro II, p. 56).

Essas contribuições pioneiras apontaram a centralidade da variável custo de transporte no processo produtivo. Contudo, tardaram a receber o devido desenvolvimento, ao menos naquilo que concerne ao estudo da questão urbana. A dimensão espacial presente na teoria de Marx sobre o capitalismo foi praticamente ignorada durante muito tempo, sendo retomada e destrinchada apenas na segunda metade do século XX, pelo valioso esforço de David Harvey (2005; 2013). De modo semelhante, o modelo do gradiente de cinturões distributivos das

---

[44] Vale anotar que a importância da variável da localização já havia sido antes aludida pelo próprio David Ricardo (1996, p. 49 e ss.) e, antes dele, por Malthus, citado na obra de Ricardo por sua elogiada explicação da influência da localização e da fertilidade nos princípios da renda (RICARDO, 1996, p. 295).

culturas agrícolas, mais tarde conhecido como "anéis de von Thünen", demorou a ter suas premissas transpostas à compreensão da dinâmica urbana.

No caso de von Thünen, o caminho entre a formulação do modelo e sua aplicação às teorias de planejamento urbano não foi linear. A variável do custo de transporte ganhou centralidade nas teorias econômicas — como em Schumpeter, Hicks e Allais —, o que não significou sua imediata incorporação ao estudo das cidades (THISSE, 2011). Foi apenas a partir da pesquisa de Alonso (1964) que a ideia central de von Thünen foi adaptada ao contexto urbano (THISSE, 2011, p. 21). Substituiu-se o mercado, do modelo pioneiro, por um centro de emprego (*central business district* — CBD), do qual a distância passou a ser a única característica espacial das demais localidades da cidade. Atribuído também a Muth (1967) e Mills (1969), esse modelo de cidade monocêntrica, conhecido como "AMM", é um marco da economia espacial urbana, estabelecendo seu objetivo de explicar a estrutura interna das cidades a partir do conceito básico do mercado de terras.

O modelo da cidade monocêntrica, no contexto do ressurgimento da localidade como foco das vantagens competitivas a partir da década de 1970, produziu resultados que ajudaram a explicar, a partir de modelos econométricos, diversas dimensões da dinâmica urbana, como a gradual queda da densidade de infraestrutura e do preço da terra na medida em que se distancia do centro, bem como o impacto da redução dos custos de transporte permitida pelo avanço tecnológico do transporte no fenômeno do espraiamento urbano. Mesmo deixando em aberto questões relativas à origem das cidades ("por que as cidades existem?"), e particularmente à origem dos CBDs, esses modelos influenciaram a produção da economia urbana e transcenderam para outras áreas do estudo sobre cidades.

Sem negar a importância desse tipo de abordagem, para os fins deste tópico, opta-se por explorar alguns aspectos da imbricada relação entre renda da terra, localização e transporte no âmbito do processo de acumulação capitalista e transformação do ambiente físico a partir da sistematização feita por Harvey (2005 e 2013), amparada principalmente em conceitos trabalhados por Marx. A escolha se deve ao entendimento de que sua pesquisa é mais adequada aos objetivos do trabalho, mostrando-se mais abrangente e inserida em uma compreensão coesa e integral do fenômeno social, que reconhece e analisa as contradições que lhe são inerentes.

Embora a preocupação mais imediata de Harvey (2013, p. 427 e ss.) tenha sido a de investigar a dinâmica da renda da terra e seu possível papel coordenador no processo de acumulação capitalista, o raciocínio por ele desenvolvido se presta a elucidar de que maneira a terra e o transporte interagem no processo de transformação do ambiente físico, que, ao final, é responsável pela produção e o desenvolvimento das cidades. Um primeiro ponto relevante é a noção do valor de uso do espaço, relativa à compreensão de que a terra, mesmo quando não configura um meio de produção — como ocorre na agricultura —, é a base de qualquer operação econômica e, portanto, um elemento de toda atividade produtiva. Por isso, defende Harvey, as características espaciais devem ser vistas como atributos de todos os valores de uso. Uma segunda premissa da análise remete a uma concepção relativa do espaço — vinculada aos processos de troca —, a partir da qual se verifica que os atributos espaciais não são absolutos e variam de acordo com as decisões de alocação do capital.

Com esse olhar, o autor aprofunda a teoria da renda de Marx — que se valeu de muito do trabalho pioneiro de Ricardo — com enfoque no elemento espacial, desenvolvendo pistas dispersas que o pensador alemão deixara inexploradas em sua obra, mais de um século antes. Como nota Harvey, a teoria da renda explica que as diferenças de fertilidade e de localização permitem que os proprietários das terras mais favorecidas se apropriem de parte da mais-valia gerada da exploração do trabalho pelos capitalistas. O raciocínio parte da ideia de que o valor de mercado equivale ao preço de produção na "pior" terra cultivada, de maneira que o lucro excedente percebido pelos produtores que exploram o trabalho nas propriedades mais favorecidas viabiliza a extração da renda fundiária pelos respectivos proprietários, em proporção inversa à economia relativa ao custo de produção individual em cada terra.

A partir de uma distinção aludida em Ricardo, Marx desenvolve a ideia de que essa renda fundiária pode ser de dois tipos: a chamada renda diferencial de primeiro tipo (RD1), que deriva das disparidades originais entre as terras, sendo fixada pela diferença entre os preços individuais da produção e o valor de mercado determinado pelas condições de produção na terra pior; e a renda diferencial do segundo tipo (RD2), que é um desdobramento do excedente gerado pela diminuição do preço de produção obtido por um investimento adicional de capital (acima do "normal"), sendo um produto de fluxos de capital deslocados para a terra. *Grosso modo*, a RD1 é desdobramento das diferenças naturais entre as terras, ao passo que a RD2 provém dos investimentos realizados na terra.

Harvey (2013, p. 450 e ss.) explica o intercâmbio entre os dois tipos de renda diferencial — que, no processo produtivo, se tornam praticamente impassíveis de diferenciação — e, ao mesmo tempo, os limites que uma impõe à outra. A RD2 apresenta, em primeira instância, um caráter transitório, já que aquele investimento adicional gradativamente se generaliza e se torna "normal". Por esse processo, as melhorias obtidas pelo investimento se consolidam e passam a ter efeitos análogos às diferenças naturais. Contudo, o investimento anterior elimina a hipótese de igualdade entre as propriedades (ou agrava diferenças preexistentes); e o capital "normal" varia em função dos atributos anteriores da terra, de modo que se cria pela RD2 a base para apropriação de RD1, havendo uma espécie de conversão.

Harvey explica ainda que, como o investimento adicional pode ser feito tanto nas "piores" quanto nas "melhores" terras, tem-se que as decisões alocativas influenciam o tamanho da área "cultivada" (leia-se, utilizada para a produção), o preço da terra e, eventualmente, até o preço da mercadoria. Esse investimento pode, desse modo, ter efeitos positivos, negativos ou neutros sobre o preço de mercado, a acumulação de capital e o grau de dispersão da produção — a partir do que se verifica o aludido papel de articulação exercido pelo mercado fundiário sobre a produção.

Adiante, em seu raciocínio, Harvey (2013, p. 471) explica que a teoria da renda resolve o problema teórico de a terra poder ser considerada mercadoria mesmo sem ser produto do trabalho. A venda de uma terra equivale à alienação do direito à renda fundiária que essa terra pode vir a gerar, sendo que o "comprador adquire um direito sobre as receitas futuras antecipadas, um direito sobre os frutos futuros do trabalho" naquela terra. Por isso, sustenta o autor, a terra se torna, cada vez mais claramente, uma forma de capital fictício, que cumpre no processo produtivo uma função análoga àquela desempenhada pelo capital que rende juros. Daí se desdobra também o elemento especulativo presente na dinâmica do mercado fundiário.

Identificada essa centralidade da questão fundiária para a compreensão do modo de produção capitalista, retoma-se em novo patamar o debate sobre o papel da organização do transporte na produção e na transformação do espaço. No caso do meio urbano, embora também seja possível fazer paralelos com a fertilidade,[45] a localização aparece

---

[45] Considerando o disseminado regramento da propriedade privada por regulações urbanísticas, é possível entender que aspectos da regulação jurídica de uso e ocupação do solo — como aqueles atinentes ao potencial construtivo e à destinação dos imóveis —, além das próprias características físicas do lote em termos de aptidão para receber edificações, constituiriam algo próximo à fertilidade do lote urbano. Essa ideia — que embora possivelmente não seja original, não foi encontrada na bibliografia pesquisada — é retomada adiante.

como o principal atributo da propriedade privada, recebendo ênfase majorada.

Conforme resume Harvey (2013, p. 438), a diferença entre as localizações, que está na essência da teoria da renda fundiária, deve ser medida pelo custo de transporte: partindo-se de um dado ponto do território, quanto menores os custos de transporte envolvidos no ciclo completo de reprodução de uma mercadoria, mais favorecida é a localização desse ponto para a respectiva atividade. Ressalta-se, desde logo, que esses custos contemplam as diversas etapas da reprodução do capital, abarcando o dispêndio com o deslocamento físico da matéria-prima e dos meios de produção necessários à produção, da força de trabalho que realiza a produção e da mercadoria produzida até seu local de consumo — já que todos esses deslocamentos são componentes do tempo de giro do capital.

Assim, as condições gerais de deslocamento a partir de cada propriedade qualificam sua localização, cujo impacto na dinâmica fundiária tem potencial influência sobre o preço da terra, a expansão territorial da urbanização — combinação entre dispersão e aglomeração das atividades — e, no limite, os preços das mercadorias no território. Cabe, a seguir, apresentar alguns desdobramentos pertinentes dessa relação entre o transporte — determinado pela formação e gestão das vias urbanas — e o desenvolvimento urbano.

1.2.2 Anulação do espaço pelo tempo: transporte e acessibilidade como fatores diferenciais

A aludida importância da variável "custo de transporte" no ciclo produtivo, que materializa as vantagens e desvantagens de cada localização, traz consequências determinantes às relações socioeconômicas. Conforme pontua Harvey, a localização é socialmente produzida, de maneira que a produção das configurações espaciais deve ser tida como um momento ativo na dinâmica temporal da acumulação de capital e da reprodução social. Contudo, o desenvolvimento decorrente dessa produção é geograficamente desigual.[46] Consequentemente, o avanço

---

[46] Essa constatação e seus desdobramentos permearam a obra de Milton Santos, provavelmente o mais importante geógrafo brasileiro, como se vê na seguinte passagem: "Como o espaço não é homogêneo, evoluindo de modo desigual, a difusão dos objetos modernos e a incidência das ações modernas não é a mesma em toda parte. Alguns subespaços, dotados com as modernizações atuais, podem acolher as ações de interesse dos atores hegemônicos. É assim que se constitui, dentro do conjunto de subespaços, um subsistema hegemônico,

tecnológico não mitiga os custos de transporte de modo espacialmente equilibrado. Assim, o aprimoramento da indústria de transporte tem um potencial transformador do espaço, criando diferenças de valor da localização e impondo-lhe uma oscilação constante. Essa possibilidade foi anotada por Marx muito antes de os centros urbanos serem alçados à organização social dominante:

> Melhoria dos meios de comunicação e de transporte reduz em termos absolutos o período de viagem das mercadorias, mas não suprime a diferença relativa, oriunda do percurso e que aparece no período de circulação de diferentes partes do mesmo capital-mercadoria, remetidos a diferentes mercados. Os melhores navios a vela e a vapor, por exemplo, que reduzem a viagem, reduzem-na tanto para os portos próximos quanto para os distantes. Continua a diferença relativa, embora frequentemente diminuída. *Entretanto, em virtude do desenvolvimento dos meios de transporte e de comunicação, as diferenças relativas podem ser modificadas de maneira a não corresponder mais às distâncias naturais.* Uma via férrea, por exemplo, que liga o local de produção com um empório no interior, pode aumentar, absoluta ou relativamente, a distância de uma localidade geograficamente mais próxima mas que não dispõe de estrada de ferro, tomando-se por comparação esse empório mais afastado; do mesmo modo, em virtude das mesmas circunstâncias, *pode modificar-se a distância relativa dos locais de produção aos grandes mercados de consumo, o que explica a decadência dos velhos centros de produção e o aparecimento de novos, ao mudarem os meios de transporte e comunicação.* (MARX, 1982, Livro II, p. 264-265, grifos meus)

Assim, na medida em que avançam as tecnologias de transporte, a localização, cuja importância econômica se percebe em função de seu impacto nos custos de transporte, passa a estar vinculada à infraestrutura de transporte instalada em suas proximidades e à possibilidade de seu acesso pelas mercadorias. A partir dessa relação, as distâncias entre dois pontos são, gradativamente, contraídas em relação ao tempo, ganhando maior relevo a velocidade do deslocamento em detrimento do tamanho do percurso, que é apenas um dos fatores que a influenciam. Na feliz expressão de Marx, o capital busca "anular" o espaço pelo tempo,[47] o que se torna uma condição necessária à sua expansão, tendo em vista que o acesso a mercados, fontes de matérias-primas e

---

graças às relações privilegiadas que podem ser estabelecidas entre esses objetos novos" (2006, p. 226).

[47] Conforme a citação de Harvey (2005, p. 49), essa expressão é utilizada por Marx em: MARX, Karl. *Grundrisse*. Harmondsworth, Middlesex, 1973, p. 539.

oportunidades de emprego mais distantes não pode, para os fins de sua acumulação, implicar aumento proporcional no tempo de giro do capital. Em outras palavras, a velocidade busca compensar o aumento das distâncias, provindo da necessária expansão, evitando perdas do processo de acumulação em termos de aceleração e intensidade.

Como indica a reflexão de Marx transcrita, a alteração das distâncias relativas gerada pelo avanço das forças produtivas da indústria de transporte se deve, principalmente, ao capital fixo na terra necessário ao desenvolvimento da infraestrutura de transporte (trilhos, rodovias, portos, estações etc.). Assim, embora, em princípio, os meios de transporte mais eficientes pudessem servir igualmente a todas as localidades, de modo a permitir um avanço uniforme das condições de mobilidade das mercadorias pelo espaço, a infraestrutura necessária, instalada e fixada na terra, favorece certas localidades em detrimento de outras, afetando o equilíbrio espacial preexistente.

Harvey (2013, p. 483) emenda a este raciocínio dois desdobramentos. Em primeiro lugar, defende a ideia de que esse capital fixo se torna uma amarra à mobilidade do capital, já que, assim como a valorização, a potencial desvalorização da infraestrutura também é localizada no espaço, do que se depreende que a realocação da produção envolve perdas de capital imobilizado na terra. Ou seja, as estruturas espaciais criadas para superar as barreiras espaciais se tornam, em algum momento, barreiras contrárias à mobilidade do capital e, consequentemente, às possibilidades de acumulação adicional (2005, p. 53).[48] Em segundo lugar, o autor sustenta que a grande quantidade de capital imobilizado na terra e os riscos de desvalorização tendem a impor restrições à competição e, frequentemente, a criar monopólios regulados pelo Estado no setor de transporte (2013, p. 484). Desse risco também decorre que grande parte dos investimentos realizados no setor dependa da ação e, frequentemente, de recursos do próprio Estado.

Cabe ressaltar que, não obstante a diminuição dos custos de transporte favoreça a expansão geográfica capitalista, remanesce a necessidade de se minimizar o custo de circulação e o tempo de giro do capital. Em paralelo ao movimento de expansão permitido pela diminuição dos custos de transporte, essa necessidade e a crescente

---

[48] Sintetiza o autor: "[...] o capital passa a ser representado na forma de uma paisagem física, criada à sua própria imagem, criada como valor de uso, acentuando a acumulação progressiva do capital numa escala expansível. A paisagem geográfica, abrangida pelo capital fixo e imobilizado, é tanto uma glória coroada do desenvolvimento do capital passado, como uma prisão inibidora do progresso adicional da acumulação" (2005, p. 53).

interdependência entre diferentes cadeias produtivas promovem, junto de outros fatores, a aglomeração da atividade econômica em grandes centros urbanos (HARVEY, 2005, p. 50). As próprias cidades se tornam objeto da tensão entre a expansão e a aglomeração espacial, que convergem na busca constante por novas oportunidades de acumulação adicional de capital. Desenvolvimento dos transportes urbanos e mercado fundiário são dois fatores essenciais dessa dinâmica contraditória. Vale destacar o apontamento de Harvey sobre esse movimento conflituoso, retomando algumas das percepções de Marx:

> Em geral, parece que o imperativo da acumulação produz concentração da produção e do capital, criando, ao mesmo tempo, uma ampliação do mercado para realização. Em consequência, os 'fluxos no espaço' crescem de modo notável, enquanto os 'mercados se expandem espacialmente, e a periferia em relação ao centro [...] fica circunscrita por um raio constantemente em expansão' (Marx, 1972, 288).[49] Certo tipo de relação centro-periferia surge da tensão entre concentração e expansão geográfica. (2005, p. 53)

A partir dos fundamentos expostos até aqui, é possível estabelecer e analisar algumas relações relevantes ao objeto da pesquisa. Em primeiro lugar, a evolução das condições de transporte em geral e nos centros urbanos em particular, que depende fundamentalmente de decisões estatais, altera as localizações relativas e, com isso, exerce forte influência sobre o mercado de terras. Como se abordou no subtópico anterior, sobre teoria da renda e da localização, o mercado de terras exerce um papel de articulação da distribuição da atividade econômica e dos métodos de produção, com potenciais efeitos sobre o preço das mercadorias e também, acrescenta-se, sobre a demanda por transporte. Por esses e outros impactos sobre a organização social, o mercado de terras urbanas é objeto frequente de regulação estatal. Dessa relação de mútua influência entre transporte e terra, desdobra-se um desafio para a política de desenvolvimento urbano, que pode ser ilustrado a partir de exemplos práticos corriqueiros.

Um caso tradicional é o impacto do investimento na infraestrutura de transporte sobre o valor das propriedades do entorno, em função das melhorias de condições de extração de rendas derivadas da alteração das diferenças relativas de localização (via antecipação

---

[49] Harvey se refere aqui à seguinte obra: MARX, Karl. *Theories of Surplus Value*. Londres, 1972. v. 1.

das receitas futuras). Do ponto de vista do capital, trata-se de uma etapa da circulação geral, referente à circulação do capital pelas infraestruturas sociais geridas pelo Estado, que decide sobre a alocação de recursos excedentes a partir das necessidades prementes do próprio capital — investimentos produtivos — e de pressões sociais de outras classes — investimentos estabilizantes (HARVEY, 2013, p. 509 e ss.).

Da perspectiva dos proprietários das terras próximas, a decisão alocativa do Estado relativa ao investimento na infraestrutura de transporte, ao alterar o equilíbrio espacial em seu benefício, abre a possibilidade de obtenção de renda fundiária. Assim como no caso do fator fertilidade, por provir de um investimento adicional, essa renda diferencial será do tipo 2, ainda que tenda a ser convertida em RD1 a partir da estabilização de novo equilíbrio espacial. A diferença é que essa RD2 não terá origem em um investimento adicional (acima do normal) desembolsado pelos proprietários ou produtores beneficiados, mas custeados pelo Estado, a partir do que arrecada do excedente geral da produção. Ou seja, a mudança do equilíbrio espacial decorre de um fator costumeiramente visto como exógeno à concorrência do mercado. Na linguagem utilizada pelos economistas, se trataria de uma espécie de externalidade do investimento estatal. O proprietário se apropria, então, dos benefícios do processo de urbanização e dos investimentos públicos realizados.

Não apenas os investimentos estatais em infraestrutura, mas também mudanças de certos aspectos da regulação jurídica da terra urbana podem ter efeitos semelhantes. Se os investimentos estatais no entorno alteram a localização relativa do imóvel, as mudanças na regulação da terra funcionam de modo semelhante à dinâmica do investimento que torna o imóvel mais ou menos fértil em relação aos demais. Em princípio, a vocação do lote para receber edificação depende de suas características físicas: dimensões, tipo de solo, recorte etc. Com a incidência de normas relativas ao uso e ocupação do solo — tombamento, preservação ambiental, coeficiente mínimo, básico e máximo de aproveitamento e zoneamento etc. —, as condições de edificação são profundamente alteradas. Se dos lotes mais avantajados fisicamente é possível extrair RD1 derivada das melhores condições de edificação, infere-se por analogia que seria possível extrair RD2 dos lotes sobre os quais incide uma regulação mais permissiva (coeficiente máximo elevado, zoneamento misto, ausência de restrições ligadas à preservação histórica ou ambiental etc.).

Em síntese, a ação estatal, seja por meio de investimentos, seja por meio da regulação urbanística, é fator determinante na dinâmica do mercado de terras, gerando frequentes oportunidades de apropriação de renda pelos proprietários. Por mais instrumentos que o Estado mobilize para mitigar esse processo de valorização e apropriação, a dinâmica espacial será alterada, afetando inclusive a demanda coletiva por transporte e, consequentemente, pelo uso do espaço de circulação. Ou seja, a dinamicidade da demanda por transporte, sensível à trajetória da organização territorial que é condicionada pelas oscilações do mercado fundiário, impõe que o Estado planeje o investimento em infraestrutura e a política de uso do solo a partir de uma perspectiva sistêmica e de longo prazo, considerando a interdependência entre condições de mobilidade e desenvolvimento territorial.

Pelo exposto sobre seu papel de articulação da produção, tem-se ainda que a renda fundiária passa a integrar as expectativas do mercado sobre novas alterações no equilíbrio, tornando-se um elemento da especulação da terra enquanto capital fictício. Portanto, um elemento que também orienta a distribuição dos investimentos pelo território.

Nesse contexto, como destaca Maricato (2000, p. 157-158), a valorização das propriedades torna-se, crescentemente, o "motor que move e orienta a localização dos investimentos públicos, especialmente em circulação viária", de onde se forma uma "simbiose entre a abertura de grandes vias e a criação de oportunidades para o investimento imobiliário". Nesse sentido, acrescenta a autora, as obras passam a ser mais imobiliárias do que viárias, já que seu traçado é mais pautado pela dinâmica de abrir novas localizações ao mercado imobiliário do que pela melhoria dos transportes urbanos. Conforme se detalha a seguir, a lógica de investimentos com a finalidade de gerar renda fundiária e imobiliária derivada do aumento dos preços dos terrenos e imóveis tem como face oposta a escassez de moradias acessíveis e a segregação territorial (Maricato, 2000, p. 158-159).

1.2.3 Circulação da mercadoria força de trabalho

As considerações feitas até aqui sobre o processo de acumulação capitalista ensejam uma série de desdobramentos. Em primeiro lugar, se a infraestrutura se torna condição determinante do valor da terra em cada ponto do espaço urbano, os investimentos públicos e a prioridade em sua alocação, em razão de lugar e tipo de infraestrutura de transporte, passam a ser elementos centrais do direcionamento da expansão urbana e da conformação da cidade. Associada à escolha do investimento, há a necessidade de se estabelecer os instrumentos de socialização da consequente valorização fundiária, sob pena de sua apropriação, por aqueles que possuem estoque de terra, na forma de renda.[50]

Nessa dinâmica, merece destaque a questão da circulação da mercadoria força de trabalho. Para formular o conceito de mais-valia, Marx partiu da premissa de que "o valor de qualquer mercadoria é determinado pelo tempo de trabalho socialmente necessário à sua reprodução" (1982, Livro I, p. 211). Então, aplicou esta premissa à mercadoria força de trabalho, comercializada sob as leis de troca, conceituando a "mais-valia" como a diferença entre, de um lado, o valor criado pela força de trabalho no processo produtivo (que não lhe pertence) e, de outro, o valor da força de trabalho, medido pelo custo de sua reprodução, equivalente ao custo de subsistência do trabalhador (1982, Livro I, p. 216).

Como apontado no início do tópico, Marx também notou que o transporte é uma etapa interna do processo produtivo, gerando valor sobre as mercadorias. Em sua síntese, trata-se de uma indústria que vende a mudança de localização (MARX, 1982, Livro II, p. 56), um produto produzido e consumido simultaneamente. Se a mercadoria só está acabada quando chega a seu local de consumo, tem-se que o transporte do trabalhador de sua residência até o local de trabalho é um processo que faz parte de sua reprodução enquanto mercadoria, do que decorre que os custos de transporte envolvidos nesse deslocamento integram o custo de reprodução social. Dessa perspectiva, como qualquer mercadoria, o valor da força de trabalho será, em tese, determinado pelo custo necessário para a reprodução do trabalhador que vive na região mais distante (HARVEY, 2013, p. 438-439) ou inacessível — leia-se, no local que implica os maiores custos de transporte até o local de trabalho.[51]

---

[50] Esses incrementos de renda gerados por investimentos em dada localidade, que, na teoria de Marx, poderiam ser enquadradas na categoria de "renda diferencial — RD", são denominados na literatura, com alguma frequência, como "mais-valias urbanas". No intuito de não gerar confusão com o conceito original de mais-valia abordado em seguida, optou-se por não adotar essa terminologia ("mais-valias urbanas"), preferindo-se "renda diferencial", "incremento de renda" e assemelhados.

[51] Nas cidades brasileiras, isso nem sempre ocorre de fato para todos os trabalhadores — especialmente, não se verifica para os milhões que trabalham na informalidade. Isso traz impactos ainda mais dramáticos à vida dessas populações. Em obra de 2006, Edésio Fernandes notou que "mais de 50 milhões de brasileiros têm andado de casa para o trabalho, por não poderem arcar com os custos de deslocamento por transporte coletivo" (2006, p. 4). Outro desdobramento correlato diz respeito à proliferação de modos de transporte irregular de passageiros, também associados à irregularidade das moradias: "[o] crescimento das favelas explodiu, já que o Brasil ficou mais de 20 anos sem investimento significativo em habitação e também em saneamento. Vans e mototáxis irregulares passaram a oferecer transporte coletivo cuja regulação foi relaxada em todo o

Desse modo, considerando hipoteticamente apenas a variável do transporte no custo de reprodução da mercadoria força de trabalho, tem-se que os trabalhadores residentes em localidades mais favorecidas disporiam, em tese, de um excedente de salário, que poderá ser apropriado como renda fundiária pelo proprietário (sem alterar o valor da força de trabalho), seja na forma de aluguéis, seja a partir dos preços mais elevados dos imóveis bem localizados, comprados em parcelas a perder de vista.

Ainda que essa apropriação pudesse tender a igualar o poder de compra dos salários, em função da compensação entre custo de transporte e custo de moradia, restaria, ainda, uma diferença no tempo de deslocamento, implicando que o preço da terra nas regiões menos favorecidas seguisse inferior às bem localizadas em uma proporção maior do que a diferença entre os respectivos custos de transporte (ainda que fossem consideradas as condições do transporte público e a política tarifária). Abre-se, assim, espaço efetivo para um "excedente" de salário em favor dos trabalhadores que vivem nas regiões menos acessíveis. Seria como se o trabalhador que "escolhesse" ou fosse obrigado a morar mais longe do centro de empregos tivesse seu tempo subtraído para contar com um excedente de salário, economizando parte de sua remuneração na transação geral entre custos de transporte e moradia.[52]

Isolando algumas variáveis, é possível esclarecer melhor os termos da transação. Adota-se como premissa que trabalhadores de mesma função, empregados em uma mesma empresa e no mesmo local, recebem o mesmo salário. A hipótese inicial é a ausência completa de políticas públicas de qualquer gênero com impacto, direto ou indireto, nas variáveis transporte e moradia, o que inclui política de uso e ocupação

---

país. De acordo com a Associação Nacional de Transporte Público (ANTP, 2009), nas seis maiores metrópoles brasileiras, 29% das viagens são feitas por transporte público, 9% por meio de automóvel e 44% a pé. Segundo especialista em mobilidade urbana, Nazareno S. Affonso, da direção da ANTP, havia 37 milhões de brasileiros que não acessavam o transporte público por falta de recursos em 2005. Em 10 anos, entre o final dos anos 1990 e 2008, esse tipo de transporte perdeu 30% de passageiros. O transporte consome 26% da renda familiar nos extratos mais baixos e 10% nos extratos mais altos. Esses dados mostram como a imobilidade marca a vida de milhões de brasileiros moradores das metrópoles que se deslocam apenas a pé e estão praticamente exilados em seus bairros. No entanto, o automóvel tem sido o nexo central da matriz de mobilidade urbana durante esse período de crise e posteriormente" (MARICATO, 2011, p. 148).

[52] Com o tempo, essa lógica se distorceu e se estabilizou nas cidades brasileiras de tal modo que, também por influência de outros fatores, tal "excedente" passou a compor o mínimo existencial para que as pessoas mais pobres sobrevivessem no meio urbano — frequentemente habitando moradias irregulares e sem acesso efetivo ao transporte público coletivo e outros serviços básicos.

do solo, política de mobilidade, subsídios tarifários, investimentos em serviços públicos, programas habitacionais e assim por diante.

Nesse cenário, o valor do salário seria, em princípio, definido pelo custo de reprodução da força de trabalho, que inclui, entre outras despesas, o custo de transporte e o custo de moradia.[53] O trabalhador que mora mais perto do trabalho economizaria tempo e recursos com o transporte, mas pagaria mais pela localização da terra. Seja diretamente, na forma de aluguéis, de parcelas de aquisição e de custos de manutenção do imóvel, seja indiretamente, tendo em vista a necessidade de adquirir bens essenciais a preços mais elevados, uma vez que os proprietários da terra onde se instalam os estabelecimentos comerciais próximos à sua moradia também se apropriam da renda diferencial da terra mais bem localizada. O trabalhador que mora mais longe, por sua vez, está economizando com o custo da localização da terra — da mesma forma, considerando custos diretos e indiretos —, mas gasta mais recursos e, principalmente, tempo com a locomoção. No caso do segundo trabalhador, seria como se vendesse (compulsoriamente) seu tempo ou tivesse sua jornada de trabalho estendida para receber, em contrapartida, um excedente (relativo) de salário.

Embora os custos de transporte também devam ser considerados, no contexto urbano, o fator tempo tende a predominar. Assim, enquanto, no quadro geral, a distância perde importância em favor do tempo e custo de transporte, uma análise mais detida permite inferir que o custo de transporte também cede importância ao tempo de deslocamento e sua relação com a dinâmica fundiária. Mesmo acrescentando-se tais elementos à análise, em função desse cenário de variáveis isoladas, a relação ainda parece se resumir a uma transação idealizada entre tempo e dinheiro: o trabalhador poderia supostamente escolher entre ter menos tempo e gastar menos de seu salário — pois, morando longe, receberia dinheiro pelo seu tempo — ou ter mais tempo e gastar mais de seu salário, sobretudo com moradia.

---

[53] Sobre isso, vale destacar o apontamento de Ermínia Maricato sobre uma das características do processo de urbanização brasileiro: "O custo de reprodução da força de trabalho não inclui o custo da mercadoria habitação, fixado pelo mercado privado. Em outras palavras, na indústria brasileira, mesmo muitos daqueles regularmente empregados pela indústria moderna fordista (indústria automobilística), não ganha o suficiente para pagar o preço da moradia fixado pelo chamado mercado formal". Isso porque no Brasil, segue a autora, "a favela ou o lote ilegal combinado à autoconstrução foram partes integrantes do crescimento urbano sob a égide da industrialização", de modo que o "consumo da mercadoria habitação se deu, portanto, em grande parte, fora do mercado marcado pelas relações capitalistas de produção" (2000, p. 155).

Conforme se busca destacar a seguir, a resultante das forças econômicas insere a terra em uma lógica de valorização e desvalorização que praticamente elimina a possibilidade dessa escolha, fazendo com que os trabalhadores residam majoritariamente nas regiões menos favorecidas da cidade. Frequentemente, em loteamentos irregulares que formam a "cidade ilegal", sem acesso a serviços como transporte e saneamento (MARICATO, 2000) e distantes dos locais onde os empregos e a infraestrutura se concentram.

Para além dos prejuízos que isso traz à qualidade de vida desses trabalhadores e à organização da vida nas cidades, tal dinâmica contribui para a consolidação de um modelo de deslocamento ineficiente, acarretando perdas de bem-estar coletivo. A título de exemplo, citam-se resultados do estudo econômico realizado por Haddad e Vieira (2015), que aplicaram ao contexto da RMSP uma metodologia de avaliação que considera a relação entre mobilidade, acessibilidade e produtividade dos trabalhadores. As chamadas "linhas de transmissão" assumidas pelo estudo são assim resumidas:

> Os exercícios de simulação partem das estimativas de variação na produtividade dos trabalhadores que, direta ou indiretamente, beneficiam-se de melhor mobilidade para realizar seus deslocamentos diários. De acordo com a estrutura do modelo, isso representa, por um lado, uma redução do preço dos bens compostos, o que afeta positivamente a renda regional real: nesta abordagem de custo-competitividade, as empresas tornam-se mais competitivas — dado que os custos de produção [se] reduzem (insumos estão mais baratos); os investidores preveem retornos potenciais mais altos — já que o custo de produção de capital também [se] reduz; e as famílias aumentam sua renda real, com maiores possibilidades de consumo. Uma renda real maior gera maior demanda doméstica, enquanto que um aumento da competitividade dos produtos nacionais e regionais estimula a demanda externa. Isso cria espaço para um aumento na produção das empresas — destinada para os mercados doméstico e internacional — o que exige mais insumos e fatores primários. [...]
> Por outro lado, o aumento da produtividade do trabalho também está associado com uma redução no requisito de trabalho por unidade de produção nos setores que empregam trabalhadores afetados pelas mudanças nos tempos de deslocamento. Como a produção torna-se menos intensiva em trabalho, *ceteris paribus*, a demanda por mão-de-obra cai, ocasionando um excesso de oferta de trabalho no sistema econômico. Isso cria uma pressão negativa sobre os salários, bem como sobre a renda do capital, dada a possibilidade de substituição imperfeita entre os fatores primários, que são repassados na forma de preços mais baixos. (HADDAD; VIEIRA, 2015, p. 14)

Essas variações de preço de segunda ordem, que apontam em direções contrárias, têm seu efeito determinado pelo valor relativo das forças envolvidas. O estudo traça ainda um cenário de longo prazo dos efeitos (5 a 10 anos), em que se considera o efeito "relocalização", tendo em vista que a mudança geográfica dos fatores de produção pode gerar novas decisões de investimento, que redefinem a distribuição das atividades e, portanto, a distribuição espacial do estoque de capital e a distribuição demográfica. A partir de comparações, aproximações e estimativas, o estudo apontou os seguintes resultados:

> Uma redução generalizada de 27,63% no tempo de viagem corresponderia a um aumento potencial de 15,75% da produtividade dos trabalhadores da RMSP, variando de 12,6% a 18,9% por município de destino. Em termos de PIB, o ajustamento de longo prazo da economia vislumbrando tal crescimento de produtividade dos trabalhadores metropolitanos poderia gerar um PIB para o país aproximadamente R$110 bilhões mais elevado que o verificado em 2010 (2,83% maior). A população brasileira também perceberia um nível de consumo 2,83% mais elevado, equivalente a R$64,5 bilhões.
> Os impactos regionais seriam diferenciados, sendo que os efeitos relativos seriam ainda mais importantes para a cidade de São Paulo e os demais municípios da RMSP. [...] [A capital] absorveria aproximadamente 50% de todo o benefício, o que significaria um PIB por volta de R$54 bilhões (10,94%) mais elevado [do] que o de 2010, e um nível de consumo de seus residentes R$32 bilhões (16,17%) a mais que o consumo de 2010. Quanto aos demais municípios que compõem a RMSP, o ajustamento de longo prazo aos novos níveis de produtividade resultaria em aumento do consumo em 18,53% e do PIB em 12,89% (comparado aos níveis de 2010). (HADDAD; VIEIRA, 2015, p. 21)

Em síntese, o estudo sugere que, em uma configuração espacial em que os trabalhadores residem em locais distantes dos centros de emprego, com acessibilidade reduzida, uma série de fatores prejudicam a economia urbana, tais como: aumento das faltas, elevação das chances de atraso, necessidade de sair mais cedo do posto de trabalho, diminuição das horas efetivamente trabalhadas, aumento do esforço de deslocamento e seu impacto sobre a produtividade da hora trabalhada, bem como aumentos dos custos de encontrar um novo posto de trabalho.

Como ressaltado no próximo subtópico, esses desdobramentos indicam, entre outras coisas, que a produção da cidade a partir da lógica apresentada — em que não há regulação efetiva, a lei é aplicada de forma desigual e prevalecem os interesses privados, sobretudo daqueles que possuem estoque de terra urbana — é incapaz de promover bem-estar coletivo, impondo um desafio complexo à produção de políticas públicas urbanas.

1.2.4 Fenômeno da gentrificação e o desafio do Poder Público

A dinâmica entre espaço e tempo descrita acima remete ao fenômeno da gentrificação e aos desafios que impõe ao Poder Público, tema que encerra o presente capítulo. A expressão *gentrification* deriva do termo em inglês *gentry* ("de origem nobre"), remetendo a uma espécie de "enobrecimento" da ocupação do solo. Um dos primeiros usos do termo foi feito por Ruth Glass, em sua busca por descrever, na década de 1970, a mudança do perfil social dos bairros centrais londrinos, até então desvalorizados. Esses bairros passaram a atrair famílias de classe média, que substituíram gradativamente as famílias de menor renda que lá viviam, mudando o perfil de ocupação (LAURIANO, 2013, p. 9).

Contudo, a primeira visão bem-acabada do conceito é atribuída ao geógrafo estadunidense Neil Smith, que, em princípio, descreveu o processo em três etapas. Primeiro, haveria a gentrificação esporádica, derivada da ação de investidores pontuais e pessoas de maior poder aquisitivo que decidem arriscar-se a direcionar recursos para um local até então desvalorizado pelo mercado imobiliário. Numa segunda onda, o processo seria consolidado pela participação massiva de agentes do mercado imobiliário, mais conservadores, garantida por investimentos e estímulos públicos que sinalizam a oportunidade de obtenção de incrementos de renda. O sucesso da segunda onda levaria à adoção dos incentivos públicos como política global, generalizando a elitização da região afetada. Nas palavras do autor, nessa terceira fase, o fenômeno deixa de ser uma anomalia local, desenvolvendo-se como componente de ampla reformulação econômica, social e política do espaço urbano (LAURIANO, 2013, p. 15-17).

Como nota o autor, esse processo se dá comumente em áreas centrais. Em especial, nos centros históricos, em que a degradação temporária — propiciada pela desconcentração do capital dessas áreas, em movimento compassado à suburbanização e à expansão urbana — oferece, no médio prazo, a oportunidade de reversão dos reinvestimentos de baixo custo em renda diferencial provinda de localização e infraestrutura privilegiadas (LAURIANO, 2013, p. 15-19). No entanto, como a terceira etapa sugere, essa lógica pode se instalar amplamente na dinâmica de desenvolvimento urbano e na ação estatal, servindo à acumulação à custa do aprofundamento da segregação social e territorial. No curso da expansão urbana, essa dinâmica também afeta regiões mais afastadas, expulsando as camadas populares para pontos ainda mais distantes, por vezes fora inclusive dos limites do município.

Há aqui um obstáculo, que desafia a concepção de um modelo de planejamento e gestão urbana capaz de romper com o ciclo e efetivamente ser aplicado para redistribuir, de modo socialmente justo, os benefícios e ônus do processo de urbanização. Para entendê-lo, é necessário um olhar mais detido para as causas do fenômeno.

Neil Smith (2007) contextualiza a gentrificação nos planos local, nacional e global e a relaciona ao movimento de reestruturação do espaço urbano. O autor destaca que, mais importante do que identificar os elementos envolvidos nesse processo, é formular uma explicação integral, capaz de relacionar esses elementos entre si e de mensurar seu peso relativo. Os elementos elencados pelo autor são: (i) suburbanização e surgimento de um diferencial de renda; (ii) desindustrialização e crescimento relativo do setor de serviços; (iii) centralização espacial combinada à descentralização do capital; (iv) queda na taxa de lucros e movimentos cíclicos do capital; e (v) mudanças demográficas e no padrão de consumo.

Para o autor, parte desses elementos assume o papel de explicar a origem do processo, enquanto outra parte é responsável por sua forma. O primeiro elemento cria a oportunidade econômica que é a condição para que o processo ocorra (por que); o segundo remete às utilidades associadas ao movimento (para que); o terceiro explica a direção e o local prioritário de seu desenvolvimento (para onde); o quarto tem implicações sobre momento e ritmo do processo (quando); e o quinto, de modo secundário, oferece *nuances* sobre a forma estética assumida pelo processo (como se mostra).

A suburbanização, segundo Smith, é ao mesmo tempo um aprofundamento da centralização na escala nacional e uma descentralização na escala urbana — indissociável, ressalta-se, da evolução das condições de mobilidade. A suburbanização é condição da gentrificação, pois é a partir da expansão urbana que o capital se desloca dos locais originários (centros), promovendo a desvalorização do capital fixo investido nessas regiões e, com isso, criando o diferencial de renda (*rent gap*) que atrairá o capital circulante no momento posterior. Como resume o autor, "é o deslocamento do capital para a construção de paisagens suburbanas e o consequente surgimento de um *rent gap* o que cria a oportunidade econômica para a reestruturação das áreas centrais urbanas" (2007, p. 22).

A desindustrialização e a correlata expansão do setor de serviços explicam a saída do capital das regiões suburbanas — onde parte expressiva do parque industrial se desenvolveu — e, ao mesmo tempo, apontam em favor de que padrão de ocupação do solo e de quais atividades o capital migrará para outras regiões, em busca da oportunidade de renda diferencial gerada pelo processo. Nas palavras de Smith, esses elementos ajudam a explicar "os tipos de estoques de edifícios e usos do solo envolvidos no desenvolvimento do *rent gap* e [...] os novos usos que devem surgir quando houver a oportunidade para o redesenvolvimento" (2007, p. 22).

Esses dois primeiros elementos são capazes de explicar por que razão o capital se desloca e em função do desenvolvimento de que atividades. Mas não esclarecem, ainda, por qual motivo a pretensão de obter esses ganhos de capital se dirige, frequentemente, às regiões centrais das cidades. A premissa do autor é que, a partir dos movimentos de industrialização e expansão urbana (ou suburbanização), haveria uma relativa diminuição das economias de aglomeração em favor de economias organizacionais de escala. Para explicar o movimento de centralização — recuperação da economia de aglomeração —, Smith busca aprofundar a visão sobre a importância econômica da relação face a face, notada por Jacobs (2011) e incorporada pelos economistas. Assim, o autor associa o processo, novamente, a mudanças na configuração da atividade econômica. Ele anota que, diferentemente do setor industrial, o setor de serviços e as características que assumiu conferem certa instabilidade à gestão dos negócios, exigindo dos centros decisórios respostas imediatas que dependem de um contato próximo e imediato com uma série de sistemas de apoio profissional e administrativo (2007, p. 25). As necessidades organizacionais desses centros decisórios explicariam a tendência de centralização que move o capital.

Invertendo a ordem dos dois últimos elementos, tem-se nas transformações demográficas e de consumo um fator de importância reduzida na visão de Smith, a determinar a forma superficial verificada no processo de reestruturação. O envelhecimento da população, o aumento do número de famílias monoparentais e de pessoas que permanecem solteiras, o estilo de vida adotado por grupos urbanos específicos, bem como diversos aspectos demográficos e culturais dão "a cara" do processo de gentrificação, revelando suas *nuances* práticas e as estratégias comerciais e culturais adotadas pelo mercado imobiliário para comunicar o projeto aos consumidores.

Trabalhando a partir de elementos semelhantes, Otília Arantes sugere uma importância maior das transformações na demografia e no padrão de consumo, relacionando a dinâmica econômica à formulação de um discurso cultural de legitimação do processo:

> [...] a gentrificação é uma resposta específica da máquina urbana de crescimento a uma conjuntura histórica marcada pela desindustrialização e consequente desinvestimento de áreas urbanas significativas, a terceirização crescente das cidades, a precarização da força de trabalho remanescente e sobretudo a presença desestabilizadora de uma *underclass* fora do mercado. E nessa transição dramática também se põe em funcionamento, com a mesma eficiência, a máquina de fabricar consensos. Como logo perceberam Molotch e Logan, a longa marcha dos novos pioneiros urbanos foi saudada desde o início pela coalizão de sempre entre o mundo dos negócios, mídia e burocracia pública. [...] Aí o embrião de uma mudança emblemática: à medida que a cultura passava a ser o principal negócio das cidades em vias de gentrificação, ficava cada vez mais evidente para os agentes envolvidos na operação que era ela, a cultura, um dos mais poderosos meios de controle urbano no atual momento de reestruturação da dominação mundial. (2000, p. 31-33)

O quarto elemento citado por Smith, relativo à taxa de lucro e ao movimento cíclico do capital, foi deixado por último para servir de gancho a outra discussão correlata. Como já apontado, esse elemento explica o momento em que a reestruturação é levada a cabo, que não coincide necessariamente com o da criação das condições para sua ocorrência. Segundo Neil Smith, o *rent gap* e o retorno espacial do capital para a região central integram o processo mais amplo de acumulação de capital e, num nível abstrato, resultam da "dialética dos padrões espaciais e temporais do investimento de capital; mais concretamente, é o produto espacial dos processos complementares de valorização e desvalorização" (2007, p. 26). Nesse contexto, Smith lembra o alerta de Harvey, que identifica a tendência de deslocamento do capital para a produção do ambiente construído, onde as taxas de lucro permanecem altas e é possível, via especulação, apropriar-se da renda da terra sem produzir. Por isso, "o momento desta reestruturação espacial [...] está intimamente relacionado à reestruturação econômica que ocorre durante as crises econômicas" (SMITH, 2007, p. 26).

A inserção da gentrificação no âmbito de um processo mais amplo e global de acumulação capitalista remete ao fato de que, sobretudo a partir da radicalização da liberalização financeira ocorrida em escala mundial a partir da década de 1980, a concorrência interestatal foi alçada a outro patamar. A desregulação das finanças e consequente liberação das amarras à livre circulação do capital não apenas tornaram os Estados nacionais mais vulneráveis por conta da perda de eficácia dos instrumentos de controle disponíveis, como inseriram os próprios governos locais em uma lógica competitiva de atração de capital em suas mais variadas formas. É o que aponta Vainer:

> [...] não há como desconhecer a centralidade da ideia de competição entre cidades no projeto teórico e político do planejamento urbano. É a constatação da competição entre cidades que autoriza a transposição do modelo estratégico do mundo das empresas para o universo urbano, como é ela que autoriza a venda das cidades, o emprego do *marketing* urbano, a unificação autoritária e despolitizada dos citadinos e, enfim, a instauração do patriotismo cívico.
> [...] [David Harvey] identifica no processo descrito como de competição entre territórios e regiões um mecanismo que leva as cidades a se alinharem 'à disciplina e à lógica do desenvolvimento capitalista' (Harvey, 1996, p. 56). Nessa direção, ao seguirem os ensinamentos e diretrizes dos consultores catalães e generalizarem a oferta das infra-estruturas e serviços necessários à implantação de corporações transnacionais, as cidades estariam, simultaneamente: a) barateando, pela concorrência, o custo destes serviços para os seus consumidores; b) aumentando a liberdade de circulação e a fluidez, isto é, a liberdade de escolha e margem de manobra dos consumidores de localização, uma vez que estes teriam à disposição um número cada vez maior de cidades com os atributos locacionais indispensáveis. (2000, p. 99-100)[54]

Nesse contexto, o planejamento urbano se torna uma peça nessa engrenagem, oferecendo instrumentos de reorganização do território que se prestam à obtenção de condições favoráveis ao investimento privado. Ocorre, então, uma radical diversificação dos ativos mobilizados no processo de mercantilização da cidade, atingindo os bens públicos de maneira geral e atributos simbólicos e históricos da cidade. A cidade, em si, se torna mercadoria e a gestão urbana corre o risco crescente de se aproximar de uma atividade comercial empresarial. Os mandatários

---

[54] Para defender que "a nova questão urbana teria, agora, como nexo central a problemática da competitividade urbana", Vainer (2000, p. 76-77) também cita o seguinte trecho de publicação de 1998 do Banco Mundial relativa ao Congresso Mundial de Desenvolvimento Econômico: "Quando a liberalização do mercado preside o desenvolvimento da economia global e a privatização, e os mercados financeiros se tornam rotina, as cidades necessitam: competir pelo investimento de capital, tecnologia e competência gerencial; competir na atração de novas indústrias e negócios; ser competitivas no preço e na qualidade dos serviços; competir na atração de força de trabalho adequadamente qualificada (*World Economic Development Congress & The World Bank*, 1998, p. 2)".

deixam de ser lideranças políticas e gestoras e se aproximam, cada vez mais, de agentes de venda do produto "cidade", utilizando-se para isso do próprio legado cultural acumulado historicamente em cada localidade.

Amarrando a lógica de expansão urbana sob modelo rodoviarista à dinâmica fundiária, Milton Santos constrói a seguinte formulação:

> As cidades, e sobretudo as grandes, ocupam, de modo geral, vastas superfícies, entremeadas por vazios. Nessas cidades espraiadas, características de uma urbanização corporativa, há interdependência do que podemos chamar de categorias espaciais relevantes desta época: tamanho urbano, modelo rodoviário, carência de infra-estruturas, especulação fundiária e imobiliária, problemas de transporte, extroversão e periferização da população, gerando, graças às dimensões da pobreza e seu componente geográfico, um modelo específico de centro-periferia. Cada uma dessas realidades sustenta e alimenta as demais e o crescimento urbano é, também, o crescimento sistêmico dessas características. As cidades são grandes porque há especulação e vice-versa; há especulação porque há vazios e vice-versa; porque há vazios as cidades são grandes. O modelo rodoviário urbano é fator de crescimento disperso e do espraiamento da cidade. Havendo especulação, há criação mercantil da escassez e o problema do acesso à terra e à habitação se acentua. Mas o déficit de residências também leva à especulação e os dois juntos conduzem à periferização da população mais pobre e, de novo, ao aumento do tamanho urbano. As carências em serviços alimentam a especulação, pela valorização diferencial das diversas frações do território urbano. A organização dos transportes obedece a essa lógica e torna ainda mais pobres os que devem viver longe dos centros, não apenas porque devem pagar caro seus deslocamentos como porque os serviços e bens são mais dispendiosos nas periferias. E isso fortalece os centros em detrimento das periferias, num verdadeiro círculo vicioso. (1993, p. 96-97)

A descrição desses processos não se presta à enumeração de prognósticos fatalistas, mas ao dimensionamento do tamanho do desafio da gestão pública. Como lembra o próprio Vainer, em contraposição à cidade-mercadoria e sua gestão empresarial (*city*), há a *polis* que afirma "a possibilidade de uma cidade como espaço de encontro entre os cidadãos" (2000, p. 101) e como espaço comum de troca, que está na origem política e econômica do meio urbano. Essa contradição conceitual se coloca, na prática, como a contraposição de pressões antagônicas incidentes sobre o ente estatal, cuja resultante, quase sempre, se aproxima mais dos interesses imediatos do capital ou, simplesmente, se distancia dos interesses coletivos — que podem convergir, em certos casos, com interesses de mais longo prazo do capital. Conforme se buscou demonstrar ao longo deste capítulo, essas forças de mercado, do ponto de vista da organização do território urbano, mostram-se frequentemente incapazes de produzir algo além da mera acumulação de capital. Ao contrário, para além de produzir injustiça social e aprofundar desigualdades, a configuração da cidade-mercadoria tem significado o aniquilamento de boa parte dos ativos econômicos da organização social urbana, sendo diretamente responsável por uma série de ineficiências que impactam negativamente a economia e o bem-estar coletivo.

Ao mesmo tempo que consistem em um problema a ser resolvido, essas constatações fundamentam uma ação do Estado que, mesmo dentro da resiliente ordem capitalista, se oponha aos interesses imediatos do capital não apenas em favor de distribuição mais justa dos ônus e benefícios do processo de urbanização, mas da própria eficiência produtiva das cidades, constantemente prejudicada pelos efeitos dos movimentos especulativos e predatórios que buscam incrementos de renda no curto prazo. Eis o desafio da gestão urbana, que tem como pressuposto a democratização não apenas do conteúdo da política urbana, mas também dos processos decisórios, fomentando a organização da sociedade de modo a alterar a correlação de forças em favor dos interesses coletivos.

# AS VIAS URBANAS COMO OBJETO DE ESTUDO JURÍDICO

Este capítulo se presta a delimitar as vias urbanas, tema principal do livro, enquanto objeto de estudo jurídico. Dividiu-se tal delimitação em duas partes. Primeiro, busca-se apreender e analisar o conceito jurídico de via urbana, passando por suas classificações, sua organização em um sistema e sua ordenação como componente da política de transportes urbanos. Em seguida, descreve-se o processo de criação das vias urbanas na forma como regulada pelo direito brasileiro, atendo-se ao funcionamento dos institutos do direito urbanístico.

Embora o objetivo primeiro seja apresentar a conformação jurídica das vias urbanas — o que, pelas próprias características da legislação urbanística brasileira e de sua aplicação, leva a certo distanciamento da realidade fática, tendo em vista o contraste naturalizado entre planejamento e gestão urbana (MARICATO, 2000) —, dirige-se a esse tratamento jurídico, nos pontos pertinentes, o viés crítico do primeiro capítulo. Mesmo assim, não seria possível, com tais comentários, escapar ao contraste entre a abordagem deste capítulo em relação ao anterior, que reflete o descompasso entre a cidade formal legal e a cidade informal ilegal, abordado por urbanistas brasileiras de relevo, como Ermínia Maricato (2000 e 2011) e Raquel Rolnik (1997 e 2012).

2.1 Definição jurídica das vias urbanas

Além de premissa deste trabalho, a apreensão e análise do conceito de via urbana e suas implicações é tarefa que se justifica por si mesma. Em primeiro lugar, isso deriva da importância desse bem público. As vias urbanas formam a estrutura e o desenho das cidades. Consubstanciam o elemento de composição material das cidades mais permanente e resiliente, determinando as condições do exercício de uma das funções urbanas essenciais, a circulação, e influenciando as possibilidades concretas de efetivação de uma série de outros direitos e utilidades públicas no meio urbano. Por isso, políticas públicas de diversas naturezas, relacionadas a diferentes setores e objetivos estatais, têm as vias urbanas como objeto principal ou secundário, o que as insere em um complexo feixe de relações jurídicas.

Dessa condição decorre uma segunda justificativa ao aprofundamento do conceito de vias públicas. Como pontuou Ostrom (2007, p. 37), a estabilidade das regras depende do significado compartilhado expresso pelas palavras utilizadas para estabelecer seu conjunto. O acordo que origina a regra depende, nessa perspectiva, de um acordo anterior, referente ao sentido dos termos utilizados em sua formulação, sob pena de não haver clareza sobre o que é permitido, proibido ou requerido. A estabilidade do léxico utilizado não garante a inércia do seu conteúdo semântico, sujeito a transformações tecnológicas e sociais que podem mudar a aplicação da regra (HESPANHA, 2012; OSTROM, 2007), como ilustra o conhecido fenômeno da mutação constitucional. Há, então, uma via de mão dupla, embora com frequência e fluxos distintos, em que tanto a formulação do conceito influencia a aplicação do direito à realidade, como as transformações sociais, que alteram as condições de aplicação do direito, também podem exigir reformulações conceituais.

Diante disso, mais do que fixar premissas, buscou-se nesta primeira parte do capítulo investigar diversos aspectos relacionados ao conceito de vias urbanas. Em primeiro lugar, são abordados os critérios delimitadores do conceito de vias urbanas. Em seguida, apresenta-se a classificação das vias urbanas, ressaltando suas implicações para a formulação sobre a função social das vias urbanas. No terceiro tópico, aborda-se a noção de sistema viário urbano, anotando aspectos da visão que permeia essa construção jurídica. O quarto e o quinto subtópicos se dirigem, respectivamente, à descrição dos parâmetros de ordenação dos transportes urbanos, eixo estruturante da política atinente às vias urbanas e foco principal dos pontos jurídicos controvertidos; e à apresentação das principais questões controvertidas relacionadas ao conceito jurídico de vias urbanas.

2.1.1 Delimitação do conceito de via urbana: critérios geográfico e qualitativo

O dicionário *Michaelis* (2018) atribui nove significados ao termo "via", três deles diretamente associados à essência do sentido designado pela locução "via urbana": (i) "caminho ou estrada por onde se vai de um ponto a outro"; (ii) "qualquer obra viária (avenida, rua, estrada etc.) que serve para ligar localidades urbanas ou uma cidade a outra, usada para o trânsito de veículos e pedestres"; e (iii) "lugar por onde se vai ou se é levado".

Da combinação desses sentidos, tem-se que a via é um lugar, um espaço físico, dotado ou não de infraestrutura, marcado por uma serventia específica: a conexão ou comunicação física entre dois pontos espaciais fixos. Já nesse sentido geral, vê-se um recorte funcional que permite designar algo como via. Diferentemente de objetos cujo conceito consubstancia uma descrição isolada — como em geral ocorre com coisas do meio natural (a exemplo das árvores ou do céu), que são o que são independentemente de sua serventia —, o conceito de via tem um componente social intrínseco. A via o é por servir a algo, a conexão entre lugares diferentes. Se o espaço físico em questão não mais se prestar a conectar dois pontos, tratar-se-á, agora, de uma "antiga via", que deixou de sê-la por ter perdido sua função. Em razão do próprio conceito, não se prestando a sua serventia primária ao menos potencialmente, passa a ser apenas um lugar como qualquer outro, perdendo a identidade.

Escribano Collado (1973, p. 31 e ss.), jurista espanhol que, como poucos, se aprofundou no estudo das vias urbanas, identifica em seu conceito jurídico três critérios delimitadores, que as diferenciam das demais vias. O primeiro é o critério geográfico, relacionado à localização das vias urbanas dentro dos limites do perímetro urbano. O segundo diz respeito à sua configuração como núcleo de serviços públicos essenciais, servindo tanto aos habitantes assentados em propriedades adjacentes, como aos cidadãos em geral. Por fim, aponta a suscetibilidade das vias para receber edificações, o que remete à natureza das cidades e traça uma linha divisória que exclui rodovias, estradas e demais vias extraurbanas do conceito por uma razão qualitativa, que vai além da mera localização.

Os três critérios depreendidos da obra de Escribano Collado mostram-se plenamente compatíveis e aderentes à definição de via urbana constante no Anexo I do Código de Trânsito Brasileiro — CTB (Lei nº 9.503/1997): "ruas, avenidas, vielas, caminhos e similares abertos à circulação pública, situados na área urbana, caracterizados principalmente por possuírem imóveis edificados em sua extensão". Considerando que, conforme a definição do mesmo CTB, a abertura à circulação pública é característica de qualquer via pública, verifica-se que tanto o critério geográfico como o qualitativo, que diferenciam a via urbana das demais, mereceram igual centralidade.

Pretende-se, aqui, explorar os aspectos relativos ao critério qualitativo, que tem implicações importantes e contribuirão para subsidiar a investigação acerca da função social das vias urbanas. A vocação das vias urbanas para comportar núcleos de serviços e sua aptidão para receber edificações são traços característicos das vias urbanas que dão consequência à sua localização geográfica, pois que remetem à própria característica e função das cidades enquanto forma de organização social. O meio urbano não o é por obra do acaso ou da natureza, sendo fruto da ação coletiva da sociedade. A via que hoje não é caracterizada como urbana (via extraurbana) pode passar a sê-la a partir do processo da urbanização de áreas rurais. Ainda que, do ponto de vista jurídico, deva-se observar que o perímetro urbano é legalmente delimitado, por meio do plano diretor e da legislação urbanística de cada município, a mudança legal, no mais das vezes, sobrevém à alteração de fato, resultante da transformação do ambiente pela ação social, incluído aí o próprio Estado, por ações e omissões voluntárias. Antes de tudo, é essa transformação que altera a essência e o uso da via, trazendo consequências ao plano jurídico.[55]

Contribui também à delimitação do conceito de via urbana sua contraposição ao conceito de via extraurbana, a via rural. Conforme o CTB, as vias rurais são as rodovias (via rural pavimentada) e as estradas (via rural sem pavimento). Como se vê, ao contrário das vias urbanas, a definição dada pelo código é genérica. Pelo contraste com a definição legal de via urbana, poderiam ser descritas como as estradas e rodovias situadas fora da área urbana e caracterizadas pela não suscetibilidade para receber edifícios ou, a rigor, por uma densidade muito mais baixa de edificações ao longo de sua extensão.

Esse traço remete à destinação das vias rurais, as quais, como anotou José Afonso da Silva (2012, p. 184), são mais tidas à circulação de veículos e menos à de pedestres. Caberia acrescentar ainda que são mais dadas à circulação do que à permanência, seja de veículos ou

---

[55] Nesse ponto, vale mencionar de passagem que a maior importância adquirida pelas cidades a partir do Renascimento foi protagonizada, em muitos casos, por núcleos urbanos surgidos a partir do cruzamento de grandes vias, caracterizados como pontos de grande circulação, como Paris, Flandres e Bologna.

pedestres. Isso porque, ao contrário das vias urbanas, que comportam uma gradação relevante de usos, as vias rurais são predominantemente vias de passagem, com baixa densidade de edificações adjacentes e sem vocação para comportar núcleos de serviços em quantidade. Sem edificações e sem disponibilização massiva de serviços, restam poucos motivos para parar em uma via. Sua destinação essencial e permanente é conectar um ponto a outro do território, de modo que os poucos estabelecimentos abertos ao público em sua extensão, sejam comerciais ou públicos, servem praticamente apenas de apoio ao deslocamento por veículos motorizados.

Por esse motivo, Hely Lopes Meirelles observou que há estradas que, embora de domínio público, "são reservadas a determinadas utilizações ou a certos tipos de veículos, tendo em vista sua destinação ou seu revestimento", são de uso pago (mediante tarifa ou pedágio) ou têm o trânsito condicionado a horário ou tonelagem máxima. Por isso, conclui que esses tipos de restrições e condicionalidade que limitam seu uso as tornam "verdadeiros instrumentos administrativos, de uso especial, sem a generalidade das utilizações do passado, que as caracterizam como bens de uso comum de todos" (2016, p. 675). Ou seja, para o autor, essas rodovias teriam tratamento jurídico semelhante ao reservado às ferrovias.

Pela interpretação do autor, a realidade das vias rurais — em especial das rodovias — teria, então, superado sua classificação como bens públicos de uso comum do povo (SILVA, 2012, p. 192). José Afonso da Silva, de outro lado, afirma que, ainda que haja uma especificidade do direito de circulação nas rodovias, não lhes seria atribuível a destinação das vias de regime especial, posto que continuam destinadas ao uso do povo, propondo que se poderia distinguir os bens de uso do povo em duas categorias: bens de uso comum do povo e bens de uso especial do povo (2012, p. 193).

Essa última posição nos parece mais aderente à realidade e às necessidades públicas. Como abordado nos capítulos seguintes, é plenamente possível vislumbrar a cobrança por determinados usos das vias urbanas — a exemplo do pedágio urbano aplicado aos usuários de automóveis particulares — sem que isso implique a descaracterização de tais vias como bens de uso comum.

O que se busca, nesse ponto, é ilustrar que as vias rurais, uma vez destinadas predominantemente a um uso específico e bem delimitado, comportam restrições de uso unidirecionais mais amplas e rígidas. Por contraste, tem-se que as vias urbanas, pelas características mencionadas, são objeto de uma variedade bem maior de usos, muitos dos quais fundamentais à vida nas cidades. Isso demanda do Poder Público um tipo de regulação muito mais complexo e sensível, exigindo a produção de políticas públicas intersetoriais.

Essa variedade de usos, abordada ao longo do livro, está umbilicalmente ligada ao critério qualitativo delimitador do conceito de vias urbanas. Há que se notar, contudo, que se trata de conceito que abarca vias muito distintas entre si, o que repercute na função que cumprem e, por consequência, na regulação jurídica a que fazem jus. Nesse sentido, no subtópico seguinte, são abordadas as classificações, legais e consuetudinárias, das vias urbanas, de modo a organizar a gradação de realidades concretas que o conceito comporta.

Como comentário crítico a essa abordagem jurídica inicial, tem-se que as tentativas doutrinárias de dar ares jurídicos ao conceito de via urbana encobrem uma realidade fática que suscita enfoque distinto. De modo mais simples e direto, pode-se dizer que a via urbana é a via do meio urbano, a via que integra a cidade.[56] Não há separação real entre o critério geográfico e o critério qualitativo. O perímetro urbano é uma delimitação jurídica que, quase sempre, é posterior aos efeitos do processo de urbanização. Este, sim, transforma o meio e, consequentemente, suas vias, tornando ambos caracterizáveis como urbanos. O direito apenas reconhece essa realidade no mais das vezes.

Já as características de suscetibilidade a receber edificação ou da aptidão para comportar núcleos de serviços, se jurídica, é uma criação normativa tal qual a delimitação do perímetro urbano, ainda que também possa gerar efeitos posteriores. Se pretensamente fática, é uma ficção que ignora a parcela da cidade "informal", não planejada ou construída em contradição ao que foi concebido a partir da atividade de planejamento urbano (MARICATO, 2000, p. 124). As vias situadas em favelas ou ocupações realizadas em áreas de manancial não deixam de ser urbanas pelo fato de os lotes irregulares adjacentes não serem adequados à edificação ou ao adensamento de serviços. Tais vias são,

---

[56] Essa formulação não significa que qualquer via voltada ao deslocamento urbano possa ser classificada como via urbana. Por exemplo, as vias de *campus* universitário, pertencentes à autarquia de regime especial, podem ser conectadas ao viário dos Municípios onde o *campus* se situa, servindo à circulação urbana, sem que isso implique a transferência de seu domínio à municipalidade. Conforme explica Marques Neto: "Se, por exemplo, a faculdade de educação física necessita fechar uma rua interna ao *campus* para uma prova de atletismo de seus alunos e este fechamento não afetar a vida da comunidade universitária, não será sua influência no viário municipal que obrigará submeter o fechamento às autoridades municipais de tráfego" (2008, p. 183).

como as demais, vias da cidade, independentemente da observância ao disposto na legislação e nos planos urbanísticos.

Em síntese, sem prejuízo da pertinência da definição jurídica exposta, sublinha-se que a cidade e suas vias são indissociáveis, nascem juntas e compartilham características. Na "cidade legal" idealizada, as vias se prestam à livre circulação de veículos e pessoas, comportam a instalação de núcleos de serviços e têm em seus lotes adjacentes locais próprios à edificação. A verificação desses "quesitos" não é necessária, na prática, para que uma via seja assim qualificada. Na realidade, a via urbana é aquela componente do meio urbano e inserida em sua dinâmica própria, independentemente das características e adequação à cidade formalmente concebida e positivada.

2.1.2 Classificação das vias urbanas

A classificação legal de vias urbanas está disposta no CTB, que prevê, em seu art. 60, os seguintes tipos de vias urbanas: via de trânsito rápido, via arterial, via coletora e via local. O anexo da lei traz a definição de cada um desses tipos nos seguintes termos:

> VIA – superfície por onde transitam veículos, pessoas e animais, compreendendo a pista, a calçada, o acostamento, ilha e canteiro central.
> VIA DE TRÂNSITO RÁPIDO – aquela caracterizada por acessos especiais com trânsito livre, sem interseções em nível, sem acessibilidade direta aos lotes lindeiros e sem travessia de pedestres em nível;
> VIA ARTERIAL – aquela caracterizada por interseções em nível, geralmente controlada por semáforo, com acessibilidade aos lotes lindeiros e às vias secundárias e locais, possibilitando o trânsito entre as regiões da cidade;
> VIA COLETORA – aquela destinada a coletar e distribuir o trânsito que tenha necessidade de entrar ou sair das vias de trânsito rápido ou arteriais, possibilitando o trânsito dentro das regiões da cidade;
> VIA LOCAL – aquela caracterizada por interseções em nível não semaforizadas, destinada apenas ao acesso local ou a áreas restritas.

A descrição desses tipos é ilustrativa da diversidade de vias que compõem um mesmo sistema viário, ao menos no que diz respeito à sua função de circulação. A classificação do CTB, segundo parâmetros da engenharia de tráfego, aproximou-se da chamada classificação funcional básica (EBTU/CET, 1982, p. 7). Como se nota, a cada tipo de via foi atribuída, explícita ou implicitamente, uma função primordial específica, sempre vinculada apenas à destinação das vias à circulação, especialmente de veículos. Essa atribuição reflete um dos princípios regentes da atividade de engenharia de tráfego: o da hierarquização funcional das vias. Ou seja, reconhece-se, ao menos em parte, a multiplicidade de funções das vias e, ao mesmo tempo, presume-se a impossibilidade de atribui-las simultaneamente a cada via específica. Adota-se, então, o escalonamento de prioridades de funções como estratégia para conceber um conjunto de vias "contínuo" e "balanceado" (EBTU/CET, 1982, p. 2).

Outra noção implícita à classificação, correlata à hierarquização funcional, é a visão do conjunto de vias como um todo interligado, cujo funcionamento guarda relação de mútua influência entre si, o que remete à construção da ideia jurídica de "sistema viário urbano", abordada no subtópico seguinte. Essa noção fundamenta a visão de que a gestão das vias urbanas depende de um planejamento estatal técnico destinado a organizar a intervenção sobre o conjunto de vias, em oposição a uma pouco promissora gestão fragmentada do sistema viário. A dinamicidade desse todo tem por consequência que a classificação de vias concretamente falando não é estática ou permanente, sendo atribuição do Município não apenas a definição inicial, mas sua constante adequação às características físicas, à natureza da circulação a que cada via se presta e ao interesse público de modo geral.

Trazendo o viés crítico que permeou o primeiro capítulo a essa abordagem jurídica, nota-se ênfase praticamente exclusiva da classificação do CTB à função de circulação das vias. A leitura de cada definição praticamente não suscita qualquer elemento alheio à circulação, remetendo principalmente ao tráfego de veículos. Ainda que se trate de um código de trânsito, focado em regular juridicamente o deslocamento, é sintomático que nenhum elemento da definição faça alusão a características outras que não as diretamente relacionadas à circulação e à infraestrutura que lhe dá suporte.

A hierarquia funcional, ainda que cumpra um papel de organização do todo, contribui à formação da premissa de que a fluidez do tráfego se sobrepõe a outras destinações da via urbana. Essa ideia é retroalimentada por uma visão administrativista de destinação intrínseca, originária do bem público, tratada no primeiro tópico do terceiro capítulo. Como se procurou mostrar no primeiro capítulo, a conformação das vias urbanas se pautou por essa premissa da destinação principal à circulação de veículos e, sobretudo nas regiões com mais infraestrutura, pela caracterização da via a partir da classificação prevista na legislação de trânsito. Feitos esses apontamentos, retorna-se ao detalhamento da descrição de cada tipo de via definido no CTB.[57]

As vias de trânsito rápido existem primordialmente nas grandes manchas urbanas. São vias extensas e amplas, que ligam regiões distantes da área urbana de um município,[58] conectando, frequentemente, as vias situadas no perímetro urbano às rodovias que levam às fronteiras do município.[59] Sua função primeira é permitir longos deslocamentos.

Por se prestarem ao escoamento célere de veículos automotores, aproximam-se, em termos físicos, das características das próprias rodovias: não possuem interseções em nível ou mesmo acesso direto aos lotes adjacentes e às vias secundárias; proíbem o estacionamento de veículos; o trânsito de veículos é totalmente segregado ao de pedestres (quando há), com separação em níveis; possuem faixas largas, acostamentos ou baias laterais e, muitas vezes, uma multiplicidade de faixas de rolamento; e os cruzamentos com outras vias, expressas ou arteriais, se dão em desnível. A ausência de interseções implica que não haja vias transversais em relação às vias de trânsito rápido ou mesmo pontos de travessia de pedestres no nível da via, permitindo a dispensa da instalação de semáforos e de outros obstáculos ao livre fluxo do trânsito. Essa conformação possibilita um fluxo intenso de veículos automotores, que se valem de acessos especiais a vias secundárias paralelas para entrar ou sair das expressas, de modo a poder acessar, indiretamente, outras vias ou as edificações adjacentes.

Por essas características, entre os tipos de via, as de trânsito rápido (ou expressas) são aquelas que melhor simbolizam o modelo rodoviarista de cidade. Não que esse tipo de via possa ser tido como desnecessário ao funcionamento das grandes cidades, longe disso. Ocorre que é marca da conformação rodoviarista de cidade a abertura indiscriminada de vias expressas e sua constante ampliação, favorecendo o escoamento veloz de uma quantidade crescente de automóveis. Como exposto no Capítulo 1, a lógica é que, se há congestionamento, falta espaço para a circulação do automóvel. Um dos exemplos mais

---

[57] Para a descrição das características das vias, utilizou-se como subsídio, além do texto legal, as descrições constantes em EBTU/CET (1982) e em Silva (2012).

[58] *Grosso modo*, seria possível indicar também a conexão entre diferentes pontos de uma região metropolitana conurbada. Contudo, no direito brasileiro, a via urbana possui sempre jurisdição municipal, de modo que, ainda que fisicamente seja possível constatar que um caminho contínuo atravessa a fronteira de municípios situados na mesma mancha urbana, a fronteira municipal continuará sendo o limite de uma via urbana. Verifica-se aí mais um exemplo de contraste entre a cidade legal e a cidade real.

[59] Essa característica torna frequente o trânsito de veículos de carga nesse tipo de via.

famosos e extremos pode ser visto na cidade de Los Angeles, nos Estados Unidos, em que a irracionalidade da multiplicação de vias e faixas expressas significou o aniquilamento da vida urbana nas ruas.[60] Uma das vias expressas mais emblemáticas construídas no Brasil, o elevado apelidado de "Minhocão", é objeto de análise detida no Capítulo 4, à frente.

Retomando a descrição física, conforme anota Silva (2012, p. 204), as vias expressas costumam ser compostas por três subtipos de vias conjugadas: (a) autopista, que é a via expressa, dividida por um canteiro central que separa faixas de rolamento de mão única, sem possibilidade de retorno e sem edificações em suas margens; (b) vias laterais, de natureza local e auxiliar, situadas em ambos os lados da autopista, para servir às propriedades adjacentes e permitir a entrada e saída das vias expressas, sempre de modo segregado; e (c) vias de acesso especiais, que, ao enlaçá-las, conectam a autopista com o restante da rede viária. Em Brasília essas vias especiais, quando conectam vias expressas que se cruzam, receberam o apelido de "tesourinhas", por seu formato peculiar.

As vias de trânsito rápido, em razão dessas características, enquadram-se, conforme denominação da engenharia de tráfego, na categoria de vias estruturais. Essa categoria é composta ainda pelas vias arteriais, que, diferentemente daquelas, possuem acesso direto aos lotes adjacentes e às vias secundárias, sendo caracterizadas pela presença de interseções em nível, controladas, regra geral, por semáforos; além

---

[60] O verdadeiro pesadelo que a cidade de Los Angeles se tornou foi descrito por Jacobs ainda no ano de 1960 (2012, p. 394-395), situação agravada nas décadas seguintes. Uma das passagens dá conta de que: "Poderia parecer que Los Angeles está chegando ao ponto de equilíbrio porque 95 por cento das viagens dentro dessa cidade são feitas com automóveis particulares. No entanto, mesmo assim, as pressões ainda não estão bem equilibradas, porque 66 por cento das pessoas que vão ao centro erodido e sem vida de Los Angeles ainda usam transporte público. Quando uma greve de funcionários de trânsito de Los Angeles, em 1960, levou às ruas mais carros do que o normal, fotos aéreas mostraram vias expressas e também ruas congestionadas ao máximo, com carros colados uns aos outros, e os noticiários disseram que houve brigas de socos entre motoristas nervosos com a falta de lugar para estacionar. O sistema de trânsito de Los Angeles, outrora considerado o melhor dos Estados Unidos (alguns especialistas dizem que do mundo), decaiu tanto, que faz lembrar um transporte público lento e inadequado, mas obviamente continua tendo um contingente de usuários para os quais não há espaço nas vias expressas e nos estacionamentos. Além do mais, a pressão por estacionamento continua, no geral, subindo. Há poucos anos, quem se mudava para a 'cidade' achava que duas vagas de garagem eram mais que suficientes. Hoje [1961], os novos prédios oferecem três vagas por apartamento — uma para o marido, outra para a mulher e uma média de uma vaga por apartamento para outros familiares ou visitantes. Menos que isso, é impossível, numa cidade onde é difícil comprar um maço de cigarros sem usar o automóvel; e, quando alguém dá uma festa, mesmo a cota média de três vagas de garagem por apartamento é insuficiente" (2012, p. 394).

da presença de circulação de pedestres (praticamente inexistente nas vias expressas). Nesse último caso, em espaço protegido e canalizado, com pouca interferência no trânsito de veículos.

Em que pesem as diferenças, as arteriais são também categorizadas como vias estruturais em razão da função de orientação geral das principais correntes de tráfego dentro do perímetro urbano, privilegiando-se o deslocamento de veículos. Sua função primordial é o deslocamento de média distância, servindo para conectar a rede viária às vias expressas e, com certa frequência, para a operação mais intensiva do transporte coletivo. Em regra, as vias arteriais possuem um canteiro central que divide as mãos, faixas largas e baias de conversão. Os cruzamentos entre arteriais costumam ser semaforizados, enquanto as interseções dessas com expressas são feitas em desnível ou por ramais de acesso. Outro traço é a restrição ao estacionamento de veículos, diferente da proibição absoluta das expressas.

Em contraposição às vias estruturais, a categoria das vias complementares é composta por vias coletoras e locais. As primeiras se prestam a distribuir o trânsito dentro das regiões da cidade, sendo utilizadas, frequentemente, no início e no final dos percursos, além de servirem como parada de transporte coletivo. Possuem tráfego local intenso e têm sua estrutura física marcada por faixas simples ou separadores comuns, pistas de largura média e presença de faixas de pedestres, que cruzam a via em nível. O estacionamento de veículos costuma ser permitido e as interseções com outras coletoras e com as arteriais são, com frequência, semaforizadas.

Por fim, as vias locais têm por função essencial o trânsito local e o acesso a áreas restritas, no interior dos bairros. São aquelas com maior utilização relativa de pedestres para caminhada. Em termos físicos, contam com pistas simples, sem divisão, e faixas de rolamento estreitas. O estacionamento de veículos costuma ser permitido — muitas vezes gratuitamente — e as interseções com outras locais e com coletoras não contam com controle, sendo que, no cruzamento com as coletoras, há sinalização de prioridade a estas em relação às locais. As vias locais, a depender do caso, sofrem menor impacto do modelo rodoviarista, sendo possível encontrar exemplos pontuais em que algo da dimensão comunitária se preservou no uso da rua.

Contudo, fatores recentes impactam particularmente as vias locais. O principal provavelmente diz respeito ao surgimento e intensificação do uso dos aplicativos de celular que calculam rotas de deslocamento por carro e moto, que, para entregar a prometida fuga dos congestionamentos, frequentemente levam um contingente grande de veículos a utilizarem vias locais como trecho de meio de percurso, com potencial de trazer efeitos perenes em alguns casos. Outro fator importante a afetar a configuração de algumas vias locais diz respeito ao controle de acesso de pessoas que não residem nos lotes adjacentes, situação que tem se tornado mais frequente e passou a ser autorizada expressamente na Lei de Parcelamento, em seu art. 2º, §8º, a partir da redação dada pela Lei nº 13.465/2017.[61]

Além da classificação legal, é pertinente tangenciar as diversas denominações atribuídas às vias urbanas nos municípios brasileiros, entre as quais: rua, avenida, alameda, praça, largo, travessa, beco, ladeira, viaduto, túnel, passarela, jardim, esplanada, calçadão, viela, ponte, escadaria e outros. A hipótese aventada é de que o tratamento dedicado às vias urbanas pelo Poder Público, além da relação mais evidente com a classificação legal, dialoga com a escolha feita diante do rol de terminologias correntemente utilizadas para batizar as vias, cujo significado também está sujeito a transformações sociais e disputa.

Um comentário preliminar é o de que esses bens públicos a que se atribuem as referidas denominações têm sido genericamente tratados, pela legislação e pela doutrina de direito urbanístico, por logradouros (SILVA, 2012, p. 195). Logradouro seria então uma terminologia que engloba qualquer via pública destinada ao uso comum dos munícipes. O *Dicionário Houaiss* (2007, p. 1194) define logradouro, entre outros sentidos, como "qualquer espaço público livre, inalienável, assim reconhecido pela municipalidade (p. ex., avenidas, ruas, praças, jardins etc.), que se destine ao uso comum do povo, ao trânsito de veículos, à comunicação ou separação de zonas urbanas, à recreação etc.". Convergente a essa definição, o Anexo do CTB define logradouro público como "espaço livre destinado pela municipalidade à circulação, parada ou estacionamento de veículos, ou à circulação de pedestres, tais como calçada, parques, áreas de lazer, calçadões." Portanto, a nomeação das vias diz respeito ao que tem sido considerado pelos próprios municípios como a atividade de designação dos tipos de logradouros que antecedem sua nomeação de batismo.

Embora o CTB não traga definições ou parâmetros que contribuam à caracterização dos tipos de logradouros, salvo a classificação já

---

[61] Estabelece o dispositivo: "Art. 2º. [...] §8º Constitui loteamento de acesso controlado a modalidade de loteamento, definida nos termos do §1º deste artigo, cujo controle de acesso será regulamentado por ato do poder público municipal, sendo vedado o impedimento de acesso a pedestres ou a condutores de veículos, não residentes, devidamente identificados ou cadastrados."

mencionada, é possível encontrar nas legislações municipais elementos que contribuem à definição das terminologias mais comuns. Adotam-se como ponto de partida as definições do Decreto nº 49.236/2008, do Município de São Paulo, que consolida a legislação municipal sobre denominação e alteração da denominação de vias e logradouros municipais. Sempre que possível, os parâmetros normativos do Decreto são complementados por comentários da doutrina de direito urbanístico, sobretudo das ricas descrições formuladas por José Afonso da Silva (2012). Como se verá, os principais critérios a distinguirem os tipos de logradouros são largura e destinação dos logradouros.

O inciso I define a *avenida* (abreviada por Av.) como "o espaço destinado à circulação de veículos e pedestres, com largura igual ou superior a 20m entre os alinhamentos". Esses últimos podem ser entendidos como o limite entre o logradouro e as propriedades adjacentes que o circunscrevem. Silva (2012, p. 198) caracteriza avenida como "via ornamentada, com duas ou mais pistas de rolamentos e canteiros ajardinados e arborizados no centro". Tanto da descrição normativa como da doutrinária pode-se inferir que as avenidas se enquadram, na classificação do CTB, como vias arteriais ou coletoras. Seria uma via larga demais para configurar uma local e estreita demais para ser expressa, que também não costuma ser ornamentada ou servir ao trânsito de pedestres.

O inciso II define *rua* (abreviada por R.) como "espaço destinado à circulação de veículos e pedestres, com largura de 7,20m a 19,99m entre os alinhamentos". Silva (2012, p. 198) a entende como via pública situada no interior das povoações e ladeada, de ambos os lados, por casas, paredes ou muros, ou predispostas a isso, referindo-se especialmente à "via de circulação de uma única faixa ou pista de rolamento, sem canteiro central, destituída de ornamentação". O autor destaca ser este o termo genérico coloquialmente utilizado para designar qualquer via.[62] *Grosso modo*, "rua" estaria para a linguagem coloquial como "logradouro" para a linguagem jurídica. De todo modo, a definição jurídica de "ruas" permite concluir que constituem, pela classificação do CTB, vias locais ou, menos frequentemente, coletoras — não devendo, a rigor, designar via estrutural.

O inciso XI conceitua *alameda* (abreviada por Al.) como "logradouro arborizado destinado à circulação de veículos e pedestres".

---

[62] Em qualquer parte do país, é comum, por exemplo, arguir alguém sobre o endereço em que reside a partir da pergunta: "em que rua você mora?".

Seria, então, uma rua caracterizada pela arborização contínua. Na mesma linha vai a caracterização de Silva (2012, p. 198), que a define como via estreita, com uma única faixa de rolamento, e orlada de árvores nas laterais (nos primórdios, orlada de "álamos"). Assim como as ruas, trata-se de vias locais ou, no máximo, coletoras, com um traço distintivo marginal.

O inciso III define *travessa* (abreviada por Tv.) como "espaço destinado à circulação de veículos e pedestres, com largura de 3,61m a 7,19m entre os alinhamentos". Por essa terceira definição, vê-se que o Decreto estabelece uma gradação entre as vias de circulação mista (pedestres e veículos), em que a avenida seria a mais larga, a rua, a ordinária, e a travessa, uma via mais singela. Silva (2012, p. 199) define *travessa* como "rua estreita e curta que atravessa o meio do quarteirão, ligando duas outras vias". A possibilidade de uma rua de circulação mista tão estreita é explicada pelo que o autor acrescenta à descrição: cuidam-se vias curtas que atravessam o meio do quarteirão, raramente sendo objeto de fluxos intensos. Com base no CTB, infere-se que travessas sempre serão vias locais. À luz da observação de Jacobs sobre as vantagens das quadras curtas para o florescimento da diversidade nas ruas, esse tipo de via se mostra desejável, por facilitar o deslocamento de pedestres e possibilitar a diversidade de rotas e o encontro com o inesperado — um estabelecimento comercial recém-aberto, uma pequena praça até então desconhecida e outras descobertas que rompam com a monotonia da repetição dos trajetos.

O inciso IV define *via de pedestre* como "espaço destinado à circulação exclusiva de pedestres, com largura mínima de 2m entre os alinhamentos", enquanto o inciso V define *viela* como "espaço destinado à circulação exclusiva de pedestres, interligando dois logradouros sem acesso de lotes para ela, com largura de até 4m entre os alinhamentos". A primeira seria uma via de circulação exclusiva de pedestres mais genérica, sendo a segunda uma espécie caracterizada por ser mais estreita e não possuir acesso aos lotes. A viela estaria para a via de pedestre como a travessa está para a rua. Outra espécie correlata de via exclusiva de pedestres é o *beco*, definido no inciso XIII como "logradouro curto e estreito, às vezes sem saída e destinado à circulação de pedestres".

O inciso IX define *praça* como "logradouro delimitado por vias de circulação e/ou pelo alinhamento de imóveis, criado com o intuito de propiciar, em região urbana, espaços abertos e destinados ao lazer e à recreação comunitária". Como discorre Silva (2012, p. 199), trata-se de um complexo de vias de circulação e áreas de lazer, cuja finalidade é menos a circulação e mais a permanência, sendo um local de encontro por excelência, onde se exerce o direito fundamental de reunião previsto no art. 5º, XVI, da CF/1988. Ainda segundo o autor, essa função explica que se permitam apenas edifícios institucionais na área interna das praças, que, em regra, possuem também o papel de embelezar a cidade. Espaço público de características semelhantes é o largo, descrito no inciso XII do Decreto como "alargamento ao longo de um logradouro, geralmente em frente a algum edifício público" e, em outra perspectiva, caracterizada por Silva (2012, p. 200) como uma praça despida de ornamentos e jardins, onde não se distinguem as vias de circulação, e que serve mais aos encontros negociais do que ao descanso e ao lazer.

Por fim, destaca-se a definição de *parque* (abreviado por Pq.), descrita no inciso X do Decreto como "logradouro delimitado por vias de circulação e/ou imóveis circunvizinhos, com grandes dimensões e implantado com o propósito de propiciar a existência de espaços abertos, ajardinados e arborizados, edificados ou não, visando primordialmente ao lazer, à recreação comunitária e à preservação ambiental, além de conter equipamentos destinados à cultura e à prática de esportes, dentre outros".[63]

À luz da classificação do CTB e das definições dos tipos de logradouros é possível fazer uma última inferência comparativa. A classificação legal, enfatizando excessivamente o objeto do diploma, dirige-se quase que totalmente ao que se poderia entender como a função primária das vias urbanas — a circulação. Nela, tanto a caracterização da função das vias, como sua descrição física dialogam, direta ou indiretamente, com o tipo e as condições de deslocamento que comportam. Por trás das descrições, nota-se ênfase em determinado tipo de circulação, realizada por meio de veículos automotores.

De outro lado, os tipos de logradouros mostram um espectro mais amplo de possibilidades relacionadas ao uso das vias. Funções como a arborização da cidade, o encontro das pessoas, o desempenho de atividades físicas, culturais e de lazer e até a perspectiva estética do urbanismo encontram eco nos elementos mobilizados para conceituar esses tipos de logradouros. Há na comparação um indicativo sobre

---

[63] O art. 2º do Decreto Municipal nº 49.346/2008 do Município de São Paulo descreve ainda as *vielas sanitárias* (inciso VI), o *balão de retorno* (inciso VII), a *passarela* (inciso VIII), a *ladeira* (inciso XIV), o *viaduto* (inciso XV), a *ponte* (inciso XVI), o *túnel* (inciso XVII), o *complexo viário* (inciso XX), a *rodovia* (inciso XVIII) e a *estrada* (inciso XIX). Por suas características mais facilmente dedutíveis da própria denominação ou, no caso das duas últimas, por serem estranhas ao perímetro urbano e já referidas anteriormente, esses logradouros não são aqui descritos.

a natureza política e o efeito simbólico que a designação de uma via urbana potencialmente guarda no que tange aos objetivos da política urbana, como retomado adiante. Por fim, a hierarquização das vias e a divisão de funções específicas entre os diferentes tipos remete à ideia de "sistema viário urbano", próximo assunto do capítulo.

2.1.3 Sistema Viário Urbano

A premissa da circulação como destinação principal das vias, a ideia de que, mesmo para essa destinação, há funções específicas que não poderiam ser desempenhadas igualmente por cada via individualmente e a solução de hierarquização funcional do viário como forma de garantir determinado padrão de locomoção foram elementos que forjaram a construção da noção de "sistema viário urbano". Ou seja, a via urbana (a parte) surge antes da ideia de sistema viário (o todo), tendo esse último sido construído juridicamente segundo uma determinada visão sobre a função das vias urbanas, associada ao modelo rodoviarista de cidade. A ideia deste subtópico é partir da abordagem do tratamento jurídico do sistema viário urbano no ordenamento brasileiro para tangenciar alguns de seus desdobramentos no campo da produção de políticas públicas atinentes às vias urbanas.

Em primeiro lugar, cabe entender o conceito de sistema viário. Como descreve José Afonso da Silva (2012, p. 181), "[s]istema viário, em sentido amplo, é o conjunto das redes, meios e atividades de comunicação terrestres, aquáticos e aéreos que permitem o deslocamento de pessoas e coisas de um ponto a outro do território nacional, estadual e municipal". Desse modo, sistema viário compreende tanto o sistema nacional de viação extraurbano (que inclui o sistema rodoviário,[64] ferroviário, hidroviário e aeroviário), como o sistema viário urbano, composto exclusivamente pelas vias urbanas[65] — aquelas que interessam ao direito urbanístico e são objeto de sua regulação.

---

[64] Composto pelas vias terrestres extraurbanas: estradas, caminhos e demais vias localizadas fora da zona urbana.

[65] Segundo Silva (2012, p. 181): "Só as *vias terrestres* interessam ao direito urbanístico, e dentre elas especialmente as rodovias e, de maneira ainda mais típica, o sistema viário urbano. [...] O *conceito urbanístico de "sistema viário"*, portanto, reduz-se a seu aspecto terrestre, e consiste na *ordenação do espaço para o exercício da função de circular*." Esse entendimento não parece convergente com a previsão do art. 4º, §3º, da Lei nº 12.587/2012, que inclui entre as infraestruturas de mobilidade urbana as hidrovias. Essa inclusão legal parece acertada, tendo em vista as inúmeras cidades brasileiras cujas populações dependem do transporte por águas para o deslocamento cotidiano, bem como as recorrentes transformações das hidrovias a partir de intervenções de natureza urbanística.

Atualmente, o Sistema Nacional de Viação (SNV) é regulado pela Lei nº 12.379/2011, que atende o disposto no art. 21, XXI, da CF/1988 ao dispor sobre os princípios e diretrizes do SNV. Prevê seu art. 2º, *caput* e §1º, que o SNV é constituído tanto pela infraestrutura física (dimensão estática) como pela estrutura operacional[66] (dimensão dinâmica do sistema) dos vários modos de transporte sob jurisdição[67] dos entes federativos, compreendendo, assim, o Sistema Federal de Viação e os sistemas de viação dos Estados, do Distrito Federal e dos Municípios.[68] Depreende-se da previsão que o Sistema Viário Urbano, de jurisdição municipal, é parte integrante do Sistema Nacional de Viação. Diferentemente da Constituição de 1969, que previa competência federal para instituir o Plano Viário Nacional (art. 8º, XI) vinculante a todos os entes federativos, a CF/1988, em movimento descentralizador, previu apenas a competência federal para instituir princípios e diretrizes do SNV, ficando a cargo dos entes subnacionais elaborarem seus próprios planos viários.

Essa previsão da Constituição de 1969 foi atendida pela Lei nº 5.917/1973, que instituiu o Plano Nacional de Viação. Referida lei vigeu até o advento da Lei nº 12.379/2011, que a revogou. Segundo Silva (2012, p. 184), contudo, aquela já não havia sido inteiramente recepcionada pela CF/1988 em razão do movimento descentralizador referido, que retirou a competência da União para instituir o Plano Nacional de Viação. Desse modo, a partir da promulgação da CF/1988, apenas os princípios e diretrizes da lei teriam seguido vinculando os entes subnacionais.

Os princípios e diretrizes do SNV foram reformulados na nova legislação na forma da previsão de objetivos designados para cada

---

[66] Conforme o Anexo da lei, a estrutura operacional compreende "o conjunto de meios e atividades estatais, diretamente exercidos em cada modalidade de transporte e que são necessários e suficientes ao uso adequado da infra-estrutura" (item 1, subitem 1.2).

[67] Utiliza-se aqui "jurisdição" em vez de "competência" por ser aquele o termo empregado pela lei. Entende-se, contudo, que o mais adequado seria falar em competência.

[68] Nesse ponto, relacionado ao conteúdo do SNV, a Lei nº 12.379/2011 apenas reforça o que já estava disposto na Lei nº 10.233/2001, que também estabeleceu que o sistema é composto não só pela infraestrutura viária, mas também por sua estrutura operacional. Embora tenha tratado lateralmente do SNV, os objetivos centrais desse diploma foram a criação do Conselho Nacional de Integração de Políticas de Transporte, da Agência Nacional de Transportes Terrestres (ANTT), da Agência Nacional de Transportes Aquaviários (Antaq) e do Departamento Nacional de Infraestrutura de Transportes. A lei de 2001 também previu os objetivos essenciais do SNV (art. 4º): dotar o país de infraestrutura viária adequada (I), garantir a operação racional e segura dos transportes de pessoas e bens (inciso II) — caracterizada pela gerência eficiente do sistema, objetivando tornar mínimos os custos operacionais e garantir a segurança e a confiabilidade dos transportes (§2º) — e promover o desenvolvimento social e econômico e a integração nacional (inciso III). Esses objetivos foram posteriormente incrementados timidamente pela Lei nº 12.379/2011.

um dos sistemas integrantes. Em relação aos sistemas viários dos Municípios, a Lei nº 12.379/2011 previu poucos objetivos: (i) promover a integração do Município com os Sistemas Federal e Estadual de viação e com os Municípios limítrofes (art. 38, II); (ii) conectar a capital do Estado às sedes dos Municípios que o compõem, bem como a sede do Município a seus distritos (art. 38, III, "a" e "c"); e (iii) possibilitar a circulação econômica de bens e prover meios e facilidades de transporte coletivo de passageiros, mediante oferta de infraestrutura adequada e operação racional e segura do transporte intermunicipal e urbano (art. 38, IV). Por fim, a lei estabeleceu que os entes subnacionais: definirão, em legislação própria, os elementos da infraestrutura viária que comporão seus respectivos sistemas em articulação com o Sistema Federal de Viação (art. 39); e adequarão suas estruturas administrativas para assumirem segmentos da infraestrutura viária federal e a execução de obras e serviços outorgados pela União (art. 40).

À luz dessas previsões atinentes aos sistemas viários municipais, nota-se que a referida lei parece acrescentar pouco ao tratamento jurídico das vias urbanas.[69] Seu conteúdo indica apenas que os sistemas viários dos Municípios integram o SNV e que possuem objetivos convergentes aos demais sistemas, sobretudo àqueles fixados para os sistemas viários estaduais. Apesar disso, é importante compreender o significado da positivação da ideia de sistema viário urbano[70] e sua relação com a classificação legal de vias abordada no subtópico anterior.

A positivação da ideia de sistema viário urbano, formado por diferentes tipos de vias urbanas — cada qual com papel peculiar na dinâmica de circulação —, relaciona-se a uma determinada concepção de política urbana, calcada em um planejamento estatal vertical centralizado, pretensamente técnico e neutro, que "promete" a capacidade de

---

[69] Nessa linha, relevante pontuar que a Lei nº 12.379/2011 possui uma densidade normativa razoavelmente menor do que a Lei nº 5.917/1973, por ela revogada. Essa última não apenas previa com maior robustez os princípios e diretrizes do SNV, reformulados de modo simplificado pelo diploma posterior, e instituía o Plano Nacional de Viação (não recepcionado pela nova Constituição), como trazia conceitos importantes envolvendo o conteúdo de cada um dos sistemas componentes do SNV. Após alteração promovida pela Lei nº 6.261/1975, a Lei nº 5.917/1973 passou a conceituar também o Sistema Nacional de Transportes Urbanos, vinculando inclusive ao Sistema Viário Urbano (SILVA, 2012, p. 188). Antes dessa alteração trazida pela Lei nº 6.261/1975, a Lei nº 5.917/1973 conceituava apenas o Sistema Nacional de forma geral, o Sistema Rodoviário Nacional, o Sistema Ferroviário Nacional, o Sistema Portuário Nacional, o Sistema Hidroviário Nacional e o Sistema Aeroviário Nacional — todos abordados no documento anexo ao diploma.

[70] A noção de sistema mais tarde permeou toda a construção da Lei nº 12.587/2012, que instituiu a Política Nacional de Mobilidade Urbana (PNMU) e que dispõe sobre o Sistema Nacional de Mobilidade Urbana.

extrair, da utilização de métodos precisos, a configuração que melhor se presta ao funcionamento da cidade. Conforme explica Maricato, "do modernismo, esse planejamento urbano ganhou a herança positivista, a crença do progresso linear, no discurso universal, no enfoque holístico". De outro lado, "da influência keynesiana e fordista, o planejamento incorporou o Estado como figura central para assegurar o equilíbrio econômico e social" (2000, p. 126).

Esse tipo de planejamento urbano não é insubstituível, tampouco único, mas seus preceitos prevaleceram no urbanismo brasileiro ao longo do século XX, período em que se deu a urbanização do país (MARICATO, 2000). Independentemente de seu viés — principalmente em relação à forma de intervenção —, alguns desses traços do planejamento urbano modernista (ou funcionalista) também guardam relação com a natureza da questão urbana e, em especial, das vias urbanas.

A regulação da cidade e de suas vias tangencia questões de escala, que ensejam um olhar governamental — ainda que não necessariamente exclusivo e vertical como, lamentavelmente, é o mais comum — que combine as dimensões qualitativa e quantitativa, partindo de comparações temporais e geográficas, de experiências pretéritas, da apreciação estatística e de outros elementos e inferências que contribuam a uma compreensão coletiva e abrangente dos direitos das populações urbanas, direcionando a análise da realidade à proposta de cenários prospectivos (BUCCI, 2017, p. 37). Como se viu no Capítulo 1, a política urbana envolve grandes conflitos distributivos. No caso das vias urbanas, tais conflitos se dão em função da distribuição do espaço entre os usuários dos diferentes meios de circulação, bem como entre os diferentes usos a que as vias se prestam. Assim como o planejamento urbano modernista o faz em relação aos conflitos da "cidade real", a ideia de um sistema viário organizado a partir da hierarquia funcional e operado segundo critérios supostamente técnicos e neutros encobre os conflitos inerentes à atividade política de gestão das vias urbanas, além de colocar demasiada ênfase na função de circulação.

Essas características justificam a adoção de metodologia de análise baseada na abordagem de direito e políticas públicas, marcada por três pontos centrais: o destaque à perspectiva do Poder Executivo, a consideração da escala da ação governamental e o exercício de uma visão de cenários futuros, com base na dimensão jurídico-institucional das políticas públicas (BUCCI, 2017, p. 34-40). O próprio conflito inerente à elaboração da política urbana e da política atinente às vias urbanas reforça essa justificativa, tendo em vista que a abordagem de direito e políticas públicas, embora situada no campo jurídico, também permite identificar a tensão constante entre a política e o direito na formulação e execução das políticas públicas (BUCCI; COUTINHO, 2017).

2.1.4 Transportes urbanos e sua ordenação

A ordenação dos transportes urbanos constitui a dimensão dinâmica do sistema viário urbano e é um pressuposto da função de circulação das vias urbanas. Função essa que corresponde à destinação jurídica principal desse bem público e, por isso, concentra boa parte dos conflitos políticos que lhe incidem. São abordados, a seguir, os meios de transporte componentes do sistema e as principais atividades estatais envolvidas nas dimensões de organização dos transportes urbanos: planejamento urbano, planejamento dos transportes urbanos e planejamento da circulação (VASCONCELLOS, 1996; 2001).

Conforme a Lei nº 12.587/2012, que institui a Política Nacional de Mobilidade Urbana (PNMU), transporte urbano é o conjunto dos modos e serviços de transporte público e privado, utilizados para o deslocamento de pessoas e cargas nas cidades integrantes da PNMU, entendendo-se por mobilidade urbana a condição em que se realizam tais deslocamentos no espaço urbano (art. 4º, I e II da lei). A própria definição de transporte urbano traz em si duas das classificações de modos de transporte urbano, previstas no art. 3º, §2º: classificação segundo o objeto, de passageiros ou de cargas; e classificação segundo a natureza do serviço, público ou privado. A essas, a lei acrescenta como critério de classificação a característica do serviço — se coletivo ou individual —, definindo como modos de transporte o motorizado e o não motorizado. Essas classificações, sobretudo aquelas que apartam o transporte coletivo do individual e os transportes motorizados dos não motorizados, são de especial importância à compreensão das disputas pela infraestrutura viária.

É a partir do cruzamento de parte dessas classificações e da definição dos modos de transportes urbanos (e não pela descrição ou categorização de veículos) que a PNMU, nos incisos de seu art. 4º, define os meios de transportes urbanos, entre os quais: (i) modos de transporte não motorizado, que englobam todas "as modalidades que se utilizam do esforço humano ou tração animal"; (ii) transporte público coletivo, definido como "serviço público de transporte de passageiros acessível a toda a população mediante pagamento individualizado, com itinerários e preço fixados pelo poder público"; (iii) transporte público individual, entendido como "serviço remunerado de transporte de passageiros aberto ao público, por intermédio de veículos de aluguel, para a realização de viagens individualizadas"; (iv) transporte urbano de cargas, que compreende "o serviço de transporte de bens, animais ou mercadores"; e (v) transporte remunerado privado individual de passageiros, definido, a partir da alteração trazida pela Lei nº 13.640/2018 (que visou a regulamentar o transporte individual privado por aplicativos), como "serviço remunerado de transporte de passageiros, não aberto ao público, para a realização de viagens individualizadas ou compartilhadas solicitadas exclusivamente por usuários previamente cadastrados em aplicativos ou outras plataformas de comunicação em rede".

Os transportes urbanos, que compreendem todas essas modalidades e os serviços correspondentes, integram, ao lado das infraestruturas urbanas de mobilidade, o que a PNMU denomina como *Sistema Nacional de Mobilidade Urbana* (art. 3º, *caput*). Segundo o art. 3º, §3º, essas infraestruturas são compostas por vias e demais logradouros públicos (incluindo metroferrovias, hidrovias e ciclovias); estacionamentos; pontos de embarque e desembarque de passageiros e cargas; sinalização viária e de trânsito, equipamentos e instalações; e instrumentos de controle, fiscalização e arrecadação de taxas e tarifas, bem como difusão de informações. Aqui, a ideia de sistema aparece de modo distinto do que em relação ao conceito de sistema viário urbano: ainda que comunique a ideia de um todo orgânico, as previsões da lei contemplam a complexidade da organização da circulação, aludindo, indiretamente, a outros usos das vias.

Relacionando os meios de transportes descritos na lei aos tipos de vias expressamente incluídos na composição das infraestruturas de mobilidade, é possível especificar melhor os meios de transporte que usualmente compõem o sistema de transportes urbanos:

- O transporte motorizado privado é composto basicamente por automóveis e motocicletas;
- O transporte não motorizado, formado pelos chamados meios ativos, engloba a caminhada, as carroças movidas por animais, a própria montaria de animais, além de bicicletas (e também *skates*, patins e afins), como se depreende da menção às ciclovias;
- O transporte público coletivo refere-se não apenas ao transporte coletivo sobre pneus (ônibus, micro-ônibus, vans e afins), mas também a trens, metrôs, monotrilhos e VLT (veículos leves sobre trilhos), como indica a inclusão de vias metroferroviárias no rol de componentes das infraestruturas urbanas, e aos veículos coletivos aquáticos (como as balsas), tal qual indicado pela inclusão das hidrovias;

- Os veículos de carga englobam caminhões, caminhonetas e afins, além das embarcações cargueiras que eventualmente circulam pelas vias hidroviárias no interior do perímetro urbano e com finalidade ligada ao funcionamento das cidades;
- Por fim, o transporte público individual refere-se ao serviço de táxi, que, mais recentemente, passou a conviver com uma modalidade concorrente privada: o transporte viabilizado por aplicativos digitais de transporte individual privado de passageiros.

Apresentados o conceito de transporte urbano, os meios de transportes urbanos e os componentes do Sistema Nacional de Mobilidade Urbana, cabe abordar a provisão do sistema de circulação, com foco na descrição das três dimensões da atuação estatal sobre os transportes urbanos.

Segundo Eduardo Alcântara de Vasconcellos (2001, p. 53), a provisão do sistema de circulação envolve decisões relativas à regulamentação, operação e controle dos transportes urbanos. Seguindo a descrição do autor, a regulamentação do sistema de circulação envolve quatro áreas: a normatização das características geométricas e de pavimento relativas à atividade de construção das vias — construção essa custeada pelo fundo público estatal; o estabelecimento de regras sobre os componentes físicos, dimensões e equipamentos, a serem respeitadas na fabricação de veículos; a edição de normas atinentes à idade e capacitação necessárias à operação dos veículos; e a regulamentação do uso dos veículos por meio das leis de trânsito, que vinculam pedestres, motoristas, ciclistas e todos os atores envolvidos nos deslocamentos. Operação e controle, por sua vez, dizem respeito às ações desempenhadas para manter a estrutura e os meios de circulação funcionando.

Ainda segundo o autor, na prática, regulamentação, operação e controle formam um conjunto de ações desenvolvido por meio de três técnicas de intervenção, as quais refletem o poder de controlar o espaço: planejamento urbano, planejamento de transportes e planejamento de circulação. Essas técnicas são identificadas com três objetos de intervenção: o solo, a estrutura e os meios de circulação e os padrões de circulação (2001, p. 54).

O planejamento urbano refere-se à política de uso e ocupação do solo formulada e executada pelo Poder Público municipal e vinculada à definição de limites para a utilização da propriedade urbana. Trata-se de decorrência direta do sistema de distribuição de competências da CF/1988, que atribui ao município o papel de promover o ordenamento territorial mediante planejamento e controle do uso, do parcelamento e da ocupação do solo urbano (art. 30, VIII), bem como o de executar a política de desenvolvimento urbano, conforme diretrizes gerais fixadas em lei federal, com o objetivo de ordenar o pleno desenvolvimento das funções sociais da cidade e garantir o bem-estar de seus habitantes.

O plano diretor é o instrumento básico dessa política de desenvolvimento urbano (art. 182, *caput* e §1º). A principal lei federal a balizar a execução da política urbana pelos Municípios é o Estatuto da Cidade (Lei nº 10.257/2001), que prevê como instrumentos do planejamento municipal da política urbana, além do plano diretor, a disciplina do parcelamento, do uso e da ocupação do solo (em regra, disposta na lei do zoneamento), o zoneamento ambiental, o plano plurianual, as diretrizes orçamentárias e o orçamento anual, a gestão orçamentária participativa, bem como os planos, programas e projetos setoriais (alíneas do art. 4º, III).

O planejamento dos transportes, por sua vez, remete à definição da infraestrutura de circulação, constituída pelas vias, veículos e estruturas envolvidas nos deslocamentos, incluindo pontos de acesso e conexões. Essa dimensão envolve, ainda, planejamento e oferta física e operacional dos sistemas de transporte público: linhas de meios de transporte coletivos sobre trilhos e pneus, frota, horários etc. (VASCONELLOS, 1996, p. 49; 2001, p. 54).

Por fim, o planejamento da circulação se refere à definição de como o espaço público de circulação será utilizado por pessoas e veículos, envolvendo: a legislação, que regulamenta a utilização do sistema viário urbano; a engenharia de tráfego, que rege o esquema de circulação; a educação, que socializa os comportamentos esperados, preparando e treinando as pessoas para fazer uso das vias; e a fiscalização, que diz respeito à garantia do respeito às normas de trânsito (VASCONCELLOS, 1996, p. 49-50).

Como retomado no subtópico 2.2.5, essas três dimensões da atuação estatal são imbricadas entre si e demandam do Poder Público coordenação e planejamento para a consecução de objetivos comuns da política urbana.

2.1.5 Questões controvertidas associadas ao conceito jurídico de via urbana

Finalizando esse primeiro tópico do capítulo, são identificados a seguir alguns pontos de tensão envolvidos no conceito jurídico de vias urbanas. À luz do exposto até aqui, principalmente em relação à análise normativa, o conceito de "via urbana" não parece suscitar profundas controvérsias. Trata-se, em princípio, do espaço de uso comum e posse coletiva,[71] pertencente ao Poder Público, situado dentro do perímetro urbano, caracterizado pela suscetibilidade a receber edificações e recortado por um critério funcional: a destinação à circulação de pessoas e veículos.

Contudo, as vias urbanas estão longe de se limitar a servir como canal de locomoção. Para além do uso pelos meios de transporte de pessoas e mercadorias que comporta, há uma série de outras funções ligadas ao direito à cidade diretamente ligados à fruição da rua. Manifestações políticas, como passeatas e protestos de rua; intervenções culturais, a exemplo da expressão dos artistas de rua, do carnaval, "pancadões", festividades de São João e demais festas de rua; atividades comerciais, entre as quais aquelas promovidas por feiras livres, bancas de jornal, vendedores ambulantes, permissionários ("camelôs") e a chamada comida de rua; eventos esportivos, como maratonas, competições de ciclismo e mesmo a prática amadora de exercícios físicos; o gozo de espaços de lazer e convivência, como bancos, praças e *parklets*;

---

[71] O Superior Tribunal de Justiça já se posicionou, por exemplo, sobre a legitimidade ativa de cidadãos para ajuizar ação de reintegração de posse de bem público de uso comum. Ver nesse sentido: REsp nº 1582176 (*DJe* 30.09.2016), de relatoria da Min. Nancy Adrighi, de seguinte ementa (grifos meus): "RECURSO ESPECIAL. DIREITO DAS COISAS. PROCESSUAL CIVIL. AÇÃO POSSESSÓRIA. ESBULHO. EMBARGOS DE DECLARAÇÃO. OMISSÃO, CONTRADIÇÃO OU OBSCURIDADE. NÃO OCORRÊNCIA. REGULARIDADE DA REPRESENTAÇÃO PROCESSUAL. HARMONIA ENTRE O ACÓRDÃO RECORRIDO E A JURISPRUDÊNCIA DO STJ. PRESENÇA DOS REQUISITOS PARA A CONCESSÃO DA LIMINAR. REEXAME DE FATOS E PROVAS. INADMISSIBILIDADE. POSSIBILIDADE DO PEDIDO E LEGITIMIDADE AD CAUSAM. CONDIÇÕES DA AÇÃO. TEORIA DA ASSERÇÃO. POSSE DE BEM PÚBLICO DE USO COMUM. DESPROVIMENTO. 1. Ação ajuizada em 20/10/2010. Recurso especial interposto em 09/05/2011. Conclusão ao gabinete em 25/08/2016. 2. Trata-se de afirmar se i) teria ocorrido negativa de prestação jurisdicional; ii) a representação processual das recorridas estaria regular e se competiria ao recorrente a prova da irregularidade; iii) *particulares podem requerer a proteção possessória de bens públicos de uso comum; e iv) estariam presentes os requisitos necessários ao deferimento da liminar de reintegração de posse*. 3. Ausentes os vícios do art. 535 do CPC, rejeitam-se os embargos de declaração. 4. O reexame de fatos e provas em recurso especial é inadmissível. 5. As condições da ação devem ser averiguadas segundo a teoria da asserção, sendo definidas da narrativa formulada inicial e não da análise do mérito da demanda. 6. O Código Civil de 2002 adotou o conceito de posse de Ihering, segundo o qual a posse e a detenção distinguem-se em razão da proteção jurídica conferida à primeira e expressamente excluída para a segunda. 7. *Diferentemente do que ocorre com a situação de fato existente sobre bens públicos dominicais — sobre os quais o exercício de determinados poderes ocorre a pretexto de mera detenção —, é possível a posse de particulares sobre bens públicos de uso comum, a qual, inclusive, é exercida coletivamente, como com posse.* 8. Estando presentes a possibilidade de configuração de posse sobre bens públicos de uso comum e a possibilidade de as autoras serem titulares desse direito, deve ser reconhecido o preenchimento das condições da ação. 9. Recurso especial parcialmente conhecido e, nesta parte, desprovido."

a fruição de um meio ambiente saudável, que depende, entre outras coisas, da distribuição de áreas verdes por todo o território urbano; a instalação da infraestrutura das redes áreas e subterrâneas de iluminação, saneamento e comunicação; a função de canal de passagem de luz e ar entre as edificações; a preservação histórica da memória, que inclui a presença de monumentos e placas pela cidade e a denominação dos logradouros; o emergente uso de conexão pública de internet nos espaços comuns. Todas essas dimensões vitais da dinâmica das cidades, que extrapolam a mobilidade urbana, têm como elemento central o acesso e o uso das vias urbanas, suporte de todo o tipo de "troca" no meio urbano (de bens, experiências, valores, ideias etc.).

O conceito de vias urbanas, entretanto, contempla e costuma estar associado apenas ao que se entende como sua afetação principal: a circulação. Todas as demais funções e direitos vinculados a esse bem público, que exigem do Poder Público a harmonização e regulação dos diferentes usos das vias urbanas, passam ao largo do conceito. Com isso, encobre-se uma série de conflitos inerentes a essa atividade regulatória, cuja causa é exatamente a multiplicidade de usos que as vias urbanas necessariamente devem suportar para servirem ao que se espera de qualquer cidade. Sem que se pretenda com isso questionar a predominância, em abstrato, da afetação à circulação, a intenção aqui é problematizar a adequação de um conceito que desconsidera ou, no mínimo, subestima os outros papéis assumidos pelas ruas na vida urbana, além dos conflitos em torno do tipo de circulação.

Mesmo considerando-se apenas a função de circulação, há uma série de questões controversas que passam pela interpretação do conceito de vias urbanas. Um primeiro ponto remete à abrangência do exercício dessa função. Em que medida a circulação envolve também a permanência? O direito de circular, principal destinação das vias urbanas, inclui o direito de ficar? Se sim, como se espera que seja a convivência entre os meios de circulação e seus usuários? Um segundo ponto diz respeito a cada meio de circulação individualmente considerado: o meio de transporte pode limitar o exercício da circulação? E o direito de permanência? Quais os critérios jurídicos que autorizam tal limitação?

É evidente que a regulamentação das vias, mais do que comportar, exige gradações, o que não passa pela interpretação do conceito de vias urbanas em si. Mas admitindo-se que, em muitos casos, a circulação inclui o deslocamento de veículos, dos mais diversos portes e para as mais diversas finalidades, pelas vias urbanas, a questão da abrangência do exercício da circulação passa por uma ressignificação. O caso da permanência é ilustrativo: se, em alguma medida, o direito individual de ir e vir pelas vias urbanas compreende o direito de ficar, essa mesma medida se aplica aos veículos e sua necessidade de estacionamento? Sendo ambos desdobramentos da circulação realizada por diferentes meios de locomoção, seria correto afirmar que o estacionamento de veículos e a permanência física de pedestres têm a mesma natureza? À luz do potencial impacto de cada uma dessas atividades, quais são os conflitos jurídicos de fundo?

Alguns desses dilemas provavelmente são solúveis, aparentes ou contêm falsas contradições. Entretanto, a possibilidade de se aventar problematizações a partir da interpretação do conceito de vias urbanas não deixa de levantar suspeitas sobre suas eventuais limitações. Em muitos casos, parece que a mistura indiscriminada de direitos individuais e coletivos, relacionados a um complexo feixe de relações incidente sobre um mesmo bem público, pode ser a chave para diagnosticar essas limitações conceituais e buscar superá-las, na medida do possível. Independentemente do conceito, o conflito social real que tem as vias urbanas como objeto — uma das manifestações da disputa em torno da terra urbana (*vide* Capítulo 1) — permanecerá existindo e demandando soluções jurídicas complexas, sobretudo no campo da produção e execução de políticas públicas, com vistas a garantir os diversos direitos que dependem do uso desse bem público.

2.2 Formação jurídica das vias urbanas

Este segundo tópico do capítulo cuida da formação jurídica das vias urbanas, a partir da compreensão dos institutos do direito urbanístico ligados a este processo. Embora haja unidade e lógica comuns nos procedimentos que o compõem, entende-se que esse recorte contribui à investigação sobre a função social das vias urbanas. Neste tópico, também é explorado o contraste entre o que o direito urbanístico prescreve (cidade legal) e o modo como ocorreu e vem ocorrendo a urbanização no Brasil (cidade real).

2.2.1 Urbanização e urbanificação

Antes de tratar dos institutos jurídicos relacionados à formação das vias urbanas, pertinente abordar a diferença entre urbanização e urbanificação. Em que pesem os variados usos do termo, urbanização exprime um fenômeno moderno, típico da sociedade industrializada, que diz respeito ao crescimento da proporção da população que vive nas cidades em relação àquela que vive no campo. Ou seja, não se confunde com mero crescimento das cidades, suas consequências ou com outros aspectos relacionados, referindo-se à concentração da população no meio urbano. Como tal, cabe descrevê-lo com bases empíricas, analisando seus efeitos sobre a conformação da sociedade e do espaço. Além disso, por se tratar de um fenômeno, não depende diretamente de ações estatais voltadas especialmente a esse fim. Assim, o estudo da urbanização não envolve necessariamente a análise abstrata de procedimentos do planejamento urbano e do direito urbanístico, ainda que passe pela análise de como foram aplicados às situações concretas (MARICATO, 2000; ROLNIK, 1997).

Já a urbanificação[72] refere-se ao "processo deliberado de correção da urbanização, consistente na renovação urbana, que é a *reurbanização*, ou na criação artificial de núcleos urbanos [...]" (SILVA, 2012, p. 27). Trata-se de uma forma de ordenação urbanística do solo, traduzida em "toda a atividade deliberada de beneficiamento ou de rebeneficiamento do solo para fins urbanos, quer criando áreas urbanas novas, pelo beneficiamento do solo ainda não urbanificado, quer modificando solo já urbanificado" (SILVA, 2012, p. 320).

A definição alude à existência de duas categorias de urbanificação: (i) a urbanificação "comum", realizada via parcelamento urbanístico do solo, aperfeiçoado pela urbanificação primária — provimento da infraestrutura urbana básica (ruas, saneamento, iluminação, rede elétrica...) — e pela urbanificação secundária — oferta de serviços públicos institucionais, sociais e recreativos (equipamento de educação, saúde, cultura, lazer, áreas verdes...); e (ii) a urbanificação "especial", referente à ordenação de áreas de interesse urbanístico especial, que pode ser realizada de várias maneiras, entre as quais a renovação urbana, a urbanificação prioritária e a urbanificação compulsória (SILVA, 2012, p. 320 e 321).

Entender a formação das vias urbanas a partir dos institutos do direito urbanístico significa, portanto, se apropriar de meandros relacionados aos instrumentos jurídicos envolvidos na urbanificação, e não aos aspectos do fenômeno da urbanização.

---

[72] Termo cunhado por Haston Bardet em *L'Urbanisme*. Paris: Presses Universitaires de France (PUF), 1975, para designar a aplicação dos princípios do urbanismo, advertindo que a urbanização é o mal e a urbanificação, o seu remédio (*apud* SILVA, 2012, p. 27). Vê-se aí mais um reflexo da visão que marcou o planejamento funcionalista.

Vale pontuar que a construção doutrinária de um conceito que se refere à "correção" da urbanização não deixa de ser um reconhecimento de que, a despeito da farta regulação urbanística existente no ordenamento brasileiro há tempo considerável, o processo real de urbanização ocorreu e ocorre ao largo da lei. Conforme Maricato: "abundante aparato regulatório (leis de zoneamento, código de obras, código visual, leis de parcelamento do solo etc.) convive com a radical flexibilidade da cidade ilegal, fornecendo o caráter da institucionalização fraturada, mas dissimulada" (2000, p. 124).

A autora destaca que a história do planejamento urbano brasileiro é marcada por um pântano entre retórica e prática, imerso em contradições entre direitos universais e normatividade cidadã no discurso e, de outro lado, cooptação, discriminação e desigualdade na prática (MARICATO, 2000, p. 135). Isso serve de alerta para que, sem prejuízo da distinção aludida, o estudo dos instrumentos do direito urbanístico não se limite à apreensão de abstrações, "como se o objeto se restringisse a ela e não incluísse a evolução do espaço e da *práxis* social" (MARICATO, 2000, p. 135). Assim, além de descrever os instrumentos, é importante dirigir-lhes olhar crítico, enfatizando sua origem no planejamento moderno funcionalista, em que se idealiza um modelo de cidade abstrato, sem apreender, antes de intervir, a lógica própria que rege a produção e o funcionamento da cidade real.

2.2.2 Formação jurídica das vias públicas urbanas

Existem quatro processos principais de criação de vias públicas urbanas no plano jurídico: (i) a abertura de rua isolada em execução de obras de circulação; (ii) a oficialização de via particular; (iii) a transferência ao domínio público de vias de circulação a partir da conclusão do processo de regularização fundiária de núcleo urbano informal; e (iv) a execução de plano de arruamento no âmbito do parcelamento do solo urbano.

A abertura de rua isolada constitui processo em que o Poder Público executa obra para criar nova via de circulação ou prolongar via preexistente. A obra pública é, em regra, realizada em imóvel de propriedade do próprio Município responsável pelo projeto, sendo que a via construída já nasce "pública". Por isso, é comum que as obras de abertura de rua isolada sejam precedidas de desapropriação ou outras formas legais de aquisição estatal de terrenos privados situados na área contemplada no projeto. As principais formas de aquisição estatal de propriedade imobiliária adotadas na atividade urbanística são abordadas no primeiro tópico do Capítulo 3. Vale destacar entendimento de José Afonso da Silva (2012, p. 202) segundo o qual, se a rua for aberta por obra pública, ainda que construída em terreno privado, se constituirá via pública pela configuração de desapropriação indireta.

A segunda forma jurídica de criação de via pública remete ao conceito de via particular, entendida como espaço de circulação de veículos ou pedestres de propriedade privada, ainda que aberto ao uso público. O processo de criação de vias públicas urbanas por meio da oficialização de via particular se dá pela integração de uma via particular ao sistema viário urbano, a partir de aceitação, declaração ou reconhecimento como oficial, pelo Poder Público municipal, de via particular de uso coletivo, em função de juízo de conveniência ao interesse público. Segundo Silva (2012, p. 201), a simples oficialização de vias internas à propriedade particular que tenham sido construídas por obra também privada não basta para torná-las públicas, sendo necessária para tanto a observância das normas que regem a perda de propriedade privada. Oficializadas e incorporadas pela Prefeitura, as vias até então particulares se tornam públicas, abertas ao trânsito livre de veículos e pessoas, passando a compor o acervo de bens comuns do povo (SILVA, 2012, p. 216).

Nesse ponto, importante entender as hipóteses em que vias particulares são juridicamente admitidas pelo ordenamento no âmbito das cidades. Ao menos desde a edição do Decreto-lei nº 58/1937,[73] a propriedade pública das vias de circulação das cidades se consolidou juridicamente como a regra geral, o que foi mantido no regime de parcelamento do solo da Lei nº 6.766/1979,[74] principal diploma vigente a reger a matéria. Assim, por muitas décadas, a existência de vias privadas estava, em tese, restrita a núcleos urbanos consolidados antes da edição do referido Decreto-lei ou aos condomínios fechados construídos posteriormente, que não encontravam fundamento adequado na legislação federal. A situação de fato só foi juridicamente respaldada

---

[73] O regime jurídico instituído pelo Decreto-lei nº 58/1937 previu que a "inscrição torna inalienáveis, por qualquer título, as vias de comunicação e os espaços livres constantes do memorial e da planta" (art. 3º do Decreto-lei), ideia posteriormente reproduzida com aperfeiçoamentos na redação do art. 22 da Lei nº 6.766/1979. Anteriormente a esse regime, era admitida a possibilidade ou, ao menos, não havia clareza sobre a impossibilidade de parcelamento do solo com a criação de vias privadas.

[74] Estabelece o art. 22 do referido diploma: "Art. 22. Desde a data de registro do loteamento, passam a integrar o domínio do Município as vias e praças, os espaços livres e as áreas destinadas a edifícios públicos e outros equipamentos urbanos, constantes do projeto e do memorial descritivo".

a partir da polêmica Medida Provisória nº 759, de 2016, convertida na Lei nº 13.465/2017.[75]

Segundo José Afonso da Silva (2012, p. 346), até então, se buscava amparar juridicamente os condomínios fechados em interpretação distorcida da Lei nº 4.591/1964, que trata de condomínios edilícios e incorporações imobiliárias. Para ele, tratava-se de utilização abusiva de instituto concebido originalmente para regrar áreas de dimensão reduzida, no interior de quadras preexistentes, sem necessidade de arruamento. Conforme entendimento do autor, expresso antes do advento da Lei nº 13.645/2017 e convergente à visão crítica que muitos urbanistas dirigem a esse tipo de empreendimento, os condomínios fechados horizontais implicaram burla das regras de parcelamento do solo urbano então vigentes:

> [...] os tais 'loteamentos fechados' juridicamente não existem. Não há legislação que os ampare, constituem uma distorção e uma deformação de duas instituições jurídicas: do aproveitamento condominial de espaço e do loteamento ou do desmembramento. É mais uma técnica de especulação imobiliária, sem as limitações, as obrigações e os ônus que o direito urbanístico impõe aos arruadores e loteadores do solo. (SILVA, 2012, p. 347)

A despeito da falta de respaldo legal, os condomínios fechados se disseminaram nas cidades brasileiras, normalizando um meio de produção da cidade de viés privatizante e contrário ao sistema de garantia de direitos sociais no meio urbano. Se no plano material as transformações promovidas guardam semelhanças às decorrentes do parcelamento do solo, o terreno loteado nessa modalidade não perde sua individualidade objetiva.[76] A situação juridicamente precária

---

[75] Além de alterações da Lei nº 6.766/1979 atinentes à criação das figuras do condomínio de lotes e do loteamento de acesso controlado (ambos abordados a seguir), o referido diploma revogou as regras sobre regularização fundiária urbana (arts. 44-71) constantes na Lei nº 11.977/2009, que regula o Programa Minha Casa Minha Vida. Entre as polêmicas, destaca-se o fato de o novo regramento da regularização fundiária ter se afastado de uma concepção de garantia do direito à moradia, refletida na lei parcialmente revogada, adotando um viés de formalização focado na incorporação da terra ao mercado imobiliário, sem previsão adequada de ações coordenadas entre Poder Público e sociedade civil em vista da atenção de interesses coletivos (ANDRADE, 2019, p. 263; GONÇALVES, 2019, p. 191).

[76] Referindo-se ao loteamento fechado antes de sua previsão na legislação federal, ocorrida em 2016, Silva pontuou que: "[a] denominação 'loteamento fechado' vem sendo atribuída a certa forma de divisão de gleba em lotes para edificação que, embora materialmente se assemelhe ao loteamento, na verdade deste se distancia tanto no seu regime como nos seus efeitos e resultados. Não se trata, por isso, de instituto do parcelamento urbanístico do solo, ainda que possa ser considerado uma modalidade de urbanificação, porque se traduz

foi estabilizada com a aludida Lei nº 13.465/2017, que, entre outras previsões, criou o condomínio em lotes.

Essa figura, que passou a estar prevista no art. 1.358-A do CCB/2002 e no art. 2º, §7º, da Lei nº 6.766/1979, permite a constituição de unidades imobiliárias vinculadas a uma fração ideal das áreas comuns definidas no ato de instituição, à semelhança dos condomínios edilícios. Nesse caso, ruas, praças e demais áreas de uso comum interiores à propriedade fracionada não são transferidas ao Estado, seguindo como propriedade privada pertencente ao conjunto dos titulares dos lotes, cada um dos quais respondendo por sua fração ideal. Embora tenham regime próprio, aos condomínios de lotes aplicam-se, no que couber, as regras do condomínio edilício. Tem-se aí, portanto, a principal hipótese de via particular prevista atualmente no ordenamento, sendo que sua publicização depende do processo de oficialização e incorporação da via pelo Poder Público, como explicado acima.

A terceira forma regulada de criação de via pública urbana decorre de situação antijurídica: o loteamento configurado como ilegal, seja por não ter sido previamente aprovado (clandestino), seja por não ter sido posteriormente inscrito ou ter sido executado em desconformidade com o plano aprovado (irregular). Assim como os condomínios fechados, os loteamentos ilegais se disseminaram pelas cidades brasileiras, tornando-se elemento constitutivo incontornável do meio ambiente urbano, como ilustra a descrição de Maricato sobre a urbanização paulistana:

> A partir desse período [segunda metade do século XX], ganha escala de massa a *periferização* da cidade de São Paulo; combinação do lote precário e irregular na periferia urbana com a autoconstrução da moradia. Uma nova alternativa de moradia popular é implementada pela dinâmica própria de produção da cidade e não pelas propostas de regulação urbanística ou de política habitacional, mostrando que, enquanto os projetos de leis constituíam ideias fora do lugar, um lugar estava sendo produzido sem que dele se ocupassem ideias. (2000, p. 151)

---

num núcleo populacional de caráter urbano. Modalidade especial de aproveitamento do espaço, não pode o direito urbanístico desconhecê-la, a despeito de reger-se por critérios do direito privado entre nós, sob forma condominial. Então, o chamado 'loteamento fechado' [...] caracteriza-se pela formação de lotes autônomos com áreas de utilização exclusiva de seus proprietários, confinando-se com outras de utilização comum dos condôminos. O terreno assim 'loteado' não perde sua individualidade objetiva, conquanto sofra profunda transformação jurídica" (2012, p. 344-345).

A essência do parcelamento clandestino ou irregular, não raro, é semelhante àquela verificada no processo regular de parcelamento (detalhado no subtópico seguinte). Ou seja, uma área é dividida em lotes, sendo reservada uma fração, ainda que precária e inadequada, para a circulação comum. A diferença jurídica principal, no caso do procedimento irregular, é que tudo corre sob a responsabilidade exclusiva de um loteador (quando há), que age sem balizas em seu exclusivo interesse, traduzido na tentativa de valorizar a terra e dela auferir renda, em oposição à garantia de condições adequadas de vida aos moradores. Ocorrem também casos de ocupações "espontâneas", formadas e consolidadas ao longo do tempo por famílias que não encontraram outra opção a não ser utilizar como moradia áreas impróprias ou desocupadas.

Exemplo típico da contradição entre a cidade legal, a partir da qual o direito urbanístico concebe sua intervenção, e a cidade ilegal, que responde por enorme parcela do território das cidades brasileiras, essa situação impõe indagar qual é a condição dessas vias de circulação, oriundas da ação privada irregular, mas utilizadas como bens públicos comuns do povo. Nesse ponto, vale transcrever a formulação de José Afonso da Silva:

> Não tem sentido continuarmos apegados ao formalismo jurídico para não conceber como públicas as vias de circulação desses procedimentos parcelários do solo só porque o loteamento não foi aprovado pela Prefeitura ou não foi inscrito no Registro Imobiliário. Ora, desde que tenham sido vendidos os lotes, ou boa parte deles, e a situação se apresente irreversível, não há por que recusar o efeito proposto. [...] Em compensação pela perda da propriedade destinada a vias, [o loteador] recebe as vantagens econômicas próprias do empreendimento, que sem tais vias seria inviável. [...] Por isso, a consolidação dessa situação jurídica requer apenas o reconhecimento — e consequente oficialização — das vias, mediante o estabelecimento do respectivo plano de alinhamento, pelo qual se corrigirão as distorções existentes. (SILVA, 2012, p. 217-218)

Ainda que em muitas situações se verifique uma complexidade mais aguda do que o trecho sugere, a posição do autor expressa acima é a de que, consolidada a situação em que o bem efetivamente passou a estar afetado ao uso comum,[77] caberá ao Poder Público superar o vício formal de origem e realizar as adequações físicas necessárias, em prol do interesse público, sem prejuízo de apurar responsabilidades,

---

[77] O conceito jurídico de afetação é tratado em maior detalhe no Capítulo 3, a seguir.

exigir reparações aos danos causados pelo loteador. Nesse sentido, vale mencionar que os arts. 39 e 40 da Lei nº 6.766/1979 preveem que a Prefeitura poderá embargar as obras, notificar o responsável por loteamento ilegal para que o regularize e, desatendida a notificação, regularizar por ação direta o loteamento, a partir da execução de adequações às custas do loteador.

A regularização fundiária urbana é atualmente regrada pela Lei nº 13.465/2017, que disciplina formalmente as medidas jurídicas, ambientais e sociais destinadas à incorporação de núcleos urbanos informais ao ordenamento territorial. O art. 35, parágrafo único, prevê que o projeto de regularização deverá identificar lotes, vias de circulação e áreas destinadas ao uso público. O procedimento de regularização tem seu desfecho com a expedição da Certidão de Regularização Fundiária (CRF), constituída, entre outras coisas, do projeto de regularização aprovado e do termo de compromisso relativo à sua execução. O art. 53 estabelece que, com o registro do CRF, vias, áreas destinadas ao uso comum do povo, prédios públicos e equipamentos urbanos são automaticamente incorporados ao patrimônio público, na forma indicada no projeto. Tem-se aí, portanto, o terceiro processo mencionado de constituição de vias públicas urbanas.

O arruamento, última modalidade jurídica citada de início, configura a execução de plano que integra processo mais amplo, referente a uma das formas de parcelamento do solo urbano. Sob a ótica jurídica, dos quatro processos mencionados, o arruamento é o principal instrumento de criação de vias urbanas. Isso porque se confunde com o próprio processo de urbanificação, derivando do parcelamento do solo realizado a partir do loteamento. Ou seja, o parcelamento do solo é um dos meios de realização da urbanificação. Por isso, optou-se por tratar em maior detalhe, no subtópico a seguir, dos institutos do parcelamento do solo, do loteamento e do arruamento.

2.2.3 Parcelamento urbanístico do solo, loteamento e arruamento

Parcelamento urbanístico do solo é o processo de urbanificação de uma gleba — qualquer área de terra que ainda não tenha sido objeto de parcelamento[78] — a partir de sua divisão em frações de solo

---

[78] Conforme estabelece o art. 3º da Lei nº 6.766/1979, o parcelamento urbanístico só pode ser realizado em zonas urbanas, zonas de expansão urbana ou zonas de urbanização

destinadas ao exercício das funções urbanas (SILVA, 2012, p. 324). Entre outras consequências, o parcelamento é processo pelo qual se divide a terra urbana em partes juridicamente independentes, a maioria voltada a receber edificações. Conforme a Lei nº 6.766/1979, que disciplina a matéria, o parcelamento do solo urbano pode ser feito mediante desmembramento ou loteamento (art. 2º, *caput*).

O primeiro refere-se à subdivisão da gleba em lotes destinados à edificação, com aproveitamento do sistema viário existente, não implicando abertura de novas vias e logradouros, ou mesmo a modificação dos preexistentes (art. 2º, §2º). O loteamento, por sua vez, consiste igualmente na subdivisão da gleba em lotes edificáveis, mas necessariamente envolvendo a abertura de novas vias de circulação (art. 2º, §1º). Da descrição dos dois instrumentos de parcelamento urbanístico previstos na legislação, fica evidente que apenas o loteamento interessa ao estudo da formação das vias urbanas.

Por necessariamente envolver a abertura de novas vias de circulação, o loteamento pressupõe outro instituto, diverso, porém conexo: o arruamento. O arruamento é a divisão do solo por meio da abertura de vias de circulação e a formação de quadras. Esse último elemento é fundamental para distinguir o arruamento da abertura de vias isoladas. Para configuração do arruamento, não basta a mera abertura de vias, havendo necessariamente a formação de quadras (SILVA, 2012, p. 327). O loteamento é justamente a divisão das quadras em lotes com frente para os logradouros que as delimitam desde a execução do arruamento.

O loteamento e arruamento são, portanto, faces de um processo unitário de urbanificação. Sob a ótica jurídica, no parcelamento, vias e propriedades urbanas nascem juntas, conforme destacou Escribano Collado ao abordar os direitos do proprietário adjacente à via, cuja condição não pode ser tratada como acaso ou acidente (1973, p. 102). Cabe, então, pontuar as peculiaridades desses dois institutos urbanísticos.

Embora consubstanciem processos distintos de fato, nem sempre são assim tratados no direito. A Lei nº 6.766/1979, por exemplo, em seu Capítulo III, trata de modo unificado do plano de loteamento e do plano de arruamento, integrando-os sob o rótulo de "projeto de loteamento",

---

específica, conforme definido no plano diretor ou aprovado em lei municipal equivalente. Complementando a previsão, José Afonso da Silva explica que o parcelamento fora do perímetro urbano, destinado à expansão residencial ou comercial, à implantação de indústrias, à formação de núcleos urbanos ou à formação de sítios de recreio, além da necessidade de obediência às condições gerais de urbanificação estabelecidas pela Prefeitura correspondente, dependerá de prévia aprovação do projeto pelo Incra – Instituto Nacional de Colonização e Reforma Agrária (SILVA, 2012, p. 326).

a ser aprovado pela respectiva Prefeitura. Em algumas legislações municipais, essa unidade instrumental não se verifica (SILVA, 2012, p. 329-333), havendo previsão de plano de arruamento autônomo em relação ao plano de loteamento, de apresentação prévia a este, ainda que não se possa cogitar da não convergência entre os dois. Independentemente da existência ou não dessa unicidade no plano jurídico, da perspectiva fática, o plano de arruamento e o plano de loteamento não se confundem, ainda que integrem um mesmo processo de urbanificação com vistas a beneficiar o solo e torná-lo suscetível à edificação.

Como pontuado, a execução do plano de arruamento é um pressuposto e, por isso, antecede o loteamento. Trata-se do processo que forma as quadras, que só então são divididas em lotes. O objetivo primordial do arruamento é a formação de um sistema de vias que proporcione aos lotes adjacentes acesso, luz e ar, viabilizando o tráfego eficiente e seguro de pessoas e veículos e, paralelamente, a instalação de redes de serviços de água, esgoto, gás, eletricidade e telecomunicações etc.

José Afonso da Silva destaca, ainda, a importância desse processo de planejamento e formação das vias para "estabelecer o equilíbrio entre os dois elementos constitutivos das aglomerações urbanas: conjunto edilício [originados dos lotes] e equipamentos públicos e sociais [originados dos espaços livres]" (2012, p. 330). A elaboração do plano de arruamento deve atender às diretrizes municipais, em regra contidas no plano diretor. Tais diretrizes referem-se principalmente às características, dimensionamento e localização de áreas verdes, áreas institucionais, zonas de uso, bem como à densidade e gabarito das edificações e às características, dimensionamento e traçado das vias de circulação (2012, p. 330).

Em relação ao conteúdo do plano, Silva (2012, p. 331) elenca como elementos principais: projeto geral de arruamento, incluindo curvas de nível do terreno, vias de circulação, quadras, zonas de uso, áreas verdes e áreas institucionais; perfis longitudinais e seções transversais de todas as vias de circulação; projeto de escoamento de águas pluviais; projeto de coleta, tratamento e despejo de águas servidas e suas respectivas redes; projeto de alimentação e distribuição de água potável e respectiva rede; projeto de guias, passeios, sarjetas e pavimentação das vias; projeto de arborização das áreas verdes e das vias; projeto de proteção das áreas contra erosão; memoriais descritivos e justificativos; e cronograma de execução das obras — tudo em estrita atenção à regulação municipal e às normas dos órgãos técnicos competentes. Esses elementos ilustram as inúmeras funções desempenhadas pelas vias urbanas em favor da organização urbana.

A reserva de áreas destinadas ao sistema de circulação, a implantação de equipamento urbano e comunitário e a reserva de espaços livres de uso público são exigências da própria Lei nº 6.766/1979, que determina em seu art. 4º, I, que tais áreas serão proporcionais à densidade de ocupação prevista na legislação municipal. Até 1999, referido diploma fixava expressamente um limite mínimo como parâmetro para delimitar essas áreas, correspondente a 35% da gleba (art. 4º, §1º). Ainda que a alteração trazida pela Lei nº 9.785/1999 tenha suprimido esse limite, deixando a cargo do legislador municipal fixar os respectivos parâmetros, a proporção de 35% a 40% continua sendo aceita pelos planejadores urbanos como genericamente adequada. Costuma-se adotar como norte a divisão dessa reserva entre 20% para vias de circulação, 15% para áreas verdes e 5% para áreas institucionais (SILVA, 2012, p. 331). Na cidade real, muito dificilmente é observado o cumprimento estrito de tais parâmetros, sobretudo nas franjas das grandes cidades, produzidas à margem do direito urbanístico (MARICATO, 2000).

Arruadas as quadras, inicia-se a repartição do solo para edificação, constante no plano de loteamento. Por meio de sua execução, retalham-se as quadras para formar unidades edificáveis (lotes) com frente para os logradouros formados no arruamento. O plano de loteamento contém o tamanho e dimensões dos lotes, sua numeração e a indicação das zonas de uso (residencial, comercial, industrial e institucional), sempre respeitando os usos admitidos na área, da forma disposta na legislação municipal. A Lei nº 6.766/1979 estabelece como parâmetros físicos a área mínima de 125m² por lote e o comprimento mínimo de 5 metros de frente (art. 4º, II), com a ressalva de que a legislação local pode fazer exigência maior e aceitar áreas menores no caso da edificação de conjuntos habitacionais de interesse social. Assim como no caso do arruamento, têm-se aí, novamente, critérios sistematicamente inobservados na urbanização de parcelas muito expressivas das grandes cidades:

> Boa parte do crescimento urbano se deu fora de qualquer lei ou de qualquer plano, com tal velocidade e independência que é possível constatar que cada metrópole brasileira abriga, nos anos 1990, outra, de moradores de favelas, em seu interior. Parte de nossas cidades podem ser classificadas como *não cidades*: as periferias extensas, que além das casas autoconstruídas, contam apenas com o transporte precário, a luz e a água [...]. E é notável como essa atividade referida, de pensar a cidade e propor soluções para seus problemas, permaneceu alienada dessa realidade que estava sendo gestada. (MARICATO, 2000, p. 140)

Da inscrição do loteamento decorrem os seguintes efeitos jurídico-urbanísticos: (i) divisão legítima da gleba, com o surgimento de unidades individualizadas e a perda da individualidade objetiva da gleba original; (ii) impossibilidade de modificação unilateral dos planos;[79] (iii) transferência para o domínio público municipal das vias de comunicação, espaços livres, áreas destinadas a edifícios públicos e outros equipamentos públicos constantes do projeto de loteamento (art. 22 da Lei nº 6.766/1979), independentemente de título aquisitivo; além da (iv) impossibilidade de alteração da destinação e uso de espaços livres de uso comuns e áreas destinadas a edifícios e equipamentos públicos pelo loteador[80] (art. 17 da Lei nº 6.766/1979).

Desses efeitos extraem-se diferenças fundamentais entre o loteamento tradicional e o loteamento fechado, amparado na figura do condomínio de lotes. Neste último, vale retomar, as vias de circulação e espaços livres seguem sob o domínio privado, não sendo transferidas à municipalidade, com implicações profundas sobre as responsabilidades pela gestão e as possibilidades de uso desses espaços. A mesma Lei nº 13.465/2017 que criou o condomínio de lotes conferiu respaldo a uma segunda situação de fato até então amparada na legislação federal: o loteamento de acesso controlado, que passou a estar previsto no §8º incluído no art. 2º da Lei nº 6.766/1979. Nessa modalidade, tal qual no loteamento tradicional, as vias de circulação e espaços livres são transferidos ao domínio público, mas permite-se que a municipalidade autorize, mediante regulação própria, que os representantes dos proprietários — em geral, associações[81] — controlem o acesso de pessoas e veículos, requerendo identificação e cadastro, sendo vedado impedir trânsito de pessoas que estiverem identificadas.

---

[79] Sobre esse ponto, Silva (2012, p. 336) faz referência a: MEIRELLES, Hely Lopes. *Direito de Construir*. 9. ed. São Paulo: Malheiros, 2005. p. 137.
[80] Conforme se abordará adiante no Capítulo 3, há uma controvérsia jurídica em torno da possibilidade de o próprio Poder Público alterar a destinação dessas áreas, desafetando-as ao uso inicialmente previsto.
[81] Sobre as associações, vale mencionar outra alteração promovida pela Lei nº 13.645/2017, a partir da inclusão do art. 36-A à Lei nº 6.766/1979, de seguinte teor: "Art. 36-A. As atividades desenvolvidas pelas associações de proprietários de imóveis, titulares de direitos ou moradores em loteamentos ou empreendimentos assemelhados, desde que não tenham fins lucrativos, bem como pelas entidades civis organizadas em função da solidariedade de interesses coletivos desse público com o objetivo de administração, conservação, manutenção, disciplina de utilização e convivência, visando à valorização dos imóveis que compõem o empreendimento, tendo em vista a sua natureza jurídica, vinculam-se, por critérios de afinidade, similitude e conexão, à atividade de administração de imóveis."

Por fim, sublinha-se que o projeto de loteamento — seja ele apartado do ou unificado ao projeto de arruamento — não apenas deve ser aprovado pelo ente municipal antes de sua execução, como tem sua elaboração submetida à solicitação, à Prefeitura, da definição das diretrizes, conforme determina o art. 6º da Lei nº 6.766/1979. O requerimento depende da apresentação da planta do imóvel e indicação de uma série de elementos que constarão do projeto: divisão da gleba, curvas de nível, localização dos cursos d'água, arruamentos contíguos e localização das vias, áreas verdes e equipamentos, além de outros elementos previstos nos incisos do referido art. 6º. O Poder Público municipal definirá, então, diretrizes para uso do solo, traçado dos lotes, sistema viário, espaços livres e áreas reservadas para equipamentos urbanos e comunitários especificamente para o loteamento pretendido — balizas que se somarão àquilo que já estiver previsto na legislação municipal urbanística. Sobre esse controle prévio ao projeto, vale transcrever a descrição de Castilho:

> Portanto, ao contrário da regra dos processos administrativos, duas são as manifestações da autoridade pública nos parcelamentos do solo: uma genérica (cogitando largamente da proposta de aproveitamento da gleba e sua conveniência) e outra específica (incidindo especificamente sobre o projeto apresentado e sua legalidade). Na primeira fase, pois, o Poder Público, discricionariamente, estabelece os parâmetros que considera convenientes para elaboração do projeto urbanístico no local pretendido, projeto que adiante avaliará de fato, podendo aprová-lo ou não. O controle é abrangente, tanto de legalidade quanto de conveniência (e por isso se trata de autorização e não de licença como a licença edilícia, que materializa o direito de construir). Assim, demonstra-se bem a carga de função pública envolvendo a atividade [...] (CASTILHO, 2013, item 3.1)

Essa parametrização prévia à elaboração do projeto (além da submissão de sua execução à aprovação do projeto já elaborado) expressa o reconhecimento de que, embora executado por ator privado, o parcelamento urbanístico do solo é uma atividade que impacta de forma contundente o interesse público, demandando intenso controle por parte da Administração. Planejar um loteamento ou, mais precisamente, fixar diretrizes para sua elaboração e aprovar seu conteúdo significa planejar uma parte da cidade (AIAM, 1965, p. 351) e, de forma cumulativa e contínua, a cidade como um todo. Na condição de instituto jurídico fundamental de urbanificação, o parcelamento do solo está necessariamente inserido no núcleo da atividade de planejamento urbanístico. Por isso, no subtópico seguinte, são tecidas considerações sobre essa atividade e os princípios que lhe incidem.

2.2.4 Planejamento urbanístico e princípios do direito urbanístico

Conforme Eros Grau (1977), a noção de planejamento remete à tentativa de racionalização dos processos econômicos e sociais para, a partir de determinadas técnicas e instrumentos, promover a transformação da realidade segundo objetivos previamente estabelecidos. O pressuposto da coordenação do comportamento de diversos atores é que, em algum nível, a interferência nas relações sociais e econômicas pode tornar os processos mais eficientes e benéficos à coletividade. A capacidade político-institucional única coloca o Estado em posição privilegiada para desempenhar com protagonismo essa função.

Contudo, por conta de visão ideológica dominante que atribuiu ao ente estatal o papel de "portador de toda a racionalidade", capaz de, sozinho, evitar as disfunções do mercado e assegurar o desenvolvimento econômico e social (MARICATO, 2000, p. 126), essa função foi (e, em alguns casos, ainda é) desempenhada com exclusivismo pelo Poder Público, sem canais efetivos de participação da sociedade que legitimassem e aprimorassem as decisões. No caso da atividade urbanística, Ermínia Maricato observou ser "praticamente unânime uma surpreendente confiança no planejamento" para lidar com o caos em que se encontram as cidades brasileiras, que seria precisamente a expressão da falta de planejamento. Ou seja, sem o reconhecimento dos conflitos profundos que constituem o motor dessa realidade urbana, a solução apareceria como uma questão de "competência técnica" (2000, p. 174).[82]

A trajetória da função estatal do planejamento sofreu oscilações quanto à sua profundidade e alcance. Alguns autores identificam alternância da primazia entre a função do planejamento e a função da gestão no Brasil, que acompanha os debates travados sobre o papel do Estado na economia e os efeitos desses debates sobre o modelo estatal hegemônico em cada período (CARDOSO JR., 2014). Independentemente da importância que lhe é conferida pelos diferentes governos, no caso do atual arranjo brasileiro, o processo de planejamento deixou de ser uma opção dos governantes.

A CF/1988 institucionalizou essa função, tornando-a uma imposição jurídica, a partir da previsão de determinadas competências e da obrigação de elaboração de planos em diversas áreas, por todos os

---

[82] Em outra passagem, a autora sintetiza que: "álibi ou convicção positivista, o planejamento foi tomado como solução para o 'caos urbano' e o 'crescimento descontrolado'" (2000, p. 139).

entes federativos. Diferentemente do que ainda ocorre na prática, as principais legislações urbanísticas vigentes prescrevem a exigência de observância da gestão democrática e participativa, o que também deveria se aplicar à etapa de planejamento estatal, impedindo que o Estado seguisse agindo como planejador isolado, detentor de uma verdade unilateral, ou interagindo com poucos interlocutores privilegiados, cujos interesses acabam sobrerrepresentados.

O planejamento urbanístico foi previsto nos arts. 30, VIII, e 182 da CF/1988, que atribuem aos Municípios competência para promover o adequado ordenamento territorial mediante planejamento e controle do uso e ocupação do solo (art. 30, VIII), bem como para executar a política de desenvolvimento urbano, sobretudo a partir da instituição do plano diretor, instrumento básico dessa política (art. 182, *caput* e §1º). O planejamento é o princípio de toda a atividade urbanística, devendo preceder o conjunto de medidas adotadas com vistas a organizar espaços habitáveis (MEIRELLES, 2008, p. 523), de modo a propiciar a melhoria das condições de vida da sociedade, garantindo o bem-estar de seus habitantes e o ordenamento do pleno desenvolvimento das funções da cidade (art. 182 da CF/1988). Em leitura sistemática, o processo de planejamento aparece como o início e o fio condutor do ciclo de formulação e execução da política urbana.

Como costuma ocorrer na relação entre planejamento e direito, o direito urbanístico se insere nesse contexto oferecendo instrumentos jurídicos à política pública urbana. No processo de institucionalização do planejamento estatal em geral (SILVA, 2012, p. 88 e ss.), a planificação urbanística aparece de forma destacada, já que "comporta uma disciplina de bens e de atividades que não pode atuar senão no quadro de uma regulamentação jurídica, pela delimitação que necessariamente põe à propriedade pública ou privada, ou, mesmo, por tolher o gozo desta" (SILVA, 2012, p. 34).

Nesse sentido, o debate colocado em torno da redação do art. 174 da CF/1988,[83] sobre se o planejamento vincula ou não a atuação privada, nem sequer deve ser cogitado no caso do planejamento urbanístico. Para afastá-lo, basta constatar que o plano diretor, instrumento básico da política de desenvolvimento urbano, é objeto de lei, aprovada pela Câmara Municipal de Vereadores (art. 182 da CF), sendo impensável

---

[83] Dispõe o dispositivo constitucional: "Art. 174. Como agente normativo e regulador da atividade econômica, o Estado exercerá, na forma da lei, as funções de fiscalização, incentivo e planejamento, sendo este determinante para o setor público e indicativo para o setor privado".

se aventar o caráter facultativo de suas disposições em relação aos particulares.

Isso não implica, de outro lado, reduzir o planejamento urbanístico ao plano urbanístico (BERCOVICI, 2006, p. 145 e ss.). O primeiro importa todo o processo de racionalização e coordenação da atuação estatal e da regulação da atividade dos particulares, envolvendo a organização da circulação, a formulação da legislação urbanística e a política de uso e ocupação do solo, incluída a ordenação da atividade edilícia. O plano urbanístico, por sua vez, constitui a expressão da política urbana e deve configurar o resultado do processo de planejamento, ou de parte dele, sendo o instrumento utilizado para publicizar as decisões tomadas e os meios escolhidos para concretizar objetivos determinados.

Em resumo, o processo de planejamento urbanístico, como o planejamento estatal em geral, passa por uma crescente institucionalização, sendo sua realização imposta aos governantes e sua elaboração cada vez mais permeada por procedimentos regulados pelo direito. O plano urbanístico, como produto que finaliza cada um dos ciclos de planejamento urbano sem com isso interromper seu fluxo contínuo, é expresso em lei e, por isso, necessariamente vinculante ao Estado e aos particulares enquanto vigente.

Como indicado acima, a atividade urbanística, para a consecução de sua finalidade de ordenação territorial e garantia das funções da cidade, depende da imposição de restrições ao comportamento dos particulares e à propriedade privada. Questionar o poder vinculante dessas restrições aos particulares significaria pretender eliminá-las na prática. De outro lado, devido à carga política que permeia essa atividade,[84] seria igualmente descabido imaginar que restrições dessa natureza passassem ao largo do direito, o que contribuiria para um ambiente de insegurança jurídica. Por isso, em linha com a previsão constitucional, a política urbana se expressa e executa a partir do direito urbanístico, que oferece ao Poder Público instrumentos aptos a promovê-la em vista de objetivos que só podem ser concretizados a partir de uma perspectiva coletiva.[85]

---

[84] Sobre isso, interessante o apontamento de Bercovici: "[...] não existe planejamento 'neutro', pois se trata de uma escolha entre várias possibilidades, escolha guiada por valores políticos e ideológicos, consagrados, no caso brasileiro, no texto constitucional" (2006, p. 145-146).

[85] Para Ewald (1988), esse é o traço marcante dos direitos sociais, permitindo-se abarcar, por esse critério, o direito à cidade (objetivo do direito urbanístico) nessa categoria. O tema é retomado adiante.

Embora, do ponto de vista da ciência jurídica, sua autonomia e posição ainda sejam objeto de discussão (SILVA, 2012, p. 38), enquanto matéria de direito positivo, o direito urbanístico se apresenta de modo eloquente na legislação brasileira. Identifica-se no ordenamento jurídico brasileiro atual um conjunto de normas que visa a organizar os espaços habitáveis e, assim, propiciar melhores condições de vida à sociedade (MEIRELLES, 2008, p. 522; SILVA, 2012, p. 49). Mais do que isso, a interpretação dessas normas materialmente conexas permite vislumbrar uma lógica própria, orientada por princípios específicos que regem a aplicação das regras e dos instrumentos urbanísticos positivados.

A gestão das vias urbanas está inserida na e constitui parte importante da atividade urbanística e, por isso, também deve observância aos seus princípios. Assim, para situar o tratamento das vias urbanas no direito urbanístico, cabe apresentar, sucintamente, os principais princípios do direito urbanístico. Como mandamentos de otimização, esses princípios devem nortear a gestão das vias urbanas e a interpretação de seu regime jurídico.

Sem prejuízo da aplicação de princípios da teoria geral do direito e do direito administrativo (alguns dos quais têm sua incidência às vias urbanas analisada no Capítulo 3), alguns dos principais juristas brasileiros dessa área[86] convergem para a identificação de ao menos cinco princípios específicos do direito urbanístico: (i) princípio do urbanismo como função pública[87] (e não apenas como função estatal), que remete à normatividade fornecida à atuação do Estado para ordenar o território no interesse coletivo (observado o princípio da legalidade) e à adoção de ações prestacionais em vista de finalidades públicas; (ii) princípio da conformação da propriedade urbana pelas regras urbanísticas, também ligado ao caráter normativo das regras urbanísticas (FERNANDES, 2006, p. 12); (iii) princípio da coesão dinâmica das normas urbanísticas,

---

[86] Uma das primeiras sistematizações foi proposta por Silva (2012, p. 44-45), inspirado na doutrina de Carceller Fernández, que formulou tais princípios com base na Lei do Solo Espanhola. Edésio Fernandes (2006, p. 11-12) e Regina Helena Costa (1991, p. 109 e ss.) apresentaram formulações originais convergentes às de Silva, com poucas *nuances*. Muitos dos demais autores e autoras que abordaram o tema partiram da formulação desses três juristas, que apontam basicamente esses mesmos princípios, ao lado de outros que aparecem de modo variável em cada autor. Regina Helena Costa trata, por exemplo, do princípio da subsidiariedade, como desdobramento do art. 173 da CF/1988, e do princípio da remissão ao plano, aludindo à centralidade no plano diretor em relação às normas urbanísticas do ordenamento municipal. Esse último princípio é abordado também por Victor Carvalho Pinto (2005). Como esforços teóricos mais recentes mencionam-se a tese de doutorado de Bruno Filho (2013) e o trabalho de Daniela Libório Di Sarno (2004).

[87] Conforme abordado no Capítulo 4, a ideia de "função pública" não se confunde com a noção de "função social". Ambos os princípios incidem sobre a gestão das vias urbanas, mas cada um com implicações próprias.

atinente ao fato de a eficácia do direito urbanístico residir em conjuntos normativos e arranjos institucionais materialmente conexos que balizam juridicamente as decisões políticas; (iv) princípio da afetação das mais-valias ao custo da urbanificação, que impõe medidas voltadas a impedir que proprietários se apropriem livremente dos incrementos de renda derivados da melhoria das condições urbanas, devendo custeá-las na medida em que o beneficiarem ou ressarci-las à coletividade via instrumentos jurídicos próprios; e (v) princípio da justa distribuição dos benefícios e ônus derivados da atuação urbanística, desdobramento do princípio anterior, que se refere ao conflito distributivo inerente à urbanização e à urbanificação.

Além desses princípios desenvolvidos pela doutrina, merecem menção alguns dos constantes na CF/1988 e nas normas gerais de direito urbanístico. Como indica Carlos Ari Sundfeld (2002, p. 45; 1987, p. 5), podem-se extrair da CF/1988 ao menos dois princípios específicos do direito urbanístico (arts. 182-183): o princípio da função social da propriedade urbana e o princípio das funções sociais da cidade, que se relacionam à ideia de que a "política urbana tem [...] a missão de viabilizar o pleno desenvolvimento das funções sociais do todo (a cidade) e das partes (cada propriedade em particular)" (SUNDFELD, 2002, p. 54). Como resume José Carlos Cal Garcia, "o que caracteriza [...] a propriedade urbana que emerge do texto constitucional é o fato de que o contexto em que ela se acha inserida é muito mais amplo do que o interesse privado do seu titular".[88] Esses dois princípios são retomados em detalhe no Capítulo 4.

Em leitura sistemática da legislação urbanística, Fernando Guilherme Bruno Filho (2013, p. 172 e ss.) sustenta e descreve princípios de direito urbanístico que seriam derivados da função social da cidade e da função social da propriedade imobiliária urbana: (i) sustentabilidade urbana, face do direito social a uma vida saudável, que submete o desenvolvimento urbano à preservação e recuperação do meio ambiente e à observância dos direitos das futuras gerações; (ii) solidariedade urbana, que expressa os objetivos redistributivos da política urbana, sintetizando a ideia de justa distribuição de benefícios e ônus, bem como a prioridade a grupos sociais vulneráveis; (iii) democratização da política urbana, garantia jurídica à gestão participativa, ao acesso e ao controle social das ações estatais, lastreadas nos deveres de informação e transparência; (iv) proeminência do plano diretor e do planejamento,

---

[88] GARCIA, 1980, p. 178 *apud* COSTA, 1991, p. 121.

remetendo à centralidade dessa dimensão na política urbana e ao dever de assegurar que os planos reflitam as condições substantivas e contemplem os instrumentos necessários à consecução da política urbana; (v) compartilhamento das responsabilidades públicas, que reconhece a interdependência da política urbana em relação a outras áreas de políticas públicas e aponta a articulação entre entes federativos, instituições e sociedade para endereçá-la; e (vi) essencialidade da moradia adequada, reforço jurídico-institucional a esse direito social essencial à organização urbana, nuclear do direito à cidade.

Em linha com essa enunciação, merecem destaque algumas diretrizes do Estatuto da Cidade (art. 2º) que apresentam maior carga principiológica[89] e reforçam os princípios recém-mencionados: garantia de cidades sustentáveis (inciso I), gestão democrática da cidade (inciso II), cooperação entre governos e demais atores (inciso III), planejamento do desenvolvimento da cidade (inciso IV) e a justa distribuição dos produtos da urbanização (inciso IX). A PNMU reproduz a essência de muitos desses princípios em seu art. 5º, acrescentando outros como: acessibilidade universal (inciso I); segurança nos deslocamentos (inciso VI); e equidade no acesso ao transporte público (inciso III) e no uso do espaço de circulação (inciso VIII), todos abordados no segundo tópico do Capítulo 3.

É à luz desses e outros princípios depreendidos do ordenamento e da doutrina que devem ser lidas e aplicadas as normas e os instrumentos de direito urbanístico constantes na legislação brasileira. A CF/1988 previu a competência da União para "instituir as diretrizes para o desenvolvimento urbano, inclusive habitação, saneamento e transportes urbanos" (art. 21, XX), designando ao município competência para executar a política de desenvolvimento urbano a partir dessas diretrizes (art. 182). Essa competência da União tem se desdobrado na edição de uma série de normas gerais de direito urbanístico,[90] entre as

---

[89] Conforme Virgílio Afonso da Silva (2003, p. 610-611) em explicação da doutrina de Robert Alexy: "princípios são normas que estabelecem que algo deve ser realizado na maior medida possível, diante das possibilidades fáticas e jurídicas presentes. Por isso, são eles chamados de mandamentos de otimização. Importante, nesse ponto, é a ideia de que a realização completa de um determinado princípio pode ser — e frequentemente é — obstada pela realização de outro princípio." A partir dessa ideia, tem-se que a expressão "carga principiológica" qualifica algumas diretrizes que não expressam deveres e direitos definitivos — como as regras —, expressando conteúdo que se aproxima de mandamentos de otimização.

[90] Além do Estatuto da Cidade e da PNMU, outras normas gerais estruturantes do direito urbanístico brasileiro constam, por exemplo: na já mencionada Lei do Parcelamento (Lei nº 6.766/1979), na lei que atualmente disciplina a regularização fundiária (Lei nº 13.465/2017),

quais a primeira e mais importante a sobrevir à CF/1988 foi o Estatuto da Cidade (2001).

Esse diploma prevê um conjunto amplo de instrumentos a serem aplicados pelos Municípios na execução da política urbana, que envolve também a edição de diplomas locais, em especial do plano diretor. A razão de ser e funcionalidade desses instrumentos, sobretudo daqueles que à primeira vista parecem relacionar-se apenas à política de uso do solo, ilustram a interação entre planejamento urbanístico e ordenação dos transportes urbanos. O objetivo do subtópico seguinte, que encerra este capítulo, é justamente delinear essa fronteira entre política de uso do solo e ordenação dos transportes a partir de apresentação de alguns dos principais instrumentos do planejamento urbanístico.

2.2.5 Estatuto da Cidade, instrumentos urbanísticos e ordenação dos transportes

Como enunciado, pretende-se aqui exemplificar a seguir a relevante conexão entre o planejamento urbanístico e a ordenação dos transportes urbanos, a partir da abordagem dos instrumentos pertinentes do principal diploma federal a instituir normas gerais de direito urbanístico, o Estatuto da Cidade. Nessa fronteira, evidencia-se a interação entre planejamento urbano, planejamento dos transportes e planejamento da circulação, principais formas de intervenção estatal responsáveis pela conformação das vias urbanas.

Segundo definição de José Afonso da Silva (2012, p. 229), o sistema de transporte urbano é o "conjunto de meios e atividades empregados na condução de pessoas, animais, ou coisas de um ponto a outro dentro do perímetro urbano ou metropolitano e sua extensão suburbana". O sistema compreende meios públicos e privados, bem como meios coletivos e individuais (*vide* tópico 2.1). São de competência municipal tanto a organização do serviço de transporte coletivo, como a execução da política nacional de mobilidade urbana, cuja regulação e instrumentos também incidem sobre os meios privados. Na maior parte das cidades brasileiras, essas atividades vêm encontrando obstáculos substantivos que podem ser melhor compreendidos sob a perspectiva da relação entre mobilidade urbana e política de uso e ocupação do solo.

---

na lei que institui diretrizes relativas ao saneamento básico (Lei nº 11.445/2007), na Lei de Resíduos Sólidos (Lei nº 12.305/2010), nas leis de proteção e defesa civil (Leis nº 12.608/2012 e nº 12.340/2010), no Estatuto da Metrópole (Lei nº 13.089/2015), no Decreto-Lei nº 4.132/1962, que trata de hipóteses de desapropriação por interesse social, e no Decreto nº 3.365/1941, que trata da desapropriação por utilidade pública.

Dentre as variáveis que limitam a capacidade do Estado em promover a adequada ordenação dos transportes urbanos, duas das mais influentes são a conformação do território e a estrutura da demanda por transporte público. A estrutura e distribuição da demanda são determinadas pelo padrão de desenvolvimento urbano e de produção da cidade, conforme se buscou tratar no Capítulo 1. *Grosso modo*, as necessidades de transporte e sua trajetória dependem da forma com que se dá a expansão urbana, principalmente em relação à oferta de emprego, moradia e serviços, principais causas de deslocamento no meio urbano.

A oferta de serviços públicos é, em tese, determinada por ação direta do Estado, que estabelece onde serão instalados os mais diversos equipamentos públicos (escolas, hospitais, parques etc.). Contudo, em geral, a decisão é tomada de maneira reativa às necessidades da população ou ao surgimento de oportunidades de momento. Contrariamente, a distribuição de empregos, moradias e serviços privados é determinada principalmente por ação direta dos particulares. Assim, o equilíbrio dessa distribuição depende de o Estado conformar ou induzir a ação privada por meio do planejamento urbanístico, incluindo a mobilização de instrumentos de fomento, a execução de projetos urbanísticos e a realização de investimentos públicos diretos. Em suma, depende da ordenação do território, desenvolvida pelo Poder Público a partir dos instrumentos da política de desenvolvimento urbano, que lhe permitem direcionar o comportamento dos particulares com vistas aos interesses da coletividade.

As principais metrópoles brasileiras passaram por processos semelhantes de ordenação territorial. Conforme Maricato, "a valorização das propriedades fundiárias ou imobiliárias [se configurou como] motor que move e orienta a localização dos investimentos públicos, especialmente na circulação viária" (2000, p. 158). Isso trouxe a concentração dos investimentos em determinadas regiões — escolhidas a partir de interesses privados —, gerando desigualdade territorial quanto à oferta de serviços e infraestrutura. Diante do contraste com as demais áreas, nas regiões beneficiadas, os investimentos públicos foram transferidos para o preço da terra, em afronta ao princípio da justa distribuição dos benefícios da urbanificação. Os preços elevados expulsaram dessas regiões as populações de baixa renda, que passaram a se concentrar em periferias desprovidas de infraestrutura e distantes dos centros de emprego. Tardiamente, os investimentos chegaram às periferias, já densas demograficamente, e acabaram por expulsar parte das populações assentadas para locais ainda mais distantes, num ciclo retroalimentado. Cymbalista descreve os efeitos do processo:

> Essa transferência causa impactos diferentes ao incidir sobre as diferentes partes da cidade: nas áreas ricas, acaba valorizando ainda mais o patrimônio daqueles que já detêm o capital imobiliário mais significativo. Já nas partes pobres, quando o investimento público chega — em geral, muitos anos após a chegada da população – a valorização fundiária acaba expulsando aqueles que não sobem de padrão de vida conforme os assentamentos se qualificam. (2006, p. 281)

A ausência de regulação e a aplicação discriminatória[91] das regras que deveriam garantir a efetividade do princípio da função social da propriedade implicam a reprodução do processo de expulsão sistemática da população de baixa renda para as periferias e margens das manchas urbanas. Sob esse modelo de liberdade absoluta à ação dos agentes econômicos, a cidade "nunca cresce para dentro, aproveitando locais que podem ser adensados, pois é impossível para a maior parte das pessoas o pagamento pelo acesso às terras que já dispõem de toda a infraestrutura instalada" (CYMBALISTA, 2006, p. 282).

A concentração da infraestrutura e dos serviços atrai a maior parte das empresas e do comércio para as regiões beneficiadas, concentrando os empregos. De outro lado, o processo de valorização do preço da terra nessas regiões expulsa os mais pobres para a periferia, concentrando a força de trabalho em locais cada vez mais distantes. O impacto dessa distribuição sobre a cidade e a demanda por transporte não poderia ser outro:

---

[91] Conforme explica Maricato: "Nunca é demais repetir que não é por falta de planos nem de legislação urbanística que as cidades brasileiras crescem de modo predatório. Um abundante aparato regulatório normatiza a produção do espaço urbano no Brasil — rigorosas leis de zoneamento, exigente legislação de parcelamento do solo, detalhados códigos de edificações são formulados por corporações profissionais que desconsideram a condição de ilegalidade em que vive grande parte da população urbana brasileira em relação à moradia, e à ocupação da terra, demonstrando que a exclusão social passa pela lógica da aplicação discriminatória da lei. A ineficácia dessa legislação é, de fato, apenas aparente, pois constitui um instrumento fundamental para o exercício arbitrário do poder além de favorecer pequenos interesses corporativos" (2000, p. 147). Exemplificando tais comentários, a autora anota adiante que "[n]ão é em qualquer localização, entretanto, que a invasão de terras urbanas é tolerada. Não é a norma jurídica, mas a lei de mercado que se impõe, demonstrando que nas áreas desvalorizadas ou inviáveis par ao mercado (beira de córregos, áreas de proteção ambiental, por exemplo), a lei pode ser transgredida. O direito à invasão é até admitido, mas não o direito à cidade. O critério definidor é o do mercado ou da localização" (2000, p. 160-161). Em passagem introdutória do texto, resume a autora que o resultado desse modelo é "planejamento urbano para alguns, mercado para alguns, leis para alguns, modernidade para alguns, cidadania para alguns..." (2000, p. 125).

A conjugação entre os processos — desigualdade, segregação, periferização, degradação ambiental — gera efeitos nefastos para as cidades como um todo. Ao concentrar todas as oportunidades de emprego em um fragmento da cidade, e estender a ocupação a periferias precárias e cada vez mais distantes, gera-se a necessidade de transportar multidões, o que nas grandes cidades tem significado o caos nos sistemas de circulação de ricos e pobres. (CYMBALISTA, 2006, p. 283)

As condições de mobilidade urbana se agravam considerado que, frequentemente, as próprias obras viárias — que deveriam servir para melhorar o transporte — atendem a uma lógica de mercado e de privilégio a interesses privados: "[o]s congestionamentos na cidade aumentaram, já que as obras viárias, voltadas para o automóvel, não obedeceram a um plano que pudesse dar mais eficiência ao transporte de massa" (MARICATO, 2000, p. 142).

O Estatuto da Cidade, objeto de intensa disputa política desde sua tramitação no Congresso, se insere nesse contexto de desequilíbrio nas cidades brasileiras. O diploma trouxe instrumentos aptos ao regramento da atuação dos atores privados de modo a buscar transformar essa realidade. A despeito de seu histórico de aplicação inspirar descrédito, esses instrumentos são fundamentais e podem ser mobilizados em favor de uma transformação progressista do meio urbano: "o planejamento urbano é necessário para assegurar justiça social e a reposição dos pressupostos ambientais nacionais para o assentamento humano", de modo que "[n]ão há como se vislumbrar um futuro melhor para as cidades sem planejamento" (2000, p. 178).

Quase duas décadas depois da aprovação da lei, esses instrumentos não ficaram imunes a questionamentos (ROLNIK, 2012), não sendo o objetivo aqui abordar as críticas e os problemas específicos da aplicação de cada instrumento. Basta dizer que, como é frequente na história do planejamento urbano brasileiro, o Estatuto da Cidade vem apresentando baixa efetividade e, no agregado, parte de suas disposições correm o risco de entrar para o rol nada honroso de leis brasileiras que, convenientemente, "não pegam". Uma das explicações se refere à excessiva burocratização dos institutos, que dificultam sua aplicação efetiva no curso da gestão urbana (MARICATO, 2011). Ainda assim, é pertinente apontar alguns instrumentos e institutos que exemplificam a forma com que se pretendeu lidar com a dinâmica descrita acima, situada na fronteira entre a política de uso do solo e a de mobilidade.

O art. 2º, VI, *e*, do Estatuto da Cidade estabelece como diretriz a ordenação e controle do uso do solo, de forma a evitar, entre outras coisas, a "retenção especulativa de imóvel urbano, que resulte na sua subutilização ou não utilização". Adiante, dá-se consequência à diretriz nos arts. 5º, 6º, 7º e 8º, que regulamentam as sanções escalonadas estabelecidas no §4º do art. 182 da CF,[92] impostas ao proprietário de imóveis subutilizados ou não utilizados: primeiro, o parcelamento, edificação ou utilização compulsórios; em seguida, o IPTU progressivo no tempo; por fim, a desapropriação com pagamento em títulos. Com vistas a combater a especulação imobiliária, o diploma busca favorecer o adensamento de áreas urbanas de maior infraestrutura, onde o valor da terra é mais elevado. Desse modo, mira a aproximação entre moradias, empregos e serviços, atenuando e racionalizando a demanda por transporte.

O art. 2º, IX, expressa a diretriz da justa distribuição dos benefícios e ônus decorrentes do processo de urbanização. Atendê-la passa por enfrentar o problema da valorização da terra nas regiões que receberam investimento público, reduzindo a margem de apropriação privada de bens custeados socialmente. A questão remete também ao princípio da afetação das mais-valias ao custo da urbanificação, segundo o qual "os proprietários dos terrenos devem satisfazer os gastos da urbanificação, dentro dos limites do benefício dela decorrente para eles, como compensação pela melhoria das condições de edificabilidade [...] para seus lotes" (SILVA, 2012, p. 45).

Ao incentivar a instituição da contribuição de melhoria em seu art. 4º, IV, b, o Estatuto da Cidade visou à recuperação desse tipo de investimento e à equalização da distribuição dos benefícios da urbanificação (COSTA, 2002, p. 114). Ressalte-se que a valorização de uma região também pode ser externalidade derivada do investimento no sistema de transporte público, como, por exemplo, a construção de estação de metrô ou de corredor de ônibus. Nesse sentido, independentemente da lógica que orienta as obras viárias, nota-se indicativo da influência que o planejamento dos transportes exerce sobre as condições do planejamento urbano. O instrumento em questão tem sua aplicação muito dificultada por fatores como judicialização, resistência política e complexidade de cálculo da valorização.

---

[92] Estabelece o dispositivo: "§4º – É facultado ao Poder Público municipal, mediante lei específica para área incluída no plano diretor, exigir, nos termos da lei federal, do proprietário do solo urbano não edificado, subutilizado ou não utilizado, que promova seu adequado aproveitamento, sob pena, sucessivamente, de: I – parcelamento ou edificação compulsórios; II – imposto sobre a propriedade predial e territorial urbana progressivo no tempo; III – desapropriação com pagamento mediante títulos da dívida pública de emissão previamente aprovada pelo Senado Federal, com prazo de resgate de até dez anos, em parcelas anuais, iguais e sucessivas, assegurados o valor real da indenização e os juros legais."

O Município também carecia até então de instrumentos voltados a equilibrar os ônus decorrentes do processo de urbanização. Se, por um lado, a atuação do Estado tem impacto relevante sobre a propriedade e seu valor, por outro, a forma de utilização do imóvel pelo proprietário também tem consequências relevantes para o entorno e a coletividade (MARQUES NETO, 2002, p. 223). A depender do padrão de ocupação, o adensamento promovido pela edificação pode ser fator determinante para a saturação do sistema de transporte, em especial das vias urbanas, bem como de outros serviços e equipamentos situados na mesma região.

A criação da outorga onerosa do direito de construir, estabelecida nos arts. 28 e seguintes do Estatuto, exprime a busca em equilibrar a distribuição desse ônus. O instrumento tem como pressuposto a limitação do direito de construir, pelo plano diretor, por meio da fixação de coeficiente básico de aproveitamento do solo para cada região, permitindo ao Município a cobrança de uma outorga por aquilo que superar esse coeficiente — até o limite do coeficiente máximo. A relevância do instrumento é realçada pela disposição do art. 31, que cuida das possibilidades de destinação dos recursos obtidos, entre as quais: regularização fundiária; execução de programas e projetos habitacionais; constituição de reserva fundiária; ordenamento e direcionamento da expansão urbana; e implantação de equipamentos urbanos e comunitários. Todas têm influência notável na demanda por transporte nos diferentes territórios da cidade.

Também merece menção a previsão do art. 4º, IV, c, do Estatuto, que trata dos incentivos e benefícios fiscais e financeiros. O instrumento oferece um caminho intermediário para certos objetivos da política urbana, situado entre vedação e permissão, possibilitando o direcionamento da ação privada via estímulos a certo padrão de comportamento. A partir disso, o Poder Público pode criar condições favoráveis, por exemplo, para que empresas se instalem em regiões menos desenvolvidas das cidades, mas onde já se concentram parcelas significativas de suas populações em núcleos de infraestrutura consolidada. Assim, estimula-se o desenvolvimento de tais regiões, com a criação de empregos que, por conseguinte, diminuem a necessidade de deslocamento diário de grandes contingentes de pessoas das periferias para os centros de emprego. Ações do tipo buscam impedir a perpetuação dos chamados "bairros dormitório",[93] trazendo maior autonomia às diferentes regiões

---

[93] No caso das grandes regiões metropolitanas do país, esse fenômeno não se limita aos bairros, surgindo verdadeiras "cidades dormitório", onde não são desenvolvidas atividades econômicas ou oferecidos serviços públicos em escala adequada, a despeito da grande

das grandes cidades, que passam a contar com mais de um polo, num processo de descentralização econômica.

Além da melhor distribuição do emprego, o legislador mostrou preocupação com o adensamento demográfico das regiões mais desenvolvidas. Principalmente, para possibilitar que pessoas de baixa renda possam ter acesso à moradia nessas regiões, o que se mostra inviável em contextos de um mercado imobiliário autorregulado. A instituição da usucapião especial coletivo, previsto no art. 10 do Estatuto da Cidade,[94] sinaliza essa preocupação. O instrumento contribui ao enfrentamento da especulação imobiliária e homenageia a função social da propriedade, permitindo que a população mais pobre adquira direito originário sobre propriedades situadas em regiões de alta concentração de empregos, serviços e infraestrutura, mas que muitas vezes são pouco densas do ponto de vista demográfico, em razão da espera demasiada e antissocial dos proprietários por oportunidades de ganho extraordinário.

A partir desses exemplos, nota-se que o Estatuto da Cidade instituiu uma série de instrumentos com vistas ao efetivo ordenamento do solo urbano. Não um ordenamento sujeito ao gosto de quem executa a política urbana, mas pautado em diretrizes e objetivos claros, ainda que nem sempre acompanhados de instrumentos de fácil aplicação. Dentre eles, destacam-se o de melhorar a distribuição da moradia, dos serviços e das oportunidades de emprego pelos territórios das cidades, bem como de equilibrar a distribuição de benefícios e ônus da urbanização.

Pretendeu-se, assim, mostrar a influência decisiva exercida pela execução do planejamento urbano sobre a demanda por deslocamento e sobre as possibilidades de ordenação dos transportes urbanos e das vias urbanas que lhe dão suporte. Não é viável oferecer um serviço de transporte satisfatório e organizar as vias urbanas para garantir a função urbana da circulação sem a formulação de uma política de uso e ocupação do solo adequada, que organize e racionalize a distribuição de ativos e pessoas pelo território urbano. O absoluto desequilíbrio da demanda causada por uma produção autorregulada e privatista da cidade tem como consequência minar as condições materiais necessárias a que a política de mobilidade urbana atinja seus objetivos.

---

quantidade de habitantes. Esse fato evidencia que temas urbanos como o transporte extrapolam o âmbito municipal, demandando um olhar metropolitano.

[94] Conforme explica Ferraz (2002, p. 43): "Dá-se o usucapião coletivo [...] quando uma coletividade de baixa renda ocupa para moradia, por cinco anos ininterruptos e sem oposição, uma área urbana com mais de duzentos e cinquenta metros quadrados, sendo, de um lado, impossível (ou difícil) identificar juridicamente os terrenos individualmente ocupados e, doutro lado, não sendo o possuidor proprietário de qualquer outro imóvel".

Por fim, é importante repisar que, quase vinte anos depois de sua aprovação, o Estatuto da Cidade segue no papel para boa parte da população urbana brasileira. Conforme se busca ilustrar no Capítulo 4, isso indica que os problemas urbanos brasileiros, sobretudo para a mitigação do abismo social existente nas cidades, estão longe de serem solucionados e dependem de mais do que a aprovação de leis de viés transformador. Como alerta Maricato (2000 e 2011), a aplicação arbitrária e discriminatória do direito é parte integrante da lógica de produção da cidade segregada e excludente, fazendo das leis que trazem o "discurso" de mudança uma peça de sua engrenagem.

Não apenas a positivação, mas a aplicação do direito e a implementação das políticas são objeto de intensa disputa política, o que torna ainda mais complexa a atividade urbanística. Essa dinâmica afeta profundamente a gestão das vias urbanas. Em que pese o valor dos instrumentos, em muitos casos sua mobilização e aplicação é capturada e se afasta dos objetivos originais de garantia de uma vida mais digna às populações urbanas.[95]

---

[95] Sobre isso, interessante o resumo de Maricato: "Da mesma forma, podemos citar outros [além do IPTU] instrumentos legais existentes e que estão disponíveis aos governos municipais, seja para ampliar a arrecadação para o financiamento das cidades, seja para regular o mercado visando baratear ao custo da terra, seja para captação da valorização imobiliária, seja para recuperação dos investimentos em infra-estrutura, seja para regularizar e urbanizar áreas irregulares, seja ainda para constituir estoque de terras para promoção pública da moradia popular. Podemos citar entre eles: solo criado, contribuição de melhorias, zonas especiais de interesse social zonas especiais de interesse ambiental, habitação de interesse social etc. A conhecida figura do zoneamento poderia ser utilizada para garantir áreas com um mix de moradia de camadas de renda média e de interesse social, mas, em vez disso, o zoneamento tem contribuído para restringir o mercado e, portanto, o acesso à moradia, por meio de padrões segregadores ou distinguidores. Percebe-se a quase total inutilidade de buscar instrumentos mais virtuosos ou tecnicamente melhores. Eles acabam obedecendo a uma mesma práxis de fortalecer a desigualdade" (2000, p. 176-177).

CAPÍTULO 3

REGIME JURÍDICO DAS VIAS URBANAS

Problematizado o objeto em análise (Capítulo 1) e situadas as vias urbanas no campo do direito urbanístico (Capítulo 2), passa-se nesse terceiro capítulo ao objetivo de compreender o regime normativo incidente sobre as vias urbanas, a partir de sua condição de bem público. O esforço foi dividido em três partes.

Em primeiro lugar, busca-se delimitar alguns pressupostos da análise e descrever, com os recortes e destaques oportunos, o regime jurídico geral dos bens públicos no direito brasileiro contemporâneo.

Em um segundo tópico, as construções atinentes ao regime jurídico dos bens públicos são aplicadas às vias urbanas, com ênfase à questão da afetação, considerando a legislação urbanística aplicável.

Por fim, no último tópico, são destrinchados os aspectos jurídicos da gestão do uso das vias urbanas, mapeando as decisões envolvidas nessa atividade. No intuito de torná-la tão clara quanto possível, favorecendo sua compreensão, aplicação e questionamento, optou-se por uma apresentação esquemática, na forma de uma tipologia das decisões sobre a gestão dos usos das vias urbanas, proposta de modo original neste trabalho. Ao final do quarto capítulo, no âmbito da análise da aplicação do princípio da função social da propriedade às vias urbanas, essa tipologia é retomada, especialmente para auxiliar a análise dos casos práticos que servirão de campo de aplicação às formulações teóricas sistematizadas ou desenvolvidas na pesquisa.

3.1 Regime jurídico dos bens públicos no Brasil

Não é objetivo deste tópico empreender uma descrição analítica pormenorizada do regime jurídico dos bens públicos no ordenamento jurídico brasileiro, contemplando as inúmeras divergências doutrinárias existentes. Nem poderia ser diferente, tendo em vista a aridez e vastidão do tema em contraste com o limitado espaço que aqui lhe foi reservado. A abordagem do tema se presta a um propósito particular: embasar e balizar teoricamente o tema do livro, a partir de conceitos, categorias e construções doutrinárias.

Mesmo com esse recorte, não se trata de exercício simples. As controvérsias sobre muitas minúcias relativas à delimitação dos bens públicos e seu regime jurídico, além de não servirem aos objetivos do trabalho, dificultariam a utilização de um sistema teórico coerente e bem-acabado, que dê suporte à análise pretendida. Por isso, utilizou-se como guia e paradigma uma obra específica, sem prejuízo de que, além dos recortes pertinentes, formulações de outros autores e relativizações lhe complementem ou problematizem, quando houver pertinência. Trata-se do livro *O regime jurídico das utilidades públicas – função social e exploração econômica dos bens públicos*, importante contribuição de Floriano de Azevedo Marques Neto (2008) ao direito administrativo brasileiro.

Os critérios da escolha foram objetivos. Trata-se de uma tese que combina abrangência temática e densidade teórica, rigor metodológico e conhecimento amplo da doutrina, atualidade e embasamento histórico, formando um todo coerente, que guarda muitos pontos de contato com a abordagem deste trabalho. Além disso, algumas de suas proposições originais podem ser experimentadas a partir da aplicação às vias urbanas.

Em geral, as formulações do autor serviram, majoritariamente, como ponto de partida ou insumo para o desenvolvimento de um tema correlato, porém autônomo. Por isso, o aprofundamento, a problematização ou a reprodução completa de toda a linha de raciocínio que fundamentou a conclusão de cada ponto da obra, incluindo a exposição das correntes doutrinárias nacionais e estrangeiras, se mostraram desnecessários em muitos casos.

3.1.1 Noção de bens públicos e domínio estatal

Como pressuposto à definição de bem público tem-se a própria noção de "bem". Para tratá-la, Marques Neto recorre a duas dimensões externas ao universo jurídico. Primeiro, diferencia, no plano fático,[96]

---

[96] Conforme esclarece o autor, "[o] termo 'coisas', no sentido não jurídico, significa todos os objetos dotados de materialidade" (2008, p. 49), enquanto no sentido jurídico trata-se

os conceitos de "bem" e "coisa", com base na ideia de que a noção de "bem" não se restringe, como a de "coisa", à materialidade, abrangendo também objetos imateriais (independentes de suporte físico).[97] Num segundo movimento, toma emprestado da economia o conceito de "bem econômico",[98] definido pelas características da utilidade e da escassez, cujos desdobramentos são, respectivamente, o valor de uso e o valor de troca, conceitos clássicos da economia política.[99]

Assim, segundo Marques Neto (2008, p. 50-51), bens são objetos, materiais ou imateriais, dotados de utilidade e passíveis de mensuração econômica, posto que escassos frente à demanda concreta ou potencial da sociedade. Nota-se que a noção de escassez é relativa, não dependendo apenas de uma questão quantitativa entre oferta e demanda. O próprio autor sugere isso ao afirmar que "uma utilidade não escassa pode vir a ser objeto de relações jurídicas a partir do momento em que sobre ela recaia um regime jurídico próprio para acesso ou fruição que implique em uma limitação" (2008, p. 51). Nesse sentido, trata-se de um conceito aplicado a partir de condições históricas: o que não é escasso, hoje ou aqui, pode passar a sê-lo, amanhã ou ali.

A partir disso, infere-se que "bens públicos" são os objetos,[100] despidos ou não de suporte fático, dotados de utilidade, economicamente valoráveis e atribuíveis aos entes públicos[101] (MARQUES NETO, 2008,

---

de "tudo aquilo que pode ser objeto de relação jurídica" (2008, p. 110). A diferenciação apresentada no plano não jurídico é uma das premissas para a conceituação de "bem" (2008, p. 49 e ss.).

[97] Antes de adotar essa acepção, o autor apresenta posições doutrinárias distintas. Apresenta-se aqui apenas o conceito do próprio autor, suporte à construção teórica pertinente a este trabalho.

[98] Entre outras, o autor utiliza a definição de "bem econômico" de Fábio Nusdeo (2001), para quem a combinação entre os elementos "utilidade" e "escassez" se justifica na medida em que, embora um bem sem utilidade não possa ser tido como escasso, o contrário não é verdadeiro (como ocorre com o ar, que é útil sem que seja, em regra, escasso). A obra referenciada, que não compõe a bibliografia deste trabalho, é: NUSDEO, Fábio. *Curso de Economia*: introdução ao Direito Econômico. 3. ed. São Paulo: Revista dos Tribunais, 2001.

[99] Vide Capítulo I d'*O Capital* (MARX,1983, Livro I).

[100] Diante da própria noção de "bem", excluem-se do conceito os direitos e receitas (disponibilidades financeiras). Esses dois últimos, ao lado dos próprios bens públicos, compõem o *patrimônio público*. Patrimônio público não se confunde com *patrimônio nacional*, que compreende "tudo aquilo que possua valor para a coletividade no âmbito do país, independentemente de pertencer ou não ao domínio dos entes públicos" (MARQUES NETO, 2008, p. 60). São casos como o do patrimônio histórico, artístico, social etc.

[101] Conforme abordado no subtópico seguinte, a delimitação dos bens públicos pelo critério da titularidade comporta relativizações, complementações ou, para alguns autores, correções. Faz frente a esse critério tipicamente civilista a delimitação pelo viés funcional (objetivo), adotado pela doutrina de direito administrativo. Ambos os critérios são mais bem explicados adiante.

p. 60), o que parece resolver conceitualmente a categoria. Contudo, a precisão do conceito de "bens públicos" depende ainda de se compreender em que termos um objeto é "atribuível a um ente público".

Marques Neto enumera, historicamente, quatro diferentes correntes de pensamento em relação à possibilidade de o Estado ser titular do direito de propriedade (2008, p. 79 e ss.): (i) autores que entendem a total incompatibilidade entre Estado e a titularidade da propriedade, já que haveria a impossibilidade de se adjetivar uma propriedade como "pública", sendo de outra ordem a relação do Estado com os "bens públicos", insuscetíveis que são de se tornar objeto de propriedade;[102] (ii) autores que julgam que a propriedade pública é indistinta da propriedade privada em qualquer nível;[103] (iii) autores que defendem que a propriedade pública configura um tipo específico de propriedade, com regime jurídico próprio,[104] já que estariam apartadas, de um lado, a dimensão da relação interna, entre o sujeito e a coisa (idêntica ao que ocorre com a propriedade privada) e, de outro, a dimensão da relação externa, entre o proprietário e terceiros (distinta da propriedade privada por não implicar exclusão, mas compartilhamento); e (iv) por fim, autores que partiram da corrente anterior para acrescentar que a natureza da relação dominial é variável em razão do tipo de bem e da posição do Estado face aos administrados, havendo bens afetados (relação imprópria) e desafetados (semelhante ao que ocorre no caso da propriedade privada).[105]

---

[102] Marques Neto agrupa, nessa corrente, autores como Pierre-Joseph Proudhon, Henry Berthélemy e León Duguit. Esse terceiro é responsável por uma variante segundo a qual "a relação havida entre Estado e os bens integrantes do domínio público não seria um direito subjetivo (decorrência da relação dominial), mas uma mera situação objetiva, existente exclusivamente para o atendimento dos fins do Estado" (MARQUES NETO, 2008, p. 81). A oposição de Duguit à ideia de direito subjetivo é retomada no capítulo seguinte, por sua relação com a formulação do autor sobre a ideia de função social da propriedade.

[103] Essa segunda linha foi difundida na Alemanha do século XIX e tem como um de seus expoentes Georg Jellinek, um dos mais importantes teóricos da personalidade jurídica do Estado. De uma visão dual da personalidade do Estado decorreria que o Estado Patrimônio responderia pelas relações jurídicas idênticas àquelas aplicáveis aos particulares (MARQUES NETO, 2008, p. 82).

[104] Segundo Marques Neto (2008, p. 82-83), essa conciliação entre a possibilidade de o Estado, dotado que é de personalidade jurídica, titularizar propriedade e, de outro lado, a mitigação deste direito imposta pelo regime jurídico-administrativo é defendida por autores como Santi Romano, Guido Zanobini, Lorenzo Meucci, Martine Monteil, Otto Mayer e Manuel María Diez.

[105] Embora Hauriou seja frequentemente enquadrado na primeira corrente — difundida na França —, Marques Neto (2008, p. 85) entende que o autor sustenta esta linha, denominada "teoria das propriedades paralelas".

Analisando em perspectiva o surgimento das linhas doutrinárias em correlação às mudanças sociais ocorridas em paralelo a seu desenvolvimento, nota-se uma trajetória adaptativa. As transformações sociais ora inibiram a prosperidade de uma corrente, ora impulsionaram o desenvolvimento de uma nova. Se a ideia de incompatibilidade entre Estado e relação de propriedade um dia serviu à proteção dos bens de uso comum frente a um Estado autoritário, após a consolidação da concepção de um Estado de Direito, sua aplicação passou a significar a vulnerabilidade desses bens, negando-lhes a incidência de instrumentos jurídicos voltados à garantia de sua função pública.

De modo semelhante, se a formulação do conceito de personalidade jurídica do Estado ensejou o desenvolvimento de uma corrente que considerou a propriedade estatal indistinta da propriedade privada, o incremento de limites negativos e a superveniência de limites positivos à ação estatal, compondo um regime jurídico bastante distinto, tornou essa linha incongruente em face da realidade e das necessidades da sociedade. Nesse mesmo processo, a compreensão de que há duas dimensões apartadas na propriedade pública, decorrentes de um regime jurídico específico e distinto, demandou uma complementação posterior, em razão da complexificação das relações do Estado. O Poder Público passou a adquirir e gerir diferentes tipos de bens à luz de regimes jurídicos próprios.

Essas divergências teóricas ilustram, portanto, uma tensão refletida no direito administrativo, relativa à equiparação dos direitos do Estado, enquanto ente personificado, ao direito de propriedade dos particulares.

Também é pertinente ao estudo dos "bens públicos" o conceito de domínio estatal, que torna os bens "atribuíveis aos entes públicos", e sua distinção em relação à ideia de "domínio eminente". Para Marques Neto (2008, p. 88 e ss.), "domínio eminente" diz respeito à relação de autoridade do uso do poder político sobre o território, que submete os titulares dos domínios de todos os bens à autoridade estatal. Trata-se de domínio objetivo, abstrato e geral sobre todas as coisas, decorrente da soberania interna, e do qual deriva a prerrogativa de ordenar e disciplinar a propriedade. O domínio eminente não se confunde, então, com a relação de propriedade, já que não tem a característica de exclusão do domínio, não afastando a relação jurídica de propriedade do sujeito.[106]

---

[106] O autor destaca que "talvez a mais relevante das manifestações do domínio eminente corresponde à adstrição do exercício do domínio, por todos os detentores de bens dentro do território, à função social da propriedade" (2008, p. 90-91), princípio visitado em detalhe no Capítulo 4.

Para além dessa relação geral, tem-se que uma parcela dos bens compreendidos no território nacional, todos sujeitos ao domínio eminente, é de propriedade do próprio Estado. Sobre essa parcela, manifesta-se o domínio estatal, do qual decorre a relação de propriedade do Estado. É essa relação que justifica a qualificação do bem como "público". De maneira geral, os bens são ou se tornam públicos por três motivos: por conta de suas características intrínsecas, como no caso do mar territorial; em função do uso a que se destinam, o que se dá com praças e estradas; e, finalmente, em razão de uma relação jurídica, a partir da qual foram transferidos à titularidade de uma pessoa jurídica de direito público — notadamente, os bens dominiais (MARQUES NETO, 2008, p. 94-95).

O ordenamento brasileiro não deixa espaço para uma terceira categoria de bens, alheia à relação de propriedade pública ou privada.[107] É o que se depreende da redação do art. 98 do CCB/2002, que estabelece que, entre os bens do domínio nacional (leia-se, "domínio eminente"[108]), são públicos os de titularidade do Estado e privados todos os demais. Como indicado, os regimes jurídicos incidentes sobre essas duas categorias de propriedade são distintos. Mesmo que o avanço da regulação estatal — que limita o exercício da propriedade privada em prol de interesses coletivos — contemple uma quantidade crescente de dimensões (ambiental, concorrencial, urbanística etc.), da perspectiva jurídica, ainda há clara clivagem entre propriedade pública e privada.[109]

Ou seja, a aproximação material dos limites ao exercício do direito de propriedade, decorrente do incremento da regulação sobre a propriedade privada e dos limites positivos e negativos que balizam a ação estatal, não é suficiente para eliminar as diferenças entre os regimes

---

[107] Nesse sentido, refutou-se no direito positivo a ideia de que alguns bens públicos teriam o caráter de *"res nullius"*. Segundo essa ideia, por se mostrarem impassíveis de ser objeto de propriedade ou por serem intrinsecamente voltados à fruição coletiva (impassíveis de apropriação), alguns bens não integrariam nem o patrimônio privado, nem o público. Marques Neto defende essa opção, sustentando que a tese de um terceiro tipo de bem deixaria vulneráveis de proteção jurídica muitos bens de fruição coletiva (entre os quais as vias urbanas), favorecendo sua apropriação indevida por particulares (2008, p. 106-107).

[108] Conforme explica Marques Neto (2008, p. 93-94), a correta interpretação do art. 98 do CCB/02 impõe entender a expressão "domínio nacional" como equivalente ao conceito de "domínio eminente", já que entendê-la como sinônimo de "domínio público" implicaria admitir uma tautologia na redação do dispositivo.

[109] Na mesma linha, pontua Medauar: "o regime da dominialidade pública não é um regime equivalente ao da propriedade privada. [...] Trata-se de vínculo específico, de natureza administrativa, que permite e impõe ao poder público, titular do bem, assegurar a continuidade e regularidade da sua destinação, contra quaisquer ingerências" (2018, p. 245).

jurídicos. Sobre os efeitos práticos dessa distinção, veja-se formulação de Marques Neto, em síntese do exposto neste subtópico:

> Em suma, entendemos que integram o domínio estatal os bens [...] pertencentes às pessoas jurídicas de direito público interno, independente do emprego que lhes tenha reservado e da razão pela qual estes bens passam a pertencer ao Estado. Sobre todos os bens materiais ou imateriais, que integram o patrimônio público, existe uma relação de propriedade entre o Estado e o bem. Não apenas pela expressão contida na lei civil, mas também pela necessidade de o Estado exercer, em relação a estes objetos, direitos típicos de propriedade, inclusive para opô-los aos administrados, muitas vezes titulares do direito de uso destes bens. É bem verdade que o *Estado não exercerá esta propriedade como fazem os particulares, haja vista que a propriedade estatal (sobre qualquer classe de bens) é sempre condicionada às finalidades públicas que justificam ou obrigam a existência do domínio estatal.* Podemos dizer que *se a propriedade de qualquer bem do domínio eminente está condicionada ao cumprimento da sua função social* (cf. artigo 5º, XXIII, artigo 170, III, e artigo 182, §2º da CF), *a propriedade estatal é aquela que só se justifica no atingimento de uma função social.* (2008, p. 108-109, grifo meu)

As peculiaridades da aplicação do princípio da função social da propriedade aos bens públicos e sua incidência sobre as vias urbanas são objeto do Capítulo 4.

3.1.2 Delimitação e classificação dos bens públicos no direito brasileiro

Este subtópico trata de aspectos pertinentes da delimitação e classificação dos bens públicos no direito brasileiro, sendo dividido em três partes: primeiro, a apresentação dos critérios subjetivo e objetivo de delimitação dos bens públicos e de considerações acerca das possibilidades de sua compatibilização; depois, a análise de alguns aspectos da classificação de bens públicos quanto ao uso afetado, estabelecida no CCB/2002; por fim, uma breve abordagem de outros critérios de classificação, oportunamente retomados no segundo tópico do capítulo, voltado ao regime jurídico das vias urbanas. Em todos os casos, o objetivo foi o de apresentar um panorama geral sobre as principais questões envolvidas na delimitação e classificação dos bens públicos, a partir de recortes que já têm em vista a pertinência dessas questões ao tema das vias urbanas.

a) Classificação dos bens públicos: o critério subjetivo e o critério objetivo

O critério subjetivo delimita os bens a partir da natureza jurídica da pessoa que detém sua titularidade, sendo públicos e devendo submeter-se ao regime jurídico correspondente aqueles bens cuja titularidade pertence a uma pessoa jurídica de direito público. O critério objetivo, por sua vez, segmenta os bens quanto à sua natureza jurídica, tendo como parâmetro a função a que se destinam, configurando-se como públicos aqueles que estejam, de alguma forma, empregados em utilidade de interesse geral. Nesse segundo caso, a destinação à finalidade coletiva não é suficiente pelo critério funcional, de modo que "a caracterização de um bem como público advém da essencialidade e infungibilidade do bem para o exercício de uma função de interesse geral atribuída ao Estado" (MARQUES NETO, 2008, p. 282), remetendo ao instituto da afetação,[110] que consagra o bem à utilização ligada a alguma necessidade pública.

Na visão do autor não há, em qualquer hipótese, afetação intrínseca de um bem público, sendo que essa consagração do bem decorrerá sempre de um ato jurídico ou, ao menos, de um fato jurídico.[111] Em convergência com essa visão, tal instituto é abordado mais detidamente no subtópico 3.1.4, que trata da afetação dos bens públicos.

---

[110] Conforme sintetiza o autor, "[t]al caracterização do bem como público em virtude da função é diretamente ligada à noção de afetação, ou seja, à consagração do bem a uma utilização concernente a uma necessidade pública" (2008, p. 282). Marques Neto traz três questões importantes sobre o instituto da afetação (2008, p. 142 e ss.). Em primeiro lugar, expõe o debate acerca da existência ou não de afetação intrínseca a alguns bens, posicionando-se no sentido da inexistência absoluta de afetação natural. A única concessão do autor nesse ponto refere-se aos casos de afetação imanente, em que o próprio bem configura a materialização da utilidade, que se torna autônoma do bem que lhe dá suporte, como ocorre com o potencial de energia hidráulica. O segundo ponto diz respeito à natureza jurídica da afetação — que ensejou o surgimento de, ao menos, quatro correntes (ato jurídico, ato de vontade, fato jurídico ou ato administrativo/legislativo) —, tema sobre o qual o autor defende que se trata de um fato jurídico. Por fim, o autor discute se a afetação precede ou condiciona o domínio público, ao que argumenta que se trata de questão desprovida de consequências relevantes, tendo em vista que, em sendo público, já recai sobre o bem, automaticamente, o regime administrativo. Sobre isso, conclui o autor que a afetação é "um vetor central da concepção funcionalista dos bens públicos e requisito, a nosso ver essencial, destes bens, pelo fato de que todos os bens públicos têm uma afetação direta ou remota e de que nenhum bem tem uma afetação intrínseca" (2008, p. 283).

[111] A negativa dessa ideia tem relação, da perspectiva deste trabalho, com o componente político embutido nas decisões acerca dos usos das vias urbanas. Não há afetação intrínseca ao modelo de circulação vigente, trata-se de uma escolha política, reiterada a cada momento, mesmo que omissão voluntária. Transformar essa realidade parte de reconhecer tratar-se de uma escolha política.

Em ambos os critérios — subjetivo e objetivo — identificam-se vantagens e insuficiências. Ao conferir demasiada ênfase a preocupações tipicamente civilistas atinentes à identificação do proprietário do bem e sua relação com terceiros, o critério subjetivo se mostra insuficiente, partindo de pressupostos distintos daqueles que fundamentam o domínio público e deixando de contemplar especificidades relevantes. Dentre essas, destaca-se a possibilidade de bens pertencentes a entes (públicos ou privados) organizados como pessoas jurídicas de direito privado integrarem indiretamente o patrimônio público ou estarem empregados a uma finalidade pública, comportando regimes híbridos. É o caso dos bens de concessionárias afetados à prestação de serviço público.[112]

Já o critério objetivo dá margem a críticas pelo fato de: ensejar um déficit de legalidade, colidindo com a definição presente no CCB/2002; trazer incerteza quanto ao regime jurídico incidente sobre os bens que integram o domínio privado, gerando insegurança jurídica; apesar das diferenças e da ênfase ao instituto da afetação, não escapar da influência do Direito Civil, de modo que o apego à classificação subjetiva — estanque na distinção entre os bens e os usos — dificulta a apreensão da possibilidade de uma múltipla afetação dos bens públicos; e ser incapaz de justificar, por si, que sejam públicos os bens dominiais (MARQUES NETO, 2008, p. 150-151).

Na soma das vantagens e insuficiências, mostram-se inconvenientes a adoção isolada ou o descarte imediato de qualquer dos critérios. Em sua combinação, é possível identificar uma divisão compreensiva, que precede outras classificações.

Pela perspectiva do critério subjetivo da titularidade, é possível delinear os bens públicos em sentido próprio, correspondentes à previsão do art. 98 do CCB/2002, sendo que o domínio das pessoas jurídicas de direito público interno[113] pode ser derivado: (i) de previsão legal ou constitucional expressa; (ii) dos mesmos fundamentos previstos no CCB/2002 para a propriedade privada — tradição para bens móveis

---

[112] Marques Neto (2008, p. 187 e ss.) analisa cada uma das hipóteses de submissão total ou parcial de bens do domínio privado ao regime público: bens detidos por entes administrativos de direito privado, bens reversíveis no regime de concessão de serviço público, permissão de serviços público e autorização de uso do bem público, bens nas parcerias público-privadas, bens das organizações sociais e bens adquiridos pelas organizações da sociedade civil de interesse público. Essa análise serviu a uma compreensão aprofundada do instituto da afetação, mas sua apresentação não se mostra pertinente aos objetivos do trabalho.

[113] As pessoas jurídicas de direito público interno estão previstas no art. 41 do CCB/2002.

(art. 1.226) ou registro para imóveis (art. 1.227); ou (iii) da relação de destinação imemorial a uma utilidade pública, que implica prescrição aquisitiva em favor do ente estatal a quem competir materialmente a finalidade pública a que se presta o bem (MARQUES NETO, 2008, p. 154). Na classificação pelo critério subjetivo, os bens públicos próprios podem ser divididos em bens da União, bens dos Estados, bens dos Municípios, bens do Distrito Federal (DF) e bens das autarquias — incluindo tanto as autarquias unifederativas (vinculadas a um único ente), como as multifederativas, organizadas pelos consórcios públicos.[114]

Em contrapartida, o critério objetivo permite delimitar os bens públicos em sentido impróprio, derivados de circunstâncias diversas: casos em que os bens são de titularidade de entes administrativos de direito privado (empresas estatais e fundações); casos em que são detidos por entidades privadas que prestam serviços públicos; além dos bens transferidos pela Administração a parceiros, por força de parcerias público-privadas, contratos de gestão com organização social ou termos de parceria com organizações da sociedade civil de interesse público.

Por esse critério, não interessa a titularidade do bem, mas sua afetação. Marques Neto (2008, p. 140) resume os três requisitos para delimitar um bem como público pelo viés funcional: a utilidade do bem deve corresponder a uma atividade legalmente conferida ao Poder Público ou cujas características assim o exijam; o bem deve ser essencial à atividade; e, ainda que se necessite de bem do mesmo tipo, o bem em questão, nas circunstâncias colocadas, deve ser insubstituível ou, caso substituído por equivalente, ocorrerá transferência automática da natureza de bem público.

---

[114] Os bens da União estão elencados, de modo não exaustivo, no art. 20 da CF/1988. Os bens dos Estados estão enumerados, também de modo exemplificativo, no art. 26 da CF/1988. Os bens dos Municípios não foram objeto de enumeração pela CF/1988. Há dispositivos constitucionais e legais que têm como pressuposto a capacidade de os Municípios serem titulares do direito de propriedade, a exemplo do poder expropriatório constante no art. 182, §§3º e 4º, da CF/1988. Os bens do DF correspondem, em princípio, aos bens estaduais e municipais situados nos limites de seu território. Contudo, essa delimitação nem sempre é suficiente, de modo que, na prática, é um desafio jurídico apartar bens do DF dos bens de domínio da União situados em seu território (MARQUES NETO, 2008, p. 181). A atual Lei Orgânica do DF, de 1993, estabelece que "são bens do DF: I – os que atualmente lhe pertencem, que vier a adquirir ou forem atribuídos; II – as águas superficiais ou subterrâneas, fluentes, emergentes e em depósito, ressalvadas, neste caso, na forma da lei, as decorrentes de obras da União; III – a rede viária do Distrito Federal, sua infra-estrutura e bens acessórios." Por fim, os bens autárquicos são aqueles "afetados às finalidades especiais que constituem o escopo autárquico" (MARQUES NETO, 2008, p. 182), o que não exclui a possibilidade de sua afetação ao uso comum, de que são exemplos as autarquias territoriais (art. 193 da CF/1988) e o viário interno dos *campi* das universidades públicas quando integrados ao viário municipal.

b) Classificação dos bens públicos segundo o uso afetado no CCB/2002

O CCB/2002 estabelece uma classificação tríade de bens públicos quanto ao uso afetado: bens de uso comum do povo, bens de uso especial e bens dominiais (ou dominicais). Os dois primeiros merecem análise detida em razão do objeto do trabalho. Isso porque, a despeito de as vias urbanas serem bens de uso comum, não se deve ignorar o fato de que "quanto mais complexa se tornar a ordenação do uso dos bens públicos, mais se aproximarão os usos comum e especial [...]" (MARQUES NETO, 2008, p. 294). Esse argumento é retomado no segundo tópico do capítulo.

Embora a classificação legal e doutrinária nem sempre dê conta desse fato, à luz da realidade e da prática jurídica da Administração brasileira, é pacífica a possibilidade de afetação de um mesmo bem a mais de um uso. Nesse sentido, entende-se correto o pressuposto estabelecido por Marques Neto (2008, p. 238-239) de que, não obstante o caráter estanque das definições do CCB/2002, deve-se compreender que a classificação diferencia os tipos de uso que recaem sobre os bens públicos, e não exatamente os tipos de bem em função do uso que lhes é atribuído. Do contrário, estaria sendo negada a afetação múltipla, que se apresenta como realidade jurídica incontornável. Passa-se, a seguir, a diferenciar os três tipos de uso enumerados no direito positivo brasileiro.

O uso comum do povo é caracterizado por quatro elementos essenciais: (i) generalidade, vez que a titularidade para uso direto do bem decorre da condição de membro da coletividade, ainda que transitória ou episódica; (ii) impessoalidade, do que deriva que o direito ao uso comum ordinário independe de quaisquer características ou titulações específicas, tendo em vista que decorre da afetação uma legitimação geral;[115] (iii) impregnação das características do bem, que faz com que passe a se confundir com o próprio uso, sendo determinado por este;[116] (iv) incondicionalidade, que implica que o uso do bem não

---

[115] Ressalta-se que essa isonomia é restrita ao uso comum afetado, não abarcando afetação a outros tipos de uso que recaiam sobre o mesmo bem, conforme se retomará adiante.
[116] Esse elemento, em tese, aparece mais intensamente nos bens do domínio artificial do que nos bens do domínio natural. Isso se dá pelo fato de que, conforme a doutrina, os bens de uso comum artificiais geralmente são criados para atender a uma finalidade coletiva específica, selecionada pela Administração, enquanto os bens de uso comum do domínio natural não possuem destinação específica, sendo comumente caracterizados pela propensão a vários usos (MARQUES NETO, 2008, p. 250 e ss.). Sem afastar a importância dessa distinção, que pode ajudar a explicar diferenças no regime jurídico das espécies de bens

está submetido a condições subjetivas prévias ou ao preenchimento de requisitos específicos pelos indivíduos, prescindindo de qualquer verificação ou concordância prévias por parte da Administração, o que não se confunde com a ausência de ordenação do uso do bem (MARQUES NETO, 2008, p. 241-250).

Além de não implicar ausência de regras de uso, a incondicionalidade também não exclui o exercício do poder de polícia pela Administração. Pelo contrário, por vezes, realça sua necessidade. Nessa esteira, conforme defende parte importante da doutrina brasileira[117] e expressamente permite a lei nacional (*vide* art. 103 do CCB/2002), a incondicionalidade não afasta a possibilidade de cobrança pelo uso (uso retribuído ou oneroso), desde que incida de modo geral sobre todos os utentes, conforme a modalidade de uso.

Um último ponto relevante sobre o uso comum diz respeito à sua natureza jurídica. Há, ao menos, quatro grandes linhas doutrinárias sobre a natureza jurídica do uso comum do povo:[118] (i) a que o considera um direito real do indivíduo sobre o bem, o que seria uma faceta da existência da *res nullius*; (ii) a que identifica no uso comum uma liberdade individual; (iii) aquela para a qual o uso comum equivale a um direito cívico a prestações estatais; e (iv) a que sustenta decorrer do uso comum um direito público subjetivo, de fruição coletiva. O estudo das vias urbanas aqui empreendido aponta maior aderência desta última, que converge com o sentido do desenvolvimento teórico e positivo do direito à cidade.[119]

---

afetados ao uso comum, entende-se que, ao menos no que tange ao objeto deste trabalho, ela contribui pouco, posto que também comporta exceções importantes, justamente derivadas da múltipla afetação que necessariamente recai sobre as vias urbanas. Para ficar apenas em um exemplo, uma praça, mesmo pertencendo ao domínio artificial, também não se presta a uma destinação específica, assim como as praias. Contrariando o critério de que "no caso dos bens de uso comum do patrimônio público artificial, estes, *por serem tratados como coisas isoladas (aquela rua, aquela praça, o parque público), podem ser objeto de desafetação integral* [...]" (MARQUES NETO, 2008, p. 255, grifo meu), as praias também podem ser vistas como coisas isoladas, assim como as praças. Um trabalho que foca o olhar sobre as vias urbanas não é compatível com a utilização de conceitos e classificações que tratem praças e praias como exceções.

[117] São os casos, por exemplo, de Marques Neto (2008, p. 244) e Bandeira de Mello (*Curso de Direito Administrativo*, 2003, p. 793, *apud* MARQUES NETO, 2008, p. 245). Entendimento distinto é o de Hely Lopes Meirelles, que sustentou que o uso oneroso implicaria descaracterização do uso comum (2016, p. 675).

[118] Segundo Marques Neto (2008, p. 240), as três primeiras linhas são referidas por Alfredo Buzaid (Bem Público de Uso Comum, 1969, p. 52), que se sustenta na doutrina de Guido Zanobini. A última deriva de construção do próprio Marques Neto (2008, p. 240), convergente à formulação de Eros Grau (1985, p. 52).

[119] Conforme Nelson Saule Junior: "O direito à cidade adotado pelo direito brasileiro o coloca no mesmo patamar dos demais direitos de defesa dos interesses coletivos e difusos,

Já o uso especial é marcado por um caráter instrumental, tendo em vista que o bem afetado a esse tipo de uso se presta a aparelhar a Administração, dando-lhe suporte para satisfazer necessidades coletivas por meio do uso realizado por um grupo específico de indivíduos (MARQUES NETO, 2008, p. 255-256). A definição do art. 99, II, do CCB/2002 exemplifica essa categoria de bens aludindo a edifícios e terrenos destinados a estabelecimento ou serviço público. Nessa linha, tais bens tanto podem suportar atividades disponibilizadas aos administrados — serviços e utilidades públicas[120] —, como podem ser utilizados para a instalação de equipamentos administrativos do Estado, sem necessariamente haver fruição direta pelos administrados (MARQUES NETO, 2008, p. 257).

Mesmo sem que se afaste a geração de benefícios para toda a coletividade, no caso do uso especial, não há generalidade, impessoalidade e incondicionalidade usufruída por todos os administrados. A satisfação coletiva não se dá pela disponibilização do bem, mas por alguma atividade que suporta. Enfim, no núcleo essencial desse tipo de uso situa-se a individualidade da fruição, que demanda do usuário um título especial que o legitime ao uso (MARQUES NETO, 2008, p. 293). Sobretudo pelo viés da incondicionalidade, tem-se que o incremento da ordenação de bens de uso comum pode aproximá-los de um uso especial, conforme retomado adiante.

Por fim, os bens dominiais são caracterizados, em geral, por um critério excludente: ausência de afetação a um uso especial ou comum do povo, não servindo diretamente a uma finalidade pública.[121] Para

---

como por exemplo, o direito do consumidor, do meio ambiente, do patrimônio histórico e cultural, da criança e do adolescente, da economia popular. [...] O desenvolvimento das funções sociais da cidade, por se interesse de todos os habitantes da cidade, se enquadra na categoria dos interesses difusos, pois todos os habitantes são afetados pelas atividades e funções desempenhadas nas cidades [...]. Logo, a relação que se estabelece entre os sujeitos é com a cidade, que é um bem de vida difuso" (2007, p. 54).

[120] Conforme esclarece Marques Neto, a expressão legal "serviço público" nesse contexto tem uma amplitude peculiar, reportando-se à ideia de "atividade prestacional da administração traduzível na oferta de utilidades ou atividades fruíveis *uti singuli* (e não *uti universi*) [...]" (2008, p. 258).

[121] Segundo Marques Neto, haveria três subcategorias de bens dominiais: os que, mesmo sem afetação a uso comum ou especial, estão empregados em alguma atividade, visando à geração de riquezas ou tendo aplicação patrimonial (imóveis que são objeto de uso remunerado pelos particulares, bens objeto de cessão onerosa para uso privativo e ações de companhias estatais); aqueles sem utilidade ou presteza, cuja situação atenta contra o cumprimento da função social da propriedade; e as terras devolutas, parte das quais encontra-se na posse de particulares que lhes dão destinação econômica (MARQUES NETO, 2008, p. 266-269).

Marques Neto (2008, p. 265-266), a ausência de destinação geral ou específica ao uso não afasta a função dos bens dominiais, que devem cumprir uma finalidade patrimonial, gerando rendas que contribuam à atenção de finalidades públicas, sob pena de se contrariar o princípio da função social da propriedade. Para ele, no caso do domínio público, o princípio, para além de condicionar, fundamenta esse direito. A destinação dos bens dominiais se daria, então a partir de uma afetação imprópria, consagrando o bem a uma finalidade econômica.[122]

c) Outras classificações pertinentes dos bens públicos

A terceira e última parte deste subtópico foi reservada à breve enunciação de duas classificações adicionais dos bens públicos. A primeira, relativa à substância, aparta os bens imóveis dos bens móveis. Historicamente, aqueles receberam maior importância, tendo em vista que, além de o patrimônio estatal ser notoriamente imobiliário, "na passagem da concepção do domínio eminente para o patrimonial, a ideia de imóvel surgiu como consequência da ideia de território" (MARQUES NETO, 2008, p. 272-273). Assim, coisas móveis eram automaticamente tidas como acessórias. Mais recentemente, o patrimônio mobiliário passou a receber mais atenção, sobretudo em função da relevância econômica atribuída a bens como energia, direitos reais sobre coisas móveis e ações de empresas estatais (MARQUES NETO, 2008, p. 273).

Para os fins do trabalho, uma questão pertinente diz respeito ao critério para definir se pode ou não ser tido por acessório ao imóvel tudo quanto incorporado ao solo, conforme dispõe o art. 79 do CCB/2002. Considerando o acervo de bens pertencentes ao domínio público, a compreensão de bens móveis como acessórios ao bem imóvel ao qual estão incorporados deve considerar a questão da afetação (MARQUES NETO, 2008, p. 276). Assim, deveriam ser considerados incorporados ao imóvel apenas aqueles bens móveis consagrados às mesmas finalidades, critério que se aborda em maior detalhe no próximo tópico.

---

[122] Marques Neto (2008, p. 317-319) reforça essa tese a partir de exemplos de desapropriação que, justamente para cumprir a finalidade coletiva que a justificou, pressupõem alienação futura dos bens desapropriados. São os casos da desapropriação por zona (art. 4º do Decreto-Lei nº 3.3565/1941), da desapropriação para reurbanização (renovação urbana), da desapropriação para construção de distritos industriais (art. 5º, §1º, do Decreto-Lei nº 3.3565/1941), da desapropriação para reforma agrária (art. 25, *caput*, da Lei nº 4.504/1964) e da desapropriação punitiva por descumprimento da função social da propriedade urbana (art. 182, §4º, III, da CF/1988).

A segunda classificação dá-se em função da disponibilidade dos bens. Classicamente, atribui-se aos bens de uso comum e especial (afetados) a inalienabilidade, sendo disponíveis os bens dominicais. Contudo, concordando-se com a tese de que o que se distingue são os tipos de uso, e não propriamente os tipos de bem, infere-se que indisponibilidade recai sobre a afetação e não sobre o bem. Em caso de desafetação, o bem se torna disponível. Marques Neto entende que apenas não podem ser alienados "os bens que não possam ser integralmente desafetados sem perder as características naturais que lhe conferem identidade" (MARQUES NETO, 2008, p. 279). O raciocínio soa aderente ao regime instituído pelo CCB/2002, que não prevê que os bens públicos são indisponíveis, mas que estão indisponíveis enquanto restarem afetados, ainda que as possibilidades de desafetação dos bens no caso concreto possam gerar grandes controvérsias, conforme retomado a seguir.

3.1.3 Regime jurídico geral dos bens públicos

Neste subtópico é abordado o regime jurídico geral dos bens públicos, incluindo os principais aspectos dos regimes de aquisição, de gestão e de alienação. Esclarece-se, desde já, que a gestão do uso e o instituto da afetação, embora atinentes ao regime de gestão, são reservados ao subtópico seguinte, permitindo o aprofundamento de pontos de maior importância ao tema da função social das vias urbanas.

Como já exposto, a qualificação do bem como público implica a incidência de regime jurídico público derrogatório do direito comum. Isso se dá em diferentes intensidades, em função do tipo de bem, de sua essencialidade, seu domínio e, principalmente, da espécie de uso que lhe consagra (MARQUES NETO, 2008, p. 301-302). Independentemente dessa gradação, fato é que o regime público terá desdobramentos, ao menos potenciais, sobre diversos aspectos do regime de aquisição, gestão e alienação dos bens. Diante da gama de questões que tangenciam o tema, a ideia é, a partir de uma abordagem sintética e panorâmica, conferir enfoque aos aspectos que contribuem ao estudo das vias urbanas.

a) Regime jurídico de aquisição dos bens públicos

Há diversos meios de aquisição de propriedade pelos entes de direito público interno. No caso da propriedade pública, a aquisição tem como pressuposto necessário uma finalidade de interesse geral, que pode ser revelada pelo próprio meio de aquisição do bem. Nesse sentido, a depender do meio de aquisição e da finalidade que a fundamenta, já estará o bem afetado desde sua incorporação ao patrimônio público. Conforme descreve José dos Santos Carvalho Filho (2018, p. 1309), assim como se dá com os particulares, a aquisição de bens pelas pessoas de direito público pode ocorrer por meios originários, em que não há transmissão da propriedade por qualquer manifestação de vontade (a exemplo da usucapião), e por meios derivados, em que se verifica uma cadeia de transmissão do bem (como a compra e venda). Segundo Maria Sylvia Di Pietro (2018, p. 958), a formação do patrimônio público pode ocorrer a partir de formas regidas pelo direito privado, a exemplo da herança testamentária, e de formas regidas pelo direito público, como a desapropriação. Dentre as diversas formas de aquisição de propriedade por entes públicos, são destacadas aquelas de especial pertinência ao direito urbanístico e ao objeto deste trabalho: desapropriação, aquisição por força de lei (em especial a doação compulsória), direito de preempção, usucapião e obra pública.[123]

Carvalho Filho define a desapropriação como o procedimento de direito público pelo qual o Poder Público transfere a propriedade de terceiro para si, normalmente mediante indenização, por motivos de utilidade pública, aí incluídas as hipóteses de conveniência ou de necessidade pública,[124] ou de interesse social, associada à questão da função social da propriedade e à atenuação de alguma forma de desigualdade coletiva (2018, p. 950-951). O mesmo autor esclarece que o caráter procedimental remete a uma sequência de atos formais, desenvolvidos nas esferas administrativa — em que o Poder Público declara seu interesse na desapropriação e começa a adotar as providências para a transferência do bem — e judicial, em que, quando não há acordo, o Estado move ação contra o proprietário.

Trata-se do meio mais utilizado para aquisição estatal de propriedade imobiliária, ainda que também possa servir à aquisição de bens móveis. O uso da desapropriação é frequente, por exemplo, no curso da realização de obras viárias, como a duplicação de avenidas, e da construção de infraestrutura de transporte público, como estações de metrô. Embora se aproxime da compra e venda por

---

[123] Assim, não são abordados, por exemplo, compra e venda, reversão, doação, permuta, dação em pagamento, adjudicação, decisão judicial, resgate na enfiteuse, obra herança testamentária, herança jacente/vacante, entre outras.
[124] Em outras palavras, para Carvalho Filho, a hipótese de necessidade pública está abrangida na hipótese de utilidade pública, que àquela não se limita. A primeira é espécie, a segunda, gênero.

implicar transferência onerosa de propriedade por ato entre vivos, a desapropriação se diferencia pela ausência de acordo de vontade, já que independe da anuência do vendedor.

Além da ausência de acordo, Marques Neto (2008, p. 310-320) destaca duas marcas distintivas da desapropriação: o momento em que o bem passa a integrar o patrimônio público e a finalidade pública que justifica a expropriação. Merece breve comentário a questão da finalidade da expropriação, relativa à previsão constitucional do instituto, que condiciona a mobilização deste instrumento aos casos de necessidade ou utilidade pública, ou de interesse social (art. 5º, XXIV, da CF/1988). São essas razões de interesse geral que justificam a supressão do direito de propriedade previsto na CF/1988 (art. 5º, XXII), sendo que qualquer das três consagrará o bem a uma afetação (MARQUES NETO, 2008, p. 310). Mesmo que não seja perpétua a finalidade, na hipótese de desrespeito à afetação que justificou a expropriação, se descaracterizará o instituto, o que, para alguns autores, ensejará a anulação do ato expropriatório.[125] A afetação a uma finalidade de interesse recairá mesmo nos casos em que o bem desapropriado não for incorporado permanentemente ao patrimônio público: hipóteses nas quais, justamente para que se cumpra o objetivo primário do ato, é necessário transferir o domínio do bem, por venda ou doação.[126]

Carvalho Filho (2018, p. 951) explica que "as expressões utilidade pública e interesse social espelham conceitos jurídicos indeterminados", de modo que as hipóteses de enquadramento dependem de definição legal. Das previsões constitucionais e das leis que regularam as hipó-

---

[125] Essa é a posição de Marçal Justen Filho (*Curso de Direito Administrativo*, 2005, p. 707, apud MARQUES NETO, 2008, p. 312), sustentada e complementada por Marques Neto: "[...] se após ter sido dada ao bem a finalidade de interesse público motivadora da expropriação — o bem é desafetado ou reafetado —, aplica-se a regra do artigo 35 [do Decreto-Lei nº 3.365/1941] e eventuais questões serão resolvidas em perdas e danos. Contudo, se o bem desapropriado não é sequer aplicado ao uso ao qual deveria ter sido consagrado (é dizer, o motivo de utilidade, necessidade ou interesse nunca é consumado), então não se aplica a regra do artigo 35, pois, na lição de Marçal Justen Filho, o ato expropriatório não produziu efeitos, não chegando o bem a ser, para estes fins, incorporado ao patrimônio público. Contendo vício de motivo, o ato expropriatório é nulo e, portanto, não poderá produzir qualquer efeito, muito menos a incorporação do objeto da desapropriação ao patrimônio estatal" (2008, p. 313).

[126] É o que se passa nos casos de desapropriação para fins de reforma agrária (art. 25, *caput*, da Lei nº 4.504/1964), desapropriação para reurbanização (ou renovação urbana) ou para políticas urbanas de moradia de interesse social (art. 5º, alínea "i", do Decreto-Lei nº 3.365/1941), desapropriação para criação de distritos industriais (art. 5, §1º, do Decreto-Lei nº 3.365/1941), da polêmica desapropriação por zona (art. 4º do Decreto-Lei nº 3.365/1941) e, em regra, da desapropriação punitiva por subutilização de imóvel urbano ou rural (art. 182, §4º, III, e art. 184, *caput*, da CF/1988, respectivamente).

teses derivaram as espécies de desapropriação. As hipóteses gerais ordinárias, previstas no art. 5º, XXIV, da CF/1988, foram regulamentadas pelo Decreto-Lei nº 3.365/1941, que trata dos casos de desapropriação por utilidade pública, e pela Lei nº 4.132/1962, que especifica os casos de desapropriação por interesse social. Há outras três espécies de desapropriação: a desapropriação urbanística sancionatória, prevista no art. 182, §4º, III, da CF/1988 (tangenciada no Capítulo 4); a desapropriação rural, que incide sobre imóveis para fins de reforma agrária, prevista no art. 184 da CF/1988; e a desapropriação confiscatória, prevista no art. 243 da CF/1988 (CARVALHO FILHO, 2018, p. 951).

Passando à próxima forma de aquisição, tem-se que a aquisição por força de lei, seguindo a doutrina de Carvalho Filho (2018, p. 1313) e Di Pietro (2018, p. 961), não é exatamente uma espécie, mas um gênero que abarca hipóteses de desapropriação previstas em lei. São exemplos as terras devolutas e a hipótese de reversão de bens nas concessões de serviços públicos. Interessa aos fins do trabalho tratar especialmente da doação compulsória prevista no art. 22 da Lei nº 6.766/1979, que disciplina o loteamento, e no art. 53 da Lei nº 13.465/2017, que trata do processo de regularização fundiária (*vide* tópico 2.2).

A Lei nº 6.766/1979 estabelece que passam a integrar o domínio do Município, desde o registro do loteamento, as vias e praças, os espaços livres, bem como as áreas eventualmente destinadas a edifícios públicos e outros equipamentos públicos. As áreas doadas compulsoriamente, portanto, são incorporadas automaticamente ao patrimônio público (CARVALHO FILHO, 2018, p. 1313) e já contam com destinação específica prevista no projeto de parcelamento, sendo que cada parcela do solo transferida ao domínio público terá uma determinada afetação, seja para uso comum ou especial (MARQUES NETO, 2008, p. 322). O mesmo ocorre no desfecho do processo de regularização fundiária, em que, com o registro do CRF, vias, áreas destinadas ao uso comum, prédios públicos e equipamentos urbanos são automaticamente incorporados ao patrimônio público, na forma indicada no projeto.

Uma controvérsia relativa a esse meio de aquisição, retomada adiante, diz respeito à possibilidade de desafetação futura dos bens compulsoriamente doados a partir do parcelamento ou da regularização. Autores como Toshio Mukai (1988, p. 128; 1985, p. 245) entendem pela impossibilidade de alteração da destinação inicial por força do art. 17 da Lei nº 6.766/1979, enquanto outros defendem a possibilidade de desafetação caso o bem deixe de ser necessário à função pública correspondente (MARQUES NETO, 2008, p. 323).

Seguindo adiante, o direito de preempção, previsto no art. 25 do Estatuto da Cidade, garante ao Município preferência para adquirir imóvel urbano objeto de alienação onerosa entre particulares quando se verificar a necessidade de implementação de medidas urbanísticas, como o ordenamento e direcionamento da expansão urbana (art. 26, IV), a criação de espaços públicos de lazer e áreas verdes (art. 26, VI) ou a proteção de áreas de interesse histórico, cultural ou paisagístico (art. 26, VIII). Esse meio de aquisição é utilizado na situação em que o proprietário já manifestou pretensão de alienar o bem por certo valor, mas não tinha a intenção de vendê-lo ao Estado, fazendo-o por exigência legal. Essa modalidade de aquisição figura como um meio termo entre a compra e venda, em que há acordo de vontades, e a desapropriação, em que o proprietário sequer manifestou a intenção de alienar o bem em princípio.

Outro meio de aquisição a ser destacado em vista do objeto do trabalho é a usucapião. O fato de bens já incorporados ao patrimônio público não se sujeitarem a essa modalidade não impede que o poder público, a seu turno, adquira a propriedade por prescrição aquisitiva. Carvalho Filho (2018, p. 1310) esclarece que "a lei civil, ao estabelecer os requisitos para a aquisição da propriedade por usucapião, não descartou o Estado como possível titular do direito", de modo que as pessoas de direito público podem adquirir bens por usucapião extraordinária desde que observados os mesmos requisitos previstos no CCB/2002, em seu art. 1.238, tal qual aplicado pelo Poder Judiciário.

Para Marques Neto, a usucapião não apenas seria um meio de aquisição possível de bens de uso comum do povo, como seria "o fundamento para a propriedade pública de todos aqueles bens do domínio artificial que são bens públicos desde tempos imemoriais" (2008, p. 326). Prevalecendo esse entendimento, poder-se-ia aventar a usucapião como uma forma de aquisição das vias de circulação dos loteamentos irregulares, que passariam a compor o patrimônio público antes mesmo de sua oficialização ou da regularização fundiária.

Uma última forma de aquisição pertinente é a obra pública. Odete Medauar explica que "a realização de obra pública leva à integração, ao patrimônio público, do bem resultante" (2018, p. 257). Alguns exemplos da autora ilustram a importância desse meio de aquisição ao estudo das vias urbanas: viaduto, avenida e túnel, aos quais se poderiam acrescentar escadarias, passarelas, pontes e vias elevadas. Marques Neto aponta que nem sempre a obra pública será causa isolada de aquisição de propriedade, tendo em vista que frequentemente é realizada sobre bens públicos imóveis (2008, p. 326). Já em exemplos como túnel, ponte ou via elevada, a obra pública efetivamente cria um bem público novo e autônomo, como é ilustrado pelo caso do "Minhocão", abordado ao final do Capítulo 4.

b) Regime jurídico de gestão dos bens públicos

Nesse subtópico, se procederá a uma abordagem genérica do regime de gestão, passando pelas peculiaridades da aplicação dos princípios constitucionais e pela análise dos atributos específicos dos bens públicos. Como antecipado, a análise do instituto da afetação e da gestão dos usos dos bens públicos foi reservada ao subtópico seguinte.

Em relação aos princípios, seguindo a abordagem de Marques Neto (2008), confere-se enfoque aqui aos princípios constitucionais que regem a atividade da Administração Pública (art. 37 da CF/1988) — legalidade, impessoalidade, moralidade, publicidade e eficiência — e as peculiaridades de sua aplicação sobre a gestão dos bens públicos. Desvia-se do risco de se perder na discussão dos infindáveis princípios invocados pela doutrina e jurisprudência brasileiras.

Sobre o princípio da legalidade, decorrente também do art. 5º, II, da CF/1988, é preciso relativizar, em linha com a doutrina administrativista mais recente, a assertiva recorrente de que a Administração só poderia fazer aquilo que a lei expressamente autoriza. Se é certo que o art. 5º, II, da CF/1988 estabelece que os indivíduos não podem ser compelidos a ações ou omissões — ou seja, não podem ter seus direitos restringidos — senão em virtude de previsão legal, disso não decorre que qualquer conduta da Administração dependa de autorização expressa da lei. Se não houver restrição de direitos, a conduta administrativa é permitida desde que compatível com a lei e com as finalidades públicas nela previstas, o que não se confunde com autorização legislativa.

Essa ressalva é particularmente importante no que tange à gestão dos bens públicos. Trata-se de atividade administrativa dinâmica e intensa, que depende de um amplo conjunto de ações do Poder Executivo para que sejam atingidas as finalidades públicas previstas no ordenamento (MARQUES NETO, 2008, p. 330). Na gestão dos bens públicos, ainda que para determinadas condutas seja necessária prévia autorização legislativa, em regra, a Administração pode tomar as medidas cabíveis para atingir as finalidades públicas pertinentes, desde que isso não implique restrição de direitos individuais — o que deve ser analisado caso a caso, a partir de uma visão sistemática dos deveres estatais.

O princípio da impessoalidade remete aos princípios da igualdade e da isonomia, a estes acrescentando a ideia de interdição de finalidade de promoção pessoal. Para além desse acréscimo, tem-se o dever geral de tratamento uniforme, salvo nos casos em que haja fator aceitável que justifique o tratamento desigual (MARQUES NETO, 2008, p. 331). Na gestão dos bens públicos, deve-se ter em conta que a incidência de tal princípio terá intensidade variável em função do tipo de uso a que o bem estiver afetado, sendo mais intenso nos casos de afetação ao uso comum,[127] caso das vias urbanas. Mesmo para bens de uso comum, a incidência do princípio não impede que sejam previstas condições gerais de discriminação em relação ao uso.

O princípio da moralidade é conhecido por sua peculiar abertura, de modo que seus efeitos, em muitos casos, guardam relação com os desdobramentos do conjunto dos demais princípios jurídicos incidentes sobre a atividade administrativa. Embora não se confunda com o princípio da legalidade, um distanciamento excessivo pode ser causa de insegurança jurídica (MARQUES NETO, 2008, p. 334). Destaca-se como aplicação prática da violação a este princípio o possível enquadramento nas tipificações previstas na Lei de Improbidade Administrativa (Lei nº 8.428/1992), muitas das quais podem ser mobilizadas para sancionar comportamentos ilícitos relativos à gestão dos bens públicos.

Por sua vez, o princípio da finalidade tem como desdobramento, à atividade de gestão dos bens públicos, a determinação de que a Administração deve garantir a plenitude do uso ou dos usos ao qual o bem estiver afetado. Implica, também, a noção de que todos os bens públicos devem servir, direta ou indiretamente, a uma finalidade pública (MARQUES NETO, 2008, p. 336), seja a partir de uma afetação própria ou imprópria.

O princípio da publicidade, que incide, em regra, sobre todos os atos praticados pela Administração Pública, também traz consequências peculiares à gestão dos bens públicos. É imperativo que haja

---

[127] No caso de bens especiais, é possível identificar situações de uso personalíssimo, como se dá com palácios de residência de mandatários dos Poderes Executivos estaduais e federal (MARQUES NETO, 2008, p. 333), sem que isso implique desvirtuamento do princípio da impessoalidade, tendo em vista que o bem tem caráter funcional, não servindo o indivíduo em razão de sua pessoa, mas do cargo que transitoriamente ocupa. No caso dos bens dominiais, pode (e, em regra, deve) haver uso econômico, que eventualmente implicará fruição do bem de forma individual. Nesse contexto, o princípio da impessoalidade exigirá procedimentos isonômicos e impessoais de seleção do particular, o que não significa necessariamente a incidência de dever de proceder à prévia licitação (MARQUES NETO, 2008, p. 333).

transparência sobre os itens que compõem o acervo de bens públicos de cada ente e sobre os usos a que estão afetados, tanto para que os administrados possam gozar daqueles usos que lhes são franqueados, como para que as instituições competentes e a sociedade em geral possam desempenhar o desejável controle sobre a atividade administrativa (MARQUES NETO, 2008, p. 337).[128]

Por fim, o princípio da eficiência, que impõe a adoção da conduta mais adequada possível à satisfação das finalidades públicas, traduz-se em parâmetro de controle à boa prestação administrativa. Para Marques Neto (2008, p. 343), tal princípio se reflete tanto no aspecto prestacional como no aspecto de gestão dos bens públicos. No primeiro, acresce aos efeitos do princípio da finalidade o dever de se aprimorar a utilização do bem na prestação da atividade de interesse coletivo ao qual se presta, não apenas conservando, como também incrementando sua qualidade sempre que possível. No segundo, impõe que os bens públicos, como ativos econômicos do Estado, sejam geridos em vista de uma racionalidade econômica, remetendo ao princípio da economicidade. Assim, a gestão eficiente dos bens públicos implicará a melhor harmonização entre os princípios da finalidade e da economicidade em prol da "otimização do uso deste patrimônio, compatibilizando na medida do possível o uso público ao qual o bem está afetado com a geração de receitas que possam ser, ao depois, revertidas para a sociedade" (MARQUES NETO, 2008, p. 344).

Abordados os desdobramentos de cada princípio sobre tal atividade, ainda no que tange ao regime de gestão, cabe apresentar os atributos dos bens públicos, traços que os distinguem em relação aos bens privados. Embora isso não reflita na compreensão sobre os desdobramentos específicos de cada um deles, a doutrina é pacífica quanto à enunciação dos atributos dos bens públicos: inalienabilidade, impenhorabilidade, não oneração e imprescritibilidade.

Segundo Marques Neto (2008, p. 353), embora guardem suas peculiaridades, todos esses atributos são desdobramentos de uma ideia geral: dada a indisponibilidade do interesse público a que servem, os bens públicos seriam também indisponíveis. Contudo, essa indisponibilidade é relativa, de modo que as divergências doutrinárias residem

---

[128] Há um debate doutrinário sobre a necessidade ou não de registro dos bens imóveis integrantes do patrimônio estatal. Inegavelmente, o registro seria de grande valia a garantir a transparência citada. Pela mesma razão, também seria conveniente que as decisões sobre afetação e desafetação se dessem por atos formais expressos sempre que possível, não deixando dúvidas sobre a situação jurídica de cada bem público.

justamente na dúvida sobre sua abrangência. Um elemento importante desse debate remete à diferenciação entre indisponibilidade da função pública que se serve do bem afetado e indisponibilidade do bem em si. Essa diferenciação pode ser mais bem compreendida a partir da descrição de cada atributo.

A inalienabilidade é um atributo-chave, posto que frequentemente é usado também como fundamento, único ou combinado, dos demais atributos. Se a indisponibilidade é relativa, não seria diferente a inalienabilidade. O art. 100 do CCB/2002[129] deixa claro que a inalienabilidade não atinge todos os tipos de bens de sua classificação, nem mesmo é eterna em relação àqueles atingidos. Em outras palavras, o atributo se restringe aos bens de uso comum do povo e aos bens de uso especial — excluindo, portanto, os bens dominicais do universo de bens inalienáveis — e condiciona tal atributo ao "tempo" em que o bem assim permanecer qualificado, evidenciando a possibilidade de desafetação. Daí por que parte da doutrina argumenta que seria mais preciso falar-se em alienabilidade condicionada ao invés de inalienabilidade (CARVALHO FILHO, 2018, p. 1304).

Da previsão do art. 100 do CCB/2002 decorrem dois desdobramentos: a possibilidade de alienação dos bens dominiais, ainda que isso não implique sua equiparação ao tratamento conferido aos bens privados, tendo em vista que sobre os bens públicos incide um regime de alienação próprio; e a possibilidade de desafetação dos bens públicos (tanto de uso especial como de uso comum), o que se relaciona com a discordância doutrinária acerca da existência ou não de determinados bens impassíveis de desafetação e, assim, efetivamente inalienáveis.

Esse debate alude à já citada controvérsia sobre a possibilidade ou não de se alterar a destinação dos bens imóveis doados compulsoriamente ao Município no processo de parcelamento, a exemplo dos espaços destinados às vias urbanas. Sem entrar em minúcias, parece correto afirmar que, em regra, tanto os bens de uso comum como os de uso especial podem ser desafetados, desde que cumpridas as exigências formais e, principalmente, a exigência material de continuidade das atividades públicas suportadas pelo bem. Ou seja, a decisão de desafetação deve estar amparada na persecução do interesse público, e não apenas na ausência de prejuízo.

---

[129] Estabelece o dispositivo: "Art. 100. Os bens públicos de uso comum do povo e os de uso especial são inalienáveis, enquanto conservarem a sua qualificação, na forma que a lei determinar".

Posição mais extrema é a de autores como Toshio Mukai[130] e Lucia Valle Figueiredo (2004, p. 562), que entendem que os bens afetados ao uso comum integrados ao patrimônio municipal a partir do registro do plano de loteamento não poderão ser desafetados enquanto existir o loteamento. Mukai (1985) sustenta uma espécie de direito adquirido dos adquirentes dos lotes à conservação dessas áreas de circulação, de lazer ou áreas verdes, de modo que "tais áreas somente poderiam ser desafetadas da categoria de bens de uso comum do povo se passassem a não mais servir à sua destinação originária, por desuso ou abandono".

Encerrando o tema da inalienabilidade, cabe ressalvar os casos em que a alienação é um pressuposto do cumprimento da função a que os bens foram afetados desde sua incorporação ao patrimônio público. São os casos, por exemplo, da desapropriação por zona e desapropriação para fins de moradia.

A impenhorabilidade, por sua vez, remete à não sujeição dos bens públicos a qualquer constrição judicial amparada na satisfação de credores do Estado (MARQUES NETO, 2008, p. 360). Além de desdobramento do atributo da inalienabilidade, a impenhorabilidade tem por fundamento o regime especial de execução contra a Fazenda Pública, a qual, por força do art. 100 da CF/1988, é submetida ao processo de precatórios.

A alienabilidade é relativa, como se viu, e o próprio regime especial de execução tem exceções estampadas na CF/1988, como demonstram as previsões dos parágrafos 2º e 3º do art. 100. Assim, seja qual for seu fundamento, também não pode ser considerado absoluto o atributo da impenhorabilidade. Sintetizando os desdobramentos de ambos, tem-se que "bens desafetados ou passíveis de alienação [dominiais] poderiam, em tese, ser objeto de penhora, desde que possível que um débito contra o seu titular fosse objeto de execução comum" (MARQUES NETO, 2008, p. 361). Assim, os bens públicos afetados ao uso comum ou ao uso especial são impenhoráveis.

---

[130] A esse respeito, Toshio Mukai expressa que: "Enquanto tal destinação de fato se mantiver, não pode a lei efetivar a desafetação sob pena de cometer lesão ao patrimônio público da comunidade, [...] se a simples desafetação legal fosse suficiente para a alienação dos bens de uso comum do povo, seria possível, em tese, a transformação em bens dominiais de todas as ruas, praças, vielas, áreas verdes, etc. de um município e, portanto, de seu território público todo, com a consequente alienação (possível) do mesmo, o que, evidentemente, seria contra toda a lógica jurídica, sendo mesmo disparate que ninguém, em sã consciência, poderia admitir. Na prática, difícil é encontrar-se o mau administrador ou o mau legislador agindo com tal clareza no desvirtuamento dos bens de uso comum do povo: o grande perigo é a ação a longo prazo — hoje uma praça, amanhã um espaço livre, depois de algum tempo outra praça, finalizando-se por empobrecer totalmente a comunidade" (1985, p. 249).

O terceiro atributo, da não onerosidade, refere-se à ideia de impossibilidade de gravar os bens públicos por alguma das diversas modalidades de garantia, o que se justifica por dois possíveis fundamentos. Primeiramente, a combinação do atributo da inalienabilidade com a previsão do art. 1.420 do CCB/2002, segundo o qual "só os bens que se podem alienar poderão ser dados em penhor, anticrese ou hipoteca". O segundo seria decorrência da própria impenhorabilidade fundada no regime especial de execução contra a Fazenda, criado para ordenar o sistema de exigibilidade de créditos contra entes públicos e garantir a observância dos princípios da moralidade, impessoalidade e isonomia, impedindo privilégios na satisfação das obrigações assumidas (MARQUES NETO, 2008, p. 368). A partir desses fundamentos, tem-se que bens não afetados poderiam ser gravados com modalidades de garantia, desde que com amparo em lei permissiva (MARQUES NETO, 2008, p. 369-370).

O último atributo, da imprescritibilidade, tem como consequência a impossibilidade de prescrição aquisitiva em relação aos bens públicos. Em função de sua previsão expressa, tanto em nível constitucional (art. 183, §3º, e art. 191, parágrafo único, da CF/1988) como legal (art. 200 do Decreto-Lei nº 9.760/1946 e art. 102 do CCB/2002), pode-se inferir que esse atributo teria, em tese, caráter absoluto.

Sobre o fundamento dessas previsões, Marques Neto, afastando que seja esse atributo mero desdobramento da inalienabilidade ou da ideia de coisas fora do comércio, argumenta que "o que o Direito brasileiro interdita é que possa haver uma disposição de um bem por omissão do poder público e não por sua decisão legítima" (2008, p. 373). Assim, a imprescritibilidade figuraria não apenas como um atributo do bem público, mas como uma proteção contra o que seria o desfalque do patrimônio público em função de sua gestão negligente, o que não autoriza, de outro lado, o descumprimento da função social da propriedade pública (MARQUES NETO, 2008, p. 373). Contudo, mesmo raras, é possível encontrar decisões judiciais que reconheceram prescrição aquisitiva de bens públicos.[131]

---

[131] A título de exemplo, cita-se a sentença proferida pelo Juiz titular da Vara da Fazenda Pública de Coronel Fabriciano (MG) que, no Âmbito do Processo nº 194.10.011238-3, indeferiu pedido de reintegração de posse feito pelo DER-MG, que solicitava a desocupação de uma área pública estadual de 36 mil m², situada ao longo da rodovia BR-381, onde se assentaram dez famílias trinta anos antes. Na sentença, o magistrado declarou o domínio das famílias sobre a área ocupada, reconhecendo prescrição aquisitiva do respectivo bem público.

c) Regime de alienação dos bens públicos

O regime de alienação dos bens públicos compreende as regras de transferência de seu domínio. Conforme pontuado, os bens públicos são inalienáveis enquanto perdurar sua afetação. Segundo Marques Neto (2008, p. 374), para além do pressuposto geral da existência de interesse público a justificá-la, a alienação depende do preenchimento de requisitos formais: (i) desafetação prévia do bem, se houver; (ii) autorização legal, necessária, principalmente, na maior parte dos casos de alienação de bem imóvel; (iii) procedimento licitatório prévio para a escolha do adquirente; e (iv) avaliação econômica do bem, dando consequência ao princípio da economicidade.

Há divergência doutrinária sobre a abrangência do requisito da autorização legal. O art. 188, §1º, da CF/1988 determinou essa exigência para terras públicas de dimensão superior a 2.500 hectares. A Lei nº 8.666/1993, em seu art. 17, I, ampliou a exigência para qualquer imóvel. Alguns autores, como Elival da Silva Ramos[132] e Marques Neto (2008, p. 375), entendem que a previsão legal seria inconstitucional, já que não se poderia ampliar, por lei em sentido estrito, restrição prevista na CF/1988, por caracterizar controle do Executivo pelo Parlamento e, portanto, exceção ao princípio da separação de poderes. Para os autores, restrições dessa natureza devem ser aplicadas restritivamente. Por sua vez, a necessidade de licitação prévia foi estabelecida pelo art. 37, XXI, da CF/1988 já prevendo exceções legais. As hipóteses de dispensa foram previstas no art. 17 da Lei nº 8.666/1993, tanto para bens imóveis (inciso I) como para móveis (inciso II).

Sobre a necessidade de avaliação, prevista no art. 17, I e II, da mesma lei, pontua-se apenas que, para além de figurar como decorrência do princípio da economicidade, garantindo aferição do valor de troca do bem público a ser alienado, tal exigência também contribui, em casos de transferência não onerosa, ao cumprimento dos princípios da publicidade e da finalidade, já que subsidia a aferição do interesse público subjacente à alienação (MARQUES NETO, 2008, p. 379).

Cumpridos os quatro requisitos formais, há ainda a necessidade inafastável de motivação da alienação, que deve estar fundamentada na demonstração de que transferir a propriedade do bem é mais vantajoso ao interesse público do que sua destinação a uma utilidade de interesse geral que implicasse mantê-lo sob o domínio público.

---

[132] A obra citada por Marques Neto (2008, p. 375-376), que não integra a bibliografia do livro, é a seguinte: RAMOS, Elival da Silva. *Aspectos Gerais do Patrimônio Imobiliário do Poder Público*, 1989, p. 26.

3.1.4 Afetação e gestão do uso dos bens públicos

Por duas razões, optou-se por apartar a abordagem da afetação e da gestão do uso da abordagem do regime geral dos bens públicos feita acima, que os compreende. Primeiro, em razão da adoção de uma visão abrangente da atividade de gestão dos bens públicos, que não se limita "à mera atuação garantidora da serviência do bem aos usos afetados", envolvendo também a "busca da otimização, racionalização e ampliação do uso dos bens públicos" (MARQUES NETO, 2008, p. 382). Segundo, pela particular relevância do instituto da afetação e da gestão do uso dos bens públicos a este trabalho.

Um dos objetivos centrais desta obra é problematizar a gestão dos usos das vias urbanas, jogando luz sobre as decisões políticas que permeiam atos administrativos tratados como naturais, corriqueiros ou "técnicos". Atingi-lo depende de compreensão integral dos parâmetros jurídicos que balizam tais decisões, impondo limites negativos e positivos à gestão do uso dos bens públicos.

A sequência da análise começa pelo instituto da afetação, passa pelas classificações dos usos a que os bens públicos podem ser afetados — mais abrangente e completa do que aquela prevista no CCB/2002, tratada acima — e termina com uma breve apresentação dos principais instrumentos de outorga do uso privativo de bens públicos.

Iniciando-se pela análise da afetação, Marques Neto destaca tratar-se do "instituto central na teoria do bem público, pois ela, ao predicar um ou mais usos para o bem, não apenas demarca a finalidade do bem, como também define a incidência mais ou menos intensa do regime de direito público sobre ele" (2008, p. 345). Ao consagrar o bem a determinado uso, a afetação confere ao administrado um direito público subjetivo. Conforme observam diversos autores, a afetação do bem é um desdobramento do princípio da função,[133] segundo o qual os recursos estatais têm sua existência fundamentada na atenção de necessidades coletivas. Como retomado adiante, a afetação não se confunde com o uso efetivo, mas com a destinação do bem ao cumprimento de uma função pública.

Uma primeira classificação interna ao instituto remete à distinção entre afetação expressa e afetação tácita. A primeira é decorrência de

---

[133] Nesse sentido, cf. Marques Neto (2008, p. 345): Maria Sylvia Zanella Di Pietro (*Direito Administrativo*, 2004, p. 570), José Cretella Jr. (*Tratado do Domínio Público*, 1984, p. 152), Celso Antônio Bandeira de Mello (*Curso de Direito Administrativo*, 2003, p. 781), Themístocles Brandão Cavalcanti (*Tratado de Direito Administrativo*, v. III, 2008, p. 354-355), Marçal Justen Filho (*Curso de Direito Administrativo*, 2005, p. 706) e o próprio Marques Neto (2008, p. 345).

ato formal, legal ou infralegal, que consagra o bem a dada finalidade pública. A segunda se manifesta por um fato concreto, relativo ao emprego do bem a uma função coletiva, que impacta o plano jurídico. Dessa classificação depende e, ao mesmo tempo, decorre o entendimento de que a afetação deriva de um fato jurídico, que pode tanto ser ato jurídico formal, como fato concreto a produzir efeitos jurídicos.

A afetação do bem a um uso especial sempre dependerá de ato formal, de maneira que a afetação tácita só poderá ocorrer tendo por base a atribuição do uso comum (MARQUES NETO, 2008, p. 346). Outra ressalva importante diz respeito ao fato de que essa classificação binária não exclui a possibilidade de bens públicos ociosos, o que implicará descumprimento da função social da propriedade (MARQUES NETO, 2008, p. 347). Por fim, tem-se que a afetação expressa prevalece, em regra, sobre a tácita (MARQUES NETO, 2008, p. 146).

Outra diferenciação refere-se às espécies de afetação: própria ou imprópria. Esse critério de classificação tem sua utilidade restrita aos autores que, como Marques Neto (2008, p. 347-348), entendem que mesmo os bens dominiais, não consagrados a uso comum nem a uso especial, seriam passíveis de afetação a uma atividade de interesse geral. A afetação própria se traduziria, então, na destinação do bem "a uso específico de interesse geral, seja como utilidade de interesse geral (uso comum), seja como utilidade de suporte a uma atividade de interesse geral (uso especial)" (2008, p. 347). Já a afetação imprópria corresponderia à destinação do bem a uma finalidade patrimonial, atinente à geração de receitas ou ao suporte de necessidades financeiras do Poder Público, e não a uso de fruição direta ou indireta por parte dos administrados.

Uma última classificação, de especial pertinência ao objeto do trabalho, concebe uma distinção entre afetação única e afetação múltipla. Para Marques Neto (2008, p. 349), a afetação única não se confundiria com "a circunstância fática de o bem ser afetado a um uso por falta de interesse ou de necessidade de haver afetação múltipla", sendo que "será única aquela afetação apenas quando o bem não comportar outras destinações que não aquela que lhe foi primacialmente conferida". Por essa passagem, a classificação parece se situar, então, no campo das possibilidades de convívio de uma destinação específica com outras, e não na efetiva destinação do bem a um ou mais usos.

A meu ver, esse entendimento levaria a um critério de classificação parcialmente incongruente com a própria definição de afetação utilizada pelo autor e até com outras passagens que tratam da afetação múltipla, merecendo comentário. Se afetação é a consagração do bem a uma função a partir de fato jurídico, a afetação única deveria ser entendida como a destinação de determinado bem a um único uso e a afetação múltipla, como a destinação a mais de um uso (independentemente do efetivo uso). Ao invés de classificar a afetação, a passagem referida parece mais classificar as finalidades a que o bem pode ser afetado: haveria aquelas finalidades compatíveis ou combináveis com outras finalidades ou funções; e, de outro lado, aquelas incompatíveis, a ensejar uma afetação exclusiva, exemplificada pelo uso de um bem como residência oficial de mandatário ou como quartel do Exército (MARQUES NETO, 2008, p. 349).

Se a formulação, ao contrário, não se dirige à finalidade e, sim, propriamente à afetação, outra incongruência poderia ser apontada. A aplicação da classificação entre a afetação única e múltipla (e não entre finalidades exclusivas e combináveis) no campo das possibilidades jurídicas (e não da efetiva destinação) implicaria antecipar-se ao fato jurídico (ou fatos jurídicos) que consagra o bem a um ou mais usos. A antecipação da classificação em relação ao fato jurídico consagrador do bem significaria, por sua vez, o reconhecimento de existência de afetação natural ou intrínseca, tese em relação à qual, como já citado, Marques Neto tem profunda discordância — neste trabalho compartilhada.

Uma terceira possibilidade — apta a compatibilizar todos os entendimentos do autor — seria a de que a classificação de afetação única se dirigisse apenas a bens que comportassem uma única afetação de cada vez e, nesse sentido, incompatíveis com a destinação concomitante a múltiplas finalidades. Nesse caso, o problema seria a pouca serventia da classificação "afetação múltipla", já que a grande maioria dos bens públicos pode "sucessivamente" ser destinada a finalidades diversas, estando abarcada nessa categoria. Mesmo o quartel do Exército, um dos exemplos citados, poderia, a depender das circunstâncias, servir, parcial ou integralmente, como um museu que contasse a história das Forças Armadas em momento posterior ou mesmo concomitante.

Assim, em vista dessas ressalvas, de modo mais simples e direto, utiliza-se neste trabalho afetação única e afetação múltipla, respectivamente, como sinônimos de destinação do bem a apenas um uso e destinação do bem a mais de um uso. Ou seja, mesmo um bem que, em tese, pudesse comportar outros usos que não foram efetivamente consagrados seria objeto de afetação única, até que um fato jurídico posterior o afetasse a uma segunda utilidade, desde que sem prejuízo permanente à primeira utilidade.

Outra ressalva em relação a esse tema refere-se ao conceito de usos extraordinários. Para Marques Neto, os usos extraordinários seriam aqueles que, mesmo distintos do uso afetado, não importariam a consagração do bem a tal finalidade, uma vez que são episódicos (excepcionais ou transitórios), "seja por implicar uma especial sobrecarga ao uso do bem, seja por ensejar uma interdição temporária do uso afetado" (2008, p. 349). Alguns dos exemplos dados são bastante ilustrativos: a realização de uma corrida de pedestres em uma avenida — uso excepcional — ou a ocorrência de uma manifestação que interdite o tráfego por algumas horas — uso transitório (2008, p. 350). Toda a argumentação está amparada na ideia de que "[a] afetação pressupõe a consagração permanente do bem a uma determinada finalidade" (2008, p. 350), de modo que a afetação "será múltipla quando o bem comportar usos distintos, *permanentes* e compatíveis entre si" (2008, p. 350, grifo meu).

Não se antecipa aqui a abordagem dos exemplos para não avançar prematuramente sobre a questão das vias urbanas, mas expõe-se, em abstrato, a divergência. Justamente por concordar com a posição do autor de que a afetação não se confunde com o uso efetivo do bem, referindo-se à sua destinação jurídica, entende-se aqui que a afetação múltipla (destinação do bem a mais de um uso) depende, sim, da compatibilidade entre os usos aos quais o bem será consagrado, mas não se limita à hipótese de que esses usos ocorram ou possam ocorrer concomitantemente.

Em outras palavras, se o uso não precisa ser permanente para que a afetação o seja, poderá receber afetação múltipla o bem que comporte usos distintos e compatíveis entre si, seja material ou temporalmente, como o próprio Marques Neto sugere em outra passagem (2008, p. 349).[134] Essa compatibilidade temporal pode decorrer tanto de uma organização jurídica sistemática, que escalone por regras jurídicas os dias ou horários em que cada uso prevalecerá, como de fatos jurídicos que confiram caráter permanente à destinação (e não ao uso), desde que o uso encontre permissão legal e não interdite ou prejudique permanentemente os demais usos consagrados. Conforme abordado no Capítulo 4, é o que ocorre nos casos do Minhocão ou da Avenida Paulista, vias importantes do Município de São Paulo que são semanalmente interditadas pelo Poder Público ao trânsito de veículos para que

---

[134] Diz o trecho: "Daí ser possível conceber a afetação única do bem (quando a finalidade a ele reservada não admite, sem sua descaracterização, a preposição do bem a outra espécie de uso) e a afetação múltipla do bem (possibilidade de haver mais de uma afetação recaindo sobre o mesmo bem ou de ele ser afetado a uma multiplicidade de usos consagrados, compatíveis, *material ou temporalmente*, entre si)" (grifo meu).

sejam usadas livremente pelas pessoas para práticas de lazer, esporte e atividades culturais, configurando essa uma afetação permanente em meu entendimento.[135]

Do mesmo modo que a afetação expressa pode ser entendida como mais desejável ao interesse público em relação à afetação tácita, prevalecendo sobre esta, também parece preferível que a compatibilidade temporal entre usos se dê a partir de regras claras e expressas, que garantam estabilidade ao bem e previsibilidade aos usuários. No entanto, pelo entendimento acima exposto, é possível que o bem antes consagrado a apenas um uso seja tacitamente afetado, a partir de fatos jurídicos, a um segundo uso, ainda que não realizado simultaneamente ao primeiro. Essa possibilidade não afasta o dever da Administração de, assim que identificar a situação, ordenar os usos e buscar otimizar as funções suportadas pelo bem, criando regras que garantam a harmonia entre as diferentes utilidades e finalidades públicas a que o bem se encontra consagrado.

Portanto, adota-se aqui o mesmo entendimento de Marques Neto de que há: (i) usos primários, que consagram o bem originalmente (o que não se confunde com afetação intrínseca); (ii) usos secundários, que não se confundem com os primeiros, mas igualmente implicam uma destinação permanente do bem; e, ainda, (iii) usos extraordinários, que não implicam consagração permanente, mas apenas aqueles usos excepcionais (2008, p. 347-348). A divergência reside na linha divisória entre usos secundários e extraordinários, na medida em que aqueles não precisam necessariamente ser compatíveis materialmente com os usos primários, podendo ser combináveis apenas temporalmente.

Restariam como usos extraordinários apenas aqueles que realmente impliquem uma adaptação excepcional a uma situação específica. Essa pode advir de uma necessidade diferente de uso em função de uma questão quantitativa ou qualitativa em relação ao uso ordinário, conforme Marques Neto exemplifica quando alude ao caso dos moradores lindeiros de uma via fechada (temporal ou permanentemente) ao trânsito de automóveis a quem é permitido, por uma condição subjetiva peculiar, acessar a via com seus veículos para adentrar suas respectivas propriedades (2008, p. 243). Tal situação jurídica deriva de necessidade de uso qualitativamente diferente em relação ao dos

---

[135] Outros exemplos são a feira livre, que interdita o tráfego por algumas horas, assim como as passeatas e as festividades de rua, como a celebração do Carnaval. Nesses últimos casos, trata-se, a meu ver, de manifestações do direito de reunião, a que as vias urbanas estão destinadas a dar suporte.

demais administrados. O mesmo se daria quando a rua é interditada para qualquer circulação por conta de um acidente de trânsito ou pela necessidade de um reparo na infraestrutura de saneamento ou de energia elétrica. Outros exemplos abordados adiante ilustram mais precisamente essa compreensão a partir da análise de situações corriqueiras envolvendo as vias urbanas.

De outro lado, conforme já mencionado, concorda-se com a ideia do autor de que inexiste afetação intrínseca ou natural do bem, em função de suas características essenciais. Derivada de um ato formal ou não, a afetação não decorrerá de uma inclinação essencial do bem, mas de uma decisão estatal ou do costume das populações que o utilizam. É o que argumenta o autor na seguinte passagem:

> Não há, contudo, uma predição que obrigue uma dada afetação a um bem materialmente tomado. O mar territorial pode ser exemplo de bem de uso comum, o que não impede que um determinado trecho deste mar seja destinado permanentemente a uma instalação militar ou a um projeto científico de pesquisa oceanográfica, retirando os atributos de uso geral e incondicionado. [...]
> Portanto, entendemos que a afetação não é intrínseca a alguns bens, sendo sempre necessário que o bem seja destinado a algum uso. Havendo ausência de um ato explícito de afetação, pode ocorrer que o bem público permaneça afetado ao uso que lhe é dado em cada circunstância [histórica]. Porém, isso não decorre de uma inclinação natural do bem, mas sim do costume das populações de empregar aquele bem a um determinado uso, que, insistimos, não obrigará a perenidade deste uso, sendo sempre possível a superveniência de nova afetação que seja compatível ou prejudicar à afetação fática anteriormente dada ao bem. (MARQUES NETO, 2008, p. 143-144)

A desafetação, atinente à supressão de uma destinação que até então o consagrava, torna o bem passível de afetação a uso incompatível com o anterior ou, caso a destinação que afetava o bem fosse exclusiva (afetação única), possibilita sua alienação, desde que respeitado o regime jurídico aplicável. Diante disso, a ideia de que inexiste afetação intrínseca respalda a noção de que a desafetação é possível em tese, desde que comprovada sua compatibilidade com o interesse público, cuja demonstração pode ser, em muitos casos, difícil ou impossível na prática (MARQUES NETO, 2008, p. 352), tornando a desafetação inviável. A desafetação será, em geral, realizada por ato formal, sendo possível vislumbrar alguns poucos exemplos em que um fato torne o bem incompatível com o uso ao qual até então era destinado, implicando sua desafetação. Marques Neto menciona, por exemplo, a hipótese de uma enchente tornar permanentemente submerso o leito carroçável de uma estrada, tornando impossível a continuidade da afetação à circulação (2008, p. 353).

Assim como converge para possibilidade de desafetação dos bens públicos, a negação da ideia de afetação intrínseca contribui também para jogar luz sobre o componente político que necessariamente está envolvido na consagração dos bens públicos a esta ou aquela finalidade. Esse tipo de decisão não envolve apenas decidir quais tipos de usos incidirão sobre determinado bem, mas também definir as condições de cada uso, a forma de interação entre os diferentes usos, as prioridades públicas em cada circunstância fática e assim por diante. Essa complexidade é aprofundada à frente, ao se tratar do regime jurídico das vias urbanas e de sua função social.

Partindo para a segunda parte proposta neste subtópico, trata-se das diferentes configurações de uso dos bens públicos, a partir das classificações relativas ao usuário, ao título de legitimação e à retributibilidade.[136] Reitera-se que a abordagem da gestão do uso dos bens públicos parte de concepção ampla, considerando não apenas o dever da Administração de ordenar e garantir os usos afetados, mas também o de administrar o patrimônio público à luz dos princípios da eficiência e da função social da propriedade, buscando otimizar, racionalizar e ampliar ao máximo seu uso (MARQUES NETO, 2008, p. 382).

Da perspectiva do usuário, o uso poderá ser individual ou coletivo. Considerando essa perspectiva conjuntamente à relação do uso do bem pelo usuário com os demais administrados, o uso poderá, ainda, ser classificado como ordinário, privativo ou exclusivo.

O uso coletivo é aquele que o indivíduo faz na condição de membro da coletividade, tal qual ocorre na fruição dos bens afetados ao uso comum. O uso individual, em contrapartida, se dá nos casos em que o administrado pode utilizar-se do bem por preencher uma condição subjetiva, o que pode ocorrer em relação aos bens afetados a uso especial ou sujeitos à afetação imprópria (bens dominiais).

O uso ordinário é aquele realizado pelo usuário de modo isonômico em relação aos demais administrados, exercido de modo idêntico quando ocorrido em iguais condições. Pode incidir tanto sobre bens afetados ao uso comum, como sobre aqueles bens de uso especial cujo

---

[136] Novamente, os recortes têm como ponto de partida, fundamentalmente, a estrutura de Marques Neto (2008).

título de legitimação esteja amparado em elementos conjunturais (uso condicionado aberto, explicado à frente). O uso privativo, por sua vez, é aquele conferido a um administrado ou a um determinado conjunto de administrados a partir de um título individual especial, legitimando apenas seu titular (ou titulares) àquele uso específico. Conforme Marques Neto (2008, p. 401), o titular do uso privativo detém uma prerrogativa de uso impassível de desfrute pelos demais administrados e poderá até mesmo privá-los daquele uso. O uso privativo não se confunde com o uso exclusivo, que interdita em absoluto o uso do bem pelos demais administrados em qualquer condição, seja para o mesmo uso, seja para um uso secundário.

No que tange ao título de legitimação, o uso poderá ser classificado como incondicionado ou condicionado. O primeiro, traço característico do uso comum, depende apenas da vontade do indivíduo, não ficando subordinado a qualquer condição individual ou autorização administrativa, o que, conforme já explicado, não se confunde com ausência de ordenação — estabelecida a partir de regras que podem prever condições objetivas para cada tipo de uso. O uso condicionado, por sua vez, tem como pressuposto um requisito subjetivo próprio do usuário, uma condição especial.

Como explica Marques Neto (2008, p. 392-393), o uso condicionado pode ser dividido em: aberto, cuja condição pode ser circunstancialmente preenchida por qualquer indivíduo, como ocorre com o indivíduo que, pelas condições de saúde, precisa de atendimento médico hospitalar; ou fechado, caracterizado por ser "permanentemente" limitado a determinados indivíduos que, ao preencherem exigências específicas a configurarem um *status* jurídico, passam a ter uma prerrogativa especial, que lhes permite inclusive controlar o acesso ao bem. É o caso do professor de universidade pública em relação à sala de trabalho que lhe é atribuída, por exemplo.

Finalmente, em relação à retributibilidade, o uso poderá ser gratuito ou oneroso. O primeiro é autoexplicativo. O segundo poderá ser estruturado a partir de duas configurações distintas, a depender do tipo de uso: (i) onerosidade configurada pela cobrança de preço público ou tarifa dos usuários finais do bem a partir de sua fruição; ou (ii) cobrança pela outorga do uso do bem. Embora a possibilidade de uso oneroso tenha sido pacificada a partir da previsão do art. 103 do CCB/2002, não se pode proceder à cobrança pelo uso de bem que corresponda a serviço público gratuito por lei (MARQUES NETO, 2008, p. 396). Apesar dos limites, a onerosidade pode ser instrumento tanto a auxiliar a ordenação de uso, como a contribuir com a geração de receitas ao Estado para provimento de atividades de interesse coletivo (MARQUES NETO, 2008, p. 397).

Feitas essas considerações sobre as configurações de uso dos bens públicos, passa-se à etapa final deste subptópico, voltada a apresentar os principais instrumentos de outorga de uso privativo de bem público, quais sejam, autorização, permissão e concessão. O esforço se justifica pelo fato de que mesmo quando estiver qualificado a um uso público e for inalienável, "o bem público pode ser objeto de direitos reais ou obrigacionais que interditem ou obstem o uso para o qual o bem está consagrado" (MARQUES NETO, 2008, p. 385-386). Ou seja, os chamados "direitos reais administrativos", usualmente originados a partir de outorga pelo Poder Público de direito de uso privativo, não recaem apenas sobre bens dominais, podendo incidir também sobre bens de uso comum e de uso especial.[137]

Antes de adentrar cada espécie, dois comentários gerais são pertinentes. Primeiro, tem-se que o conteúdo do uso privativo é variável e condicionado, e que sua outorga é, em regra, discricionária (MARQUES NETO, 2008, p. 411). Além disso, não há um regime geral de outorga, de modo que cada ente federativo tem liberdade para dispor, dentro de suas competências materiais, sobre os instrumentos de gestão de uso dos bens sob seu domínio.[138] Dito isso, a ideia é abordar sucintamente as principais características de cada instrumento.

A autorização é descrita pela doutrina majoritária como ato administrativo unilateral, discricionário e precário, pelo qual a Administração consente que um particular dê ao bem público uso privativo de seu interesse, compatível com o interesse público (CARVALHO FILHO, 2018, p. 1324; MARQUES NETO, 2008, p. 142; DI PIETRO, 2018, p. 943).

A unilateralidade diz respeito à ideia de que a autorização depende exclusivamente de manifestação da Administração, ainda que tenha sido previamente requisitada. A discricionariedade, por sua vez, advém do fato de que a Administração decide a respeito da autorização a partir de juízo de conveniência e oportunidade. A precariedade se refere à possibilidade de revogação do instrumento a qualquer tempo,

---

[137] Não somente usos privativos dependem de atos jurídicos específicos que habilitem seus usuários, mas também alguns usos comuns extraordinários (caracterizados por implicarem sobrecarga do bem), subordinados a autorizações (atos de polícia) que não se confundem com o instrumento que é tratado a seguir.

[138] A indefinição legal é objeto de extensos debates doutrinários sobre a caracterização desses instrumentos (MARQUES NETO, 2008, p. 454), que não são tratados neste trabalho.

"se sobrevierem razões administrativas para tanto, não havendo, como regra, qualquer direito de indenização em favor do administrado" (CARVALHO FILHO, 2018, p. 1324). A ênfase no interesse privado do autorizatário é traço marcante da autorização, sendo que esta não deve ser, em regra, conferida por prazo certo. O aprazamento é passível de ser entendido como autolimite à Administração, cuja inobservância pode gerar dever de indenização se comprovada a decorrência de prejuízos (CARVALHO FILHO, 2018, p. 1324).

Em relação aos requisitos, a autorização deve ser conferida por ato formal escrito, prescinde de autorização legislativa e, no mais das vezes, independe de prévia licitação. Para alguns, a exceção à desnecessidade de licitação é a autorização qualificada pela fixação de prazo determinado (MARQUES NETO, 2008, p. 416), que lhe retira, em parte, a precariedade. Carvalho Filho cita como exemplos desse tipo de ato administrativo a autorização de área para estacionamento, o fechamento de ruas para festas comunitárias e o controle de acesso à via para a segurança dos moradores adjacentes (2018, p. 1325).

A permissão, por sua vez, é definida como ato administrativo unilateral, discricionário e precário, pelo qual a Administração permite que um particular dê ao bem público de seu domínio uso privativo de interesse coletivo (CARVALHO FILHO, 2018, p. 1326; DI PIETRO, 2018, p. 944). Esse traço distintivo em relação à autorização, referente à finalidade, implica a atribuição de menor precariedade ao instrumento da permissão, por conferir direito de uso de interesse coletivo, além de entender-se que sua outorga obriga o usuário àquela atividade, sob pena de caducidade (DI PIETRO, 2018, p. 945). Por esse entendimento, tem-se que a autorização faculta, enquanto a permissão obriga. Mesmo com essa distinção quanto à intensidade, a precariedade deve, ainda assim, imbuir o ato de outorga pelo fato de que, em regra, o uso objeto da permissão é distinto daquele correspondente à afetação principal do bem (DI PIETRO, 2018, p. 944).

Marques Neto (2008, p. 418-420) faz ressalvas a essa distinção entre autorização e permissão, além de relativizar alguns dos traços atribuídos à permissão. Sobre a distinção, ressalta a dificuldade de se estabelecer uma escala de interesses, de modo que tanto nos usos autorizados pode haver relevante interesse coletivo, como nos usos permitidos pode-se aventar o predomínio do interesse privado. Em relação à unilateralidade, argumenta que o interesse coletivo pode pressupor bilateralidade, ainda que a permissão não seja, em qualquer caso, reduzida a contrato. No que tange à discricionariedade, afirma que, mesmo que a decisão seja discricionária (e, por isso, precária, já que passível de revisão), haveria certo grau de vinculação em decisões sobre a permissão de outros indivíduos com as mesmas características a uso idêntico nos casos em que o objeto admitir outros permissionários.

A partir dessas inferências, o autor defende que a permissão pode ter diversas configurações, ora se aproximando da autorização, ora possuindo contornos práticos semelhantes aos da concessão, como ocorre com a permissão qualificada (2008, p. 423). Acrescenta que a permissão assegura um uso especial e individual, conferindo direitos subjetivos ao permissionário, que são oponíveis contra terceiros, embora não plenamente oponíveis contra a Administração (2008, p. 424). Em regra, tal instrumento se prestará a outorgar uso para atividade de interesse geral cuja disponibilização não precise ser feita pelo Estado (MARQUES NETO, 2008, p. 425).

Em relação aos requisitos formais, a permissão independe de autorização legislativa e de licitação. Nos casos em que houver multiplicidade de interessados ensejando disputa, a licitação torna-se desejável, devendo-se, ao menos, instaurar algum tipo de procedimento isonômico, a exemplo do sorteio entre pleiteantes.

Carvalho Filho cita como exemplos de aplicação a permissão de uso para feiras de artesanato em praças públicas e para banheiros públicos (2018, p. 1327). O autor pontua que outros exemplos frequentemente apontados pela doutrina são a permissão para instalação de bancas de jornal, feiras livres e a colocação de mesas e cadeiras nas calçadas, em frente a bares e restaurantes. Contudo, entende que, nesses casos, o interesse predominante tornaria mais lógico que configurassem autorizações de uso, o que ilustra a dificuldade de se pacificar qual a principal motivação do ato — se o interesse geral ou o particular. Nesse sentido, aponta que "o melhor e mais lógico seria uniformizar os atos sob um único rótulo — seja autorização, seja permissão de uso —, visto que a distinção atual causa aos estudiosos mais hesitações do que precisão quanto à qualificação jurídica" (2018, p. 1327).

Por fim, a concessão administrativa de uso[139] é entendida como contrato administrativo por meio do qual o Estado outorga a particular a utilização privativa de bem de seu domínio, condicionando os termos de sua exploração (MARQUES NETO, 2008, p. 429). O instrumento confere estabilidade de uso da propriedade por terceiro, mostrando-se

---

[139] Tem-se ainda a "concessão simples ou administrativa". Entre suas espécies estão a concessão do direito real de uso, prevista no Decreto-Lei nº 271/1967, e a concessão especial para fins de moradia, regulada pela Medida Provisória nº 2.220/2001, que não são objeto deste trabalho.

mais adequado, entre outros, para outorga de uso principal de bens afetados ao uso especial.

No caso de bens de uso comum ou especial, o uso concedido deverá ser compatível ou associado, enquanto, no caso dos bens dominiais, pode ser concedido para uso de interesse comum ou para uso privativo sem finalidade específica (MARQUES NETO, 2008, p. 434). Embora possa ser gratuita, a tendência é que a concessão seja onerosa, salvo dispensa de pagamento em vista do princípio da modicidade tarifária de atividades de interesse público. A regra de licitação prévia à concessão (art. 37, XXI, da CF/1988) comporta exceções. A necessidade de autorização legislativa é objeto de controvérsia doutrinária.

3.1.5 Função social dos bens públicos e regime jurídico das utilidades públicas

Encerrando a primeira parte do capítulo, apresenta-se neste subtópico a principal tese sustentada por Marques Neto na obra em referência (2008), em que defende a definição do regime jurídico dos bens público a partir da apreensão da relevância e da especificidade das utilidades públicas[140] atreladas. Há que se analisar, nas palavras do autor, "os diferentes regimes jurídicos pela perspectiva do administrado, a partir das possíveis utilidades associadas aos bens com vistas a atender à demanda ou às necessidades dos indivíduos", deslocando o eixo central do regime jurídico dos bens públicos para a sua função — uso direto ou indireto pelos administrados (2008, p. 496).

Entre as principais premissas da tese estão a afirmação da propriedade pública, o entendimento de que os bens públicos comportam uma multiplicidade de usos combináveis e que são passíveis de exploração econômica. O ponto de chegada é a defesa de um regime jurídico dos bens públicos, dentro dos parâmetros constitucionais e legais vigentes, com enfoque nas utilidades públicas — e não nos bens em si —, permitindo que, a partir do interesse dos usuários e do próprio Estado, sejam concebidos critérios de ordenação para as múltiplas utilidades a que cada bem pode servir.

O contexto que motiva a construção, segundo o autor, inclui tendências de desmaterialização dos bens, patrimonialização dos usos e funcionalização da propriedade privada e pública. Nesse último caso,

---

[140] Emprega-se essa expressão em fiel atenção aos termos da obra original e à designação do autor ao regime proposto: "regime jurídico das utilidades públicas".

a partir da ampliação do conteúdo atribuído ao princípio da função social da propriedade. Esses elementos sugerem a insuficiência do regime marcado por uma concepção formal de propriedade, de influência civilista, entendida como direito pleno sobre bem material, de valor estipulado pela aptidão a trocas.

Também por conta do descompasso com esse contexto, escapam ao regime tradicional, conforme o autor, a diversidade de matizes de usos especial e comum, o vínculo indissociável entre bens públicos e finalidades coletivas e, ainda, a afetação de um bem a múltiplos usos — usos esses que deveriam respeitar regimes específicos, em harmonia com um regime geral de ordenação. O próprio arranjo federativo reforça a importância desse olhar, tendo em vista que as diferentes utilidades de um bem podem estar atreladas a prestações de competência de entes distintos, tornando a ênfase na utilidade — e não no bem — uma aliada da cooperação federativa.

Ressalta-se como fundamento estrutural, que compõe a espinha dorsal de toda a argumentação em torno do regime das utilidades públicas, um determinado entendimento sobre a função social da propriedade pública (MARQUES NETO, 2008, p. 491). Na visão do autor, a função social da propriedade não se presume cumprida pelo mero fato de o bem situar-se sob o domínio público. Ao contrário, esse princípio, na esfera pública, exige aplicação mais intensa e abrangente, tendo em vista ser a utilização dos bens públicos indissociável da produção de políticas públicas (MARQUES NETO, 2008, p. 494).

Para além do emprego do bem à melhor utilidade que dele se possa extrair (2008, p. 491), o autor defende que o princípio da função social da propriedade exige que o Poder Público otimize a utilização do bem, consagrando-o sempre que possível a múltiplas afetações, além de rentabilizá-lo em prol do erário quando isso se mostrar pertinente e compatível ao interesse público. Em síntese, exige-se do Estado uma atuação dupla, como gestor e agente econômico, para que equilibre na máxima medida possível, de um lado, os usos dos bens públicos e a eficácia das políticas públicas que deles se servem e, de outro, o aproveitamento econômico e a obtenção de receitas públicas (MARQUES NETO, 2008, p. 493).

A formulação do regime jurídico das utilidades públicas tem como necessidade primeira a classificação dos diferentes usos, escapando da visão dos bens como universalidades. Partindo dessa ideia, Marques Neto desenvolve um sistema de classificação baseado em cinco critérios de diferenciação (2008, p. 500): (i) condição exigida;

(ii) grau de rivalidade; (iii) tipo de finalidade; (iv) rentabilidade; e (v) temporalidade.

Em relação aos requisitos para a utilização, o uso pode ser classificado como: (a) livre, caracterizado como não excludente; (b) condicionado, em que há exclusão a partir de uma condição objetiva; (c) específico, que implica exclusão decorrente de condição subjetiva; (d) privativo, em que há exclusão geral em relação a um dado uso pelos demais administrados (em função do privilégio de determinado administrado ou grupo de administrados), o que não interdita que outros usos recaíam sobre o mesmo bem; e (e) exclusivo, que envolve a exclusão total, impedindo o uso direto ou indireto pelos demais administrados que não o utente titular (MARQUES NETO, 2008, p. 501).

No que tange ao grau de rivalidade, o uso pode ser: rival, marcado pela geração automática de impedimento à utilização alheia; ou não rival, que não exaure o bem ou recai sobre bem de disponibilidade não escassa, capaz de suportar quantidade indefinida de usuários concomitantes ou em sequência (2008, p. 502).

O critério da finalidade permite diferenciar usos que se confundem com a própria utilização direta do bem pelos administrados (caso dos usos livres) daqueles usos que são realizados por pessoas ou entes específicos para que, usando o bem como suporte, possam produzir e oferecer uma utilidade aos administrados em geral, beneficiando-os de modo indireto pelo uso do bem (MARQUES NETO, 2008, p. 502).

O critério da rentabilidade diz respeito à utilidade de gerar receitas para o Estado. Esse critério segmenta os usos que tenham por consequência a geração de receitas daqueles que não trazem esse desdobramento. O aproveitamento econômico do bem não se confunde com a onerosidade do seu uso. Há casos em que a cobrança do usuário se dá para fins de ordenação ou mesmo de conservação do bem, não sendo a geração de receitas, necessariamente, um objetivo primordial.

Por fim, o critério da temporalidade permite agrupar os usos em quatro categorias de classificação: (a) usos permanentes, caracterizados pela perenidade, continuidade e pelo caráter irrevogável; (b) usos temporários, feitos a partir de um título circunstancial, sendo franqueado enquanto perdurar certa condição subjetiva; (c) usos aprazados, que, apesar de também transitórios, são vinculados a prazo certo, ao término do qual o usuário perde a qualificação; e (d) usos episódicos, que derivam de uma autorização a um ou mais administrados específicos para dar uso excepcional a um bem público.

Cruzando esses cinco critérios, Marques Neto (2008, p. 504) sustenta uma tipologia composta por sete classes de uso: (i) uso livre;

(ii) uso geral, subdividido entre gratuito e oneroso; (iii) uso específico administrativo; (iv) uso específico utilitário; (v) uso econômico de interesse geral; (vi) uso econômico de interesse particular; e (vii) uso exclusivo de caráter não econômico. Adiante, à luz da descrição do autor, são abordados os principais aspectos de cada um deles.

O uso livre é aquele franqueado a qualquer administrado, sendo realizado com larga margem de liberdade, sem que haja condição prévia. A ordenação desse tipo de uso não decorre, portanto, do poder de polícia, mas de outros elementos tuteláveis que, indiretamente, incidem sobre esse uso. É o que se dá, por exemplo, no caso das praias, que não deixam de ser de uso livre em função da proibição de fogueiras, por motivos ambientais, ou da vedação à prática do nudismo, por razões morais. Assim, o uso livre se caracteriza pela titularidade difusa, pela inexistência de requisitos prévios de utilização — sendo, por isso, sempre gratuito —, pela não rivalidade, pelo caráter permanente e, ainda, pela ausência de mediação para fruição, que depende apenas da vontade do indivíduo (MARQUES NETO, 2008, p. 505). Um exemplo de fácil apreensão é o uso das calçadas e praças pelos pedestres, para a circulação, a permanência e o convívio.

O uso geral, embora independa de titulação própria e excludente, exige do administrado o preenchimento de exigência objetiva, geral e abstrata, sendo também franqueado a todos. Essa exigência pode até ser um título individualmente portado, mas isso não implicará sua subjetividade, de maneira que, em regra, o uso geral recai sobre bens capazes de receber a utilização concomitante ou sequencial por um número indefinido de administrados — daí por que sua generalidade. Nesse caso, o uso é sempre feito diretamente pelos administrados, podendo ser permanente ou temporário, a depender do tipo de habilitação que o legitima. Essa classe de uso se subdivide em dois tipos: uso geral gratuito, em que não há retribuição direta atrelada, o que não significa a ausência de quaisquer custos para obtenção da condição habilitadora; e uso geral oneroso, em que da fruição decorre um dever de contraprestação pecuniária. Ambas as categorias podem ser exemplificadas pelo uso do leito carroçável das vias pelos usuários dos automóveis, configurado o uso oneroso quando houver pedágio pela utilização da via.

O uso específico, à semelhança do uso especial da classificação civilista, é marcado pela presença de uma condição subjetiva, de titulação específica, o que se relaciona com seu caráter de rivalidade e excludência. A distinção que cria as duas classes de uso dessa natureza reside na característica do usuário direto. O uso específico administrativo é franqueado apenas a agentes estatais ou por quem lhes faça as vezes no exercício de uma função administrativa, de modo que os administrados são beneficiários indiretos. Será sempre gratuito e, do ponto de vista da temporalidade, poderá ser permanente, temporário ou aprazado. Já o uso específico utilitário é gozado diretamente pelo administrado que preenche condição subjetiva e de titulação específica a qual, permanente ou episodicamente, o diferencia dos demais administrados. A titulação poderá ser gratuita ou onerosa, desde que o bem não seja suporte de política pública com gratuidade garantida. Da perspectiva temporal, poderá ser temporária ou aprazada (MARQUES NETO, 2008, p. 508-510).

Conforme retomado adiante, é comum que esses usos recaiam simultaneamente sobre um mesmo bem, em torno da mesma função. É o caso de um posto de saúde, sobre o qual recai uso específico administrativo dos servidores da área da saúde e uso específico utilitário por parte dos administrados que lá recebem atendimento.

O uso econômico de interesse geral se dá nos casos em que o bem é suporte de atividade econômica em sentido amplo, sendo empregado para utilidade pública ou serviço público apto a gerar renda ao Estado. O usuário direto é um particular específico que, mesmo visando ao lucro, desempenha uma atividade que beneficia a coletividade. Na medida em que o bem assume caráter de mercadoria, sempre haverá rivalidade, o que não impede que o próprio Poder Público lhe dê aproveitamento econômico em vez de trespassá-lo por meio de outorga. A finalidade desse tipo de uso é dupla, contemplando tanto a rentabilização do bem como a oferta da atividade. Nessa categoria, o uso será sempre aprazado (MARQUES NETO, 2008, p. 510-511). São exemplos desse uso os casos mais comuns de permissão, como a realização de feiras de artesanato em praças ou a instalação de bancas de jornal.

O uso econômico de interesse particular, por sua vez, traz benefício apenas indireto à coletividade, diferenciando-se do anterior especialmente por ter como finalidade primordial a geração de receitas. Sua fruição é excludente e rival, de modo que a outorga de uso, sempre aprazada, interdita a utilização por outros administrados para o mesmo uso. Dois dos exemplos mais frequentes desse tipo de uso são a exploração mineral e a exploração de terras irrigadas (MARQUES NETO, 2008, p. 511).

Por fim, o uso exclusivo não econômico é uma categoria residual, em que, mesmo havendo exclusividade do uso, não há geração de receita decorrente. São os casos do uso da cela feito por indivíduo que cumpre pena de reclusão, do uso derivado de concessão de direito real para fins de moradia e do uso das terras indígenas pelos seus titulares.

Em usos como esses, o benefício à coletividade será sempre indireto, normalmente em função do uso do bem como suporte para políticas públicas ou para a garantia de direitos. Da perspectiva temporal, pode ser aprazado, temporário ou episódico (MARQUES NETO, 2008, p. 512).

Embora até aqui se tenha destacado esse ponto apenas em relação ao uso específico, deve-se realçar que diversos tipos de uso, desde que não exclusivos, podem recair sobre o mesmo bem, o que é uma decorrência de dois aspectos já tratados, correlatos entre si: a melhor adequação da classificação dos usos (e não dos bens) à realidade jurídica atual e a possibilidade de múltipla afetação dos bens. Cita-se a didática ilustração feita por Marques Neto (2008, p. 513) ao tratar dos usos de uma avenida, que pode ser simultaneamente afetada: ao uso livre pelos pedestres; ao uso geral condicionado pelos condutores de automóveis; ao uso específico administrativo atinente a um ponto de policiamento fixo; ao uso econômico de interesse geral pelo permissionário responsável por uma banca de jornal; e ao uso específico utilitário pelos usuários da estação de metrô cuja entrada é instalada em sua superfície.

Esse exemplo é trabalhado em maior profundidade ao longo deste capítulo, mas serve imediatamente a dois propósitos. Além de ilustrar a possibilidade de convivência das distintas classes de uso incidentes sobre um mesmo bem, presta-se a introduzir o último aspecto abordado nesse subtópico: a gradação do regime aplicável aos bens em função dos usos, que garante um tratamento específico a cada uso e, ao mesmo tempo, o estabelecimento de critérios de prevalência dos usos entre si.[141]

Em resumo de sua classificação, Marques Neto (2008, p. 520) aduz que a finalidade pública perseguida em dado uso atribuído ao bem público sempre se traduzirá na garantia de um direito dos administrados (uso livre e uso geral), na oferta de utilidade ou comodidade fruível pelos administrados direta (uso específico utilitário) ou indiretamente (uso específico administrativo), no cumprimento de uma política pública (além de outros casos, parte dos usos exclusivos não econômicos, por exemplo) ou, ainda, na satisfação da necessidade de aproveitamento econômico do bem, com alguma finalidade combinada (uso econômico de interesse geral) ou sem (uso econômico de interesse particular).

---

[141] Essa percepção é a base da compreensão sobre a formulação de um regime que derrogue o direito comum na exata medida da importância do uso do bem à função pública, o que, segundo Marques Neto (2008, p. 514-518), implica a observância do princípio da subsidiariedade, que delimita a abrangência do regime, e do princípio da proporcionalidade, que determina sua intensidade.

Há, portanto, um necessário lastro da afetação do bem em uma finalidade pública, de modo que, diante da escassez de bens públicos frente às demandas sociais, "as decisões sobre o emprego do acervo de bens públicos (*v.g.*, deliberações sobre os usos a que serão consagrados esses bens) confundir-se-ão com o estabelecimento das políticas públicas" (MARQUES NETO, 2008, p. 521). Por esse raciocínio, infere-se que quanto "mais rivais forem os usos e quanto mais amplas e complexas forem as demandas dos administrados pelo cumprimento das finalidades públicas pelo Estado, mais a alocação de um bem público a um uso de interesse geral importará em decisão política" (MARQUES NETO, 2008, p. 521-522).

Na condição de decisão política, a alocação dos bens públicos em relação à afetação e às finalidades públicas exige arbitrar entre múltiplos interesses legítimos, demandando do Poder Público três decisões sequenciais: eleição da parcela de beneficiários que utilizarão o bem; indicação dos contornos desse uso e das condições de fruição; e definição da hierarquia dos usos a partir de critérios de prevalência de determinados usos sobre outros que recaem sobre o mesmo bem (MARQUES NETO, 2008, p. 522).[142]

A partir disso, Marques Neto (2008, p. 523) propõe quatro critérios de hierarquização dos usos que recaem sobre os bens: (i) critério da afetação original; (ii) critério da generalidade ou da abrangência; (iii) critério da prejudicialidade ou da rivalidade; e (iv) critério da economicidade ou da rentabilidade. Os pressupostos do autor relativos à sua dinâmica são, de um lado, a existência de uma hierarquia decrescente dos critérios; e, de outro, a incidência dos princípios da proporcionalidade e da subsidiariedade na busca pela otimização do uso dos bens, refletindo a densidade dos interesses públicos tutelados.

Pelo primeiro critério, que tem precedência sobre os demais, prevalece o uso decorrente de afetação formal do bem, consequência do princípio da legalidade. Ou seja, uso fundamentado em afetação prevista em lei ou diretamente decorrente de ato normativo se impõe sobre os demais. O ato formal abarca as aquisições originárias (por exemplo, via expropriação ou obra pública), tendo em vista que o bem se torna público ou surge já direcionado a determinada utilização primária. Entre os atos formais há também uma ordem de prioridades, prevalecendo a lei sobre o ato administrativo e este sobre a intervenção

---

[142] Novamente se realça aqui a pertinência do uso da abordagem direito e políticas públicas (BUCCI, 2017; BUCCI; COUTINHO, 2017) para o estudo proposto neste trabalho.

pública que configurou o bem. A afetação pode ser suprimida ou alterada por ato formal compatível com a afetação original em questão.

Pelo segundo critério, subsidiário ao primeiro e prevalecente sobre os demais, prioriza-se o uso com maior generalidade ou cujos interesses subjacentes sejam mais abrangentes. A abrangência concerne ao universo de beneficiários a que o bem é acessível. Dessa feita, tendo-se que arbitrar entre dois usos na mesma condição em relação à afetação formal ou não, terá prevalência: o uso livre sobre o uso condicionado; o condicionado sobre o específico; o uso específico sobre o privativo; e qualquer outro sobre o uso exclusivo.

À luz do terceiro critério, aplicado subsidiariamente aos anteriores, terá privilégio o uso que sirva ao maior número de administrados ou aquele que mais adequadamente se concilie com outras aplicações possíveis. Em síntese, prevalece o uso que ofereça mais utilidades, o de maior abertura em relação aos usuários entre si e em relação aos outros usos. Predominará o uso com menor rivalidade ou aquele que garanta a combinação com a maior variedade de usos possível. Essa otimização das utilidades pode considerar tanto o aspecto material da conciliação, como o temporal (maior ou menor duração do uso).[143]

Por fim, o último critério determina que, na falta de outro parâmetro que enderece o conflito, a Administração se incline pelo uso mais rentável ou menos dispendioso ao erário.

Delineados todos esses aspectos acerca do regime jurídico dos bens públicos no ordenamento brasileiro, passa-se a aplicar tais entendimentos às vias urbanas, sempre considerando suas especificidades.

3.2 Regime jurídico das vias urbanas

Neste segundo tópico do capítulo, retoma-se a ênfase sobre o objeto "vias urbanas", analisando-o a partir do regime geral dos bens públicos apresentado acima. O tópico foi dividido em três partes. Na primeira, são aplicados os diferentes critérios de classificação dos bens públicos às vias urbanas, ponto de partida para entender a que classe de bens corresponde seu regime jurídico. Em seguida, abordam-se os principais aspectos do regime geral dos bens públicos incidente sobre as vias urbanas, com especial atenção ao instituto da afetação. Por fim, o último subtópico se volta a relacionar a afetação múltipla das vias às dificuldades envolvidas na gestão de seu uso.

---

[143] Ideia aludida por Marques Neto (2008, p. 526) e que reforça a posição antes defendida sobre o conceito de usos extraordinários.

3.2.1 As vias urbanas enquanto bens públicos

No acervo de bens públicos, a via urbana situa-se no universo de coisas, tendo em vista sua materialidade, o conteúdo físico que lhe oferece suporte. Ainda no que tange à sua caracterização como um bem, aparece com destaque no caso das vias urbanas o requisito da escassez, a conferir-lhe valor econômico. A terra, suporte das vias urbanas, é elemento necessariamente escasso no contexto urbano (*vide* Capítulo 1). O desenvolvimento das cidades dialeticamente conta com essa escassez, que impulsiona o adensamento e a expansão.

Para além da escassez de seu suporte, a demanda por mobilidade cresce na medida da expansão urbana, aumentando a rivalidade pelo uso do espaço de circulação, historicamente distribuído desigualmente entre os usuários dos diferentes meios de transporte e, consequentemente, entre as diferentes classes sociais. Tem-se ainda a rivalidade entre usos, tendo em vista ser a rua, no âmbito das cidades, o espaço público por excelência, o suporte de diversas outras necessidades públicas para além da circulação. Por fim, a necessária regulação dos usos, que serve à otimização das destinações da via urbana, institucionaliza a escassez, impondo limites a cada uso.

Passando à questão da titularidade, tem-se que a via urbana é de propriedade do município em que se situa. Assim, a via urbana necessariamente integrará o domínio estatal, classificando-se como bem público pelo critério subjetivo. A importância da afirmação das vias como parte do domínio estatal realça a defesa da propriedade pública — contrária à ideia de *res nullius* —, amparada na garantia da proteção contra a apropriação privada e a gestão inadequada ao interesse público.

Na classificação do CCB/2002, as vias urbanas enquadram-se como exemplo clássico de bens de uso comum do povo, o que reveste seu uso dos atributos da impessoalidade, incondicionalidade e generalidade. Recorrendo-se à classificação dos usos de Marques Neto, vislumbra-se um cenário de maior complexidade. A via urbana contempla necessariamente o uso livre — impessoal, incondicional e geral —, mas a este não se restringe. Diversos outros tipos de uso recaem sobre as vias. Alguns, mesmo não sendo livres, justificariam formalmente sua classificação como bens de uso comum do povo. É o caso, por exemplo, do uso geral do leito carroçável pelos usuários dos veículos automotores. A diversidade de usos é retomada a seguir, quando da abordagem da afetação múltipla das ruas.

Em correlação à classificação civilista, as vias urbanas são bens públicos em sentido próprio, posto que afetadas ao uso comum do povo. O tema da afetação remete ao modo de aquisição das vias pelo Estado. Foi apresentado no Capítulo 2 o instituto do parcelamento do solo urbano. Como se viu no primeiro tópico deste capítulo, o parcelamento implica a doação compulsória das áreas livres, entre as quais aquelas destinadas à criação de vias urbanas por meio do arruamento. Nesse caso, a via urbana, por força da lei, incorpora-se ao patrimônio do ente municipal já afetada ao uso comum.

Além desse, há outros meios de aquisição possíveis. A desapropriação de imóvel para abertura ou duplicação de via também é meio de aquisição e, em função do decreto de utilidade pública e sua motivação, implica igualmente que a via urbana seja incorporada ao patrimônio público recebendo, imediatamente, a afetação à circulação. Um terceiro meio é a obra pública que origina uma nova via, a exemplo de pontes e túneis, configurando forma originária de aquisição nos casos em que consistir forma isolada de aquisição de propriedade. Nesse caso, a própria intervenção formal do Estado com essa finalidade será o ato a consagrar a via à finalidade de circulação.

Por fim, há aquelas vias que assim são tratadas desde tempos imemoriais, independentemente de registro, situação em que a propriedade estatal pode, salvo melhor juízo, ser fundamentada na usucapião, em função da prescrição aquisitiva ocorrida (*vide* tópico 3.1). Nesse caso, a afetação da via à circulação decorre de fato jurídico, atinente ao transcurso do tempo desde o início da posse pacífica, bem como ao costume de uso das populações e do próprio Poder Público.

No caso de doação compulsória, desapropriação e obra pública, entende-se que a afetação é formal, ao passo que, no caso das vias que assim o são desde tempos imemoriais, a afetação é tácita, ao menos até que a prescrição aquisitiva seja formalmente declarada. Nos quatro casos, parece evidente que a afetação à circulação se dá desde o primeiro momento em que o bem é incorporado ao patrimônio estatal. A via urbana, em todos os casos, nasce afetada à circulação, o que não se confunde com afetação intrínseca, já que essa consagração decorre dos meios de aquisição e não da natureza do bem.

Passando aos atributos dos bens públicos, em princípio, não há tantas peculiaridades no caso das vias urbanas. A via, que nasce consagrada à finalidade de circulação, em vista da condição de indisponibilidade em que essa função lhe coloca, é imbuída das características da impenhorabilidade, imprescritibilidade[144] e não onerosidade. Enquanto afetada como tal, é também inalienável.

Diante da indisponibilidade, a grande questão colocada é se a via urbana pode ou não ser objeto de desafetação integral[145] e, em caso positivo, quais seriam os critérios para isso. Para quaisquer bens, desde que a Constituição permita a alienação, devem ser observados requisitos formais (variáveis conforme o caso) e materiais. Do ponto de vista substancial, impõe-se que a desafetação integral não prejudique a continuidade das finalidades públicas suportadas pelo respectivo bem e que a motivação da decisão demonstre o benefício da desafetação ao interesse público. Na grande maioria dos casos das vias urbanas, isso provavelmente será inviável, restando a via afetada à circulação e, por isso, inalienável. Pode-se vislumbrar exceções e, para esses casos, a discussão deve ser feita à luz da situação concreta. De todo modo, é importante ressalvar que, em regra, a via não será passível de desafetação. Entende-se que isso não significa que a desafetação dependa do abandono ou do desuso prévio, como defendeu Mukai (1985).

Partindo à última segmentação, tem-se que as vias urbanas são bens imóveis. Essa classificação traz algumas implicações relevantes ao regime jurídico, como exemplifica o art. 17, I, que prevê a necessidade de autorização legislativa, avaliação prévia e licitação para a alienação de bens imóveis pela Administração, observadas algumas exceções.

---

[144] A imprescritibilidade remete ao fato de as vias urbanas não poderem deixar de ser de domínio público em função de prescrição aquisitiva (usucapião). Isso não impede a possibilidade de conflitos judicias acerca da posse da via urbana. Exemplo disso é o julgado citado por Rocha (2005, p. 132-133), em que o Tribunal de Justiça de São Paulo (TJ-SP) negou a reintegração de posse movida pela Prefeitura para reaver uma área de uso comum ocupada por crianças portadoras de deficiência. Conforme descrição do autor, o Desembargador Rui Stoco condicionou a restauração da posse à providência de dar-se novo abrigo, ainda que temporário, às crianças (TJSP, 3ª C. de Direito Público; AI nº 335.347-5/00-SP; rel. Des. Rui Stoco; j. 21.10.2013). Rocha (2005, p. 134-138) defende a possibilidade de o instrumento previsto no art. 1.228, §4º, do CCB/2002 (desapropriação judicial) ser aplicável a bens públicos, inclusive os de uso comum, como as vias urbanas. Segundo ele, a definição da natureza jurídica do instituto é importante, pois "enquanto a desapropriação pode incidir sobre bens públicos, ainda que com reservas, a usucapião de bens públicos, especialmente a dos bens de uso comum, estaria proibida por força do que dispõe o artigo 183 da Constituição Federal" (2005, p. 138).

[145] A desafetação integral implica que a via urbana existente deixe de ser, do ponto de vista jurídico, uma via. Isso não se confunde com a desafetação parcial, que permite, por exemplo, a instalação de uma banca de jornal em uma determinada área da via, sem que isso implique óbice aos demais usos na área remanescente da mesma via. A noção de desafetação integral é bem compreendida a partir da definição de desafetação enunciada por José Cretella Júnior: o fato ou a manifestação da vontade do Poder Público mediante a qual um bem do domínio público é subtraído da dominialidade pública para ser incorporado ao domínio privado, do Estado ou do administrado (1969, p. 105).

Ainda que haja algum nível de controvérsia sobre requisitos formais, como antes exposto, o pressuposto material da desafetação integral das vias já a torna uma exceção. Serão relativamente raros os casos em que a Administração possa prescindir completamente da via já aberta para garantir a continuidade das atividades públicas a que se presta e, além disso, consiga demonstrar o benefício de sua desafetação integral ao interesse público.

Uma questão prática de relevo, aludida no tópico anterior, é o critério de identificação dos bens acessórios que integram a via urbana. Como se viu, para Marques Neto, há que se levar em conta a afetação do bem principal, devendo-se entender como incorporados ao imóvel apenas aqueles bens móveis consagrados às mesmas finalidades. Entende-se que o critério é correto, mas sua aplicação nem sempre é clara.

Exemplificando sua tese, o autor infere que, à luz da afetação das vias, tem-se que "a placa de sinalização de trânsito integra o bem imóvel via pública, [enquanto] a banca de jornal ou o poste de energia elétrica nela não se incorporam, permanecendo como bens imóveis independentes e consagrados a finalidades distintas" (2008, p. 273). Já os bens afetados a finalidades imediatamente correlatas à circulação — como placas de trânsito, abrigos para passageiros de ônibus e bicicletários (parte expressiva do mobiliário urbano) — devem ser considerados bens acessórios da via.

Contudo, questões de duas naturezas restam em aberto. Em primeiro lugar, a aplicação desse critério tem como pressuposto uma dada concepção de circulação. Há bens que não estão envolvidos diretamente na função da circulação, mas lhe dão suporte, como é o caso dos postes de iluminação, que garantem o deslocamento noturno — principalmente de pedestres e ciclistas —, ou os bancos, que, assim como as vagas de estacionamento de automóveis, garantem que a circulação dos pedestres não envolva apenas ir e vir, mas também ficar. Cabe então perguntar: a qual tipo de circulação as vias estão afetadas?

Em segundo lugar, como já exposto, a via urbana é afetada a uma série de utilidades secundárias, que também dependem de bens acessórios para se desenvolverem. Lixeiras, árvores, bancas de jornal estariam ou não ligadas a essas afetações secundárias das vias urbanas? Nesse caso, a questão de fundo colocada é: quais são as afetações secundárias das vias urbanas? Os bens móveis ligados a essas afetações secundárias podem ou não ser considerados acessórios às vias?

Essas duas questões estão relacionadas, respectivamente, aos objetos tratados nos dois subtópicos seguintes.

3.2.2 Regime jurídico da afetação principal das vias urbanas

Após aplicar o regime geral dos bens públicos às vias urbanas, focado em seu regime de aquisição e classificação, este subtópico aborda o regime de sua afetação principal. Trata-se de compreender o significado concreto da destinação das vias à função de circulação.

Conforme José Afonso da Silva, as vias urbanas "são espaços preordenados ao cumprimento da função urbana de circular, que é a manifestação do direito fundamental de locomoção", sendo que o conjunto de usos especiais que vão surgindo "não desnatura sua função básica, que é servir de canal de circulação, de comunicação, de infraestrutura urbana" (2012, p. 213). O autor esclarece que, no direito de circulação, incluem-se o direito de ir e vir e também o de ficar (2012, p. 179).

Na mesma linha, Escribano Collado argumenta que, enquanto o bem estiver afetado a essa destinação, o deslocamento não é mera possibilidade, mas um poder passível de exercício *erga omnes* (1973, p. 358), o que remete à ideia de um direito subjetivo. Apesar de variações derivadas de peculiaridades de cada tipo de via, sobre todos os logradouros públicos, que são bens de uso comum sujeitos às disposições do CTB,[146] incide o direito subjetivo de circulação, que inclui tanto a locomoção quanto a permanência.

Como expressão síntese dessa relação, Silva identificou um *direito geral à rua*, segundo o qual, "ressalvadas as restrições de trânsito e as demais limitações de interesse comum, ninguém poderá ser impedido do direito de transitar e permanecer neles [logradouros]. Nesse 'permanecer' inserem-se o direito de reunião sem armas [...], bem como o de estacionar veículos" (2012, p. 213-214). Como o próprio autor sugere em seguida (2012, p. 214), nessa sutil ressalva atinente às restrições de trânsito e limitações de interesse comum cabe, praticamente, toda a atividade de organização da circulação e de regulamentação dos usos das vias urbanas. Assim, para as finalidades deste trabalho, é importante elaborar uma construção que desloque a ênfase empregada nessa construção.

---

[146] Segundo o art. 1º, o CTB rege o trânsito de qualquer natureza nas vias terrestres do território nacional, abertas à circulação. O art. 2º, por sua vez, define vias terrestres, incluindo os logradouros entre elas: "Art. 2º São vias terrestres urbanas e rurais as ruas, as avenidas, os *logradouros*, os caminhos, as passagens, as estradas e as rodovias, que terão seu uso regulamentado pelo órgão ou entidade com circunscrição sobre elas, de acordo com as peculiaridades locais e as circunstâncias especiais" (grifo meu).

O direito fundamental de ir e vir, o direito de ficar, bem como o direito de reunião nos espaços de uso comum do povo são juridicamente indiscutíveis. Em abstrato, pode-se dizer que impassíveis de questionamento. Contudo, sua fruição no espaço urbano, que pode se manifestar de diversas maneiras, está inserida em um emaranhado complexo de direitos e relações jurídicas. Da forma colocada acima, fica implícita a ideia de que a existência da via, com um mínimo de organização, seria suficiente para garantir a circulação de cada um, como uma liberdade que impõe ao Estado a abstenção ou, se muito, a garantia do uso da via com esse fim contra possíveis perturbações de terceiros, à semelhança do direito de propriedade.

Contudo, o direito ao transporte, assim como o direito individual de ir e vir, tem as vias urbanas como suporte necessário, tendo sua realização essencialmente atrelada ao seu uso. Trata-se de um direito social constitucionalmente assegurado, que demanda do Estado a produção de políticas públicas. Assim como o direito à cidade e todos os seus componentes, sua fruição é necessariamente coletiva. Dessa perspectiva, as tais "restrições de trânsito e demais limitações de interesse comum" adquirem outro patamar. Trata-se da desafiadora tarefa do Estado de organizar o espaço público, escasso frente a diversos interesses e usos conflitantes, suprindo necessidades sociais vitais, como a circulação, e assegurando direitos fundamentais, como o direito de ir e vir e o direito de reunião.

Não à toa, o tema foi objeto de estudo de diversas áreas do conhecimento (urbanismo, engenharia de tráfego, sociologia, economia e outras), bem como da produção contínua de documentos internacionais que, ao menos desde a década de 1970,[147] buscam endereçar indagações sobre como organizar os transportes urbanos. Entre outras coisas, a garantia do direito social ao transporte depende da gestão e regulamentação do uso principal a que as vias urbanas estão consagradas. Tais indagações podem ser resumidas na seguinte questão: como organizar as vias urbanas, em associação à ordenação do território e dos transportes urbanos, a fim de prover condições de mobilidade visando aos ideais de justiça social, acessibilidade, sustentabilidade, segurança e eficiência?[148]

---

[147] A Declaração de Vancouver (1976), primeiro documento produzido pela ONU Habitat, discorre em sua recomendação C.14 sobre princípios e regras a serem considerados na organização do transporte urbano. Mais tarde, as Declarações de Istambul (1996) e Quito (2016) também se aprofundaram no tratamento do tema.
[148] Sobre isso, ver Haddad (2014, p. 24 e ss.).

Ao longo das últimas décadas, a legislação brasileira incorporou uma série de conceitos, entendimentos, princípios e instrumentos da produção acadêmica e dos documentos internacionais sobre a questão urbana, que ajudam a responder a essa questão (HADDAD, 2014). Assim, a ideia de circulação a que se prestam as vias urbanas não deveria, em tese, ser definida ao bel prazer do gestor da ocasião. O ordenamento impõe consistentemente limites negativos e positivos que balizam o regramento e a organização dos usos das vias urbanas, especialmente indicando as condições de circulação almejadas.

Isso não retira o caráter político da decisão sobre como organizar a circulação pelas vias urbanas. Significa apenas que parte importante dessa decisão já foi tomada pelo legislador federal no exercício de sua competência privativa para legislar sobre trânsito e transporte (art. 22, XI, da CF/1988) e para instituir diretrizes para os transportes urbanos (art. 21, XX, da CF/1988). Decisões essas tomadas em processos legislativos densos, com incidência de movimentos organizados em torno dos diversos interesses em jogo. Isso deveria tornar mais restrita a discricionariedade de quem executa a política atinente às vias urbanas com vistas a definir os termos em que se organiza a circulação urbana.

Em suma, os parâmetros de organização da circulação encontram-se juridicamente determinados na legislação federal e vinculam os Municípios no exercício de sua competência de executar a política de desenvolvimento urbano (art. 182 da CF/1988), que inclui a organização do transporte coletivo, de caráter essencial (art. 30, V, da CF/1988). Esses parâmetros legais, não há dúvidas, integram o regime jurídico das vias urbanas, valendo discorrer brevemente a esse respeito.

a) Princípios, diretrizes e objetivos da Política Nacional de Mobilidade Urbana

O principal diploma federal sobre o tema é a Lei nº 12.587/2012, que institui a Política Nacional de Mobilidade Urbana (PNMU), cujo objetivo é contribuir para o "acesso universal à cidade" e a "efetivação da política de desenvolvimento urbano" (art. 2º da lei). O núcleo semântico da PNMU encontra-se nos arts. 5º, 6º e 7º da lei, que estabelecem, respectivamente, os princípios, as diretrizes e os objetivos da política, servindo de guia para a compreensão de todos os temas destrinchados na legislação sobre mobilidade urbana. Em trabalho anterior, abordei a maioria desses princípios, diretrizes e objetivos (HADDAD, 2014, p. 54-56), em análise que se resume a seguir. Parte-se dos princípios (art. 5º), tematicamente agrupados, para relacioná-los às diretrizes e aos objetivos. Vale lembrar, tais princípios se somam aos já tratados princípios do direito urbanístico (vide Capítulo 2) e aos que regem a atividade da Administração brasileira (vide tópico 3.1).

Os incisos I e VI do art. 5º estabelecem os princípios da *acessibilidade universal* e da *segurança nos deslocamentos*, entendendo-se acessibilidade como "facilidade disponibilizada às pessoas que possibilite a todos autonomia nos deslocamentos desejados" (art. 4º, III). Explicita-se o caráter universal do direito ao transporte, que deve ser garantido a todos os habitantes das cidades, independentemente de gênero, cor, idade, classe social, religião, bairro de domicílio ou condição física. O transporte urbano deve ser concebido e organizado de modo a garantir condições de mobilidade a todos os cidadãos, sem distinções de qualquer natureza, assegurando-se a segurança dos usuários nos deslocamentos. O princípio da acessibilidade tem como desdobramento o objetivo constante no art. 7º, III: *proporcionar melhoria nas condições urbanas da população no que se refere à acessibilidade e à mobilidade*. Segurança e acessibilidade para todos os modais, à luz das iniquidades tratadas no Capítulo 1, implicam que modos com maior potencial lesivo, notadamente os mais velozes e pesados, sejam contidos pela atividade normativa e fiscalizatória, mitigando-se os riscos que trazem à integridade da coletividade, sobretudo daqueles que utilizam modos ativos.

O princípio previsto no art. 5º, II, é o *desenvolvimento sustentável das cidades, nas dimensões socioeconômicas e ambiental*, que pressupõe o planejamento da circulação no longo prazo, considerando a interação de cada uma das dimensões da dinâmica urbana. A mesma ideia é repetida na diretriz do art. 6º, IV — *mitigação dos custos ambientais, sociais e econômicos dos deslocamentos de pessoas e cargas na cidade* — e no objetivo do art. 7º, IV — *promover o desenvolvimento sustentável com a mitigação dos custos ambientais e socioeconômicos dos deslocamentos de pessoas e cargas nas cidades*. O art. 6º, V, traz ainda diretriz que configura um dos meios para atingir a finalidade de mitigar os custos ambientais: *incentivo ao desenvolvimento científico-tecnológico e ao uso de energias renováveis e menos poluentes*.

Nesses dispositivos fica reforçada uma concepção de direito ao transporte como parte do direito à cidade, amplo e abrangente de diversas garantias, como o direito a um meio ambiente saudável. Além disso, tem-se como desdobramento lógico a necessidade de impor, aos modos de transporte responsáveis pela maior parte dos prejuízos ambientais, limites relativos a parâmetros de fabricação, manutenção e consumo de combustíveis. Por fim, o incentivo ao uso dos meios menos poluentes e o desincentivo àqueles que poluem mais são medidas sem as quais essas disposições se tornam letra morta.

Os incisos III, VII e VIII tratam, respectivamente, dos princípios da *equidade no acesso dos cidadãos ao transporte público coletivo*, da *justa distribuição dos benefícios e ônus decorrentes do uso dos diferentes modos e serviços* e da *equidade no uso do espaço público de circulação*. Lendo-os em conjunto, nota-se ênfase na busca por justiça social, que envolve considerar a estrutura social e perseguir a igualdade material, pressupondo o dever de identificar e reverter as formas de desigualdade vinculadas à gestão regressiva das vias urbanas (*vide* Capítulo 1). Infere-se, desse ponto, a consideração da realidade presente nas cidades brasileiras, marcada pelo desequilíbrio e pela injustiça, o que redobra a responsabilidade do gestor público responsável pela política de mobilidade urbana.

O art. 7º, I, acentua essa sinalização quando expressa como objetivos a *redução das desigualdades e a promoção da inclusão social*. Aponta-se para a necessidade de uma verdadeira reforma viária, que garanta distribuição mais equitativa do espaço de circulação. Como trabalhado no primeiro capítulo, o modelo de distribuição do viário dominante nas cidades brasileiras se mostra, em contraposição a essa previsão, um elemento que reproduz e aprofunda desigualdades. A primazia dos usuários do transporte individual na ocupação do viário lhes confere privilégios — se deslocar mais rápido, com mais conforto, poluindo mais, socializando custos e gerando maior potencial lesivo ao coletivo — em prejuízo dos demais cidadãos, em especial os que utilizam os meios coletivos e modos ativos.

Os incisos IV e IX, a seu turno, trazem como princípios a *eficiência, eficácia e efetividade na prestação dos serviços de transporte urbano* e *na circulação urbana*. Essas previsões indicam, de um lado, o zelo com o patrimônio público, traduzindo-se a eficiência como a otimização dos recursos e a adequação dos meios, e, de outro, o caráter instrumental do direito ao transporte. Reconhecê-lo como direito meio implica que a garantia de outros direitos esteja atrelada à sua efetiva prestação. Também decorre desses princípios a necessidade de se considerar os custos sociais dos congestionamentos de automóveis, que prejudicam a coletividade e oneram as contas públicas.

Abrem-se parênteses para exemplificar brevemente a afirmação, tratada de modo sistemático no primeiro capítulo. A maioria das capitais brasileiras subsidia a tarifa do transporte de ônibus, cuja composição tem no gasto com combustível um dos principais elementos. Submeter o transporte coletivo aos engarrafamentos gerados pelos automóveis significa gerar desperdício de combustível, pressionando os custos e, consequentemente, os subsídios para cima, em prol da manutenção de um preço tarifário minimamente acessível à população (o que é cada vez menos viável). Ou seja, o congestionamento de automóveis gera ineficiências sistêmicas, atingindo, de modo contundente, a organização do transporte público coletivo. Muitos outros exemplos foram tratados acima, como a queda da produtividade do trabalho, a perda dos ganhos da economia de aglomeração por conta do espraiamento urbano, os investimentos na construção e manutenção de uma estrutura viária ineficiente e nunca suficiente.

Voltando ao núcleo da PNMU, a ideia do transporte como direito instrumental também é reforçada na diretriz do art. 6º, I — *integração com a política de desenvolvimento urbano e respectivas políticas setoriais de habitação, saneamento básico, planejamento e gestão do uso do solo no âmbito dos entes federativos* — e no objetivo do art. 7º II — *promover o acesso aos serviços básicos de equipamentos sociais*. A oferta do serviço de transporte urbano aparece como pressuposto do acesso da população a diversos outros serviços públicos e, em última análise, da garantia do direito à cidade.

O próprio direito à moradia só pode ser plenamente garantido a partir do acesso ao local de trabalho, aos equipamentos de educação, saúde, lazer e cultura, bem como da efetiva prestação do serviço de saneamento básico. O modelo rodoviarista contribui decisivamente para a fragmentação territorial, espraiando a cidade, incentivando a periferização dos mais pobres e dificultando o acesso de grande parte das populações urbanas à infraestrutura básica. A diretriz citada se mostra incompatível com a reprodução desse modelo, impondo a elaboração de políticas públicas voltadas a revertê-lo.

O inciso V estabelece o princípio da *gestão democrática e controle social do planejamento e avaliação da PNMU*. Como aponta Perez (2006), a participação na formulação e execução das políticas públicas guarda uma dupla função. De um lado, presta-se a legitimar a política por meio do próprio processo decisório, possibilitando a "adesão racional da sociedade a um conjunto de medidas concretas" (2013, p. 168). De outro, serve a garantir sua eficiência, levando em conta que os beneficiários da política são sujeitos em condição privilegiada para enriquecê-la e aprimorá-la.

Essa dupla função pode ser inferida também do art. 7º, V, da PNMU, que elenca como objetivo: *consolidar a gestão democrática como instrumento da garantia da construção contínua do aprimoramento da mobilidade urbana*. A ideia de gestão nesses contextos não deve ser compreendida como mero gerenciamento, envolvendo funções de direção, planejamento e avaliação das políticas (BUCCI, 2002b, p. 323). Esse objetivo ainda parece bastante distante na realidade, mesmo quando canais de diálogo são instituídos, sendo necessário inovar nesse campo para tornar o processo de participação mais atrativo, qualificado e inclusivo.

Abordados os princípios, ao lado de diretrizes e objetivos correlatos, passa-se a tratar das diretrizes da PNMU ainda não mencionadas, que igualmente balizam a organização da circulação e, portanto, são vinculantes à gestão das vias urbanas.

O inciso II do art. 6º prevê como diretriz a *prioridade dos modos de transportes não motorizados sobre os motorizados e dos serviços de transporte público sobre o transporte individual motorizado*. É clara a opção política do legislador por inverter a lógica posta, exigindo que o Poder Público promova a utilização de modos de transporte que não os individuais motorizados.

Trata-se da decisão de colocar fim ao incentivo do uso cotidiano do automóvel a partir da prioridade aos modos não motorizados e ao transporte público coletivo. Nessa diretriz síntese, aparece nítida sinalização sobre como perseguir diversos princípios e objetivos antes expostos, como a equidade na distribuição do espaço, a mitigação dos custos sociais e ambientais, a prestação eficiente, eficaz e efetiva do serviço de transporte, bem como a garantia da acessibilidade e da segurança dos usuários. A prioridade dos modos não motorizados e do transporte público é peça-chave para a consecução das diversas finalidades da PNMU, impondo um limite positivo objetivo à atividade de gestão das vias urbanas.

Já o inciso III estabelece a *integração entre os modos e serviços de transporte urbano*. A ideia que permeia tal diretriz é a de que, corriqueiramente, cidadãos e cidadãs dependem da combinação de modos distintos para se deslocarem de modo eficiente, seja do ponto de vista de tempo ou dos custos envolvidos. Para cada circunstância, pode haver um modo de transporte mais desejável, que melhor supra sua necessidade.

O funcionamento do sistema de transporte demanda a integração entre os modos. Podem-se mencionar, por exemplo, recomendações recentes do urbanismo no sentido de se organizar o desenvolvimento urbano a partir da estruturação de grandes eixos de mobilidade que disponham de oferta abrangente de transporte público de massa (trens, metrôs, corredores de ônibus etc.). O deslocamento no interior dos bairros, por sua vez, depende de modos com maior capilaridade e flexibilidade, como linhas de ônibus circulares, ciclovias e calçadas largas e acessíveis para deslocamento de pedestres.[149] A diretriz pressupõe coordenação dos modos componentes de um sistema uno e coeso, apto a servir às diversas necessidades sociais de locomoção. A integração se manifesta concretamente na estrutura física das vias urbanas, estabelecendo uma variável importante à sua configuração e gestão.

O inciso VI traz a diretriz de *priorização de projetos de transporte público coletivo estruturadores do território e indutores do desenvolvimento urbano integrado*. Nota-se o reconhecimento do transporte como elemento que organiza e molda o território, induzindo o desenvolvimento, e não apenas dele decorrendo.[150] Infere-se que o transporte urbano não deve se estruturar apenas em razão das demandas preexistentes, reforçando as tendências da expansão da cidade. Deve, em contrapartida, ser pensado como um elemento de articulação e fomento, que influencia os rumos do desenvolvimento das cidades. Isso impõe impedir a captura do planejamento das obras viárias pela lógica de valorização fundiária e imobiliária, instrumentalizando os investimentos em transporte em prol da consecução dos objetivos gerais da política urbana. Nessa mesma perspectiva pode ser entendida a diretriz subsequente: *integração entre as cidades gêmeas localizadas na faixa de fronteira com outros países sobre a linha divisória internacional* (inciso VII), que remete ao papel do transporte e das vias urbanas, em certos casos, na integração regional.

b) Instrumentos da Política Nacional de Mobilidade Urbana

Abordados os princípios, diretrizes e objetivos da PNMU, há um último aspecto da lei pertinente ao objeto do capítulo. Trata-se dos instrumentos de gestão elencados de modo exemplificativo no art. 23, conferindo ao Município ferramentas voltadas a perseguir as finalidades da PNMU. Esse tema também foi objeto de trabalho anterior (HADDAD, 2014, p. 62-64), que serve como ponto de partida à descrição dos instrumentos.

O primeiro instrumento é a *restrição e controle de acesso e circulação, permanente ou temporário, de veículos motorizados em locais e horários predeterminados* (art. 23, I). Um dos exemplos de utilização é o que alguns municípios brasileiros adotaram como rodízio de veículos particulares.

---

[149] A oferta de calçadas largas e acessíveis exige que o Poder Público municipal absorva essa responsabilidade de modo mais contundente, abandonando o modelo de delegação da manutenção dos passeios aos proprietários dos imóveis adjacentes, conforme abordado no Capítulo 1.

[150] Sobre isso, ver Nigriello e Oliveira (2013).

Por essa medida, ao menos um dia por semana, a depender da terminação numérica de sua placa, o veículo fica proibido de circular nos chamados "horários de pico", em um determinado perímetro da cidade, sob pena de imposição de multa de trânsito e pontuação na Carteira Nacional de Habilitação (CNH).

O instrumento visa à inibição da utilização do automóvel particular e mitigação de algumas de suas consequências econômicas, sociais e ambientais. Em regra, não são abrangidos pela medida veículos de transporte coletivo, táxis, veículos de carga e veículos envolvidos na prestação de serviços públicos (viaturas, ambulâncias, carros de funerárias, caminhões de coleta de resíduos etc.). Uma forma de intensificar o uso desse instrumento é alargar os dias da semana e horários do dia de restrição. Em muitas cidades, o rodízio de um dia por semana nos horários de pico já foi "normalizado", deixando de produzir um desestímulo efetivo ao uso do carro.

Um segundo exemplo concreto é a abertura de vias para o lazer aos domingos e feriados, proibindo-se a circulação de automóveis ao longo da maior parte do dia. Esse caso é retomado no Capítulo 4, quando da utilização do caso do "Minhocão" como campo de aplicação da função social das vias urbanas. A medida que reforça o aspecto comunitário da via, oferece opções importantes de lazer, esporte e cultura à população, promove o comércio e o bem-estar dos moradores adjacentes, além de criar um desincentivo residual ao uso intensivo do automóvel.

Os incisos II e VII estabelecem, respectivamente, a *estipulação de padrões de emissão de poluentes para locais e horários determinados*, podendo condicionar o acesso e a circulação aos espaços urbanos sob controle, e o *monitoramento e controle das emissões dos gases de efeito local e de efeito estufa dos modos de transporte motorizado*, facultando a restrição de acesso a determinadas vias em razão da criticidade dos índices de emissão. Tais instrumentos dirigem-se ao objetivo de mitigar os custos ambientais dos deslocamentos, na busca por um desenvolvimento urbano menos insustentável, por assim dizer. Nesse tocante, merece menção a Lei nº 8.723/1993, que dispõe sobre a redução de emissão de poluentes por veículos automotores. O art. 12º, §2º, da lei[151] — incluído pela Lei

---

[151] Estabelece o dispositivo: "§2º Os municípios com frota total igual ou superior a três milhões de veículos poderão implantar programas próprios de inspeção periódica de emissões de veículos em circulação, competindo ao poder público municipal, no desenvolvimento de seus respectivos programas, estabelecer processos e procedimentos diferenciados, bem como limites e periodicidades mais restritivos, em função do nível local de comprometimento do ar."

nº 10.203/2001 — respalda a criação da chamada "inspeção veicular", implementada pela primeira vez em 2008, no município de São Paulo,[152] e descontinuada posteriormente.

O inciso III prevê a *aplicação de tributos sobre modos e serviços de transporte urbano pela utilização da infraestrutura urbana, visando a desestimular o uso de determinados modos e serviços de mobilidade, vinculando-se a receita à aplicação exclusiva em infraestrutura urbana destinada ao transporte público coletivo e ao transporte não motorizado e no financiamento do subsídio público da tarifa de transporte público*. Trata-se de medida correspondente à instituição do chamado pedágio urbano, já implementado em algumas cidades do mundo,[153] mas que ainda não tem exemplo de aplicação concreta em municípios brasileiros. A expressão "na forma da lei" indica a necessidade de regulamentação por lei em sentido estrito, o que não foi feito por nenhum ente federativo. A destinação da receita dá consequência à diretriz de prioridade do transporte não motorizado e do transporte público coletivo.

O pedágio urbano aparece como um dos instrumentos potencialmente mais efetivos ao desincentivo ao transporte individual motorizado, tendo o benefício de gerar receitas ao Poder Público, permitindo mitigar o prejuízo social gerado pela utilização desse modo de transporte. Sobretudo se considerada a determinação de que os recursos sejam utilizados em favor do transporte público coletivo e do transporte não motorizado, que podem ser incentivados na medida do desincentivo aos carros. Como tratado no Capítulo 4, a regulação instituída pela Prefeitura de São Paulo em relação ao transporte individual privado de passageiros por aplicativos se aproxima da lógica do pedágio urbano, ainda que incida sobre uma atividade econômica, e não propriamente ao uso geral.

Adiante, o inciso IV trata da *dedicação de espaço exclusivo nas vias públicas para os serviços de transporte público coletivo e modos de transporte não motorizados*, reforçando novamente a diretriz de sua prioridade a partir de outro instrumento. A ferramenta se refere à implementação de faixas e corredores de ônibus (também conhecidos como BRTs), de

---

[152] Informação disponível em: http://www.prefeitura.sp.gov.br/cidade/secretarias/meio_ambiente/programas_e_projetos/index.php?p=7835.
[153] Cidades como Londres, Oslo e Singapura já adotaram o pedágio urbano como forma de inibir o uso do carro e racionalizar o sistema de transporte urbano, conforme reportagem de Lia Vasconcelos publicada na *Revista Desafios do Desenvolvimento* (ano 4, ed. 31, 5 fev. 2007). Disponível em: http://www.ipea.gov.br/desafios/index.php?option=com_content&view=article&id=1137:reportagens-materias&Itemid=39http://www.ipea.gov.br/desafios/index.php?option=com_content&view=article&id=1137:reportagens-materias&Itemid=39.

veículos leves sobre trilhos (VLTs), bem como à instalação de ciclovias e ciclofaixas nas vias urbanas. Configura-se medida para a concretização do princípio da equidade no uso do espaço público de circulação.

Sem a segregação de espaço reservado ao transporte não motorizado e ao transporte público coletivo, o princípio da prioridade desses modos se torna letra morta, em função da dominação das vias pelos veículos automotores particulares e seus desdobramentos (*vide* Capítulo 1). No caso do transporte não motorizado, esse instrumento se presta também à garantia da segurança nos deslocamentos, principalmente considerando que ciclistas e pedestres estão entre os grupos mais drasticamente afetados pelos acidentes de trânsito. O déficit de ciclovias e as péssimas condições físicas em que se encontram as calçadas nas cidades brasileiras constituem afrontas flagrantes ao disposto na PNMU há quase uma década.

O inciso seguinte prevê o *estabelecimento da política de estacionamentos de uso público e privado, com e sem pagamento pela sua utilização, como parte integrante da PNMU.* A política de estacionamento é relevante à conformação das vias urbanas e da política de mobilidade. A disponibilidade de vagas públicas e o preço de estacionar nas vias é fator decisivo ao incentivo ou não do uso do transporte individual motorizado. A destinação do espaço público para o estacionamento de veículos privados a preços módicos significa, na prática, um subsídio ao uso desse modo.

Conforme exemplifica Vasconcellos (2017), a política atual de estacionamento compõe a estrutura de incentivos que torna o uso do automóvel mais vantajoso:[154] "o estacionamento gratuito diário de 1 milhão de automóveis nas ruas [da cidade de São Paulo], que é um subsídio oculto de no mínimo R$3 bilhões por ano (caso fossem cobrados R$10

---

[154] Na mesma linha, observa Speck (2016, p. 112-113): "Assim como as vias em geral, todo esse estacionamento gratuito e abaixo do preço contribui para uma situação na qual um segmento massivo de nossa economia nacional [estadunidense] está desconectado do livre mercado, de modo que os indivíduos não ajam mais racionalmente. Ou, para ser mais preciso, ao agir racionalmente, o fazem contra seus próprios interesses. No geral, Shoup calcula que o subsídio para o estacionamento pago pelo empregador equivalha a 22 centavos por milha (1,6 km) percorrida até o trabalho, e assim reduz o preço dos trajetos automotivos ao trabalho em notáveis 71%. A eliminação desse subsídio teria o mesmo impacto que um imposto adicional sobre a gasolina que estivesse entre 1,27 e 3,74 dólares o galão, ou 0,3 e 0,9 por litro. O aumento de preço faria muita gente mudar seus hábitos de dirigir". A lente por meio da qual o autor enxerga uma "falta de livre mercado" nessa situação não deixa de ser um sintoma de que esse tipo de organização das vias urbanas não faz o menor sentido, independentemente da matriz ideológica do observador. Há quem entenda faltar Estado para cobrar o que é justo, ou "sobrar" Estado para deixar de oferecer esse tipo de subsídio ao automóvel.

reais por veículo) — os milhares de quilômetros de faixas asfaltadas usados para estacionar veículos gratuitamente custaram bilhões de reais à cidade e requerem manutenção permanente". O autor alerta, no mesmo artigo, que é essencial "definir uma política de estacionamento nas vias que cobre de quem estaciona o custo real de usar este espaço público", diretriz que não está contemplada nem mesmo nos casos em que há políticas de cobrança pelo uso, tendo em vista os baixos valores pagos pelos cartões de "zona azul" e políticas semelhantes.[155]

Tendo em vista a dinamicidade da cidade e as recentes tecnologias de cobrança por aplicativos de celular, seria possível conceber até mesmo um modelo de tarifa dinâmica, elevando os preços nos horários em que o estacionamento se mostrar mais danoso diante da escassez de espaço. A mera proibição de estacionamento também deve deixar de ser um tabu: se as vias urbanas se mostram tão escassas frente à multiplicidade de usos essenciais a que se prestam, será mesmo necessário e desejável que comportem tantos veículos motorizados estacionados? Cabe fazer a ressalva de que os veículos de carga, bicicletas e veículos envolvidos na prestação de serviços públicos também dependem, em diferentes medidas, do planejamento de uma política de estacionamentos, ensejando uma política global que considere particularidades atinentes a atividades de interesse geral.

O sexto instrumento enumerado é o *controle do uso e operação da infraestrutura viária destinada à circulação e operação do transporte de carga, concedendo prioridades ou restrições*. Remete-se aqui ao papel central do transporte de cargas no abastecimento das cidades e na realização da política de resíduos sólidos. As cidades em geral e, principalmente, as grandes manchas urbanas são marcadas pela pujança econômica e pela aglomeração populacional, que tendem a ser acompanhadas de ampla atividade produtiva, a demandar transporte de carga constante e eficiente. A circulação de todo o tipo de mercadorias e materiais pelo território urbano é um elemento essencial do planejamento da mobilidade urbana e, portanto, importa à gestão das vias urbanas. A organização de rotas e horários do transporte de cargas deve ser concebida para atender todas essas demandas e, ao mesmo tempo, evitar prejuízos às demais funções da circulação.

Daí a importância de que o Poder Público tenha à sua disposição instrumento especial de controle da circulação desse tipo de transporte,

---

[155] No Município de São Paulo, o preço médio é, atualmente, de R$5 por hora em que o veículo fica estacionado — bem abaixo da estimativa "conservadora" de R$10 feita por Vasconcellos sobre os custos efetivos.

concedendo prioridades ou restrições que o organizem. Como apontado no Capítulo 1, o custo de transporte é incorporado ao valor das mercadorias, de modo que os obstáculos impostos aos veículos de carga pelo uso excessivo do transporte individual motorizado também geram custos arcados por toda a sociedade, na forma do encarecimento dos produtos comercializados na cidade. Conferir atenção especial à organização ao transporte de cargas e sua logística é uma forma de mitigar esses efeitos. Há, ainda, impactos ambientais específicos desse meio de transporte e das atividades que o demandam, os quais também devem ser considerados pela política de mobilidade.

O inciso VIII prevê a celebração de *convênios para o combate ao transporte ilegal de passageiros*. Esse instrumento reforça a natureza pública e essencial do serviço de transporte coletivo, cuja titularidade é do Estado. A oferta de serviço de transporte de passageiros pela iniciativa privada depende da concessão ou permissão do Poder Público competente, sendo vedado o oferecimento desse serviço em caso diverso. Em novo exemplo do contraste entre a cidade legal e a cidade real, os meios de transporte coletivo clandestinos compõem a realidade de grande parte das metrópoles brasileiras (MARICATO, 2011, p. 148), encontrando mais espaço para se desenvolver justamente nas periferias e regiões desprovidas de infraestrutura. Não coincidentemente, onde as ocupações irregulares estão mais presentes, sendo outro exemplo do mesmo contraste.

Por fim, o último instrumento previsto é o *convênio para o transporte coletivo urbano internacional nas cidades definidas como gêmeas nas regiões de fronteira do Brasil com outros países*. Trata-se de ferramenta que reflete a diretriz prevista no já aludido art. 6º, VI, remetendo novamente à importância do transporte urbano também como elemento de integração internacional em dadas circunstâncias.

***

À luz do exposto neste subtópico, fica evidente que a legislação brasileira prevê conteúdo robusto a preencher a ideia de circulação, afetação principal das vias urbanas. Os princípios, diretrizes, objetivos e instrumentos da PNMU apontam referências claras na organização das vias urbanas, que integram seu regime jurídico e vinculam a atividade municipal de planejamento[156] e a gestão das vias urbanas. A orientação

---

[156] Em linha com os achados do trabalho de Jacobs (2011), é importante que o planejamento da mobilidade urbana (e o planejamento urbano, em geral) parta de uma compreensão

da PNMU, em linha com os objetivos constitucionais da ordem econômica e da política urbana, é a inversão da lógica de apropriação privada do que é socialmente produzido e concomitante socialização dos prejuízos. Em outras palavras, a PNMU oferece parâmetros jurídicos e instrumentos de gestão concretos para transformar o atual estado de coisas a partir da redistribuição do espaço de circulação em favor do interesse coletivo e da justa redistribuição dos ônus sociais gerados pelas diferentes formas de ocupação das vias urbanas.

Diante disso, resta a disputa política e jurídica em torno da aplicação da lei. Os resultados possíveis, que não são totalmente excludentes e podem se combinar entre si no tempo e no espaço, parecem ser: a transformação efetiva do modelo de mobilidade urbana vigente nas cidades brasileiras — desafio que a legislação indica buscar enfrentar; o destino da lei à condição de letra morta, sem serventia que não a reprodução do discurso e a manutenção das aparências acerca da intenção de mudança; ou, ainda, a utilização da lei como um instrumento do exercício arbitrário do poder, em favor da lógica de sempre, qual seja, a valorização fundiária e a manutenção de privilégios de grupos influentes (MARICATO, 2000). Como abordado no Capítulo 4, a disputa pela aplicação do regime jurídico da afetação principal das vias urbanas dialoga com um conflito mais amplo, cujo objeto é a aplicação do princípio da função social da propriedade, fundamento norteador da interpretação do regime jurídico dos bens públicos.

3.2.3 A gestão dos usos secundários das vias urbanas

A atividade ordenadora da Administração sobre as vias urbanas se mostra mais complexa a partir da consideração de seus usos secundários, que extrapolam a função de circulação. Além do uso pelos meios de transporte de pessoas e mercadorias, uma série de outras funções urbanas dependem diretamente do uso e ocupação do espaço viário.

Manifestações políticas; intervenções culturais; atividades comerciais das mais diversas (bancas de jornal, comércio de ambulantes,

---

profunda sobre o funcionamento próprio das cidades, além de contar com canais de participação efetivos. Só assim poderá ser revertida a lógica do planejamento funcionalista, que idealiza uma cidade inalcançável, ignora a complexidade organizada que caracteriza as grandes cidades e dá margem para uma aplicação discriminatória da lei, contribuindo para agravar os traços da exclusão social e da segregação espacial. Nesse sentido é a proposta de Maricato (2000, p. 179 e ss.) que propõe uma matriz de planejamento urbano que tenha como condições a criação de espaço democrático de debate e de um plano de ação concreto, com determinadas diretrizes prioritárias.

feiras livres, colocação de mesas de bares e restaurantes em calçadas); festas de rua; atos religiosos; competições esportivas; a convivência, o lazer e o descanso; a criação e preservação de áreas verdes; o acesso aos logradouros públicos e às propriedades adjacentes; a exploração de publicidade; a instalação do mobiliário urbano (telefones públicos, caixas de correio, relógios, lixeiras etc.) e da infraestrutura dos serviços de utilidade pública (tubulação de saneamento, rede elétrica, cabeamento de telecomunicações, gás canalizado); a oferta de rede pública de acesso livre à internet; a prestação de determinados serviços de utilidade pública (como policiamento e a limpeza urbana); a preservação da memória histórica, presente nos nomes dos logradouros,[157] em sua estética e em seus monumentos. Todos esses elementos da vida urbana, que transcendem a função de circular, têm as ruas como suporte físico necessário.

Pode a via urbana ser afetada a todos esses usos? A ampla gama de usos secundários remete à ideia de afetação múltipla, que consiste na destinação do bem a diversos usos, compatíveis entre si, material ou temporalmente. Cabe lembrar que a afetação tem como pressuposto a destinação permanente do bem, embora o uso não necessariamente o seja. Também se deve destacar que usos extraordinários, excepcionais em função das situações peculiares em que se dão, não ensejam a afetação das vias.

Conforme já aludido, à luz do princípio da eficiência, o regramento e a gestão dos bens públicos devem proporcionar o máximo de benefícios possíveis à coletividade. Da aplicação do princípio da função social da propriedade aos bens públicos decorre que a afetação múltipla, mais do que uma possibilidade, apresenta-se como um imperativo, um dever da Administração. A multiplicidade de usos deve ser buscada e garantida sempre que as finalidades públicas forem passíveis de convivência.

No caso das vias urbanas, talvez se possa imaginar até um reforço dessa lógica aplicável aos bens públicos em geral. Muitas das funções secundárias descritas acima são essenciais, indispensáveis ao funcionamento das cidades, e só podem ser viabilizadas pelo uso das vias públicas. Assim, não está em questão sua conveniência ou a possibilidade de sua organização como pressuposto da análise prévia de sua

---

[157] Digno de nota o fato de que há cidades em que os logradouros não são propriamente nomeados, sendo-lhes atribuídos números e siglas. É o caso de Brasília, por exemplo, que renega, de certa forma, esse uso da via urbana de preservar a memória. Não deixa de ser um traço sintomático de como a cidade foi concebida.

compatibilidade com a função de circular. Sem prejuízo de se considerar a circulação como afetação principal das vias urbanas, a questão que se coloca para a gestão do uso desse bem público seria: como organizar a circulação de modo a garantir o direito social ao transporte (e o direito individual de ir e vir) sem inviabilizar funções secundárias, essenciais à cidade e que também dependem das vias urbanas?

Muito em função de sua heterogeneidade, em relação a esses usos secundários, não há uma legislação delimitada e sistemática que permita extrair conteúdo tão claro como no caso da função de circulação. A título de exemplo, cita-se que o município de São Paulo conta com mais de vinte diplomas vigentes relacionados a usos secundários das calçadas.[158] As necessidades e possibilidades concretas de cada município podem variar muito, o que impõe preservar uma margem de discricionariedade maior ao gestor que executa a política na ponta, sem descuidar da fiel observância dos princípios democráticos incidentes sobre o processo decisório. No entanto, é possível depreender, do regime jurídico de gestão dos bens públicos e do regime de afetação principal, uma série de parâmetros que devem balizar o tratamento desses usos secundários. A começar do próprio imperativo de otimização dos bens públicos em benefício da coletividade.

Em primeiro lugar, há uma interface necessária entre usos secundários e a função de circulação das vias. Em muitos casos, isso não se deve apenas ao fato de tais usos incidirem sobre o mesmo suporte físico, mas também à relação de complementaridade que guardam entre si. É nesse sentido que compreender o tipo de circulação que melhor atende ao interesse público serve como ponto de partida para gerir adequadamente as vias no que toca a seus usos secundários. Em larga medida, a dificuldade concreta de se viabilizar muitos desses usos secundários diz respeito ao seu conflito com o perfil de circulação que se escolheu, institucionalmente, superar, em que predomina o transporte individual motorizado. Mais do que confrontar o padrão vigente de mobilidade, a intensificação de muitos desses usos secundários contribui para atingir-se o padrão almejado, em especial, via favorecimento da circulação dos modos não motorizados (ou modos ativos).

Em muitas das metrópoles brasileiras, onde a ocupação do viário é dominada pelos automóveis, reserva-se, na melhor das hipóteses, o espaço mínimo necessário ao deslocamento de pedestres. Se os pedes-

---

[158] Essa legislação encontra-se enumerada na página da Prefeitura, disponível no seguinte endereço: https://www.prefeitura.sp.gov.br/cidade/secretarias/subprefeituras/calcadas/index.php?p=36957.

tres são colocados em segundo plano, menos importantes se tornam as lixeiras e árvores nas calçadas, as bancas de jornal, os monumentos históricos, bem como a liberação e organização de intervenções culturais no espaço público. Nesse contexto, as estreitas calçadas se prestam mais a rampas de acesso dos veículos aos lotes lindeiros — rampas que formam degraus e declives que, frequentemente, inviabilizam, na prática, o deslocamento de pessoas com mobilidade reduzida.

Não raro, é preciso espremer os passeios um pouco mais com a instalação de postes de fiação e iluminação (esta última quase sempre direcionada ao leito carroçável), evitando os custos de passá-la por galerias e dutos subterrâneos. A possibilidade de estacionar gratuitamente em vias estreitas — vielas e travessas — chega a levar motoristas a deixarem seus carros parcialmente sobre o passeio público. Não se trata de falta de incentivo à caminhada, mas de um brutal desincentivo. Citando dados de diversas pesquisas, Vasconcellos (2013, p. 100) aponta que, nas cidades brasileiras, a maioria das calçadas tem condições inadequadas e inseguras para os pedestres. O autor aponta que o abandono dos interesses dos pedestres está ligado a alguns fatores:

> Inicialmente, o fato de que andar não é considerado transporte pela engenharia de tráfego tradicional, que dá ênfase aos movimentos com veículos. Em segundo lugar, à atribuição da responsabilidade pela calçada o proprietário do lote, o que livre o poder público da responsabilidade de algum problema (embora o poder público deva fiscalizar a qualidade das calçadas). Finalmente, ao fato de que a maioria dos pedestres é formada por pessoas de renda baixa e média, que têm baixo poder de pressão sobre o governo. (2013, p. 213)

Se não se considera a circulação de pedestres, mas apenas a dos veículos automotores, por que seria lembrada a serventia de bancos de descanso ou da organização das atividades dos artistas de rua? As feiras livres e os vendedores ambulantes, "obstáculos" à circulação, acabam por só "atrapalhar" o trânsito de automóveis ou impedir o intocável estacionamento dos veículos junto ao meio-fio. Sem a consideração dos pedestres, também se prescinde das bases fixas de policiamento e a prestação de outros serviços prestados nas vias urbanas deixa de fazer sentido, como a oferta pública de rede de conexão à internet sem fio ou o atendimento básico de saúde (vacinação, medição da pressão arterial etc.) oferecido em locais de grande circulação.

Como se vê, nesse modelo de gestão da via urbana, grande parte dos seus usos secundários parecem supérfluos e dispensáveis. Apenas a circulação de veículos motorizados é tida como essencial. Tudo que restrinja de algum modo o espaço reservado a essa função, que atende prioritariamente a uma minoria, parece inconveniente. Por esta razão, a prioridade aos modos ativos e ao transporte público coletivo deve estar refletida também na regulamentação e gestão desses usos secundários. Além de demandar menos espaço, por transportar mais passageiros, e praticamente dispensar os estacionamentos, a intensificação do uso do transporte coletivo também implica aumento de pedestres circulando. Diferentemente do que ocorre no caso do transporte individual, praticamente todo usuário de transporte público coletivo será, em algum momento de seu percurso, um pedestre.

Assim, priorizar os modos coletivos e ativos também passa por alargar os passeios, redistribuindo de modo equitativo o espaço viário, e repensar sua conformação e a responsabilidade sobre sua manutenção. Se os usos secundários confrontam a cidade rodoviarista é porque se prestam a outro padrão de mobilidade, do qual também se nutrem. Em perspectiva inversa, o tipo de circulação eleito como prioritário na legislação atual, em contraposição à cidade real, favorece e aumenta a relevância social desses usos secundários. As sombras das árvores, a limpeza favorecida pelas lixeiras, a existência de um comércio acessível e capilarizado, o tipo de interação promovido pelas intervenções artísticas, a presença de espaços de descanso e de encontro, tudo isso torna a via urbana mais acolhedora ao pedestre e ao usuário dos modos não motorizados, o que inclui tornar mais agradável e seguro o trajeto dos usuários do transporte público até o ponto de embarque e do ponto de desembarque até seu destino.

Utilizando da classificação de usos já apresentada para ilustrar a interface entre afetação principal e afetações secundárias, tem-se que o uso livre, praticado principalmente por pedestres e ciclistas, e o uso específico utilitário, exercido por passageiros de transporte público coletivo, convivem muito melhor do que o uso geral de usuários de veículos automotores com os diversos usos secundários das vias urbanas: (i) o uso econômico de interesse geral atinente à instalação de bancas de jornal, telefones públicos e caixas de correio; (ii) o uso econômico de interesse particular referente ao comércio de rua, promovido por feiras livres e ambulantes autorizados, bem como pela ocupação das calçadas com mesas de estabelecimentos comerciais; (iii) o uso específico administrativo que se dá pela instalação de pontos fixos de policiamento, assim como postos de atendimento de serviços de utilidade pública, a exemplo de serviços de saúde esporádicos oferecidos em praças;

(iv) o uso específico administrativo dos usuários das redes públicas de internet sem fio; (v) o uso livre dos espaços de convivência e encontro; e assim por diante.

Assim, aplicando-se os critérios escalonados de gestão de usos proposta por Marques Neto (2008), sob a ótica dos usos secundários, a diretriz de priorização do transporte ativo e do transporte coletivo se impõe por vários fundamentos. Em primeiro lugar, pelos vários parâmetros já positivados na legislação, que remetem ao primeiro critério, de hierarquização dos usos combinados. Em segundo, pelo fato de esses modos de transporte servirem a maior parte das populações urbanas, desprovidas que são do acesso ao transporte individual motorizado, relacionando-se ao segundo critério, da generalidade ou abrangência do uso. Não fossem as duas primeiras razões, ainda se teria que o tipo de circulação promovido por esses modos permite que as vias comportem, de modo muito mais efetivo, os usos secundários, o que preenche o terceiro critério de gestão, relativo à rivalidade dos usos.

Portanto, ainda que fosse preciso chegar ao terceiro critério escalonado para arbitrar entre os usos, a primazia ao transporte não motorizado e ao transporte público coletivo em detrimento dos demais modos seguiria como decorrência da incidência dos princípios que incidem sobre a gestão dos bens públicos. Poder-se-ia aventar ainda que, por esse motivo e por outros explicados no Capítulo 1, a harmonia entre circulação e usos secundários das vias, partindo da prioridade ao transporte coletivo e ao transporte não motorizado, é o caminho que melhor atende ao critério da rentabilidade — quarto e último do modelo proposto por Marques Neto (2008). Em suma, seguir privilegiando o transporte individual motorizado e reduzindo as possibilidades de exercício dos usos secundários das vias urbanas é juridicamente injustificável.

Em resumo, a harmonização entre o tipo de circulação priorizado na legislação e os usos secundários das vias urbanas decorre de um reforço mútuo: de um lado, é esse tipo de circulação que melhor interage com e dá sentido a muitos desses usos secundários, em contraste com o deslocamento por veículos automotores; de outro, a priorização efetiva desse tipo de circulação depende da viabilização de muitos desses usos secundários, que devem ser pensados em conjunto com a política de mobilidade urbana. A conformação da circulação tal qual indicada na legislação viabiliza os usos secundários e estes, em contrapartida, constituem incentivo ao tipo de circulação almejada, estabelecendo-se uma relação de retroalimentação positiva benéfica ao interesse público. Nessa interface, o conflito entre afetações principais e secundárias se dilui, o que, apesar de não diminuir o desafio do gestor público, indica um caminho promissor ao regramento e organização das vias urbanas.

3.3 Tipologia das decisões sobre os usos das vias urbanas

Neste último tópico do capítulo, organiza-se o regime jurídico incidente sobre as vias urbanas a partir de formulação esquematizada na forma de uma tipologia das decisões sobre seus usos. O esforço se vale da aplicação do arcabouço teórico relacionado à gestão dos usos dos bens públicos e das vias urbanas. A tipologia exposta a seguir — que não se pretende (nem poderia) pronta, fechada ou definitiva — foi concebida à luz dos ditames legais e da observação crítica da realidade de sua aplicação nas cidades brasileiras.

A produção legislativa mais recente promoveu alterações importantes em relação à concepção da mobilidade urbana, com implicações sobre a função social das vias urbanas. Essas alterações legislativas conflitam com o modelo de cidade vigente. Impõe-se, assim, a necessidade de produzir políticas públicas voltadas a reverter esse quadro, diminuindo o descompasso entre legislação e realidade, cidade legal e cidade real. Isso demanda uma postura ativa e multidimensional da Administração Pública (BUCCI, 2002, p. 22), sob pena de se incorrer na ineficácia jurídica derivada do fenômeno nacional das "leis que não pegam" (BUCCI, 2002, p. 174), disseminado na legislação urbanística (MARICATO, 2000, p. 149).

Para tanto, no caso de uma legislação razoavelmente dispersa como a urbanística, o gestor público depende de critérios de qualificação jurídica para tomar decisões políticas (BUCCI, 2002, p. 242) que nem sempre estão claros na letra da lei. Além dos sempre lembrados limites negativos, o ordenamento restringe a discricionariedade também a partir de limites positivos (BUCCI, 2002, p. 40), conferindo parâmetros jurídicos à tarefa política de arbitrar entre interesses conflitantes (BUCCI, 2002, p. 14).

O direito público aplicado e, no caso em tela, o direito urbanístico devem se responsabilizar pelo oferecimento desses parâmetros, contribuindo para a efetividade democrática das políticas públicas (BUCCI, 2002, p. 38). No caso deste trabalho, trata-se de contribuir com a análise de conceitos, critérios e procedimentos jurídicos que deem conteúdo semântico ao princípio da função social da propriedade e sua aplicação às vias urbanas, orientando a interpretação de seu regime jurídico e, em última análise, contribuindo à sua adequada gestão pelo Poder Público municipal.

Essa perspectiva justifica o esforço de proposição de uma tipologia de decisões envolvendo a gestão dos usos das vias urbanas. Vale pontuar que a pesquisa bibliográfica não logrou êxito em encontrar trabalho que tipificasse sistematicamente as decisões na direção aqui proposta. Por isso, apresenta-se a seguir um modelo original, que pode contribuir à delimitação dos componentes da atividade estatal em questão. Como subsídio teórico, além da literatura já citada, o modelo se apoia em uma análise sistemática e não exaustiva da legislação federal avaliada como pertinente: Decreto-Lei nº 58/1937, Lei nº 7.805/1972, Lei nº 5.917/1973, Lei nº 6.261/1975, Lei nº 6.766/1979, CTB de 1997, Constituição Federal de 1988, Estatuto da Cidade, CCB/2002, Lei nº 13.311/2016 e, principalmente, a PNMU. O nível de contribuição de cada diploma ao modelo está refletido nas exemplificações das decisões e identificação dos elementos de seu regime.

À luz do analisado, propõe-se a seguinte tipologia. Existem duas grandes dimensões (ou famílias) de decisões sobre os usos das vias urbanas. A primeira diz respeito aos usos relativos à sua afetação principal: (1) a circulação. Nessa dimensão, há três tipos de decisão ou complexos de decisões: (*1.a*) distribuição dos espaços entre os diferentes meios de circulação (distribuição); (*1.b*) condições de uso do espaço atribuído pelos usuários de cada meio (direitos e limites de uso ou conformação do uso); e (*1.c*) parâmetros de interação entre espaços, infraestruturas de transporte e meios de circulação entre si (integração do território e dos usos).

A segunda dimensão é composta pelas decisões sobre (2) os usos secundários das vias urbanas. É dividida em dois tipos: (*2.a*) decisões sobre usos secundários permanentes; e (*2.b*) decisões sobre usos temporários, sendo essas últimas subdivididas em (*2.b.i*) decisões sobre usos temporários periódicos e (*2.b.ii*) decisões sobre usos temporários esporádicos. A decisão sobre usos permanentes não implica a produção de efeitos eternos, distinguindo-se das decisões sobre usos temporários por tenderem à continuidade, enquanto os usos secundários são marcados por certa intermitência, que pode ter intervalos homogêneos programados (usos periódicos) ou não (usos esporádicos).

Assim, pelo modelo proposto, existiriam seis tipos ou "complexos" de decisão: *1.a.* distribuição, *1.b.* conformação, *1.c.* integração, *2.a.* usos secundários permanentes, *2.b.i.* usos secundários periódicos e *2.b.ii* usos secundários esporádicos. Cabe abordar cada um deles, apresentando os principais elementos de seu regime jurídico e os possíveis conflitos envolvidos. Deve-se ressalvar que esses tipos de decisões são compostos por múltiplas decisões parciais, que eventualmente poderiam ser alocadas em tipos específicos. A despeito disso, entende-se que o grau de conexão entre essas decisões específicas, mais do que permitir seu agrupamento em um mesmo grande tipo, deve ser esquematicamente realçado. Observa-se, ainda, que os tipos não são estanques, havendo casos de decisões que acabam envolvendo, simultaneamente, mais de uma categoria.

3.3.1 Decisões relacionadas ao uso principal e seu regime jurídico

O tipo de decisão 1.a (distribuição) é a mais estrutural em relação ao planejamento da circulação e, por isso, é aquela de maior impacto na própria configuração do viário. Decisões desse tipo, muitas vezes, demandam adaptações físicas das vias urbanas, influenciando o campo de intervenção realizada pelo planejamento dos transportes urbanos. Idealmente, a decisão sobre a distribuição das vias entre os meios de circulação deve se dar em etapas escalonadas.

Primeiramente, caberá determinar, do total da via, a proporção destinada ao transporte não motorizado, sempre a maior possível, e a parcela a ser ocupada pelo transporte motorizado, a menor necessária ao bom funcionamento da cidade.[159] Esse tipo de decisão tem potencial de afetar não apenas a parcela da via que cada meio de circulação poderá ocupar (numerador), mas também, em certos casos, a área reservada à via (denominador), que pode ser ampliada ou reduzida. A primazia dessa fase tem como premissa o entendimento de que algum nível de segregação entre esses dois modos de transporte (motorizado e não motorizado) é sempre desejável.[160] Com exceção de vias locais peculiares, o uso compartilhado entre os modos motorizados e os modos ativos se mostra problemático e conflituoso, principalmente em relação à garantia da segurança (*vide* Capítulo 1).

---

[159] A prioridade ao transporte não motorizado, os chamados modos ativos, em relação ao transporte motorizado é determinada expressamente pelos seguintes dispositivos: art. 11, IX, da Lei nº 10.233/01, art. 6º, II, da Lei nº 12.587/2012 – PNMU. Outros dispositivos, embora não tratem diretamente da prioridade, à luz da realidade dada, não podem levar a outra solução. É o caso, por exemplo, do art. 5º, VIII (princípio da equidade no uso do espaço de circulação), e do art. 7º, I (objetivo de reduzir as desigualdades e promover a inclusão), ambos da PNMU, e dos diversos dispositivos que estabelecem a necessidade de mitigação dos danos ao meio ambiente.

[160] Ressaltando a importância da separação entre automóveis e pedestres, Jacobs ressalva que a segregação completa — como ocorre no caso dos calçadões que ocupam toda a via de alguns centros urbanos — pode trazer efeitos negativos se utilizada em demasia, como a criação de dificuldades no abastecimento (2011, p. 386).

Da primeira divisão outras duas podem se desdobrar. Em relação ao espaço destinado aos meios ativos, cabe avaliar se é o caso de apartar a circulação de pedestres da circulação de bicicletas e outros veículos (patinetes, skates etc.), momento em que, além do uso compartilhado das calçadas ou da segregação por demarcação de ciclovia, pode-se também optar pelo uso compartilhado de veículos automotores e bicicletas.[161] Do lado do espaço destinado aos veículos motorizados, o "leito carroçável", a decisão central diz respeito à segregação ou não do transporte coletivo (por faixa exclusiva, corredor ou similares), que deve ser priorizado em relação ao transporte privado individual motorizado.[162]

De todas as prescrições de prioridade ao transporte público coletivo e desincentivo ao transporte individual motorizado, decorre diretriz geral, a ser adaptada às situações concretas, de que em vias estruturais (arteriais ou expressas) deve haver, em regra, uma separação que isole o trânsito de automóveis particulares, permitindo que os ônibus e veículos de transporte coletivo tenham sua fluidez garantida, conferindo previsibilidade, velocidade e conforto aos deslocamentos de seus usuários. Em caso de segregação, caberia ainda decidir se o espaço destinado ao transporte coletivo comportaria ou não o transporte público individual de passageiros (táxis), o que depende da aferição de seu impacto real e das necessidades a que efetivamente se presta o serviço.

Partindo da concepção jurídica de circulação de Silva (2012, p. 179-180 e p. 213-214), ainda nesse primeiro tipo estaria incluída a avaliação sobre a possibilidade de o viário comportar espaços para estacionamento de veículos, principalmente os individuais, motorizados ou não (bicicletas, motos, carros e veículos de carga). A possibilidade de estacionar em algum momento seria um pressuposto do deslocamento por esses modos.

De outro lado, restringindo-se ao caso dos veículos motorizados, poder-se-ia argumentar que esse seria um uso secundário, alheio à circulação, já que "a via não se destina a ser garagem de um em detrimento do uso de todos" (MEDAUAR, 2018, p. 247). Além do que a oferta de vagas públicas para automóveis significa subsídio ao

---

[161] Interpretação conjunta dos arts. 58 e 59 do CTB.
[162] A prioridade ao transporte público em relação ao individual motorizado é expressamente determinada no art. 6º, II e VI, da PNMU. À luz da realidade, pode ser depreendido também de outros dispositivos, como muitos dos incisos do art. 5º da mesma lei, que expressam os princípios da: I – acessibilidade universal, VII – justa distribuição dos benefícios e ônus dos usos), VIII – equidade no uso do espaço de circulação e outros.

transporte individual motorizado (cf. VASCONCELLOS, 2017), devendo a Administração evitá-lo e, quando permiti-lo, fixar limitações rígidas de tempo de permanência e contrapartidas pecuniárias proporcionais ao custo social gerado, em vista da diretriz de desestímulo ao uso intensivo desse modo de transporte. Sobre esse ponto, à luz da legislação, mereceriam atenção especial o estacionamento de bicicletas e veículos de carga: o primeiro em razão da prioridade prevista na lei e o segundo pelo caráter central ao funcionamento da economia urbana.

O tipo de decisão *1.b* (conformação do uso) pressupõe que a maioria das decisões sobre distribuição (1.a) já estejam suficientemente delineadas. Decididas as alocações de espaços para cada modo e feitas as devidas adaptações do viário, caberá então definir os limites da utilização das vias — que vão muito além do cumprimento do CTB, que regula o uso de todas as vias terrestres do território nacional. Ainda que tais decisões devam ser concomitantes, formando um todo coerente, a relação das decisões entre si não é imediata como no primeiro tipo. A despeito de dividirem as mesmas finalidades e possuírem lógica comum, o processo de cada decisão corre paralelamente, possuindo grau mais acentuado de autonomia e especificidade. Ao lado de outros atributos, esses limites compõem a caracterização dos respectivos usos como gerais, e não livres.

Exemplos de avaliações incluídas nessa dimensão são: a restrição ou não de circulação e acesso, permanente ou temporária, em locais, dias ou horários predeterminados de certos modos de transporte, como o rodízio semanal de automóveis particulares, a restrição da circulação dos veículos de carga em determinados horários ou a abertura das vias para uso de lazer, com interdição temporária do tráfego de veículos motorizados; o estabelecimento de padrões aceitáveis de emissão de poluentes, submetendo a circulação de veículos ao seu cumprimento; a fixação dos limites de velocidade máxima para cada modo de transporte em cada via específica, intimamente ligada à segurança dos deslocamentos; e a cobrança ou não de contraprestação pecuniária sobre modos e serviços de transporte urbano pela utilização da infraestrutura viária, como se dá pela instituição de pedágio urbano.

Uma ilustração da possibilidade de decisão que não se encaixa perfeitamente em nenhum dos tipos até aqui detalhados (1.a e 1.b), representando uma mescla de ambos, é o estabelecimento de faixas exclusivas de ônibus apenas nos chamados "horários de pico". Nesse caso, ao mesmo tempo que se define a utilização de um espaço por determinado modo de transporte (distribuição — 1.a), a alocação é configurada como "temporária", representando apenas uma restrição parcial aos usuários de veículos motorizados em relação ao uso do espaço (limites ao uso — 1.b). Exemplo na mesma direção, mas em sentido inverso, se dá quando aos veículos particulares é excepcionalmente permitida, aos domingos e feriados, a circulação em corredores e faixas exclusivas de ônibus. Os exemplos mostram que os tipos não são perfeitamente delimitados, mas sua peculiaridade não compromete a coesão do esquema.

Por fim, ainda no âmbito da primeira família, há um último tipo de decisão, que diz respeito à interação entre espaços e modos de transporte (1.c). Sua razão de ser se evidencia a partir de duas perspectivas. Em primeiro lugar, os papéis assumidos pelos indivíduos na circulação não são estáticos. Pedestres e ciclistas tomam o ônibus e metrô, usuários frequentes de transporte público fazem deslocamentos eventuais por automóvel, o motorista pode se deslocar por caminhadas no mesmo trajeto e assim por diante. Em algum momento, por mais breve que seja, quase todos são pedestres. Ainda que não fosse assim, a segregação dos usos não se presta a repartir o espaço, mas garantir um funcionamento racional e seguro. Por isso, é fundamental que o espaço de circulação permaneça integrado, já que a circulação de todos, por qualquer modo, visa, ao final, à fruição da cidade, que depende da integração.

A partir da primeira ideia, depreende-se que, para que a dinamicidade abstrata dos papéis se efetive, é preciso haver conexões concretas entre os modos. A integração entre modos diferentes de transporte coletivo — como trens e ônibus — é uma necessidade comum e uma constante em diversas regiões metropolitanas. Ciclovias podem ser prolongadas para se aproximar de um terminal de ônibus, sendo muito bem-vindo um bicicletário próximo ou até o aluguel de bicicletas compartilhadas integradas ao bilhete único — que costuma integrar apenas modos coletivos. O próprio transporte da bicicleta por meio do ônibus ou do metrô pode ser permitido em dadas condições. Os estacionamentos públicos ou vagas para carros também podem considerar lógica semelhante, privilegiando localizações como as redondezas de estações de metrô ou corredores de ônibus. A integração dos modos de transporte está prevista em dispositivos de diversos diplomas: art. 2º da Lei nº 5.917/1973; art. 5º, II, da Lei nº 10.233/2001; art. 6º, III, da PNMU, entre outros.

A ideia de integração territorial, por sua vez, remete ao fato de um mesmo modo de transporte depender, em algum momento, do espaço reservado ao outro para cumprir plenamente a função de circular. O pedestre precisa atravessar o leito carroçável, o carro precisa da guia rebaixada e demais adaptações para que possa acessar uma propriedade adjacente, a bicicleta, a todo tempo, compartilha diferentes espaços com os demais modos.

Todos esses casos ilustram a necessidade de se decidir sobre as regras de interação entre espaços e usos: o local de uma faixa de pedestre, o tempo semafórico e as regras para adaptação das calçadas aos automóveis sem prejuízo de pedestres são alguns exemplos de decisões envolvendo essa interação. Novamente aqui deve ser concretizada a prioridade aos modos ativos: tempo de travessia suficiente para que pessoas com mobilidade reduzida possam atravessar a rua, abundância de faixas de pedestres rigidamente fiscalizadas, regulação efetiva sobre calçadas, incluindo maior envolvimento do Poder Público em sua fiscalização e no custeio de sua manutenção.

Essa primeira família de decisões (circulação) e seu regime jurídico escancaram, mais uma vez, o brutal contraste entre a lei e a cidade real. Na maior parte das metrópoles brasileiras, o transporte coletivo e o transporte não motorizado ainda recebem o pior tratamento, são desprestigiados pela gestão urbana, sobretudo em favor da manutenção e reprodução dos privilégios garantidos aos usuários do transporte individual motorizado. Isso não se dá apenas a partir das decisões acerca da distribuição do viário (1.a), mas frequentemente pela ausência de limites mínimos e efetivos ao uso do carro (1.b) e pelo prejuízo à integração territorial (1.c), em nome do objetivo cada vez mais distante de garantia da fluidez do tráfego de carros particulares.

Exemplo concreto do primeiro caso pode ser ilustrado pelo recente embate ocorrido na cidade de São Paulo em torno da velocidade máxima permitida nas marginais dos rios Pinheiros e Tietê, reduzidas em 2016, pela Prefeitura, com o objetivo de buscar diminuir os acidentes de trânsito com vítimas, no contexto de um programa que abrangeu diversas vias da cidade. A questão das marginais foi judicializada pela Ordem dos Advogados do Brasil de São Paulo (OAB/SP) — que se opôs à medida —, foi objeto de forte campanha midiática, passou pelo debate demagógico nas eleições municipais do mesmo ano e terminou com a reversão da medida no ano seguinte, que foi seguida do aumento quase imediato dos acidentes com vítimas,[163] "normalizando" a situação.

O segundo caso — de prejuízo à integração — pode ser visto em decisões mais frequentes, como a eliminação dos pontos de travessia

---

[163] Conforme noticiou o portal G1, apenas um ano após a decisão o número de mortes nas marginais aumentou 23%: https://g1.globo.com/sp/sao-paulo/noticia/marginais-registraram-32-mortes-em-2017-aumento-de-23-em-relacao-a-2016-aponta-cet.ghtml. Acesso em: 07 jan. 2018).

de pedestres e o reduzido tempo de travessia programado na rede semafórica, em prol do trânsito de automóveis. Esse tipo de medida, apesar de não diretamente ligado à decisão de distribuição do viário, a afeta de modo a favorecer o transporte motorizado em detrimento da não motorização.

3.3.2 Decisões relacionadas aos usos secundários e seu regime jurídico

Destrinchados os grandes tipos de decisão referentes à circulação, passa-se a detalhar as decisões sobre os usos secundários das vias urbanas. O primeiro deles é menos conflituoso e costuma consubstanciar uma escolha de prazo mais longo. Trata-se das decisões sobre usos secundários permanentes (2.a), como: a instalação do mobiliário urbano[164] (relógio, ponto de ônibus, sinalização etc.); a permissão da instalação de bancas de jornal e outros tipos de comércio (previstos na Lei nº 13.311/2016); a plantação de árvores e outros tipos de vegetação; a passagem de dutos, encanação e fiação elétrica; a instalação de monumentos e placas; a denominação das vias, que também dizem respeito à função da via de preservação da memória; bem como a implementação de espaços de convivência no próprio viário, como bancos públicos ou as mais recentes minipraças, que ficaram conhecidas como *parklets*[165] na cidade de São Paulo (*vide* Decreto Municipal nº 55.045/2014).

Em todos esses casos há uma interface relevante com as decisões de distribuição do viário (1.a), mas que varia em intensidade conforme o caso. No caso dos *parklets*, por exemplo, a instalação é realizada junto ao meio fio, suprimindo vagas de estacionamento para automóveis e motocicletas. Embora o decreto se refira à extensão temporária do passeio público, trata-se de uma decisão que se posterga no tempo, cujo uso é caracterizado pela tendência à continuidade (e não pela intermitência), como fica mais evidente a partir do contraste com o segundo tipo de decisão.

---

[164] José Afonso da Silva conceitua mobiliário urbano como "elementos de microarquitetônica integrantes do espaço urbano" que devem atender os seguintes requisitos: complementaridade às funções urbanas; localização nos espaços públicos; e disseminação no tecido urbano com área de influência restrita (2012, p. 309).

[165] Segundo o art. 2º do decreto, "considera-se parklet a ampliação do passeio público, realizada por meio da implantação de plataforma sobre a área antes ocupada pelo leito carroçável da via pública, equipada com bancos, floreiras, mesas e cadeiras, guarda-sóis, aparelhos de exercícios físicos, paraciclos ou outros elementos de mobiliário, com função de recreação ou de manifestações artísticas".

Desde que observadas sua compatibilidade com a circulação dos diferentes modos, os usos secundários permanentes são, em muitos casos, funcionalmente essenciais e, em outros, extremamente desejáveis à vida urbana, otimizando os benefícios à coletividade trazidos pela organização das vias urbanas (MEDAUAR, 2018, p. 248). Se a circulação envolve permanência, o direito de ficar dos pedestres — garantida por bancos e praças — deve também ser priorizado em detrimento da permanência de veículos de transporte individual motorizado — assegurada pelas vagas de estacionamento junto ao meio-fio.

O segundo tipo de decisão, relacionado aos usos secundários temporários, se subdivide em dois. O primeiro (2.b.i), referente aos usos temporários periódicos, remete a casos como: autorização de feiras livres; abertura de ruas aos fins de semana para o lazer combinada à restrição à circulação de veículos motorizados;[166] e organização de festas típicas, como o "carnaval de rua",[167] que leva centenas de blocos a ocuparem as vias nos primeiros meses do ano. Essas decisões merecem atenção permanente do Poder Público local, em razão das tensões provocadas (entre foliões e moradores das vias adjacentes, entre usuários do transporte motorizado e dos modos ativos etc.), demandando constante ponderação de interesses, mediações e organização logística e operacional.

Essas tensões podem ser ainda mais acentuadas na segunda espécie de decisão (2.b.ii), que diz respeito aos usos secundários esporádicos, último tipo componente do modelo proposto. Além de *shows*, intervenções culturais e competições esportivas, são os casos de manifestações políticas, bem como de festas e bailes tendentes ao caráter espontâneo, como os chamados "fluxos" e "pancadões". No caso de manifestações e festas, o que está em questão são os termos da fruição do direito fundamental de reunião sem armas, independentemente de autorização, mediante o simples aviso prévio, previsto no art. 5º, XVI, da CF/1988. Trata-se de uma seara extremamente delicada, que exige mediação e intervenção cuidadosa.

Para Marques Neto, usos como esses seriam extraordinários, não consubstanciando uma afetação da via em razão de seu caráter

---

[166] Trata-se de outra possibilidade de aplicação do instrumento previsto no art. 23, I, da PNMU.

[167] Na cidade de São Paulo, o recente ressurgimento do "carnaval de rua" levou o Poder Público municipal a regulamentá-lo por instrumento próprio, o Decreto nº 56.690, de 7 de dezembro de 2015. A história da política pública concebida pela Prefeitura para o carnaval de rua é descrita e analisada em Varella (2021).

excepcional (2008, p. 349-350). Em princípio, parece ser o caso de questionar essa formulação, por se entender que deriva de uma visão restrita a cada via especificamente compreendida, desconsiderando o papel das ruas na cidade. Se a afetação se justifica pela função social do bem público, que configura sua razão de ser, negar a destinação das vias a receber manifestações políticas significa, na prática, negar o direito fundamental à reunião sem armas, essencial em qualquer democracia. Se as ruas não estariam afetadas a recebê-las, que outro bem público seria apto a isso? Lembra-se que, para que a consagração do bem seja permanente, implicando afetação, não é necessário que o uso o seja. Assim, afetação múltipla pode ter como objeto usos que só se compatibilizam temporalmente, não sendo conciliáveis, do ponto de vista material, concomitantemente. É o que frequentemente ocorre no embate entre circulação de veículos e manifestações políticas quando se considera uma via isoladamente.

A formulação é compreensível, imaginando-se, por exemplo, as implicações de uma mesma via receber manifestações políticas diariamente, impedindo ou restringindo de forma praticamente ininterrupta a circulação de diversos modos de transporte. Um olhar mais amplo pode levar à compreensão diversa: considerando o conjunto de vias de uma metrópole de milhões de habitantes,[168] não seria anômala a ocorrência de manifestações políticas diárias em algum ponto do sistema viário, mesmo que em alguns casos a manifestação fosse duradoura. Pelo contrário, poder-se-ia entendê-la como salutar e sintomática de uma democracia viva e pujante.[169]

Na linha da divergência apresentada no tópico 3.1 sobre os usos extraordinários, entende-se que as manifestações políticas podem ser episódicas, mas a afetação da via a recebê-las deve ser entendida como permanente e necessária a uma sociedade democrática. Como os usos secundários em geral, as manifestações políticas são tão menos problemáticas ao funcionamento da cidade quanto mais efetivamente são

---

[168] O município de São Paulo, por exemplo, possui mais de 17 mil vias.

[169] Tal debate remonta a caso julgado pela Corte Europeia de Justiça – CEJ (Processo nº 112/2000), referente à ação indenizatória movida por empresa de transportes internacional (*Schmidberger*) contra o Estado austríaco, em razão de prejuízos causados por manifestação não coibida que interrompeu por longo período rodovia afetada ao trânsito rápido e de posição estratégica por comunicar dois países. A CEJ decidiu que "embora seja verdade que uma ação deste tipo acarreta normalmente inconvenientes para as pessoas que nela não participam, em particular, no que respeita à liberdade de circulação, estes podem ser em princípio aceites quando a finalidade prosseguida seja essencialmente a manifestação pública e em formas legais de uma opinião".

priorizados o transporte não motorizado e o transporte público coletivo: o primeiro, na prática, é pouco afetado pelas manifestações; ao passo que o segundo, quando o é (o transporte sobre trilho não costuma ser, por exemplo), também se mostra de mais fácil compatibilização com o exercício do direito de reunião.[170]

A discussão remete à investigação do último capítulo, sobre a função social das vias urbanas. Ao seu final, após discussão teórica sobre o princípio, retoma-se a tipologia aqui apresentada para analisar sua aplicação a partir de dois casos concretos, utilizados como campo de aplicação daquilo que foi exposto até aqui.

---

[170] Para os ônibus, bastaria uma faixa de rolamento livre em cada sentido para que a manifestação política não gerasse maiores transtornos. O meio de transporte efetivamente "espaçoso", como já se viu, é o automóvel.

CAPÍTULO 4

FUNÇÃO SOCIAL DAS VIAS URBANAS: TEORIA E APLICAÇÃO

Até aqui, o trabalho analisou o objeto a partir de três recortes: foram abordados aspectos de economia política e políticas públicas relacionados à formação e gestão das vias urbanas (Capítulo 1), buscou-se delimitá-las enquanto objeto de estudo jurídico (Capítulo 2) e foram apresentados os principais aspectos do regime jurídico incidente sobre elas (Capítulo 3). Descreveu-se, em relação às vias urbanas, as tensões envolvendo o feixe de relações em que se inserem, o que são e como são formadas sob a ótica do direito, o conjunto de normas que vinculam seu tratamento e as decisões estatais envolvidas na gestão de seus usos.

Como objetivo final, à luz do exposto, este capítulo trabalha a noção de função social da propriedade e sua aplicação às vias urbanas, em linha com a abordagem direito e políticas públicas, marcada pela perspectiva do Poder Executivo, pela consideração da escala do problema e por uma visão de viés prospectivo (BUCCI, 2017). A escolha da categoria função social se justifica por sua capacidade de comunicar os conflitos entre o político e o jurídico, perpassando ambos os planos e sua interdependência. Trata-se de categoria apta a amarrar as tensões políticas e o complexo regime jurídico que incidem sobre as vias urbanas.

De início, abordam-se aspectos teóricos sobre o princípio da função social da propriedade e delimita-se sua aplicabilidade e implicações em relação aos bens públicos, passando pela ideia de funções sociais da cidade e por sua aplicação à propriedade urbana no ordenamento brasileiro (4.1). Como desfecho do capítulo, discute-se a função social das vias urbanas e sua aplicação prática (4.2), a partir de dois casos concretos, usados como campo de aplicação do princípio às decisões sobre as vias urbanas. Não foram realizados estudos de caso, escolhidos a partir de critérios metodológicos rigorosos. Selecionaram-se, discricionariamente, dois exemplos ricos e diversos entre si, como estratégia para tornar mais palpável e detalhada a discussão sobre a função social das vias urbanas e sua aplicação à tipologia proposta no tópico 3.3, oferecendo uma visão de sua complexidade.

4.1 Aspectos teóricos da função social da propriedade

A abordagem dos aspectos teóricos da função social da propriedade pertinentes ao estudo de sua aplicação às vias urbanas foi dividida em quatro partes. No primeiro subtópico, apresentam-se elementos relativos ao conceito de função social da propriedade, incluindo sua evolução histórica, sua caracterização geral e a inerente disputa envolvendo seu conteúdo. Em seguida, são esmiuçados os fundamentos da aplicabilidade do princípio da função social da propriedade aos bens públicos. O terceiro subtópico trata da relação entre a trajetória de aplicação do princípio da função social da propriedade à propriedade urbana e a emergência do direito à cidade. Ao final do tópico, discute-se a função social da propriedade urbana no atual ordenamento jurídico brasileiro.

4.1.1 Aspectos históricos da função social da propriedade

A construção da noção de função social da propriedade teve como expoente pioneiro o constitucionalista francês León Duguit. Antes de visitar sua doutrina, cabe uma ressalva preliminar importante sobre as raízes distintas que tem, de um lado, a ideia jurídica de "função" e, de outro, a atribuição da locução "função social" a institutos jurídicos.

Em sua dissertação sobre a função social do contrato, Luís Gustavo Haddad investiga, em certo ponto, os usos e sentidos da "função" na linguagem jurídica (2013, p. 65 e ss.). Assenta, de início, que o sentido original do termo é próprio do direito público. Em seguida, apresenta a exposição de Franco Modugno[171] sobre a evolução do conceito (2013, p. 66). Em princípio, se reportaria à ideia de ofício ou

---

[171] A obra de Modugno referida por Haddad (2013), que não faz parte da bibliografia deste trabalho, é *Funzione (voce)*. In: *Enciclopedia del diritto*, t. XVIII. Milano, Guiffrè, s./d. p. 301-313.

múnus, correspondendo à figura abstrata de uma competência para exercer certa atividade. Nesse sentido, "função" aludiria à fungibilidade do sujeito responsável pelo exercício de dado encargo, conferindo destaque à destinação da atividade. Como desdobramento, passou-se a diferenciar a função-ofício e a função-escopo, de modo que "função" passou a designar a noção de "atividade globalmente relevante, predeterminada no conteúdo e no escopo, que recai sobre determinado objeto", tornando-se conceito central do direito administrativo (HADDAD, 2013, p. 66-67).

Ainda segundo Haddad (2013, p. 67), com o tempo, "função" passou a significar também o poder atribuído ao sujeito responsável pelo exercício de atividade ligada a determinados fins.[172] Teria sido esse, então, um dos significados primordiais de "função" para o direito público, mais tarde incorporado pelo direito privado para aludir a um "determinado conjunto de posições jurídicas, caracterizadas pela outorga de um poder a ser exercido para a consecução de interesses alheios aos do titular" (HADDAD, 2013, p. 67).

Haddad expõe ainda a doutrina de Giannini,[173] que faz distinção de dois sentidos principais do termo (2013, p. 68). Em um primeiro, função aproxima-se de múnus ou ofício, designando a situação de um sujeito a quem se atribui, por norma, a responsabilidade sobre um interesse alheio. Cuida-se da situação subjetiva ou do poder-dever que obriga o sujeito a comportamentos que atinjam os melhores resultados possíveis em prol do interesse que lhe foi confiado. À frente em sua obra, Giannini aborda a função de uma perspectiva objetiva, correspondendo a uma "atividade globalmente relevante, no sentido de que têm relevância jurídica não apenas os atos que a compõem, mas principalmente o conjunto desses atos, enquanto orientado a uma finalidade" (HADDAD, 2013, p. 69).

Origem distinta tem o emprego da locução "função social" associada a institutos jurídicos (função social do contrato, função social da propriedade etc.), que não se relaciona precisamente à ideia original de "função" tal qual surgida na linguagem jurídica. Na verdade,

---

[172] Esse sentido é muito semelhante ao exposto por Sundfeld: "Função, para o Direito, é o poder de agir, cujo exercício traduz verdadeiro *dever jurídico*, e que só se legitima quando dirigido ao atingimento da específica *finalidade* que gerou sua atribuição ao agente" (2009, p. 163).

[173] Haddad (2013) se referencia, nesse ponto, na seguinte obra de M. S. Giannini: *Diritto amministrativo*. 3. ed. Milano, Giuffrè, 1993, v. 1 e v. 2 (v. 1, p. 129 e ss.; v. 2 p. 7-13).

esse uso da locução tem sua matriz situada no campo da sociologia,[174] especialmente, na filosofia política positivista[175] (PINTO, 2005, p. 164).

Considerando as obras seminais dos chamados pais fundadores da sociologia, a ideia de função social é mais marcante no pensamento de August Comte[176] e no de Emile Durkheim,[177] ainda que também apareça em textos de Marx e Weber (HADDAD, 2013, p. 87-88). A influência de Comte e Durkheim sobre a produção jurídica é bem ilustrada, entre outras, pela obra de León Duguit, um dos primeiros juristas a tratar com profundidade da função social da propriedade[178] (ou da propriedade-função social).

---

[174] Embora não tratem da ideia de função social da propriedade, a semente da ideia por trás do conceito pode ser observada já na obra de teóricos do Estado de viés contratualista, como Locke e Rousseau, mesmo que ainda distantes da formulação do conceito tal qual concebido por Duguit ou mesmo pelos autores do campo da sociologia, como Saint-Simon, Comte e Durkheim. Veja-se, por exemplo, trecho d'*O Contrato Social* de Rousseau: "Em geral, são necessárias as seguintes condições para autorizar o direito de primeiro ocupante a qualquer terreno: primeiro, que esse terreno não esteja ainda habitado por ninguém; segundo, que dele se ocupe a porção de que se tem necessidade para subsistir; terceiro, *que dele se tome posse não por uma cerimônia vã, mas pelo trabalho e pela cultura, únicos sinais de propriedade que devem ser respeitados pelos outros, na ausência de títulos jurídicos*" (1996, p. 27-28, grifo meu). Ideia semelhante é formulada por Locke (1994, p. 100-101, grifo meu) na seguinte passagem de *Segundo tratado sobre o governo civil*: "*A superfície da terra que um homem trabalha, planta, melhor, cultiva e da qual pode utilizar os produtos, pode ser considerada sua propriedade*. Não bastará prova a nulidade de seu direito, dizer que todos os outros podem fazer valer um título igual, e que, em consequência disso, ele não pode se apropriar de nada, nada cercar, sem o consentimento do conjunto de seus coproprietários, ou seja, de toda a humanidade".

[175] Vale mencionar a ressalva de Victor Carvalho Pinto: "A expressão 'função social da propriedade' também foi empregada pela Doutrina Social da Igreja, com significado completamente distinto. A Doutrina Social associa a função social da propriedade à ideia de caridade, ou seja, distribuição voluntária da riqueza dos ricos para os pobres. Tal noção exerceu grande influência na política e no direito, mas não teve impacto no direito urbanístico" (2005, p. 164, NR 1).

[176] Conforme Pinto: "A doutrina da função social da propriedade [iniciada por Saint-Simon] alcançou sua maturidade na obra de Augusto Comte, que fora secretário de Saint-Simon, a partir da qual obteve ampla aceitação. A doutrina social da propriedade está presente em várias de suas obras. Sua exposição mais completa está no primeiro tomo do *Système de Politique Positive*, de 1824 [...]" (2005, p. 169).

[177] É o que ilustra a obra *Da Divisão do Trabalho Social* (1999), em que Durkheim nomeia o primeiro capítulo como "Função da Divisão do Trabalho", empregando função como a relação de correspondência que existe entre os movimentos de um sistema e um corpo social (1999, p. 13).

[178] A associação da locução "função social" a institutos jurídicos já havia sido antes proposta por Karl Renner em sua obra *Die soziale Funktion der Rechtsinstitute* de 1904. O autor propõe uma análise funcional do Direito, em contraposição à perspectiva estrutural (cf. COMPARATO, 1986, p. 71-79). Conforme sintetiza Haddad, para Renner, função social corresponde "ao conjunto dos efeitos sociais e econômicos gerados pela utilização e aplicação do instituto jurídico sobre a sociedade como um todo" (2013, p. 80-81). Silva (2012, p. 74) nota que Renner foi responsável por mostrar que a propriedade sempre teve uma função social, passando por um processo de constante modificação das mudanças na relação de produção (em alusão à obra *Gli Istituti del Diritto Privatto e La Loro Funzione Sociale*).

Essa influência perpassa boa parte da obra do autor (MALDANER; AZEVEDO, 2015), mas faz-se referência aqui especificamente à publicação *Transformations générales du Droit prive depuis le Code Napoléon* (1912), que compilou a série de conferências proferidas por Duguit em 1911, na cidade de Buenos Aires, tendo a sexta dessas conferências recebido o título de *La Propriété Fonction Sociale*. Nessa conferência, o autor faz menção literal à reflexão de Comte segundo a qual "todo cidadão de alguma forma constitui realmente um funcionário público, cujas atribuições mais ou menos definidas determinam ao mesmo tempo suas obrigações e suas pretensões"[179] (DUGUIT, 1912, p. 159). A ideia, endossada na segunda conferência sobre a concepção de liberdade, é a de que todo indivíduo que vive em sociedade tem certa função a cumprir, certa necessidade a executar (1912, p. 24).

Também nas conferências, Duguit utiliza por repetidas vezes o conceito de solidariedade social de Durkheim, de quem fora colega na Universidade de Bordeux (1912, p. 26) e cuja formulação desse conceito julgava definitiva.[180] A influência de Durkheim é patente quando o autor sugere que, à época, o indivíduo havia deixado de ser um fim, passando a ser um meio, um mecanismo da engrenagem, do corpo social (1912, p. 157). Para ele, a solidariedade pela divisão do trabalho tornou-se elemento fundamental da coesão social nas sociedades modernas mais civilizadas (1912, p. 28).

O peso da sociologia na formulação de Duguit vai além disso. O jurista se contrapunha à ideia de direito natural, metafísico, defendendo o realismo como método (1912, p. 176). Segundo sua construção, o direito seria objetivo, emanado da interdependência social, de modo que a teoria jurídica deveria ter como premissa a observação das mudanças sociais (1912, p. 176). A partir da percepção da realidade, o publicista francês refutava a premissa de igualdade absoluta entre os homens, reconhecendo que os indivíduos são diferentes entre si e submetidos a diversas desigualdades. Nesse sentido, a incorporação de conceitos da sociologia à doutrina de Duguit não se deve ao acaso, mas a um pressuposto estrutural de sua linha de pensamento.

---

[179] Tradução livre do autor par ao seguinte trecho da obra de Comte: "[...] *chaque citoyen quelconque constitue réellement um fonctionnaire public, dont les attributions plus ou moins définies déterminent à la fos lês obligations et les pretentions*", trecho da obra de Comte *Système de politique positive*, édit 1892, I, p. 156 (cf. DUGUIT, 1912, p. 159).
[180] Conforme Maldaner e Azevedo (2015, p. 405), Duguit afirmou, em seu *Manuel de droit constitutionnel* (1918, p. 10), que o estudo de Durkheim sobre a solidariedade social na obra *Da Divisão do Trabalho* não mereceria reparos.

A partir dessa visão, na sexta conferência, Duguit critica duramente a concepção civilista de direitos individuais definitivos e, especialmente, a ideia de um direito subjetivo de propriedade, absoluto e exclusivo, que conferiria ao titular a faculdade de exercê-lo ou não segundo a autonomia da vontade (1912, p. 153). Em oposição, sustenta que:

> Nas sociedades modernas, onde a consciência clara e profunda de interdependência social se tornou dominante, assim como a liberdade é o dever para o indivíduo empregar sua atividade física, intelectual e moral para o desenvolvimento dessa interdependência, a propriedade é para todo detentor de uma riqueza o dever, a obrigação de ordem objetiva, de empregar a riqueza que detém para preservar e aumentar a interdependência social. (1912, p. 157-158)[181]

Nesses termos, apontando uma alternativa à visão liberal, a noção de função social da propriedade aparece como um dos conceitos precursores que embasam o "Estado Social", caracterizado por François Ewald como "tipo de Estado que não se configura nem segundo o modelo liberal nem como transição para um futuro Estado socialista,[182] baseado em medidas de abrandamento da injustiça e dureza do Estado liberal, mas como uma nova entidade positiva" (BUCCI, 2018, p. 51). Trata-se, assim, de um dos fundamentos de uma racionalidade jurídica então emergente, que serve a um processo de socialização "em que a sociedade atua nas relações entre os indivíduos, desempenhando papéis de regulação, mediação ou redistribuição" (BUCCI, 2018, p. 52).

O princípio da função social da propriedade foi positivado pela primeira vez na Constituição Alemã de 1919 (Constituição de Weimar),[183] em seu art. 153: "A propriedade é garantida pela Constituição. Seu conteúdo e seus limites resultam das disposições legais [...].

---

[181] Tradução livre do autor para o seguinte trecho original: *"Dans les sociétés modernes, où la conscience nette et profonde de l'interdépendance sociale est devenue domonante, de même que la libere est le devoir pour l'individu d'employer son activité physique, intellectuelle et morale au dévelopment de cette interdépendance, de même La propriété est pout tout détenteur d'une richese le devoir, l'obligation d'odre objetif, d'employer La richesse qu'il détient à maintenir et à accroître l'interdépendance sociale."*

[182] Fica evidente que não se trata de transição para um Estado socialista quando Duguit assevera: *"Je ne dis pás, je n'ai jamais dit, jê n'ai jamais écrit que la situation économique qu'est la propriété individuelle disparaisse, doive disparaître. Je dis seulement que la notion juridique sur laquelle repose sa protection sociale se modifie"* (1912, p. 160).

[183] Conforme Comparato, "O Estado da democracia social, cujas linhas-mestras já haviam sido traçadas pela Constituição mexicana de 1917, adquiriu na Alemanha de 1919 uma estrutura mais elaborada, que veio a ser retomada em vários países após o trágico interregno nazi-fascista e a 2ª Guerra Mundial" (1999, p. 184).

A propriedade obriga. Seu uso deve, ademais, servir ao bem comum" (COMPARATO, 1999, p. 189). O texto combina à garantia e à proteção, a imposição do dever, da obrigação de usar a propriedade de modo a servir ao bem comum.

Em linha com essa disposição, como apontou Fabio Konder Comparato, função social não se confunde com as restrições ao uso e gozo dos bens próprios (limites negativos aos direitos do proprietário), significando "o poder de dar ao objeto da propriedade destino determinado, de vinculá-lo a certo objetivo" (1986, p. 75). Na mesma toada, acrescenta que "o adjetivo *social* mostra que esse objetivo corresponde ao interesse coletivo e não ao interesse do próprio *dominus*" (1986, p. 75).

Contudo, essa definição, retomada no subtópico seguinte, contrasta com a interpretação que os próprios juristas alemães extraíram do art. 153 da Constituição de Weimar. Como mostra Comparato (1986, p. 75-76), a doutrina germânica esvaziou, em parte, a disposição, negando-lhe eficácia imediata e relativizando a vinculação dos particulares ao seu significado. Longe de retirar a importância da previsão constitucional, esse esvaziamento indica que se trata de conceito cujo conteúdo está em permanente disputa.

Sundfeld anota que o princípio da função social da propriedade representa "um compromisso entre a ordem liberal e a ordem socializante, de maneira a incorporar à primeira certos ingredientes da segunda" (1987, p. 2). As inúmeras controvérsias jurídicas em torno de sua aplicação sugerem que talvez o princípio possa ser mais bem descrito pela ideia de incorporação do conflito político pelo direito, e não exatamente de um compromisso.

A partir da positivação do conceito, o conflito se desloca e passa a ser travado no plano jurídico, sem perder seu caráter eminentemente político. O próprio Sundfeld alude a esse conflito quando, na mesma obra, argumenta que "[...] a abrangência — sobretudo no universo legislativo — do reflexo do princípio da função social será determinada pelo estágio de exigência da própria sociedade (e este varia no tempo e no espaço) [...]" (1987, p. 2). Como se passa a abordar, o conflito em torno da positivação e significado do princípio da função social da propriedade também se mostra intenso no direito brasileiro.

4.1.2 Função social da propriedade no Brasil e aplicabilidade aos bens públicos

Antes de abordar como o princípio da função social da propriedade é entendido e tratado no ordenamento vigente, vale pincelar alguns elementos pertinentes sobre sua trajetória na história das constituições brasileiras.

A Constituição de 1824, outorgada pelo Imperador Dom Pedro I, estabelecia, no inciso XXII de seu art. 179, a garantia do direito de propriedade em toda a sua plenitude. Dispunha que *"se o bem publico legalmente verificado exigir o uso, e emprego da Propriedade do Cidadão, será elle préviamente imdemnisado do valor della"*.

A primeira Constituição da República, de 1891, trazia no art. 72, que inaugurava a seção da Declaração de Direitos, a inviolabilidade dos direitos concernentes à propriedade. O parágrafo 17, na linha da Constituição do Império, asseverava que "o direito de propriedade mantém-se em toda a sua plenitude, salva a desapropriação por necessidade ou utilidade pública, mediante indenização prévia".

A Constituição de 1934, ainda que sem mencionar expressamente o princípio da função social da propriedade, é a primeira a conformar esse direito de modo a restringir seu exercício. O art. 113, que abria o capítulo atinente à Declaração de Direitos e Garantias Individuais,[184] previu em seu item 17:

> É garantido o direito de propriedade, que não poderá ser exercido contra o interesse social ou coletivo, na forma que a lei determinar. A desapropriação por necessidade ou utilidade pública far-se-á nos termos da lei, mediante prévia e justa indenização. Em caso de perigo iminente, como guerra ou comoção intestina, poderão as autoridades competentes usar da propriedade particular até onde o bem público o exija, ressalvado o direito à indenização ulterior.

A reconstituição feita por Maldaner e Azevedo (2015, p. 422 e ss.) ilustra os debates em torno dessa previsão. O Relator Geral do Anteprojeto Constitucional, Deputado João Mangabeira, já havia defendido em artigo de jornal de 1930 a formulação de Duguit sobre a função social da propriedade e, nas discussões da Assembleia Constituinte de 1933-1934, criticou o Substitutivo apresentado. Para ele, o texto incorria em erro de técnica por retirar a menção expressa ao princípio da função social da propriedade e deslocar o tratamento da propriedade da sessão relativa à "Ordem Social" para a sessão da "Declaração de Direitos e Deveres":

---

[184] Em relação à localização da disposição sobre direito de propriedade, a Constituição de 1934 seguiu as anteriores, incluindo-a logo no início das partes reservadas aos direitos e garantias individuais.

Em lugar do Art. 114, §1º do Anteprojeto ('é garantido o direito de propriedade com o conteúdo e os limites que a lei determinar. A propriedade tem, antes de tudo, uma função social, e não poderá ser exercida contra o interesse coletivo'), foi inserido na 'Declaração de Direito e Deveres' o seguinte texto: 'É garantido o direito de propriedade, que não poderá ser exercido contra o interesse social', eliminando a expressão 'função social' do texto constitucional. (MALDANER; AZEVEDO, 2015, p. 424)

A crítica foi rebatida pelo então Deputado Marques dos Reis, responsável por relatar a "Declaração de Direitos e Deveres" do Substitutivo, que defendia a propriedade como direito individual cuja limitação não o descaracterizaria como tal, tampouco enfraqueceria sua proteção (MALDANER; AZEVEDO, 2015, p. 424). Para o Deputado, que apontava a imprecisão do termo "função social" e fazia interpretação distinta da doutrina de Duguit em relação ao colega João Mangabeira, o conteúdo nuclear do direito de propriedade deveria ser preservado, proibindo-se apenas seu abuso contra o interesse coletivo.

Longe de esgotar os entraves da Constituinte sobre esse ponto, a menção a tal debate mostra que, assim como na Alemanha sob a Constituição de Weimar, as discordâncias sobre o alcance do princípio da função social da propriedade também se fizeram presentes no Brasil, antes mesmo de sua positivação.

A decisão sobre situar o tratamento do direito de propriedade na Declaração de Direitos repercutiu sobre as constituições posteriores. A Carta de 1937 previu o direito de propriedade no primeiro artigo da declaração de direitos e suprimiu qualquer menção a interesse social ou coletivo, limitando-se a prever que "seu conteúdo e os seus limites serão os definidos nas leis que lhe regularem o exercício" (art. 122, item 14[185]).

A Constituição de 1946, por sua vez, manteve a previsão do direito de propriedade na Declaração de Direitos (art. 141), mas trouxe duas inovações. O §16 do mesmo art. 141 previu, pela primeira vez, a possibilidade de desapropriação por interesse social, mediante prévia e justa indenização em dinheiro, ressalvada exceção prevista do art. 147. Já o art. 147, situado na sessão da "Da Ordem Social", assim estabeleceu: *"O uso da propriedade será condicionado ao bem-estar social. A lei poderá, com observância do disposto no art. 141, §16, promover a justa distribuição da propriedade, com igual oportunidade para todos"*. O §1º possibilitava a

---

[185] Essa previsão chegou a ser suspensa pelo Decreto nº 10.358 de 1942, que decretou o estado de guerra em todo o território nacional.

desapropriação de imóvel rural mediante pagamento de indenização em títulos especiais da dívida pública. Tal Constituição foi, portanto, a primeira a expressamente prever a possibilidade de desapropriação por interesse social, a qual, em caso de propriedade utilizada em prejuízo do bem-estar social, independia de indenização em dinheiro.

Finalmente, o princípio da função social da propriedade, que já constava do Estatuto da Terra de 1964, aparece explicitamente pela primeira vez na Constituição de 1967. Na parte da Declaração de Direitos, o art. 150, *caput* e §22, repetiu a fórmula da Constituição de 1946. Contudo, o art. 157, que inaugura o Título "Da Ordem Econômica e Social" enumerando os princípios da ordem econômica, previu de modo expresso o princípio da função social da propriedade (inciso III). A Emenda nº 1 de 1969 manteve, nesse ponto, o disposto pela Constituição de 1967, em seu art. 160, III.

Feito esse breve resumo histórico, cabe apresentar o tratamento do princípio da função social da propriedade no ordenamento jurídico atual e, em seguida, dar enfoque à sua aplicabilidade aos bens públicos.

Na CF/1988, o princípio da função social da propriedade aparece em diversas passagens. Logo no art. 5º, que traz a declaração de direitos individuais e cujo *caput* garante a inviolabilidade da propriedade, tem-se no inciso XXIII a previsão de que "a propriedade atenderá a sua função social". À frente, no Título VII, denominado "Da Ordem Econômica e Financeira", o art. 170 aduz que "a ordem econômica, fundada na valorização do trabalho humano e na livre iniciativa, tem por fim assegurar a todos existência digna, conforme os ditames da justiça social", observados, entre outros, os princípios da propriedade privada (inciso II) e da função social da propriedade (inciso III).

Ainda sob esse título, o Capítulo II, que trata da política urbana, o art. 182, §2º, dispõe que "a propriedade cumpre sua função social quando atende às exigências fundamentais de ordenação da cidade expressas no plano diretor".[186] Na sequência, o art. 184, que inaugura o Capítulo sobre política agrícola e reforma agrária, estabelece a competência da União para "desapropriar por interesse social, para fins da reforma agrária, o imóvel rural que não esteja cumprindo sua função social, mediante prévia e justa indenização em títulos da dívida agrária", sendo que o art. 186 define os requisitos para aferir o cumprimento da função social da propriedade rural. O art. 185, por fim, prevê que "a lei garantirá tratamento especial à propriedade produtiva", fixando os requisitos relativos ao cumprimento de sua função social.

---

[186] Tal disposição é trabalhada com mais atenção no próximo subtópico.

Embora não caiba aqui analisar cada uma dessas disposições, é importante buscar extrair, na medida do possível, o significado geral da positivação do princípio da função social da propriedade na ordem constitucional vigente no país.

Conforme José Afonso da Silva, ao estabelecer que a ordem econômica está fundada no princípio da função social da propriedade, "a Constituição não estava simplesmente ordenando fundamento às limitações, obrigações e ônus relativamente à propriedade privada, mas adotando um princípio de transformação da propriedade capitalista, sem socializá-la" (2012, p. 74). Tal princípio, segundo o autor, condiciona a propriedade como um todo, incidindo sobre diversos aspectos do exercício do direito de propriedade, e não apenas sobre o uso. Silva expõe ainda o pensamento de Escribano Collado (1979, p. 118-123), para quem a função social internaliza no direito de propriedade interesses alheios ao do proprietário, que podem não coincidir com estes, constituindo princípio ordenador da propriedade privada e, ao mesmo tempo, fundamento desse direito. A conclusão do autor sobre as consequências dessa concepção é digna de transcrição:

> Com essa concepção é que o intérprete tem que entender as normas constitucionais que fundamentam o regime jurídico da propriedade: a garantia enquanto atende à sua função social [...]. Enfim, a função social manifesta-se na própria configuração estrutural do direito de propriedade, pondo-se concretamente como elemento qualificante na predeterminação dos modos de aquisição, gozo e utilização dos bens. Por isso é que se conclui que o direito de propriedade não pode mais ser tido como um direito individual. A isenção do princípio da função social, sem impedir a existência da instituição, modifica sua natureza. (SILVA, 2012, p. 74-75)

Na mesma direção, Sundfeld esclarece que "o princípio da função social não é fundamento das clássicas limitações administrativas à propriedade (Poder de Polícia)" (1987, p. 7), sob pena de não se vislumbrar, a partir de sua positivação, qualquer inovação jurídica prática em relação aos moldes do Estado Liberal.[187] Conforme o autor, "o princípio da função social é um novo instrumento que, conjugado aos normalmente admitidos (as limitações, as desapropriações, as

---

[187] Trata-se de visão convergente àquela exposta por Comparato (1986), apresentada no subtópico acima, segundo a qual a função social da propriedade representa um poder-dever positivo, exercido no interesse da coletividade e inconfundível com restrições tradicionais ao uso do bem.

servidões etc.), possibilitam a obtenção de uma ordem econômica e social que realize o desenvolvimento com justiça social" (1987, p. 8).

Sundfeld explica ainda que, diferentemente das obrigações de fazer impostas como condição ao exercício do direito de propriedade (como a instalação de extintor ou a aprovação de planta), o princípio da função social implica obrigação do proprietário em exercer seu direito em prol de interesse social (1987, p. 11). Em síntese, o autor conclui que:

> a) o princípio da função social não autoriza a supressão da propriedade privada; b) a utilização da propriedade na realização de interesses sociais merece proteção do Direito, mesmo contra o proprietário; c) o princípio da função social é fundamento para a imposição do dever de utilizar a propriedade; d) a função social é um dos fundamentos de legitimação da propriedade. (1987, p. 13)

A compreensão sobre o conteúdo da função social da propriedade pode ser adensada, ainda, a partir da formulação de Celso Antônio Bandeira de Mello:

> Função social da propriedade é tomada como necessidade de que o uso da propriedade responda a uma plena utilização, otimizando-se ou tendendo a otimizar os recursos disponíveis em mãos do proprietário ou, então, impondo-se que as propriedades em geral não possam ser usadas, gozadas e suscetíveis de disposição, em contradita com estes mesmo propósitos de proveito coletivo. (1987, p. 43)

O autor defende, porém, que a propriedade não passou a ser função social (como propunha Duguit), mantendo-se no ordenamento como direito cujo exercício deve cumprir uma função social. Com isso, a propriedade que não cumpre a função social não perde completamente sua proteção jurídica, ainda que possa vê-la atenuada:

> Deveras, a entender-se que o protegido é a propriedade função-social, ter-se-ia, consequentemente, que concluir ausente a proteção jurídica a ou às propriedades que não estivessem cumprindo função social. Estas, pois, deveriam ser suscetíveis de serem perdidas, sem qualquer indenização, toda e cada vez que fosse demonstrável seu desajuste à função que deveriam preencher.
> [...] existe proteção também para a propriedade que contrarie a função social, conquanto tal proteção seja menos completa [...]. (1987, p. 41)

Delineados esses aspectos gerais acerca do conteúdo do princípio em questão no ordenamento jurídico vigente, cumpre tratar de sua aplicabilidade aos bens públicos, retomando tema já tangenciado no Capítulo 3. Ainda que, aparentemente, não sejam numerosos, há autores que entendem que o princípio da função social da propriedade não se aplica aos bens públicos, a exemplo de Nilma de Castro Abe (2008), ou não se aplicaria a todos os tipos de bens públicos, como é o caso de Lopez y Lopez.[188] Em sentido contrário, há autores que naturalizam essa aplicação, como Comparato (1999, p. 79) e Sundfeld (1987, p. 2),[189] ou que defendem em maior detalhe a incidência de tal princípio aos bens públicos, como Di Pietro (2006), Marques Neto (2008, p. 491-495), Gustavo Lomeu (2016) e Sílvio Luís Ferreira da Rocha (2005), esse último em tese de livre-docência sobre o tema.

Em síntese, Abe (2008, p. 150) defende que inaplicabilidade do princípio à propriedade pública decorre dos seguintes motivos: i) "inexistência de um regime jurídico unívoco de propriedade pública, equivalente ao da propriedade privada, tendo em vista a diversidade de categorias de bens públicos, com regimes jurídicos diversos"; ii) impossibilidade do uso exclusivo pelo titular da propriedade pública, já que uma parte dos bens públicos são de uso direto (uso comum) ou indireto (uso especial) da coletividade; iii) distinção entre o titular do bem, seu administrador e seu beneficiário, de modo que as sanções jurídicas previstas no ordenamento pelo descumprimento da função social seriam inaplicáveis aos entes públicos; iv) impossibilidade de se retirar do campo do Direito Público a disciplina dos vínculos jurídicos existentes entre o Estado e as diversas categorias de bens, inclusive quanto à forma de sancionamento de ilícitos na gestão pública dominial; v) indisponibilidade dos interesses postos na esfera de cada ente público (União, Estados, Municípios e DF); vi) vigência plena do caráter funcional da atividade estatal, que afasta qualquer possibilidade de se falar em autonomia privada quanto aos bens públicos; vii) vinculação do Poder Público ao cumprimento dos diversos deveres de gestão de seus bens, decorrentes de normas constitucionais e normas infraconstitucionais que não encontram fundamento direto ou indireto na função social da propriedade.

---

[188] Faz-se referência aqui à seguinte obra analisada por Rocha (2005): LOPEZ Y LOPEZ, Angel M. *La disciplina constitucional de la propiedad privada*. Madri: Tecnos, 1988. p. 82-85.
[189] Para Sundfeld, o reflexo do princípio da função social da propriedade "há de se fazer sentir sobre toda ordenação econômica do país, já que feito princípio fundamental dela, e, assim, sobre as múltiplas propriedades conhecidas: a pública, a privada, a dos bens de consumo, a dos bens de produção, a agrícola, a industrial, a urbana, a rural, a das marcas de indústria e comércio, a literária, a artística, a científica" (1987, p. 2).

Assim, a autora defende que os deveres do Estado atinentes à administração de seus bens não decorrem da incidência do princípio da função social, mas "do próprio regime de Direito Público, inerente ao exercício da função administrativa" (2008, p. 149). Em termos práticos, entende que, por esse fundamento, o Estado "está obrigado a afetar diretamente e prioritariamente os usos que atendem ao interesse público primário" (interesses da coletividade) e "apenas subsidiariamente poderia atender ao interesse público secundário, por exemplo, exploração econômica de um imóvel" (2008, p. 150-151). Em relação aos bens dominiais, entende que "são bens sem afetação porque a Administração Pública não cumpriu na atividade administrativa concreta os ditames constitucionais e não por ausência ou inexistência de usos públicos que atendam ao interesse da coletividade" (2008, p. 151).

Entende-se que a visão da autora não procede, sendo que o percurso de sua argumentação incorre em alguns equívocos, incluindo o de incompreensão sobre o conceito de função social da propriedade. Para ficar no essencial, discorda-se da premissa implicitamente adotada pela autora, que parece metodologicamente incompatível à pergunta que buscou responder, pois não permitiria levar a resultado diverso. Trata-se da premissa de que a função social da propriedade é um conceito moldado às características da propriedade privada, o que lhe permitiu sustentar que as diferenças entre propriedade pública e propriedade privada afastariam a aplicação do princípio da função social aos bens públicos.

Associada ao problema da premissa, há uma confusão entre o princípio da função social da propriedade e o regime jurídico aplicável a cada tipo de propriedade. A autora parece presumir que os supostos desdobramentos da função social da propriedade na esfera pública corresponderiam aos efeitos da função pública, afastando-se do conceito da doutrina majoritária.[190] Nesse sentido, Abe confere ênfase à inoperância, no domínio público, dos instrumentos sancionatórios voltados a efetivar a função social da propriedade privada.

Essa última linha de argumentação também merece reparos. Em primeiro lugar, Rocha (2005, p. 128 e ss.) demonstra que, embora alguns instrumentos sejam aplicáveis apenas aos bens privados (como é o caso do IPTU progressivo, por força da imunidade tributária recíproca),

---

[190] Assim sustenta, por exemplo, Marques Neto: "Embora entendamos ser a função social indissociável da propriedade pública, *consideramos função social e função pública institutos jurídicos distintos, de forma que o exercício de uma função pública por meio do emprego de um bem público não atende aprioristicamente o primado da função social*" (2008, p. 109, NR 255).

outros igualmente voltados à garantia do princípio da função social — como a usucapião especial, a usucapião coletiva, a desapropriação-sanção[191] e a concessão do direito real de uso de imóvel público para fins de moradia[192] — são aplicáveis ao patrimônio público. Além disso, a análise da autora sobre os instrumentos sancionatórios não diz nada sobre o princípio da função social da propriedade em si, não soando justificável avaliar a possibilidade de aplicação do princípio à propriedade pública à luz de análise parcial dos institutos que o resguardam. A aplicação do princípio tem implicações diferentes no domínio público e no domínio privado, de modo que os instrumentos que garantem sua eficácia em cada domínio se adaptam a essas implicações. Nessa linha, esclarece Comparato:

> O abuso da não-utilização de bens produtivos, ou de sua má utilização, deveria ser sancionado mais adequadamente. Em se tratando de propriedade privada, pela expropriação não condicionada ao pagamento de indenização integral, ou até sem indenização. Cuidando-se de propriedade pública, por meio de remédio judicial de efeito mandamental, que imponha ao Poder Público o cumprimento dos deveres sociais inerentes ao domínio. (1999, p. 79)

Cabe ainda aludir às ressalvas de Lopez y Lopez à aplicação do princípio aos bens públicos. Conforme exposição de Rocha (2005, p. 121-124), tal autor também entende que a função social surgiu para compatibilizar a propriedade privada às exigências sociais. Assim, Lopez y Lopez admite sua aplicação apenas para os bens patrimoniais do Estado:

> *En la medida en que aquellos fines no resultan contradichos, cabe exigir de los entes públicos que acomoden la utilización de sus bienes de dominio privado a los parámetros de la función social. Esta exigencia será ineludible cuando, a través del ejercicio del derecho de propiedad de los bienes patrimoniales, el ente público desempeñe una actividad que vaya encaminada pura y exclusivamente a la obtención de rentas; no parece que en caso como éste, y todos aquellos en que el fin inmediato del ejercicio de la propiedad será idéntico al que tendría un particular, se pueda exonerar a los bienes patrimoniales de los deberes de la función social.* (1988, p. 85, apud ROCHA, 2005, p. 124)

---

[191] Sobre isso, ver: Andrade (2005).
[192] Conforme se nota da faculdade presumível a partir da leitura do art. 5º, I, da Medida Provisória nº 2.220/2001.

A visão do autor, intermediária em relação à aplicação do princípio da função social ao patrimônio público, também não merece prosperar. Ao menos, esse entendimento não encontra respaldo no ordenamento jurídico vigente no Brasil. Conforme o art. 170 da CF/1988, o princípio da função social da propriedade rege toda a ordem econômica do país. Seja por sua função normativa em relação ao uso da propriedade, seja pela condição de agente econômico detentor de bens, o Estado tem sua atividade vinculada por esse princípio e deve observá-lo na gestão de seu patrimônio. Tal princípio não é externo ao direito de propriedade, mas constitutivo de sua estrutura. Ocorre que, pela distinção das características e do regime jurídico aplicável à propriedade pública e à privada, os desdobramentos da incidência do princípio são distintos em cada esfera.

Se a diferença de desdobramentos não for observada, a função social da propriedade pública pode soar como redundância, tal qual observa Di Pietro (2006, p. 1). Marques Neto (2008, p. 491) explica que, no caso da propriedade pública, o pleno atendimento do princípio da função social implica que o emprego do respectivo bem corresponda à melhor utilidade possível. Assim, a finalidade pública que vincula os bens públicos não os imuniza do cumprimento do princípio da função social da propriedade (ROCHA, 2005, p. 127). O princípio impõe que a gestão desses bens harmonize os diversos interesses públicos, consagrando-os a uma finalidade pública e, sempre que possível, otimizando sua utilização a partir da combinação de usos, que beneficiem a coletividade e, quando couber, gerem receitas ao Estado (MARQUES NETO, p. 491-493).

A já trabalhada ideia da multiplicidade de usos dos bens públicos reforça a incongruência da posição de autores que, como Lopez y Lopez, entendem que a função social da propriedade se aplica apenas aos bens públicos dominiais. É o que explica Di Pietro ao tratar das implicações do princípio à gestão dos bens de uso comum e especial:

> Com relação aos bens de uso comum do povo e bens de uso especial, afetados, respectivamente, ao uso coletivo e ao uso da própria Administração, a função social exige que ao uso principal a que se destina o bem sejam acrescentados outros usos, sejam públicos ou privados, desde que não prejudiquem a finalidade a que o bem está afetado. (2006, p. 12)

***

Em resumo de tudo quanto exposto neste subtópico, conclui-se que o princípio constitucional da função social da propriedade, que rege a ordem econômica brasileira e incide sobre todos os bens do domínio eminente, não corresponde às limitações externas ao uso da propriedade, consubstanciando elemento estrutural da conformação do direito de propriedade, tanto a pública como a privada. Além disso, o princípio da função social da propriedade não se confunde com o regime jurídico dos bens, mas inspira sua formulação e norteia sua interpretação sistemática (SILVA, 2012, p. 76-77).

No caso do domínio público, o referido princípio traz implicações específicas, exigindo que a gestão de todos os bens públicos, independentemente de sua classificação, tenha como objetivo a racionalização, a ampliação e a otimização de seus usos (MARQUES NETO, 2008, p. 382). Essas implicações não alteram o fato de que o conteúdo que preenche o princípio da função social é objeto de constante disputa, política e jurídica, que modifica a abrangência e a intensidade de sua incidência.

4.1.3 Função social da propriedade urbana e o direito à cidade

Como indica o capítulo da CF/1988 reservado ao seu tratamento (arts. 182-183), a propriedade urbana possui um regime jurídico próprio. Antes de tratar desse regime à luz da aplicação do princípio da função social à propriedade urbana, é pertinente entender as peculiaridades da aplicação desse princípio à propriedade urbana e a sua trajetória conceitual no contexto brasileiro, ilustrando a disputa em torno de seu conteúdo.

Pedro Jimenez Cantisano (2018, p. 29) conta que, antes mesmo do célebre seminário de Duguit em Buenos Aires (1911), a ideia de função social da propriedade já havia aparecido com algum relevo na doutrina brasileira. Em artigo publicado em 1910, o então Ministro do Tribunal de Contas, Augusto Olympio Viveiros de Castro, que cinco anos depois seria nomeado Ministro do STF, aludiu à função social da propriedade[193] ao analisar o resultado do uso frequente de desapropriações no processo de reformas urbanas ocorridas na então capital do Brasil no início do século XX, na execução do chamado "Plano

---

[193] Cantisano (2018, p. 30) faz referência a um artigo sobre desapropriações por utilidade pública, publicado por Castro na *Revista de Direito Civil, Commercial e Criminal* em 1910.

Pereira Passos".[194] Cantisano narra que, para Viveiros de Castro, "seria absurdo que a propriedade preservasse sua forma mesmo quando se tornasse 'um elemento de anti-sociabilidade'", sendo a desapropriação o "resultado da impossibilidade de harmonizar a 'função social' da propriedade com sua 'forma individual' em um caso particular" (CANTISANO, 2018, p. 30).

Ainda conforme Cantisano (2018, p. 31-32), o princípio da função social da propriedade, tal qual utilizado na primeira metade do século XX no contexto das cidades, serviu para fundamentar reformas urbanas excludentes, que segregaram socialmente o território urbano, expulsando as camadas populares das regiões mais desenvolvidas da cidade, a partir de lógica aludida no Capítulo 1. À época, grupos mais vulneráveis, moradores de cortiços, estalagens e outras formas de habitação coletiva situadas no centro do Rio de Janeiro, organizavam-se para resistir valendo-se inusitadamente do direito de inviolabilidade do domicílio para se oporem ao ideal reformista de saneamento e embelezamento da cidade, que implicava sua exclusão do centro (CANTISANO, 2018, p. 32-34).

Vale especular o que teria ocorrido no período subsequente para que, algumas décadas depois, o mesmo princípio da função social fosse apropriado pelos movimentos sociais urbanos — em especial, o movimento de moradia — para reivindicar suas demandas.[195] A literatura sobre o tema indica que a ressignificação do princípio da função social da propriedade, ocorrida no processo de disputa por seu conteúdo, está vinculada à emergência do direito à cidade.[196] A ideia de direito à cidade também foi concebida fora do campo jurídico e, ao longo

---

[194] Sobre o contexto da época, vale citar comentário de Maricato, em alusão ao estudo de Flávio Villaça (VILLAÇA, F. *Uma contribuição para a história do planejamento urbano no Brasil*, 1999): "Segundo Villaça, entre 1875 e 1906, a elite brasileira tinha condições hegemônicas suficientes para debater abertamente (isto, evidentemente, entre os iguais) um plano de obras urbanas a ser implantado. Esses planos se referiam ao *melhoramento* e ao *embelezamento* das cidades. As elites tinham um projeto urbano. Muitos deles foram executados por diversos e sucessivos governos, o que seria impensável atualmente, quando cada governo busca sua 'marca' e ignora qualquer linha de continuidade, com exceção dos casos de eleição de sucessores indicados. Até mesmo nas décadas de 1930 e 1940, ainda é possível ver a implantação de planos de embelezamento, acompanhados da preocupação com a infra-estrutura urbana, em especial, circulação e saneamento. Como lembra Villaça, *foi à égide do embelezamento que nasceu o planejamento urbano brasileiro* (p. 193). [...] O plano Pereira Passos de 1903, para a cidade do Rio de Janeiro, foi cumprido à risca" (MARICATO, 2000, p. 137).

[195] Desde a década de 1960 já havia no Brasil movimentos sociais reivindicando uma reforma urbana.

[196] Nesse sentido, Saule Junior (1998 e 2007), Crawford (1990) e outros.

do tempo, lhe foram atribuídos múltiplos significados, assim como ocorreu com o princípio da função social da propriedade. Contudo, sua capacidade de vocalizar reivindicações distintas e convergentes parece não apenas ter conformado uma agenda razoavelmente coesa de transformação do meio urbano (TAVOLARI, 2016), como também preenchido o princípio da função social da propriedade urbana com um conteúdo mais perene e bem-acabado.

A formulação e defesa pioneiras do direito à cidade são atribuídas ao filósofo marxista Henri Lefebvre, por sua obra seminal *Le Droit à la Ville*, publicada em 1968. Nesse manifesto, o autor combinou considerações teóricas e proposições práticas para redefinir as formas, as funções e as estruturas da cidade, bem como suas necessidades sociais inerentes (2001, p. 105). A partir de um fundamento antropológico e de uma concepção dialética das necessidades sociais — que identifica binômios como segurança e abertura, certeza e aventura, unidade e diferença etc. —, Lefebvre reivindicou espaço para as demandas que não se satisfazem pelo consumo da produção e da cultura, sustentando que a criação da informação, do simbolismo, do lúdico e do imaginário dependem de lugares de encontro "onde a troca não seria tomada pelo valor de troca" (2001, p. 106).

Em vista de um horizonte declaradamente utópico, Lefebvre apresenta um programa político de reforma urbana, protagonizado pela classe operária, em que se resgatasse a cidade como ato e obra de um pensamento complexo (2001, p. 114). Para o filósofo, "o direito à cidade se afirma como um apelo, uma exigência", que se traduz no direito à vida urbana transformada e renovada (2001, p. 117-118). O "urbano" que deseja ver realizado, oposto ao meio rural, é "o lugar de encontro, prioridade do valor de uso, a inscrição de um tempo promovido à posição de supremo bem entre os bens", que pressupõe "uma teoria integral da cidade e da sociedade urbana que utilize recursos da ciência e da arte" (2001, p. 118).

Pouco tempo depois da publicação de Lefebvre, outros dois autores centrais para a trajetória conceitual do direito à cidade lançaram obras que, mesmo não travando um diálogo explícito com a primeira, marcaram o pensamento sobre cidades e a atuação de movimentos sociais urbanos: Manuel Castells, com *A questão urbana* (1972), e David Harvey, com *Social Justice and the City* (1973).[197] Em investigação sobre

---

[197] Segundo Tavolari (2016, p. 98), essa influência foi anotada por James Holston: HOLSTON, James *Cidadania insurgente*. Trad. por Claudio Carina. São Paulo: Companhia das Letras, 2013. p. 438.

a trajetória do conceito de direito à cidade, Bianca Tavolari (2016) parte da premissa da influência central desses três autores na concepção do direito à cidade e mostra como suas obras, em especial a de Lefebvre, foram combinadas e apropriadas — inclusive por autores brasileiros[198] — das mais diversas maneiras para reivindicar, sob a exigência do direito à cidade, não essa ou aquela, mas um conjunto de demandas associadas à democracia, cidadania e autonomia.

Nas etapas descritas pela autora, o conceito teria partido de um projeto revolucionário, passando por generalizações que culminaram num aparente vazio semântico, até se tornar, enfim, um denominador comum de diversas lutas sociais que, embora com focos distintos, convergem na exigência de um amplo e complexo direito à cidade. Conforme Tavolari (2016), essa condição de denominador comum, que tanto representa a pauta do movimento de moradia no plano do combate à miséria social, como sintetizam os movimentos pela abertura de espaços de convivência e por uma construção autêntica e livre de cidade em oposição à miséria urbana, foi possível justamente pela variedade de sentidos alcançada pelo direito à cidade, sem que isso implicasse seu efetivo esvaziamento conceitual.

A esses desdobramentos nos planos acadêmico e social soma-se a internacionalização do direito à cidade iniciada a partir da década de 1960, narrada por Nelson Saule Junior (2007, p. 30-37). Em 1976, a organização da primeira conferência da ONU-Habitat sobre assentamentos humanos (Habitat I) ofereceu alguns dos primeiros elementos para a busca da efetivação, pelos Estados nacionais, do que viria a configurar o direito à cidade. Na década de 1990, a Rio 1992 e a segunda conferência da ONU-Habitat (Habitat II, 1996)[199] avançaram na elaboração dos componentes sobre o direito à cidade e das condições adequadas à vida nos assentamentos humanos. Segundo Saule Junior (2007), "a caminhada teve continuidade no início deste século [XXI] com os debates e diálogos promovidos pelas redes e Fóruns Globais que tratam dos temas urbanos, em especial o Fórum Social Mundial e o Fórum

---

[198] A autora analisa a influência desses autores em obras de Maricato, Nabil Bonduki, Pedro Jacobi e outros.
[199] Conforme Maricato (2000, p. 131, NR 7), em alusão ao texto elaborado a partir da conferência: "A Agenda Habitat II constitui um texto pleno da defesa do direito à cidade para todos, contra a exclusão social urbana, mesmo levando em conta a forma vaga de seu texto. Ela foi assinada por todos os governos que tinham representação em Istambul (os que respeitam e os que não respeitam os direitos humanos) e foi aprovada também pelas organizações não-governamentais".

Urbano Mundial". No primeiro, algumas organizações adotaram como estratégia a elaboração da Carta Mundial do Direito à Cidade (2000).[200] Foi nesse contexto e sob a influência da emergência internacional do direito à cidade que, na Assembleia Nacional Constituinte de 1987, um grupo de movimentos sociais e entidades da sociedade civil apresentou emenda popular sobre a reforma urbana.[201] Sua proposta era incluir no texto constitucional:

> [...] um conjunto de princípios, regras e instrumentos destinados ao reconhecimento e à institucionalização de direitos para as pessoas que vivem nas cidades, atribuir a competência ao Poder Público, em especial, ao municipal, de aplicar instrumentos urbanísticos e jurídicos voltados a regular a propriedade urbana para ter uma função social, bem como para a promoção de políticas públicas voltadas à efetivação desse direito. (SAULE JUNIOR, 2007, p. 32)

Saule Junior (2007, p. 33-34) destaca entre os objetivos da emenda: assegurar os direitos fundamentais dos habitantes das cidades; estabelecer o regime da propriedade e do direito de construir subordinado à função social, de modo a garantir os direitos urbanos; efetivar o direito à cidade a partir de instrumentos eficazes; assegurar que a cidade atenda suas funções sociais; conferir ao município a competência e o dever de aplicar os instrumentos da política urbana à luz da realidade local; e estabelecer mecanismos de participação e gestão democrática. Vale transcrever o conteúdo completo da emenda:

> Art. 1º Todo cidadão tem direito a condições de vida urbana digna e justiça social, obrigando-se o Estado a assegurar:
> I – acesso à moradia, transporte público, saneamento, energia elétrica, iluminação pública, comunicações, educação, saúde, lazer e segurança, assim como a preservação do patrimônio ambiental e cultural.
> II – gestão democrática da cidade.
> Art. 2º O direito a condições de vida urbana digna condiciona o exercício do direito de propriedade ao interesse social no uso dos imóveis urbanos e o subordina ao princípio do estado de necessidade.

---

[200] Pode-se acrescentar ainda a realização da Habitat III em 2016, ocorrida em Quito.
[201] Conforme Saule Junior (2007, p. 32, NR 3), a proposta popular de emenda foi subscrita por 131 mil eleitores, tendo sido apresentada pelos seguintes movimentos: Articulação Nacional do Solo Urbano (ANSUR), Movimento de Defesa do Favelado (MDF), Federação Nacional dos Arquitetos (FNE), Coordenação Nacional dos Mutuários e Instituto dos Arquitetos do Brasil (IAB).

Sobre a proposta, anotou Ermínia Maricato:

> Mais do que planos diretores as entidades sociais (profissionais e de movimentos populares) que elaboraram a iniciativa de Reforma Urbana deram prioridade à conquista de instrumentos específicos garantidores da função social da propriedade. Buscava-se uma forma de superar o discurso de intenções e ineficaz, para ir direto aos objetivos centrais dessa promessa não realizada, àquilo que constituía o nó de toda a resistência à sua realização: o controle sobre a propriedade fundiária e imobiliária visando sua função social. A rejeição ao plano diretor significou ao caráter ideológico e dissimulador dos conflitos sociais urbanos. Além de ignorar a proposta de plano diretor, a 'iniciativa popular' destacou a 'gestão democrática das cidades', revelando o desejo de ver ações que fossem além dos planos. A inclusão da proposta de plano diretor obrigatório na Constituição de 1988 e a subordinação a ele da aplicação dos instrumentos previstos para fazer valer a função social da propriedade [...] constituem um verdadeiro aparato de protelação da aplicação da função social da propriedade privada. (2000, p. 17)

Embora o texto incorporado aos arts. 182 e 183 da CF/1988 tenha se distanciado de muito daquilo que os proponentes da emenda tinham em vista, a inclusão de um capítulo inédito sobre a política urbana na Constituição foi conquista resultante da atuação e pressão dos movimentos. A ideia de condicionar a propriedade ao interesse social não apenas está presente, como a formulação da previsão indica que o "interesse social", alusivo à função social da propriedade, foi preenchido pelo "direito a condições de vida urbana digna", expressão da demanda pelo direito à cidade. Assim, tanto a emenda proposta como aquilo que foi estabelecido, com perdas, na CF/1988 parecem confirmar a hipótese de que a apropriação do princípio da função social — mesma locução que outrora serviria para fundamentar reformas urbanas excludentes — e sua incorporação à pauta de reivindicações dos movimentos sociais urbanos estão intimamente ligadas à emergência do direito à cidade e sua influência sobre o sentido assumido pelo princípio em questão.

4.1.4 Função social da propriedade urbana no ordenamento brasileiro

Ainda que seu conteúdo e interpretação sigam em disputa, é possível apresentar, em linhas gerais, como o princípio da função social da propriedade é entendido à luz do ordenamento jurídico brasileiro atual. O tema da disciplina jurídica da propriedade urbana é altamente complexo e a esse respeito muito já foi escrito e debatido. A intenção neste subtópico não é a de acrescentar algo novo ao tema, mas tangenciar alguns aspectos centrais que contribuem à compreensão da função social das vias urbanas.

A CF/1988 constitui um marco para o direito urbanístico. Trata-se da primeira Constituição brasileira a afirmar sua existência, promulgando-o como disciplina jurídica própria, que configura matéria legislativa de competência concorrente da União, dos Estados e do DF (art. 24, I). No que tange à distribuição de atribuições executivas, a CF/1988 conferiu à União a competência para elaborar e executar planos nacionais e regionais de ordenação do território e de desenvolvimento econômico e social (art. 21, IX) e, de outro lado, aos Municípios a competência para promover o ordenamento territorial, mediante planejamento e controle do uso, do parcelamento e da ocupação do solo urbano (art. 30, VIII). Conforme esclarece Silva (2012, p. 57), essa competência atribuída aos Municípios não é suplementar, mas própria e exclusiva, não comportando interferência de outros entes.

A CF/1988 ainda assinalou, implicitamente, o papel do direito urbanístico: "servir à definição e implementação da 'política de desenvolvimento urbano', a qual tem por finalidade 'ordenar o pleno desenvolvimento das funções sociais da cidade e garantir o bem-estar de seus habitantes" (SUNDFELD, 2002, p. 48). Esse papel é evidenciado e conformado pelo art. 182, que inaugura e protagoniza o capítulo constitucional sobre política urbana:

> Art. 182. A política de desenvolvimento urbano, executada pelo Poder Público municipal, conforme diretrizes gerais fixadas em lei, em por objetivo ordenar o pleno desenvolvimento das funções sociais da cidade e garantir o bem-estar de seus habitantes.
> §1º O plano diretor, aprovado pela Câmara Municipal, obrigatório para cidades com mais de vinte mil habitantes, é o instrumento básico da política de desenvolvimento e de expansão urbana.
> §2º A propriedade urbana cumpre sua função social quando atende às exigências fundamentais de ordenação da cidade expressas no plano diretor.
> §3º As desapropriações de imóveis urbanos serão feitas com prévia e justa indenização em dinheiro.
> §4º É facultado ao Poder Público municipal, mediante lei específica para área incluída no plano diretor, exigir, nos termos da lei federal, do proprietário do solo urbano não edificado, subutilizado ou não utilizado, que promova seu adequado aproveitamento, sob pena, sucessivamente, de:

I – parcelamento ou edificação compulsórios;
II – imposto sobre a propriedade predial e territorial urbana progressivo no tempo;
III – desapropriação com pagamento mediante títulos da dívida pública de emissão previamente aprovada pelo Senado Federal, com prazo de resgate de até dez anos, em parcelas anuais, iguais e sucessivas, assegurados o valor real da indenização e os juros legais.

O artigo apresenta uma série de facetas e desdobramentos cuja análise contribui à compreensão sobre a aplicação do princípio da função social à propriedade urbana. Em síntese, se estabelece que a política de desenvolvimento urbano, executada pelos Municípios com a finalidade de garantir as funções sociais das cidades e o bem-estar dos cidadãos (*caput*), é baseada no planejamento e na ordenação do território urbano (§1º), que conforma a propriedade urbana ao estabelecer, para cada caso, os termos de cumprimento da função social da propriedade (§2º), sob pena da aplicação de sanções sucessivas (§4º e incisos). De certa forma, pode-se dizer que nasce daí um novo tipo de propriedade, a propriedade urbana ou urbanística (SUNDFELD, 2002, p. 49).

Interessante destacar a relação da cidade (todo) com a propriedade urbana (parte). A atribuição de funções à cidade remonta à Carta de Atenas, produzida em 1933 no IV Congresso Internacional de Arquitetura Moderna (CIAM). Trata-se de documento que marcou a história do urbanismo[202] e que, sob a influência de valores positivistas,[203] teve

---

[202] Conforme anotou Kanashiro (2004, p. 33): "Na história das cidades, as imagens de perfeição têm produzido paradigmas como resultado de um desejo utópico de ordenamento e organização do espaço. Um dos paradigmas que talvez tenha influência sem precedentes foi a Carta de Atenas de 1933, resultado do IV CIAM [...]. O documento preconizava a organização da cidade a partir de quatro funções básicas: trabalhar, habitar, circular e cultivar o corpo e o espírito, basicamente o gérmen da idéia da zonificação". Em relação à evolução dos CIAMs, Maricato (2000, p. 128, NR 3) esclarece que a Carta de Atenas foi formulada na segunda fase do movimento (1933-1947), em que se consolidou a visão funcionalista de cidade, sob a liderança de Le Corbusier.

[203] Conforme Pinto, a Carta de Atenas é um "manifesto redigido por Le Corbusier como resultado do IV Congresso Internacional de Arquitetura Moderna, realizado em 1933", cujo conteúdo mostra sua matriz positivista (2005, p. 175). O autor discorre como, sob essa visão da cidade racional, os problemas urbanos passaram a ser atribuídos à falta de planejamento. Apesar de abordar as diversas críticas recebidas por essa concepção de cidade, feitas a partir de diversos matizes e perspectivas — como ilustram as obras de Jacobs e Hayek —, o autor anota que "o modernismo teve o mérito de apresentar um conjunto de técnicas operacionais — como a hierarquização do sistema viário e o zoneamento — que funcionam razoavelmente e de difícil substituição" (2005, p. 181). Em sentido semelhante, Maricato (2000, p. 172-173) sustenta que: "A crítica não impede de enxergar que o planejamento modernista garantiu boa qualidade de vida a uma parte da população das cidades (que é exatamente aquela camada de rendas médias e altas [...]); mas é preciso reconhecer

como um dos grandes paradigmas a enumeração e o detalhamento do que se entendia por funções sociais da cidade: habitar, trabalhar, recrear e circular.

Ao longo do tempo, a compreensão sobre essas funções da cidade foi aprofundada e, como indica o texto constitucional, sua concretização passou a ter como premissa o cumprimento da função social da propriedade urbana, que consubstancia a parcela da cidade. *Grosso modo*, a ideia de fundo é que, para que o todo cumpra sua função, é preciso que, antes, as partes o façam, conformando-se a partir de uma lógica comum que considere, inclusive, suas particularidades. Segundo Saule Junior, o pleno desenvolvimento das funções da cidade "deve ser entendido como um interesse difuso dos seus habitantes de proteger e promover o direito à cidade", de modo que sua incorporação como baliza à política urbana "aponta para a construção de uma nova ética urbana, em que os valores da paz, justiça social, da solidariedade, da cidadania, dos direitos humanos predominem no desempenho das atividades e funções da cidade" (2007, p. 54-55).

Outro ponto de relevo sobre o art. 182 refere-se à instituição do plano diretor, instrumento básico da política urbana, configurado como um plano geral e global, de elaboração obrigatória para todos os Municípios com mais de vinte mil habitantes, com vistas a "sistematizar o desenvolvimento físico, econômico e social do território municipal" (SILVA, 2012, p. 138). Segundo José Afonso da Silva, o formato de plano pressupõe o estabelecimento de objetivos, dos prazos para seu cumprimento, das atividades a serem executadas e dos respectivos responsáveis, enquanto a qualificação "diretor" remete à fixação das diretrizes para o desenvolvimento urbano (2012, p. 138).

No caso específico desse plano, fica evidente a inaplicabilidade do disposto no art. 174 da CF/1988 em relação ao planejamento urbano — "determinante para o setor público e indicativo para o setor privado". O plano diretor não apenas vincula as propriedades privadas urbanas como seu conteúdo as conforma, oferecendo critérios objetivos de aferição do cumprimento de sua função social (SAULE JUNIOR, 1997, p. 55). Por isso, sua elaboração configura, na prática, um requisito

---

que a cidade oculta é um subproduto dele. Nada pode substituir o papel do Estado na garantia da equalização de oportunidades. Mas a experiência mostra também que há uma diversidade de atores na cena urbana e que, enquanto alguns aspectos não podem ser flexibilizados, outros podem e é até desejável que o sejam. Uma relação entre o conhecimento teórico e a realidade empírica do universo urbano, social e institucional brasileiro se impõe para definir técnicas, programas e instrumentos que possam constituir uma ação de resistência à exclusão".

essencial para que o Poder Público municipal possa executar a política, já que confere concretude ao princípio da função social da propriedade (art. 182, §2º, da CF/1988) e é parâmetro obrigatório para a aplicação de sanções pelo seu descumprimento (art. 182, §4º, da CF/1988).

A respeito da conformação da propriedade pelo direito urbanístico, Escribano Collado sustenta que "o direito do proprietário está submetido a um pressuposto de fato, a qualificação urbanística dos terrenos, cuja fixação é competência da Administração, de natureza variável, de acordo com as necessidades de desenvolvimento urbanístico das cidades [...]".[204] A partir disso, o autor sustenta que o caráter ordenador da função social da propriedade urbana não implica que o plano urbanístico — variável no tempo — transforme recorrentemente o direito de propriedade, mas apenas que coloque suas faculdades em estado de latência (1973, p. 458-459).

Também digna de nota a previsão, no §4º do art. 182, de instrumentos de sanção sucessivos a serem aplicados em face dos proprietários que não conferirem destinação adequada ao imóvel situado em área incluída no plano diretor, entendendo por inadequado o imóvel não edificado, subutilizado ou não utilizado. Esses instrumentos são: (i) o parcelamento ou edificação compulsórios; (ii) a aplicação do IPTU progressivo no tempo; e (iii) a "desapropriação-sanção", cuja indenização é paga com títulos da dívida pública.[205] Cabe tecer algumas considerações pertinentes sobre cada um deles.

A sanção prevista do inciso I indica que a utilização remete ao parcelamento, de modo que a subutilização aludida no parágrafo inclui, ao que tudo indica, ausência ou insuficiência de parcelamento ou edificação (PINTO, 2005, p. 197). A identificação da insuficiência de edificação, que torna o imóvel "inadequado", pressupõe a fixação de coeficientes mínimos de aproveitamento — o que é plenamente compatível com a fixação de coeficientes básicos e máximos, com a finalidade de proteger outros interesses públicos. Nesse caso, o parâmetro de verificação do cumprimento da função social da propriedade urbana não é o seu uso diretamente, mas aspectos atinentes ao aspecto físico do imóvel. Imóveis com áreas construídas em conformidade com

---

[204] Tradução livre do autor para o seguinte trecho original: "*el derecho del propietario está sometido a un presupuesto de hecho, la calificación urbanística de los terrenos, cuya fijación es competencia de la Administración, de naturaleza variable, de acuerdo con las necesidades del desarrollo urbanístico de las ciudades* [...]" (1973, p. 454).

[205] Conforme aponta Victor Carvalho Pinto, o referido §4º resultou da combinação de propostas semelhantes, apresentadas na Assembleia Constituinte por segmentos preocupados com o tema da especulação imobiliária.

a legislação, ainda que ociosos, não estariam descumprindo, por essa previsão específica, a função social da propriedade. Victor Carvalho Pinto sustenta que a aferição do cumprimento da função social em vista do uso efetivo da propriedade privada "não apenas enfrentaria dificuldades operacionais intransponíveis, mas inevitavelmente exigiria a violação da privacidade e da intimidade individual" (2005, p. 200). Esse ponto é retomado no tópico seguinte, em comparação à aferição do cumprimento da função das vias urbanas.

Já o IPTU progressivo no tempo, a sanção prevista no inciso II, remete ao art. 156, §1º, da CF/1988 e à controvérsia que, de tão judicializada,[206] levou o STF à edição da Súmula nº 668: "[é] inconstitucional a lei municipal que tenha estabelecido, antes da Emenda Constitucional nº 29/2000, alíquotas progressivas para o IPTU, salvo se destinada a assegurar o cumprimento da função social da propriedade urbana". Em sua redação original, anterior à referida emenda, o art. 156, §1º, previa que: "[o] imposto previsto no inciso I [IPTU] poderá ser progressivo, nos termos de lei municipal, de forma a assegurar o cumprimento da função social da propriedade".

O primeiro precedente a discutir profundamente a controvérsia e que, ao que tudo indica, pautou os julgados seguintes foi o Recurso Extraordinário nº 153.771-0/MG (RE). Entre outros temas, debateu-se nesse julgado se a previsão do IPTU progressivo no tempo do art. 182, §4º, II, seria a especificação da previsão do art. 156, §1º, ou se seriam hipóteses distintas, com requisitos jurídicos diferentes. Apesar da tecnicalidade do debate e de seu caráter iminentemente tributário, há como pano de fundo uma divergência sobre o alcance e as implicações do princípio da função social da propriedade. Abrem-se parênteses aqui para tratar de alguns aspectos desse julgado, que representa um conflito que se disseminou por diversos Municípios, escancarando a disputa política em torno da positivação e interpretação da legislação urbanística.

A ação teve origem em mandado de segurança impetrado por contribuinte contra lei do Município de Belo Horizonte que instituiu IPTU progressivo em função do valor venal do imóvel, de sua localização e da existência ou não de edificação, com fundamento

---

[206] A título ilustrativo dos muitos casos de judicialização, tem-se que dos 76 casos encontrados no campo de busca de jurisprudência do STF no dia 08.11.2018 a partir da busca com os parâmetros *"função social da propriedade"* não rural não agrária ao menos 57 aludiam a esse tema em suas ementas.

nos arts. 145, §1º,[207] e 156, §1º, da CF/1988. A divergência é ilustrada pelo embate entre o Ministro relator, Carlos Velloso, que sustentou posição unitária em favor da constitucionalidade da lei, e o Ministro Moreira Alves, que inaugurou em voto-vista a divergência seguida por todos os demais membros do STF. Apesar de a Corte ter se dividido, basicamente, entre duas posições, a fundamentação dos Ministros indica que a doutrina pode ser segmentada em três correntes sobre quais são as hipóteses em que a CF/1988 autorizava, naquele momento, a instituição do IPTU progressivo:

(i) Juristas que, como Elizabeth Carraza (citada no voto do Min. Carlos Velloso, p. 21), entendiam haver três hipóteses a fundamentar a instituição do IPTU progressivo pelo município: a) a progressividade fiscal, amparada na personalização do tributo e na capacidade contributiva, previstos no art. 145, §1º; b) a progressividade extrafiscal fundada na combinação entre o art. 156, §1º, e o artigo 182, §2º; e c) a progressividade extrafiscal temporal, tendo por base o instrumento sancionatório previsto no art. 182, §4º, II.

(ii) Juristas que, na posição intermediária sustentada pelo Min. Carlos Velloso, compreendiam que a progressividade do IPTU seria possível em duas hipóteses: a) progressividade fiscal, fundamentada na combinação do art. 145, §1º, com o 156, §1º, estabelecendo-se uma relação entre capacidade contributiva (aferida pelo valor ou localização do imóvel) e função social da propriedade a partir de ideal redistributivo; e b) progressividade extrafiscal, prevista no 182, §4º (progressivo no tempo).

(iii) Autores que, na linha dos demais Ministros, entendiam que a natureza real do IPTU (e não pessoal) impede a progressividade fiscal e impõe que a progressividade só possa ser aplicada em caráter extrafiscal, sendo que a única hipótese deriva da combinação do previsto no art. 156, §1º, com a especificação trazida pelo 182, §4º.

Por trás da discussão de natureza tributária, as fundamentações revelam concepções diferentes sobre a função social da propriedade. O Min. Velloso levantou — em seu voto e nos debates — preocupações

---

[207] Estabelece o dispositivo: "art. 145 [...]. §1º Sempre que possível, os impostos terão caráter pessoal e serão graduados segundo a capacidade econômica do contribuinte, facultado à administração tributária, especialmente para conferir efetividade a esses objetivos, identificar, respeitados os direitos individuais e nos termos da lei, o patrimônio, os rendimentos e as atividades econômicas do contribuinte".

relevantes sobre o tema para sustentar seu ponto de vista. Conforme sua digressão, a compreensão de que o art. 182, §4º, II, é mera especificação do art. 156, §1º, original implicaria reduzir a aplicação do IPTU progressivo, circunscrevendo-o à modalidade temporal e afastando, dessa forma, a aplicação da progressividade em função da localização ou do valor do imóvel; e admitir que "a função social dos imóveis urbanos construídos é irrelevante para a Constituição". O argumento aponta que a posição sustentada pelos demais Ministros significaria reduzir o cumprimento da função social da propriedade urbana ao dever de parcelamento ou edificação do imóvel. Relacionando-o à questão da limitação do instrumento, destaca-se a importância do IPTU progressivo para a efetivação da política urbana, suprindo especificidades não alcançáveis pelo parcelamento ou edificação compulsórios:

> O IPTU — Imposto Predial e Territorial Urbano — progressivo constitui, seguramente, o instrumento de arrecadação fiscal urbana mais importante previsto na Constituição de 1988. [...] Seu papel no auxílio à justiça urbana também não é nada desprezível. [...] mesmo sem a qualificação da progressividade, poderia constituir-se em alavanca de melhoria da receita municipal e expediente de justiça social, já que sua cobrança pode obedecer a alíquotas diferenciadas. (MARICATO, 2000, p. 175-176)

A posição majoritária liderada pelo Min. Moreira Alves não apenas deixou de endereçar adequadamente os argumentos do relator, como demonstrou preocupação específica em relação à configuração do princípio da função social da propriedade urbana: "se a Carta Magna não estabelecer os seus contornos [da função social da propriedade], caberá exclusivamente à lei federal fazê-lo, uma vez que se trata de precisar um conceito constitucional que obviamente não pode variar de município para município [...]" (p. 11-12 do voto). Adiante, seguindo sua explanação, fica implícita no voto do Ministro a premissa de uma concepção reduzida de função social da propriedade,[208] cujo descumprimento se dá apenas nas hipóteses de imóveis não edificados, subutilizados ou não utilizados:

> A interpretação sistemática da Constituição conduz inequivocamente à conclusão de que o IPTU com finalidade extrafiscal a que alude esse inciso II do §4º do artigo 182 é a explicitação especificada, inclusive com limitação temporal, do IPTU com finalidade extrafiscal aludido no

---

[208] Esse entendimento também é o de Vera Scarpinella Bueno (2002, p. 98-99).

artigo 156, I, §1º, *até porque não tem sentido que se admitam, no mesmo texto constitucional, com a finalidade extrafiscal de atender à mesma função social da propriedade,* um IPTU sem limitações que não as decorrentes da vontade de cada município e outro IPTU com as limitações expressamente estabelecidas pela Carta Magna, podendo um excluir o outro, ou ser instituídos cumulativamente. (p. 13 do voto)

A preocupação com o exercício da autonomia dos Municípios, acompanhada pela maioria dos Ministros, parece ignorar que o §2º do art. 182 estabelece que as exigências fundamentais de ordenação da cidade expressas no plano diretor, editado por cada Município, constituem o parâmetro fundamental de aferição do cumprimento da função social da propriedade urbana. Em linha com a posição de Escribano Collado (1973) exposta acima, isso não significa que cada Município formulará seu próprio conceito de função social da propriedade urbana, mas que, balizando-se pelo disposto na Constituição e na legislação federal sobre a conformação da propriedade, o ente municipal estabelecerá os critérios de aferição da observância desse princípio à luz do interesse e das particularidades locais. A aplicação dos critérios não altera o direito de propriedade, apenas coloca em estado de latência as faculdades de seu exercício a partir da conformação dada pelo plano. Parece razoável que o mesmo princípio da função social da propriedade tenha implicações diferentes, por exemplo, em um Município da região amazônica e no Município de Salvador, exigindo, sim, algum nível de autonomia municipal para que se garantam as funções sociais das cidades e o bem-estar de seus habitantes à luz das particularidades locais.

Além disso, na linha do que já havia apontado o Ministro-relator, mesmo que isso não esteja claro na Súmula nº 668 editada em 2003, a compreensão adotada pela maioria do STF, na prática, reduz o princípio da função social e retira sua incidência de imóveis edificados ociosos ou em desconformidade com a legislação urbanística. Fechando parênteses, pontua-se que, ao menos do ponto de vista do núcleo da controvérsia, a questão foi dirimida pela Emenda Constitucional nº 29 de 2000, que deu nova redação ao art. 156, §1º, estabelecendo que, sem prejuízo da progressividade no tempo a que se refere o art. 182, §4º, inciso II, o IPTU poderá ser progressivo em razão do valor do imóvel (inciso I) ou ter alíquotas diferentes de acordo com a localização e o uso do imóvel (inciso II).

Finalmente, em relação à desapropriação-sanção prevista no inciso III, a multiplicidade de requisitos para a aplicação levou José Afonso da Silva a afirmar que "embora seja um avanço, é de exequibilidade praticamente inalcançável" (2012, p. 75). A inferência do autor tem fundamento concreto, tendo em vista que, para além da dificuldade de esgotar os instrumentos anteriores conforme regulamentados, os Municípios estão sujeitos a uma série de vedações e limitações financeiras e orçamentárias que tornam o instrumento inaplicável.[209]

Cabe lembrar que a aplicação dos instrumentos previstos no §4º do art. 182 é condicionada aos termos da lei, remetendo-se à necessidade de regulamentação do dispositivo constitucional, que só veio mais de doze anos depois. Essa necessidade de regulamentação não deriva apenas da menção expressa. Há uma série de outros pontos deixados em aberto pelo art. 182 da CF/1988, bem como pelo art. 183, que estabelece os critérios da usucapião urbana[210] — encerrando o capítulo sobre política urbana.

Somada às lacunas pendentes de especificação legal, a previsão do art. 24, I, conferiu à União, aos Estados e ao DF competência para instituir diretrizes para o desenvolvimento urbano. É a esses chamados constitucionais que o Estatuto da Cidade (Lei Federal nº 10.257/2001) veio atender, pretendendo consolidar a atividade de ordenação do solo urbano e conferindo articulação e sistematização às previsões da CF/1988 (SUNDFELD, 2002, p. 52). Contudo, o histórico de tramitação desse diploma transcende as previsões constitucionais e, de novo, ilustra o conflito político envolvendo a legislação urbanística.

Conforme narra Mariana Moreira (2002), a primeira iniciativa que visou expressamente a estabelecer os contornos de uma política urbana para o país foi o Projeto de Lei nº 775/1983 — anterior, portanto, à CF/1988 —, que tinha por objetivo estabelecer as regras de ordenação do desenvolvimento urbano a partir de um conceito mais explícito de função social da propriedade do que previa a Constituição até então vigente:

---

[209] Logo na apresentação de estudo empírico promovido pela Secretaria de Assuntos Legislativos no Ministério da Justiça (2015, p. 45), a organizadora, Rosana Denaldi, traz a seguinte ressalva sobre o instrumento: "Vale esclarecer que a desapropriação com pagamento mediante títulos da dívida pública, terceiro instrumento na sequencia estabelecida pela Constituição de 1988, não foi tratado de forma aprofundada na pesquisa por duas razões. Em primeiro lugar, porque nenhum município alcançou ainda essa etapa, inexistindo experiências concretas que pudessem ser analisadas. E, ainda que algum município tivesse superado os cinco anos de aplicação do IPTU progressivo no tempo, estaria impossibilitado de realizar a referida desapropriação em razão da proibição de emissão de novos títulos da dívida pública estabelecida pelo Senado Federal".

[210] As regras especiais da usucapião urbana não apenas reforçam o regime jurídico próprio da propriedade urbana como constituem mais um exemplo de sua especificidade em relação à aplicação do princípio da função social da propriedade.

O Projeto de Lei 775/1983 pretendeu explicitar o preceito da função social da propriedade. Para tanto, propunham-se as seguintes diretrizes: iguais oportunidades de acesso à propriedade urbana e à moradia; distribuição equitativa dos benefícios e ônus decorrentes da urbanização; correção das distorções de valorização da propriedade urbana; regularização fundiária de áreas ocupadas por população de baixa renda; e a devida adequação às normas urbanísticas do direito de construir.

Como instrumentos de atuação o projeto de lei criava novos instrumentos jurídicos e administrativos para possibilitar a total eficiência da implementação das ações urbanísticas requeridas. Entre outros, estavam previstos o parcelamento, edificação, e utilização compulsórios, o direito de preempção devido ao Estado, o direito de superfície e o direito de transferência de potencial construtivo para garantir a preservação do patrimônio urbanístico, artístico, arqueológico e paisagístico, bem como para a implantação de equipamentos urbanos comunitários. (MOREIRA, 2002, p. 32)

Após tramitar por mais de dez anos, ensejando o surgimento de catorze proposições apensadas, o projeto foi retirado do Congresso pelo Executivo Federal em 1995 sem deliberação. Nesse período, em que as discussões institucionais sobre o tema foram negativamente afetadas pela extinção do Ministério do Desenvolvimento Urbano e do Banco Nacional de Habitação (MOREIRA, 2002), foi apresentado no Senado o PLS nº 5.788/1990, já denominado Estatuto da Cidade. Após sua aprovação na Casa de origem, o PLS foi remetido à Câmara, onde lhe foram apensadas dezessete proposições. Depois de uma década de tramitação intensa, o último Substitutivo, apresentado pela Comissão de Constituição e Justiça, foi aprovado pela Câmara em fevereiro de 2001, retornando ao Senado. Enfim, em junho do mesmo ano, a proposição foi definitivamente aprovada e remetida à sanção presidencial. No dia 10 de julho de 2001, o Estatuto da Cidade foi sancionado pelo Presidente da República, que apresentou vetos a alguns dispositivos.

Um dos vetos oferece ingrediente adicional à compreensão da disputa sobre o significado da função social da propriedade urbana, de modo que sua abordagem encerrará o presente subtópico. Trata-se do veto ao art. 5º, II, que estabelecia como uma das hipóteses de configuração da subutilização do imóvel a utilização "em desconformidade com a legislação urbanística e ambiental". O objetivo de regulamentar o art. 182 dessa maneira era claro: instrumentalizar a atuação do Estado na exigência do cumprimento da função social da propriedade urbana tal qual previsto no art. 182, §2º, colocando à sua disposição as sanções previstas no art. 182, §4º, não apenas para aplicação sobre imóveis com aproveitamento inferior ao mínimo definido no plano diretor ou legislação dele decorrente (hipótese do art. 5º, §1º, I), mas também para imóveis que incorressem em outros descumprimentos da legislação urbanística e ambiental. A justificativa do veto foi a seguinte:

> O inciso II do §1º do art. 5o do projeto equipara ao imóvel subutilizado aquele 'utilizado em desacordo com a legislação urbanística ou ambiental'. Essa equiparação é inconstitucional, porquanto a Constituição penaliza somente o proprietário que subutiliza o seu imóvel de forma a não atender ao interesse social, não abrangendo aquele que a seu imóvel deu uso ilegal, o qual pode, ou não, estar sendo subutilizado. Vale lembrar que, em se tratando de restrição a direito fundamental — direito de propriedade —, não é admissível a ampliação legislativa para abarcar os indivíduos que não foram contemplados pela norma constitucional.

Assim como na discussão judicial sobre o IPTU progressivo, revela-se visão estreita sobre o alcance do princípio da função social da propriedade. Essa interpretação buscou restringir o princípio à vedação da utilização insuficiente da terra como suporte de infraestrutura física. Nessas bases, que soam incompatíveis com a previsão do art. 182, §2º, da CF/1988, fundamentou-se um veto que restringe a aplicação dos instrumentos de coerção previstos nos incisos do art. 182, §4º. Consequentemente, outras formas de descumprimento da função social da propriedade, por inobservância ao plano diretor, ficaram livres da aplicação das sanções voltadas a garantir efetividade do princípio.

4.2 Função social das vias urbanas e sua aplicação

No tópico anterior, abordaram-se os aspectos teóricos do princípio da função social da propriedade e de sua aplicação à propriedade urbana. Este último tópico do Capítulo 4 tem por objetivo delinear, à luz do exposto, a interpretação e as implicações da incidência do princípio da função social da propriedade às vias urbanas. Ao final, de modo a tornar o estudo mais palpável, são discutidos dois exemplos concretos, usados como campo de aplicação dos elementos teóricos anteriormente tratados.

A propriedade urbana consubstancia parcela da cidade e sua função social está a serviço das funções da cidade e do bem-estar de seus habitantes. As propriedades urbanas, sobre as quais incide, de um modo próprio, o princípio da função social da propriedade, não estão restritas ao domínio privado. A conformação da propriedade urbana tem como instrumento básico um plano global, que oferece, a partir de uma visão abrangente sobre a ordenação do solo urbano,[211] as diretrizes para aferição do cumprimento do princípio da função social em relação a cada propriedade urbana. Os bens públicos urbanos, independentemente de sua classificação, também configuram parcelas da cidade. São, portanto, objeto do planejamento urbano, sobre os quais incide o princípio da função social da propriedade, ainda que com implicações específicas, variáveis em função do tipo de uso a que cada bem é destinado.

Como se viu, o princípio da função social da propriedade não se confunde com o regime jurídico aplicável a cada tipo de propriedade. Trata-se, na verdade, de um pressuposto fundamental do regime jurídico, que deve nortear sua interpretação sistemática, legitimando e conformando o exercício do direito de propriedade. Contudo, seu conteúdo é objeto de constante disputa política, sendo o conceito fruto de uma construção permanente.

De certo modo, o próprio regime jurídico estabelecido acaba servindo, na prática, como um anteparo para distorções radicais daquilo que foi concebido até determinado momento como o conteúdo do princípio. Nesse sentido, ainda que o princípio da função social tenha precedência em relação ao regime jurídico, os elementos mais consolidados de aplicação do regime jurídico podem contribuir à investigação sobre a interpretação da função social da propriedade, ainda que não possa encerrá-la, sob pena de cair-se em definição reduzida ou tautológica. Em resumo, ainda que do regime jurídico não seja possível deduzir seu conteúdo, o modo como são aplicadas as regras incidentes sobre a propriedade reflete a interpretação e sentido atribuídos ao princípio da função social da propriedade.

Por isso, em um movimento indutivo, adota-se como ponto de partida da investigação o regime jurídico e os diferentes usos atribuídos às vias urbanas, tal qual abordados no Capítulo 3. Antes de iniciar a análise qualitativa do objeto, é pertinente retomar um aspecto quantitativo ilustrativo, que joga luz sobre a escala da discussão colocada. As regras do planejamento urbanístico recomendam a reserva de algo entre 35-40% da área da gleba parcelada para o plano de arruamento, distribuídos da seguinte maneira: 20% para as vias de circulação, 15% para áreas verdes e 5% para áreas institucionais (SILVA, 2012, p. 326). Na mesma linha, Vasconcellos (2013, p. 129) aponta que "um sistema

---

[211] Conforme pontua Silva, "[o] solo qualifica-se como *urbano* quando ordenado para cumprir destino urbanístico, especialmente a edificabilidade e o *assentamento de sistema viário*" (2012, p. 57).

ortogonal de vias, com quarteirões de 100m de largura, ocupará, no mínimo, 20% do território urbano". Assim, analisar a alocação das vias traduz-se, sob a ótica do conflito distributivo, em tratar de cerca de um quinto do solo urbano total e da ampla maioria da área reservada ao uso comum.[212]

Na consideração sistemática de seus traços qualitativos e quantitativos, fica evidente que a via urbana é o espaço público por excelência. É o local onde a dimensão comunitária da cidade, quando existe, se faz mais presente. Para além de seus múltiplos usos, a via urbana é o reflexo do que a cidade foi até um dado momento e suas transformações apontam, com antecedência, para aquilo que a cidade pode vir a ser, para o bem ou para o mal. Se as formulações sobre as funções da cidade e o direito à cidade foram capazes de preencher semanticamente e nortear a aplicação do princípio da função social à propriedade privada, maior o seu potencial para adensar a compreensão sobre a função social das vias urbanas.

Em outras palavras, entende-se que há uma interface mais intensa entre as funções sociais da cidade e a função social das vias urbanas do que entre aquelas e a função social da propriedade privada urbana. Se a propriedade privada se submete à garantia das funções da cidade, as vias urbanas praticamente se confundem com a cidade e transcendem o papel de suporte para a função de circular. De modo algum essa compreensão diminui a importância da conformação da propriedade privada urbana. Apenas busca destacar a relevância das vias, muito subestimada, e a ideia de que não faz sentido conformar tão intensamente a propriedade privada e deixar o mais importante bem público da cidade — a rua — ao sabor de uma inércia contrária ao interesse público (*vide* Capítulo 1).

Dito isso, propõe-se aqui um olhar aprofundado sobre as vias urbanas, que não apenas considere o papel essencial que cumprem na dinâmica da cidade, mas lhes atribua a necessária centralidade em um projeto de cidade mais democrático, humano e sustentável, convergente com os ideais constantes na Constituição e legislação brasileiras. Para introduzir esse olhar, recorre-se, novamente, à obra de Jane Jacobs

---

[212] O município de São Paulo, por exemplo, conta com pouco mais de 1.520 km² de território, dos quais 968 km² de áreas urbanas. Dessas áreas urbanas, cerca de 170 km², ou 17,6%, são ocupados pelo sistema viário. Ao subtrair das áreas urbanas totais a enorme parcela ocupada por propriedades privadas, nota-se que as ruas respondem pela maioria do espaço público da cidade (informações disponíveis em: http://gestaourbana.prefeitura.sp.gov.br/arquivos/PDE_lei_final_aprovada/MAPAS/MAPAS%20ASSINADOS/Mapa01A_Zona_Urbana_Rural.pdf).

(2011) e suas ricas considerações sobre os papéis que as ruas e calçadas podem desempenhar em favor de uma vida urbana plena, em linha com o horizonte utópico apontado mais tarde por Lefebvre.

Para Jacobs, ruas e calçadas são os principais locais públicos de uma cidade, são seus órgãos mais vitais (2011, p. 29). Segundo ela, a função das vias vai muito além de comportar veículos e pedestres, servindo como canal de circulação. As ruas e calçadas são, em última instância, a representação das cidades. É o local onde as cidades acontecem. Se forem seguras, é sinal de que a cidade é segura. Se forem acolhedoras, será porque integram cidades acolhedoras. Como se adiantou, é o local onde a dimensão comunitária se faz mais presente (2011, p. 86), ou assim deveria. A um só tempo, são o reflexo da organização da cidade no passado e têm seu funcionamento responsável por determinar o futuro da cidade.

Quando gestores cometem erros, as ruas e calçadas são as primeiras a escancará-los. Quando as ruas passam a funcionar mal, todo resto da cidade, em suas diversas dimensões, paga um alto preço. A partir dessa visão e da premissa de que as cidades constituem um problema teórico de complexidade organizada,[213] a autora descreve, em capítulos próprios, três papéis desempenhados por vias em bom funcionamento[214] em favor da vida urbana: segurança, convívio e socialização.

Primeiramente, Jacobs relaciona o bom funcionamento das calçadas a ganhos na segurança pública e na sensação de segurança, que convergem para uma mesma consequência (2011, p. 30). Para ela, a ordem pública não é mantida fundamentalmente pela polícia, que também importa, mas pelo que descreve como uma "rede intrincada, quase inconsciente, de controles e padrões de comportamento espontâneo presentes em meio ao próprio povo e por ele aplicados"

---

[213] Jacobs afirma que a cidade não é um problema de simplicidade elementar, que requer técnica experimental e analítica, ou de complexidade desorganizada, que demanda teorias de probabilidade e mecânica estatística. Trata-se de um problema de complexidade organizada, que exige uma abordagem simultânea "de um número mensurável de fatores inter-relacionados num todo orgânico" (2012, p. 481). Assim, da mesma forma que nas ciências biológicas, o estudo da cidade parte do pressuposto de que se está lidando com uma série de variáveis cuja influência mútua respeita uma lógica própria, e não tem nada de irracional ou aleatório. Por isso, o estudo das cidades depende de um olhar microscópico, a partir do qual se reflita sobre os processos urbanos por meio de técnicas indutivas e utilizando indícios "não-médios" de alta precisão (2011, p. 490 e ss.).

[214] Ressalva-se que os capítulos tratam propriamente da relação entre o uso das calçadas, especificamente, e essas externalidades. Contudo, apreende-se da mesma leitura que não é possível descolar a visão sobre as ruas e as calçadas, já que, além de derivarem da divisão de um mesmo espaço, o espaço público de circulação, suas dinâmicas estão intimamente relacionadas e mostram profunda interdependência.

(2011, p. 32). Essa rede dependeria de uma rua movimentada e poderia ser formada a partir de três metas: (i) garantir nítida separação entre espaço público e privado; (ii) voltar as residências no sentido das ruas (as janelas são seus olhos); e, principalmente, (iii) estimular o trânsito ininterrupto de pedestres passando pelas calçadas. Esse último ponto, que remete ao adensamento, à presença de uma grande quantidade de estabelecimentos pelas ruas e ao fomento da diversidade no meio urbano, começa a delinear o que a autora entende por bom funcionamento das ruas e calçadas.

Em seguida, Jacobs trata da relação do uso das calçadas com o contato entre as pessoas. Refere-se a dois tipos de interação fundamentais nas cidades: aquelas voluntárias, a partir das quais se forma uma rede de serviços informais que, além de melhorar a vida das pessoas, impulsiona uma dimensão pública mais formal e associativa — apontando para o forte componente político das ruas; e as involuntárias, intimamente ligadas aos *knowledge spillovers* descritos por Alfred Marshall.[215] Esses últimos têm seus benefícios ilustrados pelo "balé" de sua Rua Hudson descrito por Jacobs: "[...] a mulher do síndico do prédio largando seu parrudinho de três anos com um bandolim de brinquedo à porta de casa, posto privilegiado no qual ele aprende o inglês que sua mãe não consegue falar [...]" (2011, p. 53).

É nessa dimensão que se revela a razão de ser das grandes cidades: "se os contatos interessantes, proveitosos e significativos entre os habitantes das cidades se limitassem à convivência privada, a cidade não teria serventia" (2011, p. 59). Isso não se deve apenas a uma perspectiva individual, relacionada ao aproveitamento máximo da cidade por seus habitantes, mas à dinâmica urbana em geral.

Por isso, mesmo com o avanço estrondoso das tecnologias da informação e comunicação ocorridos desde os anos 1960, o apontamento de Jacobs em relação à preferência das grandes empresas pelas metrópoles continua, em boa medida, atual:[216] "outra razão para as empresas terem permanecido nas cidades [...] é que muitos de seus funcionários, especialmente os executivos, precisam estar em contato e ter uma relação próxima, cara a cara, com pessoas de fora da firma [...]" (2011, p. 161).

---

[215] Ainda no século XIX, Marshall (1890) descreveu um fenômeno que denominou *knowledge spillovers*, em que conhecimentos de alto custo de codificação e baixo controle têm sua transmissão favorecida pelas relações interpessoais informais, pela interação face a face (IGLIORI, 2010). A obra sobre esse fenômeno foi notado não compõe a bibliografia deste trabalho: MARSHALL, A. *Principles of Economics*. London: Macmillan, 1890.

[216] Ao menos, continuou atual até o início da pandemia da Covid-19. As tendências pós-pandemia ainda parecem incertas e são tratadas de modo exploratório ao final deste livro.

A despeito das incertas transformações trazidas pela pandemia da Covid-19 (abordadas no Posfácio), pode-se especular que, mesmo do ponto de vista estritamente econômico, as tecnologias de comunicação não figuram, até aqui, como substitutas perfeitas da interação intensa promovida pelas grandes cidades e de outros ganhos das economias de aglomeração.

O exemplo da interação involuntária do filho do síndico, que aprende inglês na rua sem se dar conta, leva à terceira função do bom funcionamento das calçadas. Trata-se do processo de socialização das pessoas e, especialmente, das crianças — sua integração e sua necessidade de uma recreação informal que garanta a possibilidade de "adquirir noções do mundo" (2011, p. 88). Sem prejuízo de locais que ofereçam atividades específicas — e que, por isso, demandam maiores investimentos (equipamentos culturais, esportivos etc.) —, as vias se apresentam como local privilegiado para a recreação informal. Podem garantir a liberdade e a segurança de que as crianças precisam para se desenvolverem, desde que tenham calçadas vivas, ativas e em bom funcionamento, mantendo aquela "ordem pública" citada na descrição da primeira função. Cidades e ruas bem geridas estimulam que as pessoas assumam uma quota da "responsabilidade pública pelas outras" (2011, p. 90), o que raramente ocorre entre os usuários de automóveis. A visão de Jacobs lembra um famoso ditado africano, segundo o qual "é preciso uma aldeia inteira para educar uma criança". Nas cidades, as ruas são o local onde a "aldeia" se faz (ou pode se fazer) mais presente.

Encerrando a visão sobre as funções de ruas e calçadas vivas, cita-se a argumentação de Jacobs de que todos os logradouros e estabelecimentos da cidade, sobretudo os equipamentos públicos de uso comum (parques, quadras esportivas etc.), têm seu sucesso impactado pelas ruas e calçadas que os cercam. Parques e praças cercados de ruas sem vida estariam praticamente condenados à degradação. É como se já nascessem mortos. De outro lado, a influência do entorno sobre esses equipamentos tende a ser muito maior do que o potencial efeito destes sobre o funcionamento das vias (2011, p. 104).

Todas as funções descritas acima parecem, em princípio, completamente desconectadas da realidade atual das grandes metrópoles. Conforme notou Glaeser (2011, p. 2), o triunfo da cidade como forma de organização da vida em sociedade parece ter se dado em detrimento da qualidade de vida de seus cidadãos. Na visão de Jacobs, poder-se-ia entender essa segunda parte como a derrota da essência da cidade. No sentido do exposto até aqui, analisar as ruas pode ajudar a entender esse "fracasso".

Também olhando para Nova Iorque mais de cinquenta anos depois da primeira edição do livro de Jacobs, Janette Sadik-Khan, responsável pelo Departamento de Transporte em um período de transformações relevantes na organização do viário (2007-2013), afirma que: "as ruas, no último século, têm sido configuradas para manter o tráfego fluindo, mas não para fomentar vida junto a elas".[217] A ex-comissária sugere que a visão das ruas como mero local de passagem predominou até aqui no planejamento urbano, favorecendo a ocupação pelos automóveis na "briga pela rua" (*streetfight*) que buscou descrever.

Na mesma linha, Marshall Berman, após enaltecer o trabalho de Jacobs, descreve o triunfo da visão de cidade duramente criticada pela autora:

> Entretanto, os construtores do 'movimento moderno' do período posterior à Primeira Guerra Mundial, na arquitetura e no urbanismo, voltaram-se radicalmente contra essa fantasia moderna: marcharam ao comando do grito de guerra de Le Corbusier: 'Precisamos matar a rua'. Foi a sua visão moderna que triunfou na grande onda de reconstrução e retomada do desenvolvimento iniciada após a Segunda Guerra Mundial. Durante vinte anos, as ruas foram por toda a parte, na melhor das hipóteses, passivamente abandonadas e com frequência (como no Bronx) ativamente destruídas. O dinheiro e a energia foram canalizados para as novas auto-estradas e para o vasto sistema de parques industriais, *shopping centers* e cidades-dormitório que as rodovias estavam inaugurando. Ironicamente, então, no curto espaço de uma geração, a rua, que sempre servira à expressão da modernidade dinâmica e progressista, passava agora a simbolizar tudo o que havia de encardido, desordenado, apático, estagnado, gasto e obsoleto — tudo aquilo que o dinamismo e o progresso da modernidade deviam deixar para trás. (BEMAN, 1986, p. 300-301)

A morte das ruas significa a morte da cidade. Como descreve Christian Dunker ao observar a lógica dos grandes condomínios residenciais, o meio urbano vem sendo, gradativamente, substituído por uma representação tosca, em que "a fuga do desprazer torna-se equivalente do próprio prazer" (2009, p. 4) e "o descontentamento tornou-se o mote de uma época que não mais aspira sacrifícios em nome de um futuro comum, apenas conforto" (2009, p. 7). Essa representação assume rapidamente o lugar da utopia e, conforme seu alerta, "quando a função

---

[217] Tradução livre do autor para o seguinte trecho: "*Streets for the last century have been designed to keep traffic moving but not to support life alongside it*" (SADIK-KHAN, Janette et al., 2016, p. 1).

ideal é substituída pela de um objeto encarnado está estabelecida a condição para o fascínio totalitário e para a servidão voluntária" (2009, p. 3). Com a ilusão de libertar-se dos problemas urbanos, seus habitantes vivem crescentemente aprisionados e, com esse comportamento, aceleram o processo de degradação das cidades e de suas vias.

Oferecendo outra perspectiva do mesmo processo, David Harvey associa a gestão das ruas e a hegemonia rodoviarista à perda da dimensão do "comum" nas cidades:

> Por meio de suas atividades e lutas cotidianas, os indivíduos e os grupos sociais criam o mundo social da cidade ao mesmo tempo em que criam algo de comum que sirva de estrutura em que todos possam abrigar-se. Embora esse comum culturalmente criativo não possa ser destruído pelo uso, pode ser degradado e banalizado pela utilização abusiva. As ruas congestionadas pelo tráfego tornam esse espaço público particular quase inutilizável até para os motoristas (para não falar de pedestres e manifestantes) [...]. Esse tipo de rua não é um comum. Antes do surgimento dos carros, porém, as ruas geralmente o eram — um lugar de socialização popular, um espaço para as crianças brincarem (tenho idade suficiente para me lembrar que era onde brincávamos o tempo todo). Contudo, esse tipo de comum foi destruído e transformado em um espaço público dominado pelo automóvel (estimulando as administrações urbanas a tentar recuperar aspectos de um comum anterior "mais civilizado" criando espaços exclusivos para pedestres, cafés nas calçadas, ciclovias, miniparques como espaços de lazer etc.). (2014, p. 146-147)

Com essas referências, não se pretende retomar o objeto do Capítulo 1, mas apontar para o que as vias urbanas podem vir a ser a partir do efetivo cumprimento de sua função social. Não se trata de girar a roda da história para trás, mas vislumbrar as perspectivas de transformação que cabem na cidade atual, aprendendo com os erros do passado. Jacobs defendeu uma cidade que tenha por premissa e fim o convívio humano. A ideia em si não é nova — remete à própria origem da cidade antiga —, mas sua abordagem é absolutamente harmônica com a cidade deste tempo. As transformações que sucederam sua obra, mesmo que profundas, não afastam seu valor para o presente.

A partir da descrição de Berman (1986, p. 273-330) — especialmente em relação ao embate entre Jacobs e o engenheiro Robert Moses[218] —,

---

[218] Digno de nota o fato de que o mesmo engenheiro Robert Moses, que teve forte influência nas reformas viárias feitas à época na cidade de Nova Iorque, foi contratado pela Prefeitura de São Paulo em 1950 para elaborar um plano de transportes para a cidade. Uma de suas

vê-se que, nas décadas seguintes, predominou a ideia de que o bem-estar dos habitantes não seria alcançável senão a partir da conformação de um determinado funcionamento da cidade, que garantisse máxima fluidez. A cidade e, especialmente, as ruas se tornaram um local de mera passagem, nunca de permanência. A partir desse ponto, perdeu-se a dimensão do comum nas ruas e, consequentemente, foi esvaziado seu significado político, econômico, social e cultural. A rua deixou de ser o local da troca, da reunião, da associação, da socialização, da educação, da expressão, da política, do contato com a história e com a cultura ali expressa. Praticamente perdeu todas as funções que não a da circulação. Não qualquer circulação, mas predominantemente aquela individual e motorizada, em total desarmonia com a vida urbana plena, que refletisse o pensamento humano complexo referido por Lefebvre.

É preciso recuperar as ruas e a dimensão do comum. A incidência do princípio da função social da propriedade urbana sobre as vias urbanas, considerando as potencialidades desse bem público, impõe uma transformação radical de sua gestão. Diferentemente da função do lote urbano, cujo cumprimento pode ser parcialmente presumido a partir da aferição de aspectos físicos do imóvel, no caso das vias urbanas, a função social da propriedade implica um olhar sobre os usos efetivos desempenhados pelas pessoas e seus desdobramentos sobre o bem-estar da coletividade. A legislação atual aponta com suficiente clareza o caminho nesse sentido.

Outro tipo de circulação é possível e necessário para que a vida nas ruas possa florescer. Para além de abri-las às pessoas e restringi-las aos automóveis, há que se desarmar as diversas travas políticas, jurídicas e culturais para que possam receber todo tipo de uso e expressão, mantendo-se a harmonia entre os usos, sem que se desconsidere seu aspecto econômico. A otimização desse bem público deve estar a serviço da justiça social e da sustentabilidade ambiental, sobretudo em relação à redistribuição dos benefícios e ônus do processo de urbanização. Para isso, necessário estabelecer a relação entre a democratização do uso do espaço e a participação popular na sua gestão. Assim como a rua pode formar e educar, a participação em sua gestão também constitui poderoso instrumento de conscientização e emancipação cidadã.

Essas linhas mestras preenchem o conteúdo da função social das vias urbanas e vinculam a interpretação e aplicação do regime jurídico

---

contribuições foi a ideia de transformar as marginais do rio Tietê em uma rodovia urbana, voltada a absorver o trânsito das rodovias que chegavam à capital (cf. ASSUNÇÃO, 2016, p. 95).

das vias urbanas. Consequentemente, servem como baliza para as decisões atinentes às vias urbanas, descritas na tipologia do Capítulo 3. Vale retomar, nesse ponto, os tipos de decisão elencados para analisar as implicações da função social das vias urbanas sobre a atividade de gestão desse bem público. Como estratégia para tornar a abordagem mais palpável e ilustrativa da complexidade do tema, a aplicação do princípio à tipologia é detalhada a partir de dois casos concretos, que servem como campo de aplicação. Conforme adiantado, a ideia não é promover estudos de caso, escolhidos a partir de recortes metodológicos de alta precisão, mas oferecer uma visão mais clara da dinâmica que dita a gestão das vias urbanas.

Retomando a tipologia, foram identificadas e agrupadas duas famílias de decisão sobre os usos das vias urbanas, cada qual se desdobrando em três tipos. A primeira família, atinente à afetação principal, é composta pelas decisões sobre (*1.a*) a distribuição do espaço entre os meios de circulação; (*1.b*) a conformação dos usos; e (*1.c*) a integração da infraestrutura de circulação e dos usos. A segunda família, relativa às afetações secundárias, é composta pelas decisões sobre (*2.a*) usos secundários permanentes; (*2.b.i*) usos secundários temporários periódicos; e (*2.b.ii*) usos secundários temporários esporádicos.

Na prática, essas decisões são tomadas a todo instante na gestão das vias urbanas das grandes manchas urbanas, de modo concomitante umas às outras. Embora o regime jurídico dos diferentes usos ofereça parâmetros para orientar cada uma dessas decisões frente às situações fáticas, a visão do todo depende da compreensão sobre o conteúdo do princípio da função social das vias urbanas e a dinâmica prática de sua aplicação.

Em outras palavras, tanto a interpretação sistêmica dos diferentes regimes jurídicos que incidem sobre as vias urbanas, quanto a visão global sobre o conjunto de decisões envolvido em sua gestão têm como norte ordenador o princípio da função social da propriedade. Assim como no âmbito da regulação da propriedade privada urbana, a disputa política pela conformação jurídica das vias urbanas tem como pano de fundo a conflituosa construção histórica do conteúdo do princípio.

É o que se pretende ilustrar nos dois exemplos a seguir. Em ambos, a abordagem é dividida em três partes: (i) apresentação do histórico do caso; (ii) identificação dos interesses políticos envolvidos e dos bens jurídicos afetados; e (iii) análise das decisões políticas tomadas.

4.2.1 O caso do Minhocão

As questões urbanísticas que envolvem a via elevada da cidade de São Paulo conhecida como "Minhocão" são batidas. Trata-se de uma das obras mais emblemáticas e discutidas da história da cidade. Sua escolha como campo de aplicação do princípio da função social das vias urbanas se deve, primeiro, justamente a isso: a via e os debates sobre seu destino contam uma história de meio século sobre as concepções em torno da função social das vias urbanas e as funções das cidades, ilustrando, com rara abrangência, o conflito gerado em torno da configuração e dos usos do sistema viário. Há ainda um segundo motivo: apesar de todo o debate e do amadurecimento sobre essa via ao longo dessas cinco décadas, seu destino segue sendo discutido no presente.

a) Histórico do "Minhocão"

Aproveita-se aqui a detalhada descrição feita por Eduardo Luiz de Lima Assunção (2016) sobre a história do Minhocão e sua trajetória até 2016, trazendo os recortes pertinentes ao trabalho. O principal recorte refere-se à delimitação das intervenções que tiveram por objeto as vias urbanas, deixando-se de fora ou em segundo plano questões relativas a mudanças de zoneamento da região ou ao comportamento do mercado imobiliário em relação à área que envolve o elevado.

No Capítulo 1, foi mencionado o primeiro e mais famoso Plano de Avenidas elaborado no Município de São Paulo, ainda na década de 1930, sob a primeira gestão do Prefeito Prestes Maia. O plano — que foi cumprido em grande parte — contemplava diversas obras, incluindo algumas que tinham por objetivo conectar as regiões Leste e Oeste da cidade. Não havia, contudo, previsão de uma via expressa elevada nos moldes do que seria construído no início da década de 1970.

Em 1954, terminadas as obras que compunham a chamada "rótula central" (primeira perimetral), a Prefeitura de São Paulo anunciou a decisão de abrir uma nova avenida perimetral (ASSUNÇÃO, 2016, p. 44). Mais tarde, sob a segunda gestão de Prestes Maia (1961-1965), foi aprovado o plano de abertura de uma via expressa (no nível do solo), em direção Leste-Oeste, ligando a Av. Alcântara Machado à R. Amaral Gurgel (ASSUNÇÃO, 2016, p. 44).

O alargamento da Amaral Gurgel, parte desse projeto, foi concluído em 1966. Em 1968, Luiz Carlos Sangirardi — arquiteto do Departamento de Urbanismo da Prefeitura — idealizou o elevado, apresentando ao Prefeito Faria Lima (1965-1969) o projeto da estrutura da via suspensa que seguiria da Praça Roosevelt, no centro, até a Praça Marechal Deodoro — trecho para o qual já estava prevista a ligação pela linha 3 do metrô.[219] O então Prefeito rejeitou a realização do projeto, mas o remeteu à Câmara, reservando a área necessária para a execução da obra se outro prefeito se interessasse em realizá-la — conforme noticiou edição do jornal *O Estado de S.Paulo* (OESP) de 1º de dezembro de 1970.

Na gestão seguinte, com a nomeação do Prefeito Paulo Maluf pelo Governador Abreu Sodré,[220] a ideia ganhou força. O projeto não apenas foi encampado, como se propôs estender o elevado até o Largo Padre Péricles — bairro de Perdizes —, tendo sido anunciado em 21 de agosto de 1969 (ASSUNÇÃO, 2016, p. 101). Em apenas 14 meses, foi construída a via expressa elevada de 2,8 km de concreto armado protendido e peças pré-moldadas, com largura variável entre 15,5 e 23 metros e altura de 5,5 metros do solo, em sobreposição às seguintes vias: R. Amaral Gurgel, Av. São João, Praça Marechal Deodoro e Av. General Olímpio da Silveira. Apesar das cerca de 80 desapropriações, ao longo dos quase 3 km de via, a distância entre o elevado e as fachadas dos imóveis adjacentes é inferior a 5 metros.

No auge do período militar, em um momento em que obras faraônicas simbolizavam o progresso do país, o elevado foi alardeado como a maior obra viária da América Latina, ao custo de Cr$37 milhões — segundo matéria do *Nexo Jornal*,[221] equivalentes a quase R$400 milhões em valores de 2016. Em 24 de janeiro de 1971, véspera da comemoração do 417º aniversário da cidade, a via foi inaugurada pelo Prefeito Paulo Maluf, batizada com o nome de "Elevado Presidente Costa e Silva", em homenagem ao já falecido segundo Presidente da ditadura militar. Em

---

[219] Sobre isso, ilustrativo o seguinte trecho do Memorial Descritivo da obra: "A adoção de um sistema de transportes coletivos — Metrô — como o que ora se está implantando na cidade de São Paulo, pouco deverá contribuir para arrefecer o crescimento do número de veículos. Outras cidades em diferentes partes do mundo, a despeito de possuírem há muito tempo sistemas desse tipo, tem visto crescer continuamente sua frota de veículos. A mobilidade oferecida pelo automóvel, a aspiração de 'status' social que ele confere e o aumento crescente dos níveis de renda, aliado a custos possivelmente mais baixos de produção, são algumas das razões que fazem a continuação deste processo". Isso remete à observação de Ermínia Maricato (2000, p. 167): "São Paulo tem uma tradição urbanística calcada no urbanismo rodoviarista. A extrema valorização do automóvel nos investimentos urbanos, construída durante décadas, especialmente por setores da engenharia urbana se empenhou inclusive em desmoralizar o transporte sobre trilhos".

[220] Segundo Assunção (2016, p. 99), essa nomeação se deu a pedido do Presidente Costa e Silva.

[221] Matéria assinada por Estêvão Bertoni em 11 de outubro de 2016 e disponível em: https://www.nexojornal.com.br/expresso/2016/10/11/O-que-%C3%A9-e-para-que-serve-o-Minhoc%C3%A3o. Acesso em: 09 dez. 2018).

que pese a radicalidade da proposta de uma via expressa elevada dessa magnitude, que, seguindo os moldes da época, prescindiu de qualquer processo participativo ou da escuta dos principais afetados, pode-se dizer que a obra foi representativa de seu tempo e de um modelo de cidade que se tornava dominante.[222] Assim a descreveu o então Prefeito no discurso proferido no dia da inauguração:

> 'A obra que hoje inauguramos tem o objetivo de servir ao paulistano, de lhe tornar mais fácil o acesso ao trabalho e a volta ao lar, a visita ao amigo, a ida ao templo e ao cinema, aos locais de cultura e lazer, de libertá-lo das frustrações e cansaço a que leva um sistema viário superado'. (ASSUNÇÃO, 2016)

Antes mesmo da inauguração, o elevado já era objeto de polêmica e de críticas contundentes, como ilustra editorial do jornal OESP de 1º dezembro de 1970: "[a] via elevada não é resposta a nenhuma pesquisa de origem e destino da população, não tem nenhum objetivo definido. O prefeito já tentou explicá-la, mas não apresentou nenhum argumento técnico, nenhum dado de pesquisa". Na verdade, as críticas do veículo começaram ainda em meio à execução da obra:

> Por se tratar de uma obra isolada, alheia a qualquer plano diretor como o PUB,[223] irá apenas proporcionar solução provisória para o problema do tráfego [...]. 'Além da motivação demagógica do prefeito — opinam os técnicos — não se pode encontrar outra explicação para esse verdadeiro procedimento criminoso: uma obra onerosíssima que atrapalhará o Metrô e absolutamente não melhorará a situação do tráfego de superfície'. Outra objeção apontada pelos especialistas: Como não

---

[222] A título de exemplo, cita-se que a gestão de Paulo Maluf, de apenas dois anos, foi responsável pelas seguintes vias elevadas: Viaduto na Nove de Julho sobre a Praça 14 Bis, Viaduto Diário Popular sobre o Parque Dom Pedro, Viaduto sobre a avenida Brigadeiro Luiz Antônio até a 13 de maio e outros (ASSUNÇÃO, 2016, p. 106). Em toda parte, o resultado hoje verificado é semelhante: degradação urbanística e ambiental, sem ganho de bem-estar na mobilidade urbana que pareça minimamente justificável.

[223] O jornal fazia alusão ao Plano Urbanístico Básico (PUB). Assim que assumiu, o Prefeito Maluf descartou o PUB elaborado na gestão de seu antecessor, Faria Lima, e mandou incinerar os exemplares impressos na gestão anterior. Entre outras coisas, o plano previa a construção de 800 km de vias expressas e 450 km de linhas de metrô, além de propor uma mudança profunda no planejamento viário da cidade — substituição da malha radiocêntrica, concebida por Prestes Maia, por uma malha ortogonal (formato de grelha). Ilustrado outro aspecto comum da época em relação ao modelo de planejamento urbano, vale trazer o comentário de Maricato sobre o PUB: "O PUB — Plano Urbanístico Básico de São Paulo (1969) — foi elaborado por um consórcio de escritórios brasileiros e norte-americanos. Segundo [Flávio] Villaça, suas 3.500 páginas foram do consórcio diretamente para as gavetas da Secretaria Municipal de Planejamento, onde permaneceram".

foram previstas medidas paralelas, a via elevada da avenida São João provocará deterioração das áreas próximas, poluição etc. (editorial do OESP de 08.04.1970)

Muitas dessas preocupações foram rapidamente concretizadas. Os imóveis diretamente afetados pela via passaram por transformação drástica. Com a elevação dos níveis de poluição atmosférica, sonora e visual, os moradores de classe-média, que predominavam na região, se mudaram, com o tempo, para outras partes da cidade, alterando o perfil da ocupação. Em movimento correlato, o comércio de produtos e serviços tidos por mais nobres (restaurantes cinemas e hotéis, fartos à época na Av. São João) mudou-se para outras regiões, sendo substituído por negócios populares. A região do elevado passou por profunda desvalorização imobiliária, prenunciando o que aconteceria, em diferentes níveis, em praticamente toda a área central da capital paulista.[224] O depoimento de uma moradora ao jornal *Folha de S.Paulo* (FSP) é ilustrativo desse processo:

> A partir da inauguração [...], temos duas avenidas São João, como nos disse Isabel Gonçalves Figueiredo, moradora da rua Apa, 271: 'A avenida que pega sol, iniciando na rua Ana Cintra pra lá; e a que fica na sombra, que é este lado daqui, até a praça Deodoro.' [...] Depois de afirmar que seu problema é igual ao de muita gente que tem imóveis perto do elevado, [...] [disse que] só existe comércio de bares e restaurantes populares, casas de consertos de geladeiras e televisores, algumas pequenas oficinas e lojas de peças de automóveis. 'Nenhum outro negócio pode florescer aqui' diz ela. 'Ninguém passa mais por aqui, a não ser automóvel ou ônibus. De noite isto está virando uma autêntica área de prostituição. Muitos edifícios, inclusive, se transformaram em cabeças-de-porco e firmas conceituadas terminaram fechando as portas'. (FSP, 10.07.1974)

Com impactos negativos tão profundos e utilidade questionada desde a inauguração, já em 1976 alguns urbanistas e arquitetos — entre os quais Paulo Mendes da Rocha — defendiam o fim do "Minhocão", conforme noticiou o jornal OESP em edição de 7 de novembro. Em 1977, sob a gestão do Prefeito Olavo Setúbal, o elevado passou a ser fechado durante parte da madrugada, entre uma e cinco da manhã, em razão

---

[224] É impossível mensurar a exata participação do elevado na degradação da região e como a região teria evoluído não fosse sua construção. O centro, independentemente de intervenções viárias, passou por um processo de degradação, perdendo densidade populacional. De todo modo, são incontestes a aceleração e o agravamento que a obra viária promoveu em relação a esse processo de degradação da região de seu entorno.

do reduzido número de veículos circulando nesse período. A medida já previa uma segunda etapa, com fechamento do tráfego durante período maior, entre 22h e 6h. Além disso, o então Prefeito anunciou a implantação de faixas exclusivas de ônibus na Av. São João.[225]

Apesar das tentativas de mitigar os danos, três anos depois, em 1980, o jornal FSP noticiava que, além da degradação causada, o elevado já não servia sequer para aliviar o tráfego de automóveis, tendo em vista sua saturação (edição de 18.08.1980). Assunção (2016, p. 152) narra que a década que se seguiu foi marcada pelo agravamento dos problemas urbanísticos, em especial a deterioração da região.

Para mitigar a situação, foram inauguradas duas estações do Metrô — Santa Cecília em 1983 e Marechal Deodoro em 1988. Em 1989, já sob gestão da Prefeita Luiza Erundina,[226] ampliou-se o período de fechamento para automóveis: de segunda a sábado, entre 21h30 e 6h30; domingos e feriados durante o dia todo. Essa determinação seria depois prevista na Lei nº 12.152/1996, de autoria do então Vereador José Eduardo Cardozo. Em paralelo à ampliação do horário de uso livre, técnicos da Prefeitura já estudavam a possibilidade de interditar o elevado a veículos aos sábados a partir das 15h, mantendo-o livre durante a maior parte dos finais de semana. A população da região passou, a partir daí, a se apropriar do espaço de outro modo, utilizando-o como estrutura de lazer e práticas esportivas (ASSUNÇÃO, 2016, p. 226).

Conforme Assunção (2016, p. 157), ainda em 1987, surge a ideia de transformar o elevado em um parque suspenso, a partir de estudo do arquiteto Pitanga do Amparo. Segundo seu estudo, o parque suspenso dividiria espaço com um corredor de ônibus eletrificado com rede aérea — veículo leve sobre pneus (VLP). Pelo projeto, os prédios teriam sua cota de térreo elevada para o segundo ou terceiro pavimento, tendo acesso ao parque por passarelas.

Em 1992, em meio ao movimento da gestão Erundina de tentar recuperar a área central da cidade, anuncia-se pela primeira vez após 20 anos da inauguração do elevado a construção de um prédio adjacente, o Edifício *Avant Place Downtown*, da Encol, uma espécie "condomínio-clube".[227] Segundo Assunção (2016, p. 158), apesar dos esforços, o

---

[225] Olavo Setúbal, no mesmo período, também foi responsável pela implantação de faixas de ônibus nas avenidas Paulista, Brigadeiro Luiz Antônio, Radial Leste e outras.

[226] Luiza Erundina parece ter sido a primeira Prefeita da cidade a falar abertamente sobre a possibilidade de demolir o Minhocão. A ideia voltaria a ser ventilada a partir da década de 2000.

[227] Como descreve Assunção (2016, p. 220-221), as características desse edifício destoam das daqueles então existentes na região e são representativas de um movimento do mercado

mercado imobiliário não foi efetivamente reaquecido na região — o que só se iniciou de fato na década seguinte. O mandato da Prefeita foi um lapso temporal isolado em um período maior marcado pela priorização de obras viárias e de contínuo decréscimo populacional na região central, que seguiu até o início dos anos 2000 (ASSUNÇÃO, 2016, p. 159).

Após oito anos de gestão Maluf-Pitta (1993-2000), inicia-se um novo movimento de transformação da região. A então Prefeita Marta Suplicy (2001-2004) lança em 2001 o projeto Domingo no Minhocão, que visava ao incentivo do uso do elevado para atividades de lazer aos domingos. Em paralelo, iniciou-se um movimento mais forte, inclusive da sociedade civil, para readensar o centro da cidade. Entre os anos 2000 e 2010, setores do mercado imobiliário se voltaram aos poucos para o centro, que atraiu cerca de 57 mil pessoas, revertendo parte das perdas das duas décadas anteriores (ASSUNÇÃO, 2016, p. 161).

A gradativa valorização da região não teve apenas efeitos positivos. Muitas pessoas que tiveram no momento de degradação a chance de viver em região com mais infraestrutura e bem localizada, acabaram expulsas com o aumento dos aluguéis e o processo de verticalização que elevou o valor da terra nos arredores. Isso não vale apenas para inquilinos e habitantes dos imóveis, mas frequentemente também para as pessoas em situação de rua que, desde o início da desvalorização da região, tiveram sob o elevado um abrigo. O mercado imobiliário se pautou pelas sinalizações de recuperação da região e passou a vê-la como oportunidade para extrair rendas diferenciais, gerando, como externalidade, um processo de gentrificação da região (*vide* Capítulo 1).

Em 2006, o então Prefeito José Serra (2005-2006) promoveu um concurso de projetos de intervenções para o Minhocão.[228] Em 6 de maio de 2010, o Prefeito Gilberto Kassab (2006-2012) divulgou, pela primeira vez, um projeto de demolição do elevado, que previa como alternativa ao tráfego de veículos a construção de uma via ligando a Lapa e o Brás, que demandaria uma série de desapropriações em uma área residencial de mais de dois mil hectares (SCARPINELLI, 2014, p. 21). No segundo

---

imobiliário que se intensificou. Trata-se de edifício construído ao fundo do terreno, isolado, com extensa área de lazer na faixa frontal e cercado de muros, no estilo de um "condomínio-clube". Conforme anunciado, o projeto foi feito em função do Minhocão, de modo que a área de lazer servisse de isolamento acústico para as unidades habitacionais.

[228] Conforme Assunção, o prêmio — batizado de Prestes Maia — foi vencido por projeto de José Alves e Juliana Corradini "para transformar o Minhocão num grande túnel elevado e sobre ele um parque (ou seja, o viário seria mantido e seria construída uma nova laje, um novo tabuleiro sobre o viaduto)" (2016, p. 318).

semestre de 2011, foi lançada a licitação. No entanto, o projeto fracassou em 2012 e não teve segmento (ASSUNÇÃO, 2016, p. 164).

Em julho de 2014, sob a gestão do Prefeito Fernando Haddad (2013-2016), foi aprovado, como resultado de um amplo processo participativo,[229] o novo Plano Diretor Estratégico (PDE) da cidade, com vigência de dezesseis anos. Em seu art. 375, parágrafo único, o PDE previu que uma "lei específica deverá ser elaborada determinando a gradual restrição ao transporte individual motorizado no Elevado Costa e Silva, definindo prazos até sua completa desativação como via de tráfego, sua demolição ou transformação, parcial ou integral, em parque".[230] A partir dessa decisão e da institucionalização do debate público sobre o destino da via, as intervenções se intensificaram.

Em maio do ano seguinte, foi aprovado em primeira votação na Câmara Municipal projeto de lei para bloquear o tráfego de veículos no elevado aos sábados. Em seguida, no dia 20 de junho de 2015, a Prefeitura fez um primeiro teste, fechando a via para veículos no sábado, ao longo da programação da Virada Cultural, para medir o impacto da medida. Ainda em julho de 2015, a Prefeitura testou, pela segunda vez, o fechamento do tráfego de veículos a partir das 15h do sábado, com uso exclusivo para pedestres e modos ativos até às 6h30 da manhã das segundas-feiras. Após os dois testes, a medida foi tomada em definitivo em 11 de julho de 2015, ampliando o horário de uso livre da via.

Destaca-se que a ideia de interdição de vias para veículos, iniciada com a experiência do Minhocão, passou a ser pensada para outros pontos da cidade. Em 28 de junho de 2015, a Prefeitura suspendeu o tráfego de veículos na Av. Paulista durante o domingo de inauguração da ciclovia construída no lugar de seu canteiro central. Sob questionamento do Ministério Público,[231] a medida foi institucionalizada no

---

[229] A votação do Plano Diretor na Câmara foi precedida de 114 audiências públicas, recebeu mais de 10 mil contribuições de cidadãos e teve sua aprovação decisivamente influenciada pela pressão dos movimentos sociais urbanos e por articulações de entidades do setor imobiliário junto à Câmara. Parte dessas informações estão descritas na notícia disponível em: https://www.redebrasilatual.com.br/cidadania/2014/06/plano-diretor-de-sao-paulo-e-aprovado-na-camara-municipal-apos-nove-meses-de-tramitacao-3905.html.

[230] Em levantamento realizado em 2014 pelo Datafolha, apurou-se que 53% dos entrevistados eram a favor da manutenção do elevado da mesma forma, 23% eram favoráveis à sua transformação em parque e apenas 7% à sua demolição (17% não souberam responder).

[231] Conforme narra reportagem do jornal FSP de 02.10.2015 assinada por Felipe Souza, após audiência pública realizada duas semanas antes, o Ministério Público do Estado de São Paulo (MP-SP) rejeitou a proposta da Prefeitura de fechar a Av. Paulista ao tráfego de carros todos os domingos. A justificativa da posição foi a de que havia um acordo assinado em 2007 entre MP-SP e Prefeitura que limitava a três por ano os eventos de duração prolongada e com interrupção do tráfego. Segundo a notícia na interpretação do MP-SP,

mesmo ano, de modo que a avenida passou a ser utilizada como uma espécie de parque aos domingos e feriados — recebendo diversas atividades culturais e comerciais.

Além disso, a "Paulista Aberta" e a ampliação dos horários de abertura do Minhocão ao lazer motivaram criação do "Programa Ruas Abertas", que pretendeu aplicar o mesmo modelo para avenidas importantes de todas as regiões da cidade. As manifestações culturais dos artistas de rua, incentivadas pela interdição do tráfego de carros em vias importantes aos finais de semana e feriados, receberam amparo jurídico com a sanção da Lei Municipal nº 15.776/2013, regulamentada pelo Decreto Municipal nº 55.140/2014.

Em 9 de agosto de 2015, a Prefeitura inaugurou uma ciclovia de cinco quilômetros sob o elevado. No dia 7 de setembro de 2015, como resultado de um decreto publicado em março pela Prefeitura,[232] foi inaugurado o primeiro jardim vertical permanente instalado na fachada cega de um prédio adjacente, contribuindo para melhorar a paisagem urbana, filtrar a poluição e aprimorar o conforto térmico do prédio instalado e seu entorno. Ao final de 2016, outros seis como este foram instalados na região do elevado. O baixio do elevado (e mais tarde também as fachadas cegas) passou a receber obras de grafite.

A partir de 2013, a Prefeitura passou a desenvolver uma política de carnaval de rua e, com a edição do Decreto nº 56.690/2015, disciplinou a prática, fomentando um processo de grande crescimento dessa expressão cultural na cidade, como reconstituído em detalhe na tese de Guilherme Varella (2021).[233] Até 2013, o carnaval de rua de São Paulo era inexpressivo. Entre 2014 e 2018, o número de blocos cadastrados mais do que dobrou: de 200 para 459. Em 2016, estima-se que os 355 blocos tenham recebido aproximadamente dois milhões de foliões, chegando-se a 600 blocos em 2020. No processo, o Minhocão também passou a compor o trajeto de parte dos blocos. O pioneiro foi o "Agora Vai", que, em 2015, atraiu cerca de 5 mil pessoas para o elevado. Em

---

em 2015, a prefeitura já teria esgotado os três fechamentos: na Parada LGBTQIA+ (em junho), na inauguração da ciclovia da Paulista (também em junho) e no segundo teste da avenida fechada para os carros (em agosto). Reportagem disponível em: https://www1.folha.uol.com.br/cotidiano/2015/10/1689245-ministerio-publico-rejeita-fechar-a-avenida-paulista-aos-domingos.shtml.

[232] Trata-se do Decreto nº 56.630, de 19 de novembro de 2015.

[233] A partir do caso da política do carnaval de rua de São Paulo, a tese de Varella (2021) analisa a capacidade do Estado de promover a cidadania sem cooptar a essência libertária de suas manifestações, garantindo o "direito à folia" em harmonia aos demais direitos em potencial conflito no espaço urbano.

2016, o Ministério Público recomendou que não houvesse desfile de blocos na via por razões de segurança, o que foi acatado no referido ano. Depois disso, o elevado voltou a receber o carnaval de rua. Em 2018, o Minhocão recebeu, por exemplo, o desfile do infantil Bloquinho do GIZ.

Em março de 2016, o então Prefeito Fernando Haddad sancionou lei alterando a designação do elevado, durante o período de abertura às pessoas e restrição de veículos, para "Parque do Minhocão" (Lei nº 16.397, de 9 de março de 2016). Na cerimônia de sanção, ele se declarou, em princípio, favorável à demolição da via, disse que o debate sobre o desmonte ou a instalação de um parque precisava de amadurecimento e expressou a preocupação com o risco de "gentrificação da região" e com a necessidade de "ações de mitigação de qualquer efeito social para a população local".[234] Em julho de 2016, o então Prefeito sancionou outra lei que alterou o nome do Elevado Costa e Silva para "Elevado João Goulart", nome do Presidente da República deposto pelo golpe militar de 1964. A medida fez parte de um programa da Secretaria Municipal de Direitos Humanos para alterar o nome de quarenta vias que homenageavam pessoas ligadas ao regime autoritário.

Na gestão seguinte, o Prefeito João Dória (2017-2018) sancionou a Lei nº 16.833/2018, que tinha por finalidade a criação do Parque Minhocão na área do "Elevado João Goulart". A lei, de autoria de diversos Vereadores e que tramitava há alguns anos, previu a gradativa restrição do tráfego na via, estabelecendo: em até 30 dias da sanção, o fechamento do trânsito aos sábados, domingos e feriados; e em até 90 dias da sanção, a restrição no tráfego em dias úteis para o período entre 7h e 20h. O texto também determinava que o Poder Público Municipal incentivasse atividades culturais, esportivas e de lazer no Elevado João Goulart, desenvolvesse ações de sustentabilidade destinadas a preservar e ampliar a área verde no local e que, em até dois anos, apresentasse um Projeto de Intervenção Urbana (PIU), elaborado em observância à gestão democrática e participativa.

Dois dos vetos apresentados pelo então Prefeito merecem menção. O primeiro, ao do art. 2º, III, que previa, em até 180 dias da sanção, o fechamento do tráfego do elevado no período de férias escolares de janeiro e julho. Conforme as razões de veto, estudos técnicos da CET apontavam que, até que fossem feitas melhorias no sistema viário, a medida não poderia ser tomada, tendo em vista que a redução do tráfego

---

[234] Conforme noticiou reportagem do OESP, assinada no mesmo dia por Juliana Diógenes, disponível em: https://sao-paulo.estadao.com.br/noticias/geral,haddad-sanciona-lei-que-cria-parque-minhocao-e-diz-que-via-e-um-erro,10000020326. Acesso em: 08 dez. 2018.

nas férias seria de apenas 30%. O segundo dirigiu-se ao art. 4º, que previa originalmente três hipóteses de destinação da área do elevado: sua transformação parcial em parque, sua transformação integral em parque e o desmonte de sua estrutura física. O Prefeito vetou a terceira possibilidade (de desmonte do elevado), sem que as razões de veto contemplassem o motivo. Vale lembrar que as três possibilidades já constavam e ainda constam no Plano Diretor de 2014 (art. 375).

Em fevereiro de 2019, já sob a gestão do Prefeito Bruno Covas (2018-2021), anunciou-se a desativação do elevado e foi apresentado um projeto para sua transformação em parque. A ideia inicial, conforme notícias da imprensa, era que as adaptações fossem iniciadas no segundo semestre do mesmo ano e que a primeira fase das obras — de custos estimados em cerca de R$38 milhões — fosse finalizada até as eleições do ano seguinte, servindo de vitrine.[235] O anúncio não foi acompanhado de iniciativas legislativas, encontrando respaldo legal no Plano Diretor, na Lei nº 16.397/2016 e na Lei nº 16.883/2019.

Após o anúncio, em 11 de junho de 2019, o Procurador-Geral de Justiça do Estado, Gianpaolo Smanio, ingressou com uma ação direta de inconstitucionalidade perante o Tribunal de Justiça de São Paulo (TJ-SP) contra a Lei nº 16.882/2019 em face da Constituição Estadual, alegando vício de iniciativa — já que a matéria seria de iniciativa exclusiva do Prefeito — e falta de estudo urbanístico sobre os impactos da desativação do elevado no conjunto da cidade.[236] Dois dias depois, o relator do caso, Des. Salles Rossi, suspendeu o projeto de criação do parque até que se julgasse o mérito da ação. Em 2 de outubro do mesmo ano, o Órgão Especial do TJ-SP suspendeu a liminar concedida pelo relator por treze votos a onze. Entre outras questões, a maioria do colegiado entendeu, em primeira análise, que a CET já havia feito diversos estudos sobre o impacto da obra.

Em 11 de novembro de 2019, foi noticiado que a gestão de Bruno Covas havia desistido da criação do parque tal qual anunciado,

---

[235] Informações divulgadas à época pela imprensa, como ilustra reportagem do Portal Uol de 21.02.2019, assinada por Bruno Ribeiro, disponível em: https://noticias.uol.com.br/ultimas-noticias/agencia-estado/2019/02/21/bruno-covas-decide-desativar-o-minhocao-e-fazer-parque-suspenso.

[236] Trata-se da Ação Direta de Inconstitucionalidade nº 2129887-42.2019.8.26.0000, interposta pelo Procurador-Geral de Justiça do Estado de São Paulo em face do Prefeito e do Presidente da Câmara.

sem divulgação dos motivos.[237] Conforme divulgado pela imprensa, a prioridade passou a ser a concessão de áreas sob o elevado para exploração comercial. Segundo matéria da revista *Veja*,[238] do projeto original, a Prefeitura decidiu manter apenas o aumento dos gradis que margeiam o elevado e a construção de acessos para pedestres, prometendo levar e retirar vasos e bancos, que ficariam disponíveis apenas nos horários de uso livre. O então Secretário Municipal de Governo, Mauro Ricardo, afirmou à *Veja*: "Vamos fazer um parque temporário e ver se dá certo. Depois, as próprias pessoas que usam o espaço vão pedir para que o Minhocão seja de fato um parque permanente". A matéria pontua, ainda, que a demora para iniciar as obras gerada pela judicialização e a "questão eleitoral" teriam pesado na decisão.

Em 11 de dezembro de 2019, chegou a ser aprovado em primeira votação o Projeto de Lei nº 98/2018, de autoria do Vereador Caio Miranda, tendo por objeto autorizar o Executivo a desmontar o elevado e qualificar seu entorno, concedendo prazo de um ano para a conclusão da avaliação dos impactos no trânsito. O projeto, que havia sido apresentado ainda em maio de 2018, não chegou a ser pautado para segunda votação.

Em abril de 2020, ainda no início do pesadelo que se tornaria a pandemia da Covid-19 no Brasil, o elevado deixou de ficar aberto para pedestres e práticas esportivas nos dias úteis entre 20h e 22h. O uso livre da via ficaria suspenso nos dias de semana por vinte meses. Foi reaberto em dezembro de 2021 (já sob a gestão do Prefeito Ricardo Nunes, vice que assumiu o cargo após o falecimento de Bruno Covas), num contexto de vacinação avançada na cidade e de redução consistente nos números de novos casos e de óbitos. Mesmo durante a pandemia, o uso livre seguiu ocorrendo aos finais de semana e feriados e, em paralelo à reabertura nos dias úteis, decidiu-se ampliar o horário do uso livre: até então, o uso livre vinha ocorrendo entre 8h e 19h e passou a se dar entre 7h e 22h. A partir de maio de 2021, a Prefeitura também passou a instalar, em caráter experimental e por tempo indeterminado, bancos de madeira para incentivar que a população se aproprie do espaço do elevado nesses períodos. No mesmo mês, foram inaugurados os dois

---

[237] A desistência foi abordada, por exemplo, em reportagem televisiva da Emissora Bandeirantes, disponível em: https://www.band.uol.com.br/noticias/bora-sp/videos/prefeitura-de-sp-desiste-de-criar-parque-sobre-o-minhocao-16722381.

[238] Matéria de 09 de novembro de 2019, assinada por Sérgio Quintella, disponível em: https://vejasp.abril.com.br/blog/poder-sp/prefeitura-desiste-de-fechar-minhocao-para-a-construcao-de-parque/.

primeiros acessos para pedestres, dos oito cuja construção foi licitada em julho de 2020.[239]

Nesse meio tempo, ocorreram duas mudanças relevantes no plano jurídico. No dia 09 de setembro de 2020, em votação única, a Câmara Municipal aprovou o projeto de Decreto Legislativo nº 93/2019, que prevê a convocação de plebiscito para consultar a população sobre o destino do Elevado João Goulart após seu fechamento definitivo para trânsito de veículos, tal qual previsto no Plano Diretor. Também proposto pelo Ver. Caio Miranda, o projeto foi promulgado como Decreto Legislativo nº 54/2020, após ter recebido 54 votos favoráveis e um contrário. O texto, que entrou em vigor na data de sua publicação, não define data para que o plebiscito aconteça.

Encerrando a narrativa desta história ainda inacabada, tem-se que, em 22 de maio de 2021, o Órgão Especial do TJ-SP julgou o mérito da ação citada, declarando inconstitucional a Lei nº 16.882/2019. Após cinco pedidos de adiamento, por maioria de votos, o colegiado concluiu que houve invasão, pela Câmara, de competência do Executivo Municipal, imbuindo o diploma de vício de iniciativa. Entre outras, foi destacada a previsão na lei de criação de um conselho gestor, que estaria em contrariedade ao previsto no art. 24, §2º, 2, da Constituição Estadual. Também se destacou a falta de participação ampla na decisão e a ausência de estudos técnicos prévios para a implantação do parque.

A partir dessa reconstituição abrangente (ainda que não exaustiva), passa-se à análise dos interesses políticos envolvidos e dos bens jurídicos afetados pelas decisões acerca da conformação e dos usos do Minhocão.

b) Interesses políticos e bens jurídicos afetados

O esforço empreendido a seguir não se presta, nem poderia, a tratar as inúmeras discussões suscitadas por meio século de existência do Minhocão. O objetivo é o de se servir desse caso emblemático, de futuro ainda incerto apesar de tanto debate, para ilustrar a disputa multifacetada que tem por objeto a via urbana, jogando luz sobre aspectos aplicados do princípio da função social das vias urbanas.

---

[239] Informações deste parágrafo foram extraídas de notícias e a maior parte está compilada em matéria do Portal G1, de 01.05.2021, disponível em: https://g1.globo.com/sp/sao-paulo/noticia/2021/05/01/minhocao-passa-a-receber-bancos-de-madeira-aos-finais-de-semana-e-ganha-2-dos-8-acessos-prometidos.ghtml.

Deve-se ter em conta que a radicalidade do exemplo não permite sua simples transposição para casos de outras vias. Não se trata de um caso médio. De outro lado, seu histórico ilustra, com rara riqueza, a centralidade e o impacto de decisões sobre usos das vias urbanas sobre a cidade, suas funções sociais e o bem-estar de seus habitantes. A partir desse histórico, pretende-se mostrar os choques dinâmicos de interesses, jogando luz sobre os bens jurídicos afetados pelas decisões políticas acerca dos usos do elevado.

Partindo do momento de decisão sobre a construção do elevado, a primeira disputa óbvia e imediata, ainda muito simplista, diz respeito à contraposição entre os habitantes e trabalhadores da região, que têm a natural pretensão de fruir o mínimo de qualidade de vida no bairro em que moram, trabalham ou empreendem, e as pessoas que passariam a se utilizar do elevado para deslocamento cotidiano — predominantemente, usuários do transporte individual motorizado. A partir do destrinchar dessa dicotomia estereotipada, é possível identificar diversos meandros sobre o que esteve em jogo durante o período.

Em primeiro lugar, os habitantes da região do Minhocão não são e nunca foram um todo homogêneo e estático. Desde 1971 e durante todo esse período, é possível segmentar grupos distintos de interesse — proprietários que habitam o local, inquilinos, pessoas que ocupam cortiços e imóveis ociosos, pessoas em situação de rua etc. —, cujos interesses não convergem em todos os aspectos. O nível de vínculo de cada segmento com a região é variável conforme os papéis sociais que assumem. Os interesses também podem oscilar em função de gênero, condição social, etnia, faixa etária, condição física e assim por diante. A condição social, em especial, tem impacto na capacidade de habitar a região a depender do seu grau de valorização. Muitas pessoas passaram a poder viver em uma região com maior infraestrutura e mais bem localizada justamente por conta da desvalorização imobiliária gerada, entre outros fatores, pela construção do elevado. Outras, seja por terem um vínculo tênue com a região, seja pela condição social privilegiada, puderam deixar o entorno do Minhocão tão logo o processo de degradação começou. Esses meandros tornam complexa a mensuração dos interesses dos moradores e dificultam a tarefa do gestor público debruçado sobre as possibilidades de intervenção urbanística na região.

O mesmo pode-se dizer das pessoas que lá exercem atividade profissional — empregados, empregadores, autônomos —, vinculadas a tipos distintos de atividades ou, mesmo atuando numa mesma atividade, podendo ocupar posições sociais distintas entre si, refletidas em seus interesses. Assim como no caso dos moradores, a variação do preço da terra em função da mudança da paisagem local provoca alterações no perfil de ocupação dos imóveis comerciais e da própria via. Dados estabelecimentos deixam o entorno a partir dos desdobramentos da construção do elevado, ao passo que outros têm nos desdobramentos da construção a possibilidade de desempenhar atividade econômica em área até então inacessível. A posição social de cada um em relação a essa atividade também importa: o empreendedor que tem no ponto comercial um ativo possui interesse mais imediato na manutenção das condições da região do que o trabalhador que tira seu sustento desse ponto.

Mesmo pontuando essa heterogeneidade, pode-se afirmar que há elementos em comum que permitem agrupar esses segmentos para fins analíticos. Abstraindo a dinamicidade das migrações, há um interesse intrínseco, por parte das pessoas que, em cada momento, habitam ou trabalham na região, em manter as melhores condições possíveis, desde que isso não implique sua expulsão do espaço que ocupam. Essa parcela da população é aquela que mais intensa e diversamente vive e usa essa região da cidade. Portanto, trata-se da parcela mais interessada em todos os usos secundários da via urbana. A atividade comercial, a convivência, o lazer, a prática esportiva e a instalação de equipamentos públicos são muito mais importantes ao seu cotidiano do que ao daqueles que apenas passam pelo local. A efetiva garantia do direito à cidade para essas pessoas depende da máxima compatibilização concreta desses usos secundários com a função de circulação desempenhada pelas vias situadas no entorno dos imóveis que ocupam.

Ainda nesse primeiro campo da dicotomia, há, por trás de todos os segmentos, proprietários de imóveis, comerciais ou residenciais, que não utilizam essa parcela da cidade senão para extrair-lhe renda. Embora possam não se utilizar diretamente da via e dos imóveis da região, esses agentes possuem interesse econômico em seu bom funcionamento, de modo a permitir a apreensão de rendas diferenciais provindas das melhorias do entorno. Em parte, esse interesse converge com a expectativa do Estado de recolher mais tributos da região, bem como potencializar a ação dos agentes privados para atenuar os ônus do exercício da função pública.

Em relação às pessoas que usufruem seus imóveis, há um ponto de divergência partido da perspectiva desses proprietários: ainda que a desvalorização não interesse a nenhum desses grupos, para esses últimos, a valorização da terra pode ser irrestrita, quanto maior, melhor. Não há, portanto, a ressalva de que a valorização não pode ser tal que impeça sua permanência, como ocorre com aqueles que de fato ocupam e usam imóveis que não lhes pertencem, estando expostos à variação de preços de aluguel.

De modo mais amplo, há o interesse geral do mercado imobiliário sobre a terra daquela parte da cidade e as oportunidades de realizar novos empreendimentos rentáveis.[240] Esses interesses gerais do mercado imobiliário não necessariamente convergem, a todo instante, com os interesses particulares dos proprietários rentistas da região em específico. Processos de desvalorização intensos de áreas com farta infraestrutura podem prejudicar esses últimos, ao mesmo tempo que podem abrir oportunidades de investimentos com elevado retorno para o mercado em geral.

Em um plano ainda maior de abstração, há o interesse de todos os habitantes da cidade, que poderiam, ao menos em tese, fruir do que a região oferece, possuindo interesse legítimo em uma cidade integralmente acolhedora e humana, o que passa pelo cumprimento pleno da função social das vias e das propriedades urbanas. A mancha urbana e o sistema viário são inteirezas compostas por partes interligadas, sendo que os impactos regionais de uma intervenção localizada tendem a repercutir, de algum modo, sobre todo o território.

Virando-se para o polo contraposto da arena artificialmente montada, há o interesse daqueles que têm nessa via um local de passagem frequente em seus trajetos para o local de trabalho, a casa, o estabelecimento de ensino, o templo do culto, o equipamento público etc. No modelo de cidade e de circulação que predominou desde a inauguração do elevado, trata-se principalmente dos interesses dos usuários do transporte individual motorizado, que demandam rapidez, fluidez, conforto e segurança em seus deslocamentos. A configuração do elevado, como via expressa sobreposta às vias preexistentes, é claramente voltada a esse modo de transporte. O automóvel disputa com vantagem e prioridade esse espaço, restando parcela residual da infraestrutura para o transporte coletivo e os modos ativos. Em função da ocupação ineficiente do viário que promovem, mesmo predominando, os carros exigem a multiplicação e adaptação constantes do espaço de circulação ao longo do tempo.

Hegemônico no campo que congrega os interesses na circulação rápida pela via, o transporte individual motorizado agrava o conflito com o primeiro polo descrito. Em paralelo a seu predomínio sobre

---

[240] Para os agentes do mercado imobiliário que num dado momento não possuem capital investido na região, a desvalorização pode significar uma oportunidade de especular e obter rendas diferenciais no momento seguinte.

os demais meios, o transporte de automóveis degrada as condições de fruição dos usos secundários das vias. Nesse sentido, é possível que haja mais interesses em comum dos usuários dos demais modais — transporte coletivo, modos ativos etc. — com o primeiro grupo de interesses (habitantes, trabalhadores etc.) do que propriamente com os usuários frequentes dos carros. Até porque o papel dos que fazem uso dos modos ativos ou coletivos de transporte é constantemente desempenhado por pessoas que moram e trabalham na região, especialmente para deslocamentos curtos, típicos da vida no bairro.

Releva-se aqui a pertinência de precisar melhor os termos do conflito, travado principalmente entre o interesse imediato dos usuários dos carros que passam pela região e os interesses dos demais tipos de usuários da via — moradores, trabalhadores e usuários de outros modos de transporte. A falsa dicotomia preliminarmente exposta levaria à contraposição irracional entre o direito ao transporte e o direito à cidade, tornando a atividade de gestão das vias urbanas inviável à luz dos objetivos jurídicos predeterminados. O pressuposto para esse equívoco é a imutabilidade de um modelo de circulação "antiurbano", "anticidade". A adequada gestão da via urbana tem na convergência desses direitos uma premissa inarredável. Não há garantia do direito à cidade sem condições favoráveis de mobilidade urbana, acessíveis a toda a população. Desse pressuposto deriva o imperativo da mudança do modelo de circulação vigente nas cidades brasileiras.

O conflito do modelo rodoviarista com a garantia do direito à cidade oferece perspectiva alternativa sobre a garantia de outros direitos difusos. Embora, em abstrato, sejam titularizados por todos os habitantes da cidade, no caso concreto, as condições de fruição, suas causas e consequências se colocam de modo desigual. No plano teórico, a fruição de um meio ambiente saudável é interesse de toda a população urbana. Na dinâmica urbana concreta, o elevado erguido em favor do deslocamento de uma minoria que utiliza o transporte individual é responsável pela emissão, no andar de cima, e a retenção, no andar de baixo, de gases poluentes gerados pelos diversos modos de transporte e demais atividades emissoras que ocorrem no entorno.

Essa minoria, encapsulada em seus veículos e sempre de passagem pela região, é composta pelos usuários da via menos afetados por essa forma de degradação ambiental. Em outras palavras, a utilização intensiva dos automóveis contribui decisivamente para o acúmulo de poluentes sob e sobre o elevado erguido para sua passagem, deteriorando a qualidade do ar fruída principalmente pelas pessoas que habitam ou trabalham no entorno. O mesmo vale para a poluição sonora e visual,[241] bem como para o conjunto dessas externalidades negativas sobre o bem-estar social e o valor dos imóveis.

Outro exemplo de direito difuso que passa por essa dinâmica é a segurança pública. Em tese, não há distinção entre os diferentes grupos sociais no interesse por uma cidade segura. Trata-se de um bem público comum, no sentido não jurídico da expressão. No entanto, no plano fático, a degradação da região gerada especialmente pelas adaptações urbanas ao automóvel diminui a intensidade e diversidade do uso das vias, tornando a região mais insegura e vulnerável. Assim como no caso do meio ambiente, essa insegurança, para a qual o uso intenso do automóvel contribui, atinge de modo mais imediato as pessoas que vivem e trabalham na região, pouco afetando aqueles que a utilizam como mero local de passagem. O mesmo vale para as dimensões da cultura, lazer, esporte e preservação histórica.

A partir dessa breve explanação, evidencia-se a complexidade e multiplicidade de interesses relativos às intervenções no viário, ilustrados pela descrição do caso do Minhocão. Correlatos a esses interesses, identificaram-se bens jurídicos que estão em jogo e que devem ser sopesados em cada decisão e no conjunto de decisões estatais sobre as vias urbanas e, em especial, sobre o elevado.

c) Análise das decisões políticas tomadas

À luz do histórico apresentado, bem como dos interesses políticos e bens jurídicos afetados, passa-se à análise sintética das principais decisões políticas tomadas ao longo do tempo atinentes à gestão do Minhocão, jogando luz sobre os tipos de decisão e a incidência do princípio da função social das vias urbanas.

A primeira e mais importante decisão política tomada foi a de construção do elevado, inerentemente acompanhada da decisão sobre o tipo de uso prioritário. Aqui, tem-se claramente uma decisão do tipo 1.a, relativa à distribuição das vias urbanas entre os meios de circulação.[242] Identificam-se dois pressupostos implícitos na decisão principal:

---

[241] O Laboratório de Poluição Atmosférica Experimental da Faculdade de Medicina da USP fez um levantamento que mostrou que os ruídos da região no Minhocão ficam acima do limite recomendável pela Companhia Ambiental do Estado de São Paulo (Cetebsp) — de 55 decibéis — em praticamente todos os horários do dia. O mesmo levantamento apontou que os moradores da região do elevado respiram 79% a mais de poluição do que a média da cidade.

[242] Não se trata apenas de uma decisão relativa ao uso das vias, já que umbilicalmente ligada a uma decisão anterior, sobre a própria multiplicação do viário, com a construção de nova via na região (que não se enquadra na tipologia, posto que não é decisão sobre uso). O mesmo

as vias urbanas têm por função máxima a circulação de automóveis; e as vias ali preexistentes eram insuficientes para o tráfego de automóveis que tinham na região um local de passagem. Sem qualquer tipo de política redistributiva nas vias originais já dominadas pela circulação de automóveis, decidiu-se erguer sobre elas, a um enorme custo econômico, social e ambiental, uma via expressa exclusiva para garantir um deslocamento mais célere desses automóveis. Por mais de uma década, o elevado serviu praticamente apenas ao uso geral dos usuários do transporte individual motorizado. Durante os últimos 50 anos, seguiu privilegiando esse uso.

A falta de estudos técnicos, a desconsideração do planejamento pregresso, a falta de debate público e participação popular, bem como a rapidez da formação do juízo da Administração e da própria execução da obra contrastam com o período longuíssimo em que a decisão repercutiu e repercute na região e na cidade. Em paralelo à decisão sobre a distribuição da via, não foram tomadas, em um primeiro momento, decisões relevantes sobre a conformação do uso (1.b) e a integração das infraestruturas de transporte (1.c), de modo a mitigar os danos gerados. Muito menos mostrou-se qualquer preocupação com os usos secundários das vias urbanas, objeto da segunda família de decisões (2).

O período que se inicia na apresentação do projeto ao Prefeito Maluf e se encerra na inauguração da via expressa coube, com folga, em um período de dois anos de mandato. A decisão sobre executar essa e tantas outras obras viárias foi precedida do engavetamento, sem motivação clara, do Plano Urbanístico Básico (PUB) — anteriormente formulado, também sem participação social (MARICATO, 2000, p. 138). A hipótese de descaso e motivação mesquinha é reforçada pelo fato de o então Prefeito ter determinado a incineração dos exemplares impressos do PUB, em uma demonstração de autoritarismo infantil. Nem mesmo o percurso do trajeto originalmente concebido pelo arquiteto foi respeitado, tendo-se ampliado a extensão da via prevista sem aparente justificativa plausível.

O preço da obra açodada remete à inobservância do interesse público em geral. O equivalente a quase R$400 milhões (em valores estimados para 2016) em uma construção que só trouxe degradação e desvalorização. Naquele tempo, já havia muitos exemplos no mundo de vias expressas elevadas que trouxeram esse tipo de consequência

---

se aplica à eventual decisão de demolição, necessariamente precedida da desafetação da via. Esse é um exemplo da necessária ligação das atividades de planejamento do transporte e planejamento da circulação, explicada por Vasconcellos (1996).

ao seu entorno. A inexistência de qualquer canal de diálogo com os grupos mais afetados é outra marca da decisão, apesar de não fugir ao padrão da época — em que o direito administrativo não era, nem pretendia ser, efetivo em exigir motivação das decisões ou garantias aos administrados. Trecho de matéria da revista *Veja*, publicada pouco mais de um mês após a inauguração do elevado, releva um elemento importante na qualificação dessa ausência de diálogo:

> Ao tomar posse no início de 1969, Paulo Salim Maluf recebia uma estimulante herança. *'Eu não sou um político, mas sim um técnico'*, disse ele. E sua administração tem sido a mais profícua em obras na história da cidade. Além do discutido elevado Costa e Silva, que faz parte de um amplo esquema de vias ligando o oeste ao leste da cidade sem cruzamentos (inaugurado no último domingo), Maluf ordenou a execução de vinte viadutos, muitas pontes e passagens inferiores para pedestres, reformou avenidas, alargou ruas e iniciou um vasto processo de asfaltamento de toda São Paulo. (Edição de 27.02.1971)

Como ainda é frequente, decisões autoritárias foram apresentadas como "técnicas", "neutras". A iniciativa desta e tantas outras obras viárias se ampararia no resultado de uma conta exata, feita no interior do gabinete, de onde as ideias saem prontas para execução, sem qualquer mediação "política" com os interessados.

Uma entrevista do ex-Prefeito Maluf, dada à mesma revista *Veja* em 20 de maio de 2015, evidencia visão inalterada em relação ao elevado e à adequação do processo decisório adotado. Ao ser questionado sobre como se sente ao ver o avanço dos projetos de desativação do elevado, respondeu: "a pessoa que propõe isso é um terrorista contra a cidade. O Minhocão é como se fosse uma engrenagem de um relógio. Sem ele, o resto do complexo que eu construí não funciona". Em seguida, arguido sobre a possibilidade de o espaço ser usado para instalação de um parque, respondeu "eu fiz o projeto e a execução e sei que não dá para fazer um parque ali". Perguntado sobre o barulho e falta de privacidade da qual reclamam os moradores adjacentes, respondeu "é mentira. Eles não existem. Tenho estudos que mostram que o barulho embaixo do Minhocão é maior que em cima". Após tantas respostas eloquentes, a única pergunta que o ex-Prefeito se recusou a responder ao entrevistador foi se moraria em um apartamento vizinho ao elevado.

A ideia da via como uma engrenagem, a menção a estudos desconhecidos, a desqualificação contundente das críticas, a apropriação pessoal da concepção e execução da obra e a reivindicação do conhecimento global sobre suas possibilidades confirmam o viés autoritário e a utilização do discurso supostamente técnico para justificá-lo, em outro arroubo de despotismo pouco esclarecido. Fato é que, ao menos desde 1976, já houve uma percepção clara sobre os prejuízos trazidos pela decisão, ensejando uma discussão de mais de 45 anos sobre o que fazer com o Minhocão. Todo esse tempo não foi suficiente para que uma decisão definitiva fosse tomada. Ao lado de outros fatores, a profundidade da intervenção original e a radical transformação do território colocam os diversos segmentos sociais afetados em posições distintas, formando uma complexa paleta de interesses a serem considerados e dificultando a decisão posterior. Considerando a própria resistência proveniente de uma cultura rodoviarista tatuada na cidade, as decisões posteriores contrárias ao *status quo* se mostram ainda mais difíceis de serem tomadas.

O primeiro conjunto de decisões relevantes a mitigar os problemas urbanísticos derivados da intervenção de 1971 veio sob o comando do Prefeito Olavo Setúbal. Em 1976, sua gestão implantou a faixa de ônibus nas vias sob o elevado, até hoje existente, e restringiu, pela primeira vez, o horário do tráfego de veículos no elevado — medida incrementalmente aprofundada em governos posteriores.

A primeira é uma medida relativa à distribuição da via (1.a), com viés redistributivo e intenção de mitigar os efeitos da construção do elevado e socializar os benefícios da infraestrutura viária, recém-multiplicada, com os usuários do transporte coletivo. Essa redistribuição, que favorece o transporte coletivo e diminui o espaço dos automóveis, pode ser entendida ainda como um primeiro passo para inibir o uso excessivo do transporte individual motorizado.

Ainda que não se tenha elementos para dizer se a decisão foi ou não tomada com algum nível de diálogo e participação — algo que a aproximasse do ideal de gestão democrática —, a decisão de redistribuição tem clara intenção de democratizar o acesso ao espaço de circulação e melhorar as condições de acesso e utilização de um modo de transporte mais desejável ao interesse público. Mirou-se equilibrar o campo dos interesses daqueles que circulam pela região, o que, como se viu, tem potencial de arrefecer o conflito deste com o polo de interesses daqueles que vivem e trabalham na região, a quem os usos secundários das vias em questão são mais caros. Pode ser considerada uma decisão em favor da efetiva prestação do direito ao transporte e que, ao mesmo tempo, aproxima a função circulatória da convergência com as outras funções da cidade.

A segunda medida pode ser enquadrada como conformação do uso (1.b), limitando-se os horários de circulação dos automóveis pela via expressa. Essa segunda medida abre espaço para a discussão sobre os usos secundários das vias urbanas (2), que foram objeto de decisões posteriores. Assim, a decisão incide mais diretamente sobre o conflito entre os dois principais campos de interesse. Restringe-se a circulação do elevado em favor, principalmente, dos moradores da região, garantindo o mínimo de condições de descanso noturno e mitigando os danos ambientais gerados pelo uso intenso da via expressa. Aqui, há um passo em direção à melhoria das condições de fruição da cidade pelas pessoas que efetivamente vivem no entorno do elevado. Residualmente, abre-se a oportunidade para outras formas de se buscar o equilíbrio entre os usos do espaço de circulação.

Decisões importantes também foram tomadas nas gestões das Prefeitas Erundina e Marta Suplicy. A primeira ampliou o horário de restrição ao tráfego de veículos no elevado, incrementando a conformação do uso (1.b). A segunda levou uma programação cultural e de lazer para a via durante parte dos períodos de restrição ao tráfego, o que configura decisão sobre usos secundários periódicos (2.b). Além disso, ambas se esforçaram para iniciar um processo de valorização da região, com intenção de adensá-la do ponto de vista populacional. Nessas decisões, tomadas já em período democrático do país, é possível enxergar mudanças efetivas no traço autoritário que marcou a origem do Minhocão. Ou seja, para além do conteúdo democrático das medidas, que têm por fim ampliar a garantia do direito à cidade dos usuários da região, o processo decisório passou a contemplar elementos de diálogo e participação que qualificaram e legitimaram as decisões.

No caso dos Prefeitos Serra e Kassab, as decisões — do primeiro de abrir o concurso de intervenções não executadas e do segundo de lançar um edital que não teve desdobramento — não foram capazes de produzir efeitos concretos sobre o complexo viário e seu entorno, não fazendo jus a uma análise jurídica detida.

Em 2014, foi então tomada a decisão mais importante desde a inauguração do elevado. O Plano Diretor da cidade previu a desativação completa do tráfego de veículos no elevado e institucionalizou o debate sobre o destino da via e os prazos para sua transformação. Em contraste com a iniciativa original de construção da via, essa decisão foi fruto de amplo e profundo processo participativo que culminou com a votação, em dois turnos, na Câmara Municipal, com quórum qualificado e intensa pressão dos atores interessados, tomada em definitivo a partir da sanção do então Prefeito Fernando Haddad. A medida inaugurou um período de múltiplas intervenções e propostas, originadas pelo Executivo, pelo Legislativo e pela própria sociedade civil organizada, que aos poucos vêm transformando e ressignificando, de diversas perspectivas, o elevado e seu entorno.

A decisão sobre a desativação completa enquadra-se no tipo de decisão sobre a distribuição do viário entre os meios de circulação, podendo ser desdobrada, conforme a previsão do PDE, em tipos diferentes de decisão. A transformação total ou parcial da via em parque implicaria mudança drástica da afetação da estrutura do elevado (parte ou todo), tornando o uso secundário que atualmente ocorre durante os horários de restrição do tráfego objeto da afetação principal. Sua demolição, de outro lado, seria decisão final sobre a via, que não está enquadrada na tipologia proposta. Nesse caso, não se trataria de uma decisão sobre o uso da via propriamente dito, mas sobre sua existência. A determinação jurídica da demolição implicaria prévia desafetação da via enquanto tal: o elevado deixaria de ser via urbana, do ponto de vista jurídico, antes de ser efetivamente demolido.

A institucionalização da discussão sobre a decisão de longo prazo — entre a demolição ou a transformação (total ou parcial) em parque — deu início a um período de frequentes decisões sobre o uso das vias. Consolidaram-se a ampliação do horário de uso livre para expressões culturais, práticas esportivas e de lazer, a instalação da ciclovia sob o elevado, a mudança da denominação da via sob perspectiva de preservação da memória alinhada com os direitos humanos, os estímulos à convivência entre pessoas e à fruição do espaço urbano, o uso da via por foliões durante o carnaval e a oferta de comida de rua.

A decisão sobre a ampliação do horário de uso livre enquadra-se, ao mesmo tempo, nos tipos de decisão sobre distribuição da via entre os meios de circulação (1.a), sobre a conformação do uso (1.b) e sobre usos secundários periódicos (2.b) e esporádicos (2.c). A decisão sobre a distribuição se dá pela ampliação do espaço utilizado pelos meios de transporte não motorizado durante determinados períodos. A decisão sobre a conformação implicou a restrição dos horários de tráfego dos automóveis pelo elevado nesses mesmos períodos. Por fim, foram alargados os usos secundários temporários das vias — uso periódico voltado ao lazer, ao esporte, ao convívio, bem como uso esporádico por artistas de rua e comerciantes.

A instalação da ciclovia sob o elevado enquadra-se no tipo de decisão sobre a distribuição do espaço de circulação (1.a). Assim como ocorreu na década de 1970 com a instalação das faixas de ônibus, foi a primeira vez que se segregou, nesse complexo viário, espaço próprio para a circulação de ciclistas e outros meios de transporte ativo (skates, patinetes etc.).

Por fim, pode-se aventar ainda a classificação da mudança da denominação do elevado como uma decisão atinente a uso secundário permanente (2.b). Pode-se entender que as vias têm entre suas funções secundárias a preservação da história e, indiretamente, a reprodução de valores sociais, de maneira que, por essa perspectiva, a transformação do nome da via representa uma mudança simbólica relevante desse tipo de uso.

Todas essas medidas, tomadas desde a sanção do Plano Diretor de 2014, aproximam-se, gradualmente, do objetivo final juridicamente estabelecido: a completa desativação do elevado como via de tráfego de carros. A decisão sobre o modelo de desativação e o destino da infraestrutura resta em aberto e deve ser tomada com diálogo e participação social, ponderando-se os diversos interesses e bens jurídicos envolvidos.

4.2.2 O caso do transporte individual privado de passageiros em São Paulo

A emergência da chamada economia do compartilhamento e os efeitos do avanço tecnológico sobre a configuração das relações sociais, econômicas e políticas vêm suscitando diversas controvérsias jurídicas. O tema dos aplicativos de transporte individual de passageiros, em específico, encontra-se no centro de muitas discussões intrincadas, dentre as quais se destacam: o surgimento de novas formas de relação de trabalho e sua regulação; a pressão competitiva que as novas tecnologias exercem sobre atividades econômicas tradicionais (neste caso, sobre os táxis) e a legitimidade e legalidade dessa concorrência; a obsolescência das normas de direito tributário frente ao novo contexto econômico e social conformado pelas novas tecnologias; e as potencialidades e os riscos que o avanço dessas tecnologias traz à organização das cidades. Muitas dessas perspectivas já chegaram a instâncias institucionais do país, contemplando discussões no Congresso Nacional,[243] no Judiciário[244] e no próprio Executivo Federal, por exemplo, a partir da atuação

---

[243] Após diversos embates políticos e sob pressão de múltiplos atores, o Congresso aprovou a Lei nº 13.640, de 26 de março de 2018, trazendo a regulação de alguns aspectos dessa modalidade de transporte.

[244] A título de exemplo, tem-se que ao menos dois casos chegaram ao STF tendo por objeto a legalidade do transporte privado individual de passageiros por aplicativos: a Ação de Descumprimento de Preceito Fundamental (ADPF) nº 449, que questionou lei municipal aprovada em Fortaleza/CE, e o RE nº 1054110, de autoria da Câmara Municipal de São Paulo, que questionou a declaração da ilegalidade dos aplicativos de transporte individual de passageiros pelo TJ-SP.

do Conselho Administrativo de Defesa Econômica (Cade).[245] O debate regulatório tem sido intenso, nos meios político, jurídico e acadêmico.

A escolha desse caso como campo de aplicação das formulações desenvolvidas no trabalho não guarda relação direta com a maioria desses aspectos. Para além da atualidade e universalidade do tema, bem como das incertezas sobre seus desdobramentos em cada parte do mundo, a opção se deve a uma razão específica principal: o advento dos aplicativos de transporte individual significa a inauguração de um movimento de criação de múltiplas formas de exploração econômica que pressupõem uso intensivo das vias urbanas sem implicar sua desafetação, parcial ou total, ao uso geral (uso comum, na classificação do CCB/2002). Há, nesse ponto, um efeito imediato do movimento disruptivo em curso sobre a utilização das vias urbanas, exigindo, do Poder Público, a formulação de uma regulação apta a lidar com a nova realidade emergente.

A abordagem do tema é a seguir feita a partir de um recorte específico. Como o município de São Paulo foi o primeiro a debater e instituir formalmente uma regulação própria a incidir especificamente sobre a questão do uso do viário, a apresentação dos aspectos históricos, a identificação dos interesses políticos e dos bens jurídicos afetados, bem como a análise das decisões políticas têm enfoque nos desdobramentos do surgimento dos aplicativos de transporte individual nesse município.

Além da delimitação territorial e temática, foi feito um recorte temporal. Ainda que discussões de outros aspectos do funcionamento dos aplicativos no município tenham continuado depois disso, a questão do uso intensivo do viário foi estabilizada a partir de solução dada pela Prefeitura a partir do Decreto nº 56.981/2016. Por isso, para não alongar a descrição para além do necessário, a descrição e análise do caso compreenderão o período entre o surgimento dos aplicativos de transporte individual de passageiros no país e a edição do referido decreto.

---

[245] Em 12.04.2018, o Departamento de Estudos Econômicos (DEE) do Cade divulgou estudo em que analisou os impactos concorrenciais da entrada da Uber no mercado, utilizando uma base de 590 municípios contemplando os anos de 2014 e 2016. Em paralelo, o Cade recebeu representação contra taxistas e entidades de representação sob a alegação de que estavam se utilizando de meios abusivos para excluir e barrar a entrada do aplicativo Uber no mercado de transporte individual remunerado (conduta anticompetitiva denominada *sham litigation*, relacionada ao abuso do direito de petição com finalidade anticoncorrencial). O Cade arquivou o processo administrativo correspondente a partir de decisão proferida na sessão de julgamento de 04.07.2018.

Antes de tratar do advento dos aplicativos de transporte individual no município de São Paulo, é importante situar sua atividade em relação à legislação federal. A já abordada PNMU (Lei nº 12.587/2012), além de ter estabelecido parâmetros e instrumentos voltados à garantia do direito ao transporte, dispõe, na redação vigente do art. 12, que os Municípios devem disciplinar e organizar o transporte individual remunerado de passageiros. Quando da promulgação da lei que instituiu a PNMU, a redação original do art. 12 tratava dos "serviços públicos de transporte individual de passageiros" e previa sua prestação mediante permissão.

No ano seguinte à promulgação, a Lei nº 12.865/2013, que praticamente não trata de transporte ou mesmo de direito urbanístico, promoveu uma alteração específica na redação do referido artigo. O diploma mudou a designação de "serviços públicos" para "serviços de utilidade pública" e cuidou de excluir a previsão de que a prestação se daria mediante permissão. Além disso, tal lei acrescentou dois dispositivos (12-A e 12-B), em que se trata especificamente do serviço de táxi, explorado mediante outorga. Seja quando da promulgação da PNMU, seja no momento da alteração mencionada, a regulação sobre transporte individual de passageiros pareceria interessar de modo imediato unicamente aos atores envolvidos no serviço de táxi.

Pouco tempo depois, iniciou-se uma batalha política e jurídica sobre a interpretação da lei e a legalidade ou não da prestação de serviços de transporte individual de passageiros que não aqueles organizados por táxi.[246] A questão só foi dirimida a partir das alterações promovidas na PNMU pela Lei nº 13.640/2018, que, enfim, deu respaldo jurídico à operação dos aplicativos — mesmo deixando diversos pontos em aberto. Além de prever a modalidade expressamente, referida lei estabeleceu competência exclusiva dos Municípios e do DF para regulamentar e fiscalizar o serviço, tendo fixado conteúdo mínimo para essa regulação.

Feita essa contextualização, passa-se à reconstituição dos fatos. A batalha sobre a legalidade dessa modalidade de transporte teve início com a chegada ao Brasil da primeira empresa organizada em torno dessa atividade econômica com pretensões de fazer frente ao serviço prestado pelos condutores de táxi. Trata-se da *Uber*, empresa que opera um aplicativo de celular que surgiu com a promessa de conectar consumidores do serviço de transporte individual de passageiros a

---

[246] Sobre isso, ver: Parecer de Daniel Sarmento *Ordem Constitucional Econômica, Liberdade e Transporte Individual de Passageiros: O "caso Uber"* (2015); e artigo de Gustavo Binembojm (2016).

seus prestadores — motoristas particulares em carros próprios e, em princípio, sem alvará, nem autorização ou permissão do Poder Público.

A primeira cidade em que o aplicativo começou a operar no Brasil foi o Rio de Janeiro, no início de 2014, seguida por São Paulo, em junho do mesmo ano. De lá para cá, a operação da empresa no país cresceu de maneira avassaladora e, com ela, cresceram as polêmicas, em um caminho de muitos percalços. Com o tempo, outros aplicativos análogos passaram a lhe impor concorrência, a exemplo de 99 e *Easy Taxi*, que passaram a operar também com essa modalidade (e não mais apenas com o táxi), e do ingresso de outras empresas no país, como a espanhola *Cabify*. Passados alguns anos, nem todas as entrantes seguem operando, sendo o mercado nacional dominado principalmente por Uber e 99.

Em meio às polêmicas, a controvérsia envolvendo a atividade dessas empresas foi objeto, em todo o país, de diversas iniciativas: proibições e liberações liminares do Poder Judiciário, leis restritivas, consultas públicas, articulações políticas, abaixo-assinados de consumidores e condutores, mudanças no serviço de táxi, pressão dos sindicatos de taxistas, manifestações, conflitos violentos.

Em maio de 2016, foi editada a primeira regulamentação do serviço no Brasil, realizada pela Prefeitura de São Paulo. Essa regulamentação passou longe de significar a pacificação das inúmeras questões que a atividade suscita. A descrição a seguir atém-se ao recorte indicado, restrito ao município de São Paulo, e contempla o período do surgimento dos aplicativos até essa primeira norma. Adotando-se a perspectiva do Poder Público, responsável pela mediação entre os interesses conflitantes, é possível apreender alguns aspectos que enriquecem o olhar sobre a função social das vias urbanas.

A atividade dos aplicativos de transporte individual de passageiros é o primeiro exemplo concreto de um tipo de exploração do viário com alto potencial de crescimento nas grandes cidades. Em alguns municípios brasileiros, passaram a operar aplicativos de locação de bicicletas e patinetes elétricos sem base fixa, permitindo, em tese (a depender da regulação), que veículos sejam deixados livremente em qualquer ponto das vias públicas em dado perímetro delimitado. Parte das empresas estrangeiras que operam esses aplicativos também trabalham, em outras partes do mundo, com o compartilhamento de carros. Também emergem outros modelos, como os aplicativos de transporte coletivo privado (fretado), a exemplo do *BusUp*, que organizam rotas urbanas ou interurbanas de ônibus particular conforme a demanda captada. Empresas como *Tesla* e *Uber* vêm desenvolvendo projetos-piloto com carros autônomos, que independem de condutores, prometendo um novo capítulo na mobilidade urbana global. Os tradicionais serviços de entregas por moto foram drasticamente reconfigurados pelo surgimento dos aplicativos de *delivery* (*iFood, Rappi, 99Food, Uber Eats, Loggi* etc.), suscitando questões semelhantes.

Essa nova realidade desafia o Estado, em especial as Administrações locais, indicando que vias urbanas podem passar a funcionar como suporte principal de atividades econômicas novas, bem como de atividades preexistentes organizadas a partir de novos modelos de negócio, com escala mais ampla e maior impacto urbanístico. Por isso, a abordagem do caso dos aplicativos de transporte individual, objeto pioneiro das controvérsias e de um debate com algum nível de amadurecimento, pode contribuir para a formação de um novo olhar sobre as vias e seus usos emergentes.

a) Cronologia a partir do surgimento dos aplicativos em São Paulo

A cronologia tem como marco zero o início da operação do primeiro aplicativo a atuar em São Paulo, em 26 de junho de 2014. Cerca de um mês depois, em 23 de julho, o Vereador Adilson Amadeu, conhecido por representar a categoria dos taxistas, propôs à Câmara o PL nº 349, que visava à proibição na cidade do "transporte remunerado de pessoas em veículos particulares cadastrados através de aplicativos para locais pré-estabelecidos". Em 24 de fevereiro do ano seguinte, foi noticiado um dos primeiros protestos de taxistas contra o aplicativo, ocorrido na porta de um casamento.

Nesse mesmo ano de 2015, o conflito chegou ao Judiciário. Em 28 de abril, um juiz de 1ª instância concedeu liminar proibindo o aplicativo de operar na cidade. Em 4 de maio seguinte, o TJ-SP derrubou a liminar em decisão parcial. Em 30 de junho do mesmo ano, sob forte pressão exercida pelos taxistas em protestos de rua, a Câmara aprovou em primeira votação o projeto do Vereador Adilson Amadeu, pelo placar de 48 votos a um. O único contrário à proposta, Vereador Police Neto, propôs, em 18 de agosto, o PL nº 421 de 2015, que dispõe sobre a regulamentação do compartilhamento de automóveis e busca dar respaldo jurídico à operação dos aplicativos na cidade.

Em 9 de setembro de 2015, em mais um dia de mobilização promovida por sindicatos de taxistas, a Câmara aprovou em segunda votação o projeto, por 43 a 5. Foi incluída e aprovada emenda proposta pelo líder do governo, a pedido da gestão, que estabeleceu que "[o] Poder Executivo deverá promover estudos para o aprimoramento da legislação de transporte individual de passageiros e a compatibilização de novos serviços e tecnologias com o modelo previsto na Lei Municipal nº 7.329/1968", que trata de "normas para execução de serviço de transporte individual de passageiros em veículos de aluguel taxímetro".

Em 8 de outubro, mesmo diante da mobilização de usuários do Uber pedindo o veto por meio de cartas e ligações, o então Prefeito Fernando Haddad sancionou a Lei nº 16.279/2015. No mesmo dia, a Prefeitura apresentou um novo modelo de serviço de táxi por aplicativo, o "táxi preto", com exigências de padrão de qualidade, e anunciou o sorteio de cinco mil alvarás da nova modalidade, abrindo a possibilidade de participação de empresas de tecnologia como o Uber no serviço de táxi. Menos de uma semana depois, em 14 de outubro, a Confederação Nacional de Serviços ingressou no TJ-SP com Ação Direta de Inconstitucionalidade (ADI) contra a lei, alegando que se criaria uma reserva de mercado, restringindo injustificadamente a mobilidade urbana na cidade.

Em 21 de dezembro de 2015, o PL nº 421/2015, do Vereador Police Neto, foi aprovado em primeira votação de modo polêmico, tendo passado repentinamente ao início da pauta e tendo sido votado em meio a outros projetos. No fim do mesmo mês, no dia 29, a Prefeitura colocou em consulta pública, por meio de seu endereço eletrônico, uma proposta de regulamentação do serviço dos aplicativos de transporte individual de passageiros.

Em 28 de janeiro de 2016, multiplicaram-se notícias de agressões e manifestações violentas contra motoristas do Uber. Em 2 de fevereiro do mesmo ano, o TJ-SP concedeu liminar respaldando o funcionamento do Uber em São Paulo e proibindo a apreensão de carros cadastrados no aplicativo em ações de fiscalização do Departamento de Transportes Públicos. Em 5 de abril, a Procuradoria-Geral de Justiça do Estado concedeu parecer favorável à ADI contra a Lei nº 16.279/2015.

Ao longo do mesmo mês de abril, a Prefeitura enviou à Câmara Municipal algumas versões do texto submetido à consulta pública, negociando para que as propostas fossem apensadas ao PL nº 421/2015, aprovado em primeira votação. Após seguidos embates e obstruções do projeto por Vereadores contrários, e sob forte pressão dos taxistas, o projeto seguiu travado no Legislativo. Enfim, em 10 de maio de 2016, sem sucesso nas negociações, a Prefeitura decidiu regulamentar a atividade por meio do Decreto nº 56.981/2016.

b) Interesses políticos e bens jurídicos afetados

Apesar de não compreender parte expressiva dos acontecimentos atinentes ao tema ocorridos nesse período, a cronologia acima é suficiente para abordar os interesses jurídicos envolvidos e os bens jurídicos afetados pela controvérsia. Identificam-se como atores interessados na decisão sobre a regulação urbanística dos aplicativos de transporte individual de passageiros, além do próprio Poder Público: (i) as empresas que operam os aplicativos; (ii) os motoristas de táxi que possuem alvará e os sindicatos da categoria; (iii) as empresas detentoras de frotas de táxis e serviços de rádio táxi; (iv) os motoristas de táxi cadastrados e ativos que não possuem alvará; (v) os usuários do serviço de transporte individual de passageiros, seja o táxi ou privado; (vi) motoristas autônomos que oferecem o serviço do transporte individual de passageiros via aplicativos; (vii) a coletividade de habitantes e usuários da cidade. Passa-se à identificação dos interesses de cada um desses grupos.

As empresas que operam aplicativos, como em qualquer ramo, visam ao lucro, à expansão de sua participação de mercado e ao crescimento do próprio tamanho do mercado consumidor. Têm interesse em pressionar as autoridades a estabelecer uma regulação permissiva e aberta, garantindo condições jurídicas para explorar vantagens competitivas em relação ao serviço de táxi e a outros modais de transporte, atraindo novos consumidores e motoristas em um ambiente de negócios de maior estabilidade e segurança jurídica. Sob a defesa da livre concorrência, da liberdade de iniciativa e da proteção à inovação, pretendem ver reconhecido seu direito de operar na cidade sem que isso implique restrições que engessem ou onerem seu modelo de negócios, como ocorreria com a equiparação ao serviço de táxi. Vale pontuar que as principais empresas que operam aplicativos são controladas por conglomerados multinacionais, com elevado poder econômico e capacidade de mobilizar, por ações de comunicação, os usuários em defesa de seus serviços.

Um tipo de ator de peso crescente potencialmente afetado pelos rumos do mercado são as locadoras de veículos. Com o crescimento do mercado, a locação de veículos para motoristas vinculados a aplicativos se tornou um filão muito importante do mercado de locação de carros particulares. Para fins da discussão aqui abordada, esse grupo não merece análise apartada, sendo que seus interesses imediatos tendem a se confundir com os interesses das empresas de aplicativo, no sentido do crescimento do mercado privado.

As empresas detentoras de frotas de táxis e de serviços de radiotáxi podem ser vistas como donas dos "meios de produção" de um serviço que, até pouco tempo atrás, era objeto de uma espécie de reserva de mercado. Por ser um grupo pequeno e concentrado, possuem forte poder econômico. Por estarem consolidados no mercado há décadas, têm certo peso político, sobretudo na Câmara dos Vereadores. A pretensão desse grupo era a de manter a "reserva de mercado" ou, ao menos, ver editada regulação que preservasse uma situação confortável em relação aos novos entrantes, com a proteção de seu segmento e a restrição máxima da atuação dos aplicativos pelas diversas perspectivas jurídicas: urbanística, tributária, trabalhista, fiscalizatória e assim por diante.

O agrupamento dos condutores de táxi com alvará próprio e os sindicatos de condutores de táxi em um mesmo segmento, apartado de condutores de táxis desprovidos de alvará, se justifica por uma razão: há mais de 80 mil motoristas registrados no Cadastro de Condutores de Táxi (Condutax) dos quais menos da metade detém alvará. Além disso, as frotas possuem boa parte dos veículos com alvará, de maneira que parcela expressiva dos motoristas habilitados ou estão inativos ou precisam alugar a licença para trabalhar. Assim, os interesses do sindicato e dos condutores titulares de alvará se alinham de modo mais imediato, e não necessariamente convergente ao dos demais condutores de táxi. Assim como os proprietários de frotas, rádios e aplicativos, os taxistas titulares de alvará almejavam que a pressão competitiva exercida pelas novas empresas fosse eliminada ou tivesse sua atuação restringida ao máximo. Além disso, não possuem interesse no sorteio de novos alvarás, que reduz o valor de mercado do título e amplia a concorrência dentro do próprio segmento.

Situação diferente é a dos motoristas de táxi cadastrados e ativos que não possuem alvará. Tal grupo destoa do anterior pelo fato de se encontrar em uma zona cinzenta. A competição dos táxis com as empresas e das próprias empresas de aplicativo entre si traz a este segmento vantagens e desvantagens. Se, por um lado, a concorrência aumenta a oferta, com potencial de diminuir sua participação de mercado e os valores das corridas, por outro, a disputa dos aplicativos entre si e desses com as frotas e radiotáxis pode obrigar esses atores a oferecerem melhores condições para atrair motoristas — desde que o número de motoristas disponíveis não cresça mais do que a demanda por corridas. Assim, potencialmente, esses motoristas ganham uma opção alternativa. Em termos práticos, é sabido que para muitos taxistas o volume de corridas diminuiu após o surgimento dos aplicativos de transporte privado, tendo igualmente caído, de forma sensível, o valor de aluguel ou compra de alvarás.

O aumento da oferta também pode ajudar a destravar uma possível demanda reprimida derivada dos preços inacessíveis ou da eventual má qualidade do serviço até então verificados. Assim sendo, pode-se dizer que o interesse desse grupo não é tão bem delineado. Em termos gerais, condutores habilitados sem alvará próprio pretendem obter as melhores condições de trabalho possíveis, o que é favorecido pelo incremento das alternativas, mas acabam prejudicados pelo aumento da concorrência geral dos serviços derivado da elevação do número de prestadores.

O grupo formado pelos potenciais motoristas de transporte individual privado de passageiros por aplicativos apresenta-se como segmento mais instável do que aqueles tratados até aqui, embora venha aos poucos se consolidando. Trata-se do contingente de pessoas que viram nessa atividade uma oportunidade de fonte de renda para o sustento próprio, pelos mais diversos motivos: estavam desempregados, sem ocupação ou aposentados; se viam insatisfeitos com o ofício anterior em razão da baixa remuneração ou da pouca flexibilidade; identificaram nessa atividade chance de obter renda complementar temporária para financiar um projeto pessoal ou quitar uma dívida; etc.

Após alguns anos de operação dos aplicativos, são centenas de milhares de motoristas que, aos poucos, organizam sua vida em torno dessa atividade e consolidam sua posição relativa de interesse. Possuem algum nível de convergência de interesse com as empresas que operam aplicativos — já que dependem de sua regularização —, mas têm robustas divergências em relação ao conteúdo da regulação almejada pelos aplicativos. Um exemplo disso é que, para aqueles que já têm nessa atividade um ofício, a multiplicação indefinida de pessoas ofertando o serviço tende a derrubar o valor das corridas, precarizando suas condições de trabalho. O exemplo mais concreto e imediato, contudo, diz respeito à precificação das corridas e às porcentagens retidas pelo aplicativo pelos seus serviços. Trata-se de nova forma de relação de trabalho, que vem sendo muito discutida e suscita muitas divergências, em especial sobre como garantir condições dignas a esses trabalhadores.

Os usuários dos serviços, de modo mais intenso do que os grupos de interesse já tratados, configuram segmento difuso e sujeito a oscilações mais intensas e frequentes. Trata-se de universo que abarca não apenas moradores da cidade e, apesar do recorte de classe relacionado ao custo do serviço, mostra-se amplo se considerados os usuários potenciais.

Até porque, os serviços vêm se diversificando, contemplando desde o compartilhamento de viagens em carros populares até o serviço de transporte de helicóptero. O interesse desse grupo é o incremento de alternativas, a melhoria dos serviços e seu barateamento. Trata-se de uma faceta do cidadão, mas que não é absoluta.

    O último grupo, o mais amplo de todos e que se confunde com a coletividade, é composto por todos aqueles que vivem ou usufruem a cidade e suas vias. Esse grupo possui um campo significativo de intersecção com o anterior — dos potenciais usuários dos serviços. Contudo, a perspectiva é diversa e, em alguma medida, contrastante com aquela. Sua síntese talvez seja o mais próximo possível do que se pode entender como o interesse público predominante, sendo o todo do qual os grupos anteriores são parte minoritária. É o universo de pessoas cujos interesses praticamente se confundem com os objetivos da legislação urbanística. Almeja, em última instância, a garantia do direito à cidade, incluídos a efetivação do direito ao transporte e o cumprimento da função social de suas vias, relacionado à utilização racional e sustentável do espaço de circulação, contemplando seus diversos usos e preservando o meio ambiente. Para tanto, essa coletividade demanda uma regulação que não permita que empresas e atores privados se apropriem do que é público e transfiram os ônus de suas atividades para a sociedade.

    Do conflito entre os interesses descritos resulta o vetor de forças incidentes sobre as instituições estatais, responsáveis pela tomada de decisão, e as instâncias de mediação que afetam essas instituições — órgãos de controle, imprensa, partidos políticos etc. A seguir, busca-se resumir essa correlação de forças a partir das expectativas de cada um dos atores (colunas) em relação aos demais (linhas).

(continua)

Expectativa de cada grupo Em relação aos atores	Empresas que operam aplicativos (*apps*)	Frotas, radiotáxi, motoristas c/ alvará e sindicatos	Taxistas sem alvará	Motoristas vinculados aos *apps*	Usuários do serviço	Coletividade
Estado	Segurança Jurídica. Liberação ou regulação de baixa intensidade	Proibição ou regulação restritiva dos novos entrantes	Regulação pró-competitiva, que mantenha nível aceitável de demanda e melhore condições de trabalho	Segurança jurídica; liberação e regulação que ofereça melhores condições de trabalho	Regulação que garanta diversidade, qualidade e baixo preço no transporte de passageiros	Garantia do direito à cidade e ao transporte; uso racional e sustentável das vias urbanas
Empresas que operam os *apps*	X	Eliminação do mercado privado ou atuação em condições restritivas	Concorrência que não elimine o serviço de táxi, mas lhe ofereça alternativa adicional de trabalho	Preços e descontos compatíveis c/ serviços prestados e regras favoráveis ao trabalhador	Serviços alternativos de qualidade, acessíveis e diversos	Observância de regulação protetiva em relação às condições de trabalho e externalidades da atividade
Frotas, rádios, taxistas c/ alvará e sindicatos	Perda de participação de mercado em seu favor	X	Oferta de melhores condições de trabalho para mantê-los	Perda de participação de mercado em seu favor	Melhoria dos serviços; preservação como alternativa aos *apps*	Observância de regulação protetiva em relação às condições de trabalho e externalidades da atividade

(continua)

Expectativa de cada grupo		Empresas que operam aplicativos (*apps*)	Frotas, radiotáxi, motoristas c/ alvará e sindicatos	Taxistas sem alvará	Motoristas vinculados aos *apps*	Usuários do serviço	Coletividade
	Em relação aos atores						
Taxistas sem alvará		Migração para os serviços emergentes, aumentando oferta	Que se mantenham alugando os alvarás a altos preços	X	Inércia; não aumento da competição no segmento de motoristas de *apps*	Prestação de serviços de qualidade	Prestação de bons serviços. Observância da regulação. Equilíbrio favorável à mobilidade urbana
Motoristas vinculados aos *apps*		Aumento da força de trabalho que permita elevação da oferta de corridas	Migração total ou parcial para outras ocupações	Redução ótima, sem eliminação, mantendo-se aberta essa alternativa de trabalho	X	Prestação de serviços de qualidade	Prestação de bons serviços. Observância da regulação. Equilíbrio favorável à mobilidade urbana
Usuários do serviço		Aumento da demanda pelo transporte individual privado de *apps*	Aumento da demanda pelo serviço de táxis	Aumento ótimo da demanda por táxis, sem que se inviabilize a modalidade privada	Aumento ótimo da demanda pelo transporte individual privado de *apps*, sem atração de motoristas	X	Variação das opções de transporte, com prioridade ao transporte público e aos modos ativos

(conclusão)

Expectativa de cada grupo		Empresas que operam aplicativos (*apps*)	Frotas, radiotáxi, motoristas c/ alvará e sindicatos	Taxistas sem alvará	Motoristas vinculados aos *apps*	Usuários do serviço	Coletividade
Em relação aos atores	Usuários da cidade	Aumento da demanda e suporte político à atividade dos *apps*	Aumento da demanda e suporte político aos serviços de táxi	Que passem a usar ou usem mais intensamente o serviço de táxi	Que migrem para o grupo de usuários ativos dos *apps*	Que não migrem para o serviço em medida que aumente os preços das corridas	X

Fonte: Elaboração própria.

Embora muitos dos interesses expostos no quadro não digam respeito diretamente ao uso das vias urbanas, todos são afetados pela conformação jurídica da atividade do transporte individual por aplicativo em relação a esse ponto específico. Em outros termos, a decisão do Poder Público sobre liberar ou restringir esse serviço (tendo em vista a ausência de pacificação sobre seu respaldo ou não pela PNMU quando da decisão) e, no primeiro caso, o estabelecimento dos limites do uso do viário para tal atividade têm impactos imediatos sobre os direitos e as pretensões de cada grupo de interesse. Cabe, por fim, analisar as decisões tomadas à luz da incidência do princípio da função social das vias urbanas.

c) Análise das decisões políticas tomadas

A partir dos elementos descritos acima, pretende-se jogar luz sobre os principais aspectos do Decreto editado pela Prefeitura e entender suas consequências tendo-se em vista o quadro de interesses e sua relação com a aplicação do princípio da função social das vias urbanas. Antes de abordar a norma, vale apontar alguns aspectos do processo decisório. É notável o elevado grau de conflito que permeou todo o período compreendido do surgimento dos aplicativos até a edição do Decreto. Apesar da participação da sociedade e dos grupos de interesse organizados nas decisões, o diálogo institucional não se mostrou profícuo.

O Judiciário concedeu e derrubou liminares sem maiores considerações ou deferência em face dos posicionamentos do Executivo e do Legislativo. O Legislativo reagiu às medidas judiciais, mas apresentou projetos e promoveu votações repentinas, sem debater em profundidade a posição do Executivo. O Executivo Municipal, apesar das tentativas de diálogo com a Câmara e da consulta pública ao texto, privilegiou, ao fim, o juízo de urgência, oferecendo solução por veículo normativo infralegal. O instrumento acaba conferindo menor proteção jurídica à regulação, mais amparada em sua engenhosidade e na dependência da trajetória do que propriamente na consolidação de um processo de diálogo amplo, que poderia ter como desfecho norma mais estável, menos sujeita a intempéries e à alternância partidária. Passa-se à análise do teor do Decreto.

Da perspectiva da discussão desenvolvida neste livro, o principal aspecto do Decreto a ser destacado refere-se à abordagem da regulação, que se evidencia logo em sua epígrafe, segundo a qual a norma "dispõe sobre o uso intensivo do viário urbano municipal para exploração de atividade econômica [...]". A regulação adotada dialoga com um aspecto específico da política de mobilidade e da afetação principal das vias urbanas. A questão central colocada é menos a garantia de um meio adicional de deslocamento (também considerada) e mais a preocupação de que o uso do espaço viário por essa nova modalidade esteja submetido ao interesse público, sem prejuízo de se reconhecer que nova modalidade de transporte individual possa ajudar a racionalizar o padrão de uso do espaço de circulação.

Considerando a classificação exposta no Capítulo 3, a ocupação da via urbana pelo transporte individual de passageiros por aplicativos corresponde a uso econômico de interesse geral, cuja particularidade é ligar-se à afetação principal ruas. Ou seja, diferentemente da maioria dos usos econômicos de interesse geral, esse tipo de atividade não exige a desafetação parcial da via urbana — como ocorre no caso da instalação das bancas de jornal, por exemplo — nem mesmo refere-se a um uso secundário temporário da via — como se dá com a realização de feiras livres. Por isso, tal atividade demanda um tipo de decisão peculiar. Trata-se de decisão sobre a conformação dos meios de circulação (tipo 1.b na tipologia do Capítulo 3), mas que não incide sobre uso livre (como o deslocamento a pé), uso geral condicionado (como o transporte de carros particulares em geral) ou uso administrativo utilitário (como o transporte público coletivo). Incide, sim, sobre uso econômico de interesse geral que, atipicamente, afeta as condições gerais de circulação pela cidade.

A preocupação com a questão do uso do espaço viário e os efeitos de sua exploração econômica pela atividade do transporte individual de passageiros por aplicativo apresenta-se de modo mais palpável em algumas das diretrizes enunciadas no art. 2º do Decreto, entre as quais: "evitar a ociosidade ou sobrecarga da infraestrutura disponível" (inciso I); "racionalizar a ocupação e a utilização da infraestrutura instalada" (inciso II); "promover o desenvolvimento sustentável da cidade de São Paulo, nas dimensões socioeconômicas e ambientais" (IV); "harmonizar-se com o estímulo ao uso do transporte público e meios alternativos de transporte" (VII). Resta entender quais foram os instrumentos previstos no texto normativo para dar contornos práticos a essas preocupações.

Um instrumento relevante nesse sentido é o previsto no art. 8º, *caput*, que submete o funcionamento das empresas cadastradas na cidade (Operadoras de Tecnologia de Transporte Credenciadas — OTTCs) à utilização dos chamados "créditos de quilômetros". A utilização desses créditos depende de "outorga onerosa e pagamento de preço público como contrapartida do direito de uso intensivo do viário urbano" (§1º do art. 8º) na razão da distância percorrida com passageiros na prestação dos serviços pelos veículos cadastrados. O art. 11 prevê que o preço público seja fixado considerando o impacto urbano e financeiro do uso viário sobre o meio ambiente, a fluidez do tráfego e o gasto público relacionado à infraestrutura urbana, podendo ser alterado sempre que houver risco de o montante autorizado gerar desequilíbrios nessas ou em outras dimensões.

Adiante, prevê-se a utilização do preço público dos créditos de quilômetro como instrumento de regulação e incentivo, com a finalidade de estimular o compartilhamento de veículos (arts. 7º e 12, I); equilibrar a circulação nos diferentes locais e horários (art. 12, II e III); intensificar o uso de veículos sustentáveis e acessíveis (art. 12, IV, V e VI); integrar esse tipo de transporte a outros modais (art. 12, VII); e garantir a presença de mulheres entre motoristas cadastrados (art. 16).

Nesse ponto, utiliza-se a regulação sobre a atividade econômica suportada pelo bem público como um elemento da política pública de mobilidade, criando incentivos para que a nova modalidade de transporte complemente aquelas já existentes, suprindo suas deficiências frente à demanda social por transporte, além de otimizar as viagens a partir do compartilhamento dos veículos, que diminui a ocupação do viário por pessoa deslocada. Exemplos de deficiências que o texto normativo permite inferir são a baixa oferta de serviços de transporte individual de passageiros nas periferias, ao longo da madrugada e nos finais de semana, bem como a presença minoritária de motoristas mulheres. Esses filtros permitem ajustar o preço com variação espacial e temporal, considerando critérios de interesse público.

O art. 4º exige das OTTCs o compartilhamento com a Prefeitura dos dados de sua operação, incluindo: origem e destino da viagem; tempo de duração e distância do trajeto; tempo de chegada do veículo à origem; mapa do trajeto; itens do preço do serviço prestado; identificação do condutor; e outros dados solicitados necessários ao controle e à regulação de políticas públicas de mobilidade. Esse ponto foi objeto de forte oposição de algumas das OTTCs e se mostra de fundamental importância para monitoramento dos impactos do mercado e de sua regulação, bem como para a calibragem e concepção das regras futuras.

Um último instrumento que merece menção é a criação do Comitê Municipal de uso do Viário — CMUV (art. 26), composto por representantes da Administração Pública, com poderes para fixação de tarifa máxima (art. 13), em paralelo à reafirmação do poder de fiscalização do ente municipal convivendo com a liberdade tarifária gozada pelas OTTCs dentro dos parâmetros fixados pelo CMUV (art. 14).

A partir das diretrizes e princípios expressos no Decreto e dos instrumentos descritos, é possível delinear algumas conclusões sobre a regulação adotada à luz da função social das vias urbanas e seus desdobramentos sobre os interesses dos atores afetados. Em primeiro lugar, os termos do Decreto evidenciam uma preocupação central com a perspectiva da coletividade, composta por todos os usuários da cidade e de suas vias. A solução escapou da lógica das dicotomias entre: aplicativos e sindicatos de táxi; motoristas particulares e taxistas; usuários de um e do outro serviço. O espaço viário foi tratado de maneira mais ampla do que a visão restrita desses confrontos permitiria vislumbrar.

Para além de um regramento meramente formal, que garantisse respaldo jurídico à nova modalidade de transporte individual privado de passageiros, foram instituídos mecanismos que compõem uma regulação econômica e social substantiva, que respaldam e instrumentalizam a intervenção sobre essa atividade, protegendo os interesses públicos atinentes ao uso principal das vias urbanas. A incerteza de cada ator sobre o futuro não foi eliminada, mas diminuiu e passou a estar balizada a partir de nova perspectiva jurídica.

Os donos de frotas, rádio, aplicativos de táxi, bem como os taxistas com alvará e seus sindicatos perderam no pleito da proibição, mas obtiveram uma regulação cujos instrumentos, dependendo da forma como operados pelo Poder Público,[247] podem garantir condições razoáveis de concorrência, desde que também busquem oferecer vantagens comparativas aos usuários. Duas dessas vantagens são a não submissão ao rodízio semanal de veículos e a possibilidade de utilizar as faixas e corredores de ônibus, o que lhes permite oferecer viagens mais rápidas e despender menos combustível por quilômetro rodado.

As empresas que operam os aplicativos, por sua vez, obtiveram o desejado respaldo jurídico, mas ficaram sujeitas a uma regulação cujo resultado, no médio prazo, pode trazer limites ao amplo crescimento de sua operação na cidade.

Os usuários do serviço e motoristas sem alvará, cada um à sua perspectiva, viram garantida a possibilidade de coexistência de duas modalidades de serviço de transporte individual de passageiros e tiveram alguns direitos institucionalizados pelo Decreto.

---

[247] Como adiantado de início, a análise aqui empreendida se limitou temporal e materialmente ao marco da edição do Decreto, não contemplando os complexos e opacos meandros de sua aplicação concreta.

Da perspectiva da coletividade, pode-se dizer que a solução dada, independentemente de seu mérito, partiu de abordagem ampla e contemplou os interesses de todos os usuários da cidade e não apenas daqueles grupos imediatamente envolvidos na disputa entre modelos.

Por fim, merece destaque o fato de esse modelo de regulação abrir espaço para discussões de grande impacto na cidade. Em primeiro lugar, a cobrança de preço público pela utilização de alta intensidade no viário urbana pode ser vista, sem grande esforço interpretativo, como uma forma de pedágio urbano, ainda que segmentada. As tecnologias de georreferenciamento permitem formas mais eficientes e justas de realizar esse tipo de cobrança, que pode avançar para ser aplicada a outros modos de transporte que sobrecarregam as vias — em especial, os carros particulares em geral. Isso permite mitigar a socialização dos prejuízos gerados por meios de transporte específicos, além de implicar um desincentivo à sua utilização.

Essa primeira regulação da exploração econômica intensiva do viário sinaliza, ainda, parâmetros regulatórios que podem inspirar o regramento de outros usos emergentes das vias urbanas, como a locação de bicicletas e patinetes elétricos sem base fixa, o transporte coletivo privado por aplicativo, os novos serviços de entrega por aplicativo e, talvez futuramente, os carros autônomos.

CONCLUSÃO

Na introdução deste trabalho, enunciou-se uma pergunta e uma intenção. A indagação que se buscou responder foi: qual o conteúdo do princípio da função social da propriedade aplicado às vias urbanas e quais os parâmetros jurídicos de aferição de seu cumprimento? Com os diferentes recortes e perspectivas adotados para endereçá-la, a pretensão foi contribuir com a análise dos argumentos jurídicos e políticos subjacentes à complexa tarefa do Poder Público local de gerir as vias urbanas em atenção à sua função social, descortinando o que está em jogo nas decisões de alocação e regulação dos usos das vias, quais são seus deveres em relação a essa tarefa e quais os instrumentos à sua disposição para a consecução dos objetivos estabelecidos no ordenamento vigente.

A pesquisa foi desenvolvida a partir da utilização da abordagem de direito e políticas públicas — orientada pela perspectiva do Poder Executivo, pela consideração da escala das questões e por uma visão prospectiva dos problemas colocados (BUCCI, 2017) — e foi dividida em quatro partes, a partir das quais se pode articular conclusões que formam uma visão político-jurídica de conjunto sobre as vias urbanas e sua função social.

Primeiro, procedeu-se à problematização do objeto, partindo-se da descrição da política rodoviarista para, depois, estabelecer sua relação com a dinâmica mais ampla de produção da cidade. Preliminarmente, apresentou-se a política rodoviarista como espécie de manifestação da disputa pelo acesso à terra e à sua infraestrutura, marca do conflito social brasileiro. Por essa lente, reconstituiu-se o processo pelo qual o Estado brasileiro adotou, de modo consistente, medidas políticas e arranjos jurídico-institucionais que conformaram uma decisão macropolítica de prioridade ao transporte individual motorizado, tanto em âmbito nacional, como local. Entre essas medidas políticas, deu-se enfoque à adaptação das cidades ao automóvel — especialmente por meio da atividade de planejamento e organização dos transportes urbanos — e seu caráter estruturante em relação ao território urbano.

Em seguida, analisou-se o processo de reprodução incremental e perpetuação do modelo rodoviarista de cidade, principalmente a partir de decisões políticas relativas à organização da circulação, travestidas de tecnicidade e neutralidade, bem como se apresentou a natureza regressiva desse padrão de intervenção. Finalmente, defendeu-se a pertinência de uma abordagem sociológica para investigar as diferentes formas de iniquidade geradas pela distribuição desigual do espaço de circulação, que se torna um elemento integrante do quadro geral de reprodução de classes.

Ainda no primeiro capítulo, estabeleceram-se as conexões entre a política rodoviarista e o processo mais amplo de produção do espaço urbano. Para tanto, utilizou-se como ponto de partida a teoria da renda, com especial atenção às variáveis da localização e da acessibilidade. Nesse ponto, foi sublinhado o papel articulador do mercado fundiário e sua influência sobre a distribuição das atividades pelo território.

A partir disso, realizaram-se dois recortes de análise. Primeiro, a aplicação das premissas teóricas relativas à posição do custo de transporte no ciclo de produção ao caso da mercadoria força de trabalho e sua reprodução. Ilustrou-se, assim, como a circulação de pessoas também está inserida em uma dinâmica regida pela lógica de acumulação e, na relação espaço-tempo, é pautada por uma transação entre custo de moradia e custo de transporte, que expressa uma das formas de interação entre mobilidade e política de uso e ocupação do solo. Por fim, tendo em vista os efeitos práticos dessa transação, expuseram-se os meandros do processo de gentrificação e o desafio que este impõe ao Poder Público.

A segunda parte do trabalho, referente à apresentação das vias urbanas enquanto objeto de estudo jurídico, partiu da definição jurídica das vias urbanas para terminar com a apresentação dos conceitos e procedimentos jurídicos envolvidos no processo de formação jurídica das vias urbanas. O caráter mais jurídico e sistematizador não impediu que fossem pontuados aspectos críticos pertinentes, sobretudo atinentes ao contraste entre a cidade legal, depreendida da leitura fria da legislação, e a cidade real, que tem grande parte de seu território produzido à margem da lei.

À luz da doutrina e da legislação urbanística, foram apresentados os critérios que distinguem as vias urbanas das demais vias de circulação: posição geográfica no interior do perímetro urbano; suscetibilidade a receber edificações; e vocação como núcleo de serviços. Anotou-se a artificialidade de se apartar o critério geográfico do critério qualitativo, tendo em vista que, na prática, as características das vias urbanas se devem justamente ao fato de serem elementos constitutivos das cidades, sendo que a própria produção da cidade ilegal retira atributos da via urbana sem descaracterizá-la como tal.

Passou-se, adiante, pela apresentação das classificações legal e consuetudinária das vias urbanas. No que toca à classificação legal, revelou-se a ideia de uma hierarquia funcional das vias, pautada quase que exclusivamente na função de circulação e, mais precisamente, na circulação de veículos motorizados. A partir disso, foi possível mostrar que a construção jurídica da noção de sistema viário urbano foi marcada pela concepção rodoviarista de cidade. Em função desses recortes, analisou-se o conceito de vias urbanas a partir de um olhar crítico dirigido à ênfase demasiada na função da circulação e aos reflexos da ideia de circulação predominante.

Em relação à formação jurídica das vias urbanas, a partir da distinção entre urbanização (fenômeno social) e urbanificação (processo de intervenção estatal), foram apresentados conceitos e procedimentos envolvidos no parcelamento do solo urbano. O destaque à interação entre loteamento e arruamento, faces de um mesmo processo de urbanificação, contribuiu para jogar luz sobre o fato de que rua e cidade nascem juntas, ainda que, em muitos casos, isso ocorra de modo irregular, em uma dinâmica alheia aos ditames da legislação urbanística, em prejuízo das populações periféricas. Ainda nesse tópico, foram apresentados aspectos do planejamento urbanístico, os princípios do direito urbanístico, bem como alguns instrumentos urbanísticos do Estatuto da Cidade e sua relação com a ordenação dos transportes urbanos. Nesse último aspecto, buscou-se sublinhar a correlação entre política de uso e ocupação do solo e condições de efetivação da política de mobilidade.

No Capítulo 3, apresentaram-se o regime geral dos bens públicos no ordenamento jurídico brasileiro e, em especial, o regime jurídico das vias urbanas, tendo como ponto de chegada a formulação de uma tipologia original sobre as decisões políticas atinentes aos usos das vias urbanas. Na apresentação do regime jurídico geral dos bens públicos, em que se utilizou como fio condutor a obra de Marques Neto (2008), foram assentados os principais pressupostos teóricos adotados: o conceito de bens públicos e os diferentes critérios para classificá-los; os meios de aquisição estatal da propriedade, a forma de incidência dos princípios da Administração Pública sobre a atividade de gestão dos bens públicos e os requisitos gerais para sua desafetação; o conceito de afetação e a desconstrução teórica da ideia de afetação intrínseca; a possibilidade da afetação múltipla dos bens públicos; o dever da Administração de racionalizar e otimizar os usos dos bens públicos; e a existência de, ao menos, sete tipos de usos, que podem ser organizados a partir de critérios escalonados que permitem hierarquizar utilidades que recaem sobre um mesmo bem.

A partir desse regime geral, foi apresentado o regime jurídico específico das vias urbanas, passando por seu enquadramento nas diferentes classificações do direito administrativo e, sobretudo, tratando dos aspectos atinentes ao regime jurídico da afetação principal das vias urbanas (circulação), expressos na PNMU, e dos aspectos pertinentes relativos a suas afetações secundárias.

Pelo exposto nesses dois pontos, foi possível concluir que muitas das dificuldades de se compatibilizar usos primários e secundários das vias urbanas se devem ao modelo de circulação historicamente adotado e ainda vigente na maior parte das grandes cidades brasileiras. Desse modo, a mobilização dos instrumentos legalmente previstos em favor da consecução dos objetivos estabelecidos pela PNMU — de equalização da distribuição do espaço, mitigação dos danos ambientais, redução das desigualdades sociais, eficiência e segurança dos deslocamentos e assim por diante — é favorável e complementar às medidas de alargamento dos inúmeros usos secundários das vias, igualmente importantes ao bom funcionamento das cidades e à garantia de direitos a suas populações.

Encerrando a apresentação do regime jurídico das vias urbanas, desenvolveu-se uma tipologia própria que organiza as categorias de decisões atinentes aos usos das vias urbanas. Foram agrupados e descritos seis tipos de decisões, divididos em duas famílias. A primeira, atinente à afetação das vias urbana à circulação, é composta de decisões sobre a distribuição dos espaços entre os meios de circulação; a conformação dos usos das vias por esses meios; e a integração do território e dos meios entre si. A segunda, composta por decisões sobre os usos secundários permanentes, usos secundários periódicos e usos secundários esporádicos. Nas ilustrações da tipologia, foram mais bem delineados os critérios de afetação dos bens e sua distinção dos usos extraordinários, que não os consagram permanentemente.

O último capítulo tratou do princípio da função social da propriedade e sua aplicação às vias urbanas. A primeira parte se prestou a abordar aspectos teóricos do conceito da função social da propriedade, a evolução de seu tratamento no ordenamento brasileiro, os fundamentos e implicações de sua aplicabilidade aos bens públicos, bem como a detalhar a ideia de função social da propriedade urbana, tendo como ponto de partida a influência exercida pela emergência do direito à cidade na construção histórica de seu conteúdo.

Na segunda parte, enfim, foi apresentada uma visão abrangente sobre o significado das vias urbanas para as cidades e os parâmetros gerais que orientam a aplicação do princípio da função social da propriedade a essa espécie de bem público. Ao final, a fim de conferir maior concretude e complexidade a essa visão, foram utilizados dois exemplos concretos como campo de aplicação da ideia de função social das vias urbanas e das formulações desenvolvidas na tipologia de decisões sobre seus usos.

O caso do Minhocão exemplificou a relação necessária entre as atividades estatais de organização dos transportes e de organização da circulação, tendo seu marco temporal inicial na decisão sobre a construção de uma nova via, sobreposta a um complexo viário preexistente. As cinco décadas de discussão em torno dos usos e do destino final do elevado serviram para sintetizar a emergência do modelo rodoviarista de cidade do qual o Minhocão é um símbolo marcante, bem como os problemas que gerou e os questionamentos que sofreu. Essa história mostra também um gradiente de perfis de política pública, que refletem os diferentes momentos políticos vividos pela cidade e pelo país.

O caso dos aplicativos de transporte individual motorizado serviu especialmente para exemplificar uma forma emergente de ocupação das vias urbanas: o uso econômico privado atinente à atividade de circulação (e não a usos secundários da via). Embora pareça, à primeira vista, um uso geral condicionado (como aquele fruído pelos demais automóveis particulares), a atividade organizada a partir dos aplicativos configura uma forma de exploração econômica baseada no uso intensivo do viário urbano. Essa exploração tem duas peculiaridades em relação às formas típicas de uso econômico das vias: não enseja a desafetação parcial da via, posto que atinente à sua afetação principal; e configura um uso permanente, posto que contínuo, e de alto impacto.

Ainda no caso dos aplicativos, a análise do modelo de regulação adotado pela municipalidade ajudou a desvendar alguns dos aspectos dessa nova forma de ocupação, revelando uma abordagem interessante de se lidar com os interesses envolvidos, além de indicar alternativas para outros debates contemporâneos, como a concepção de modelos inteligentes de pedágio urbano, que desincentivem o uso do automóvel e modulem a cobrança a partir de recortes pertinentes ao interesse público; e a regulação de formas análogas de uso econômico das vias urbanas ligadas à função de circulação.

Síntese da conclusão

A partir do exposto, uma síntese do que se pode depreender do presente estudo sobre a função social das vias urbanas e os parâmetros jurídicos de aferição de seu cumprimento. Ao fim e ao cabo, a pesquisa foi inspirada pela tarefa de dimensionar o vultoso desafio envolvido na gestão pública das ruas e de contribuir para seu enfrentamento a partir do campo do direito. Os diferentes usos que incidem sobre essa espécie de bem público, todos relevantes à efetivação do direito à cidade, realçam a complexidade e importância dessa atividade. Daí a importância de investigar e sistematizar os parâmetros e ferramentas jurídicas que lhe balizam e instrumentalizam. Num último esforço de síntese, o raciocínio desenvolvido no trabalho permite concluir o seguinte:

1. As vias urbanas se confundem com a cidade e as decisões sobre seus usos influenciam de modo determinante a organização da vida urbana e a efetivação de diversos direitos sociais, demandando reflexão ampla e profunda sobre como geri-las;
2. A forma de gestão das vias urbanas tem como ponto de partida necessário a compreensão sobre as dramáticas consequências do modelo rodoviarista e seu legado para a conformação de um território desigual e segregado; primeiro, aniquilando os diversos usos secundários das vias urbanas para, depois, mostrar-se incapaz de garantir as mínimas condições para uma mobilidade urbana segura, eficiente e acessível, trazendo perdas de bem-estar social e minando os ganhos da economia de aglomeração; e
3. A partir desse diagnóstico e do preenchimento do princípio da função social das vias urbanas a partir de formulações jurídicas lastreadas no direito à cidade, é possível interpretar, objetivamente, o atual regime jurídico das vias urbanas e mobilizar seus instrumentos em vista da reversão do modelo vigente e da abertura das cidades para as pessoas, aproximando-se dos objetivos constitucionais de justiça social, desenvolvimento humano e preservação do meio ambiente. A despeito do enorme conflito distributivo inerente à questão colocada, outro modelo de cidade é possível e a adequada gestão dos usos de suas vias é parte decisiva da necessária transformação do meio urbano em favor dos interesses coletivos das populações que o habitam.

POSFÁCIO

A RUA E A CIDADE PÓS-PANDEMIA

Os impactos imediatos da pandemia da Covid-19, ainda em curso e de desfecho altamente incerto, foram profundos e multidimensionais. As ruas, as condições de mobilidade e o padrão de desenvolvimento das cidades, naturalmente, não ficaram imunes a esse evento de pouquíssimos paralelos na história. No contexto de sobreposição de crises catalisadas pela pandemia (sanitária, econômica, política e ambiental), são sinalizadas possíveis mudanças e rearranjos de fatores relevantes da organização social, com reflexos sobre as cidades, as vias e sua gestão.

Evidentemente, é impossível prever se, e em que medida, essas mudanças conjunturais, criadas ou impulsionadas pela crise, serão perenizadas na forma de tendências de médio e longo prazos. Se não se sabe sequer se, quando e como a crise será superada, tampouco se pode antever com clareza que aspectos da reação provocada serão ou não incorporados à dinâmica urbana no futuro. Sem qualquer pretensão de especular ou fazer prognósticos sobre um futuro tão imprevisível, é interessante imaginar e discutir como rearranjos momentâneos poderiam vir a reverberar na dinâmica das cidades caso perenizados e qual seria o papel do Poder Público diante deles.

A partir da realidade nacional, são sinteticamente abordadas neste posfácio cinco hipóteses de possíveis inflexões relevantes às vias urbanas que merecem atenção:

1. adesão expressiva ao teletrabalho;
2. alterações no padrão de demanda por imóveis;
3. rearranjo da dicotomia entre transporte individual e coletivo;
4. crescimento do comércio digital; e
5. efeitos sobre os modos de transporte ativos e usos livres das ruas.

Imbricado a todas, importante destacar o já notável aprofundamento das desigualdades sociais, do desemprego e da pobreza no país, potencializados pelo contexto sanitário. A consideração do agravamento de diversas mazelas associadas a esse quadro é central à produção de políticas públicas nos mais variados âmbitos, o que inclui a política urbana e a política de mobilidade. Dito isso, passa-se a abordar as hipóteses elencadas.

A rápida disseminação da Covid exigiu medidas de distanciamento. Muitas empresas adotaram o trabalho remoto. O expediente não é novo, mas, pelas circunstâncias, ganhou escala inédita, servindo de laboratório para uma alternativa que até então parecia longínqua. Muitas pesquisas sinalizaram, até aqui, predisposição dos empregadores a mantê-lo parcialmente após a pandemia, mesmo que com variações importantes de abrangência.

Muitas funções não comportam essa modalidade, mas há uma correspondência que pode potencializar seus efeitos sob a ótica do uso das vias urbanas: profissionais de maior escolaridade, que desempenham atividades mais afeitas ao teletrabalho, respondem pela maior parte dos deslocamentos por carro. Assim, mesmo sendo uma minoria privilegiada, a queda de suas viagens tende a diminuir a pressão sobre as vias, ao menos de início. Se confirmada, tal tendência pode abrir oportunidades para a adoção de políticas de reversão do modelo rodoviarista de ocupação do espaço público.

A segunda hipótese refere-se à demanda por terra. Um dos atrativos do teletrabalho para empresas e, em certos casos, também para instituições públicas é a diminuição de custos administrativos (aluguel, energia elétrica, serviços de telecomunicações, mobiliário etc.). Sua ampliação implica menor demanda por espaços comerciais, exigindo adaptação da oferta e representando um possível fator de barateamento dos aluguéis comerciais. De modo correlato, há potencial aqui para um rearranjo no *trade off* entre espaço e localização: deslocando-se menos, as classes médias podem tornar-se menos dispostas a pagar mais para morar perto dos centros de emprego; passando mais tempo em casa, podem vir a demandar habitações mais espaçosas, cuja disponibilidade é maior e o preço, menor nos subúrbios e nos municípios limítrofes das manchas urbanas. Como se abordou ao longo do livro, mercado imobiliário e conformação do viário são dimensões interdependentes, de modo que tais mudanças realçariam a necessidade de articular política de mobilidade e planejamento urbano.

Ainda que a segunda hipótese derive da anterior, não se deve descartar a possibilidade de um descompasso. A adoção do teletrabalho pode durar ou ser abrangente o suficiente para alterar a demanda habitacional, mas não a ponto de se diminuírem as viagens de carro no longo prazo. Com isso, ter-se-ia um efeito inverso diferido: o crescimento da demanda por espaço residencial, como já ocorreu de fato no passado, causaria pressão adicional sobre as vias, reforçando espraiamento e erosão urbana, às custas das condições de mobilidade, do meio ambiente, bem como da diversidade e pujança das cidades.

A terceira hipótese refere-se à concorrência entre modos coletivos e individuais de transporte. Na pandemia, muitas das pessoas que podiam deixaram o transporte de massas, priorizando modos individuais. Superada a crise, essa tendência pode perder força ou, de outro lado, a opção pelos modos coletivos pode não voltar ao que era antes. A definição não se dará ao acaso, mas também em função de questões como a gestão dos transportes e o nível de cuidado com a integridade dos passageiros. Isso não retira o peso decisivo de fatores exógenos, como a evolução do vírus, as condições sociais e econômicas do país e a inflação dos preços de combustíveis e de automóveis. Mas indica que o futuro pode passar pela gestão urbana e pela garantia ou não de um transporte público acessível e de qualidade também sob o aspecto sanitário, sob pena de se oferecer desincentivos adicionais ao uso de modos coletivos, contribuindo para o agravamento de problemas sociais, sanitários e ambientais.

Passando à quarta hipótese, tem-se que o isolamento impulsionou como nunca o comércio eletrônico, inclusive de itens básicos, disponíveis em qualquer esquina. As pessoas deixaram de circular para consumir e seu deslocamento deu lugar ao transporte de bens, de natureza diversa. Acentua-se nesse ponto a faceta das vias como suporte para atividades econômicas de escala, com externalidades sociais e ambientais. Se consolidada essa mudança, ao invés de estabelecimentos físicos, passam a extrair renda da terra e da infraestrutura pública, de modo mais relevante, as plataformas que conectam ofertantes e consumidores, explorando, em paralelo, o trabalho precarizado de entregadores.

O modelo não remete apenas ao papel estatal de reger as novas relações de trabalho, mas também de regular a redistribuição dos ônus e benefícios dos excedentes de renda da terra, além de outras externalidades da atividade, como o aumento de geração de resíduos sólidos e a complexificação da operação de logística reversa. Os aplicativos oferecem facilidades, mas ganham também às custas da sobreutilização do viário e de impactos ambientais, sendo justo que tenham sua atuação regulada e que arquem com contrapartidas pelos bens comuns de que se valem. Novamente, uma regulação inteligente e calibrada das vias urbanas pode ser essencial.

Por fim, merecem atenção os modos ativos de transporte, como a caminhada e o transporte por bicicleta, que viveram processos incipientes de expansão em muitas grandes cidades brasileiras antes da crise sanitária. A pandemia afastou as pessoas da rua. Pode-se aproveitar a possível "demanda reprimida" para dar outro impulso a uma relação mais sadia e sustentável da população com as cidades ou, por inércia, perenizar um retrocesso. Modos ativos podem ser tanto alternativas aos modos motorizados, como complementos relevantes aos modos coletivos. Enquanto durar a pandemia, favorecem também o uso de espaços mais seguros de lazer e convivência, em função da maior ventilação.

Tais hipóteses de mudança podem ou não se confirmar e se tornar relevantes no médio e longo prazos. O fato é que, também em relação à rua, a pandemia pode trazer efeitos duradouros. Isso exige, ainda mais, uma visão prospectiva e atenta do Estado, que apreenda oportunidades e desafios para intervir sobre o rearranjo da organização social, contribuindo para um meio urbano mais democrático, humano, justo e sustentável. Seja como for, os instrumentos de gestão e regulação, bem como a produção de políticas públicas atinentes às vias urbanas abordadas ao longo do livro, serão indispensáveis para a construção do futuro.

REFERÊNCIAS

ABE, Nilma de Castro. Nota sobre a inaplicabilidade da função social à propriedade pública. *Revista Brasileira de Direito Constitucional – RBDC*, n. 11, p. 135-154, jan./jun. 2008.

ACCORSI, Antonio Carlos. *Estados e grupos econômicos*. A política de expansão rodoviária no Brasil a partir de 1930. Dissertação (Mestrado) – EAESP/Fundação Getúlio Vargas, São Paulo, 1996.

AIAM – ASSOCIAÇÃO INTERNACIONAL DE ADMINISTRADORES MUNICIPAIS. *Planejamento Urbano*. Tradução de Maria de Lourdes Lima Modiano. Rio de Janeiro: Fundação Getúlio Vargas, 1965.

ANDRADE, Leandro Teodoro. *Manual de direito urbanístico*. São Paulo: Thomson Reuters Brasil, 2019. [Livro eletrônico].

ANDRADE, Letícia Queiroz de. *Desapropriação de Bens Públicos (À Luz do Princípio Federativo)*. São Paulo: Malheiros, 2005.

ARANTES, Otília. Uma estratégia fatal. In: ARANTES, Otília; VAINER, Carlos; MARICATO, Ermínia. *A cidade do pensamento único – desmanchando consensos*. Petrópolis: Vozes, 2000. p. 11-74.

ARRETCHE, Marta. Federalismo e políticas sociais no Brasil: problemas de coordenação e autonomia. *São Paulo em Perspectiva*, v. 18, n. 2, 2004, p. 17-26.

ASSUNÇÃO, Eduardo Luiz de Lima. *Minhocão e arredores*: construção, degradação e resiliência (1970-2016). Dissertação (Mestrado) – Faculdade de Arquitetura e Urbanismo, Universidade Presbiteriana Mackenzie, São Paulo, 2016.

BANDEIRA DE MELLO, Celso Antônio. Novos aspectos da função social da propriedade no direito público. *Revista de Direito Público (RDP)*, v. 20, p. 39-45, out./dez. 1987.

BARAT, Josef. *A evolução dos transportes no Brasil*. Rio de Janeiro: IBGE; IPEA, 1978.

BERCOVICI, Gilberto. A participação da sociedade na formulação, decisão e execução das políticas públicas. In: BUCCI, Maria Paula Dallari (Org.). *Políticas públicas*: reflexões sobre o conceito jurídico. São Paulo: Saraiva, 2006. p. 143-161.

BERMAN, Marshall. *Tudo que é sólido desmancha no ar*: a aventura da modernidade. Tradução de Carlos Felipe Moises e Ana Maria L. Ioriatti. São Paulo: Companhia das Letras, 1986.

BINENBOJM, Gustavo. Novas tecnologias e mutações regulatórias nos transportes públicos municipais de passageiros: um estudo a partir do caso Uber. *Revista de Direito à Cidade*, v. 8, n. 4, p. 1690-1706, 2016.

BOURDIEU, Pierre. Espaço físico, espaço social e espaço apropriado. *Revista Estudos Avançados do Instituto de Estudos Avançados da Universidade de São Paulo*, v. 277, n. 79, p. 133-144, set./dez. 2013.

BRASIL. IBGE – Instituto Brasileiro de Geografia e Estatística. *Censo Demográfico*, 2010. Disponível em: http://www.ibge.gov.br.

BRASIL. Ministério da Justiça, Secretaria de Assuntos Legislativos. *Parcelamento, edificação ou utilização compulsórios e IPTU progressivo no tempo*: regulação e aplicação. Brasília: Ipea, 2015.

BRASIL. Supremo Tribunal Federal. Recurso Extraordinário nº 153.771/MG. Recorrente: José Tarcizio de Almeida Melo. Recorrido: Município de Belo Horizonte. Relator: Min. Carlos Velloso. *DJ*, 05 set. 1997.

BRUECKNER, Jan K. *Lectures on urban economics*. London: MIT Press, 2011.

BRUNO FILHO, Fernando Guilherme. *Política Urbana e Princípios do Direito Urbanístico*: repercussões no Estado contemporâneo. Fernando Guilherme Bruno Filho; Orientador Prof. Dr. Sebastião Botto de Barros Tojal (Tese de Dourado). Faculdade de Direito, Universidade de São Paulo, 2013.

BUCCI, Maria Paula Dallari. A Teoria do Estado entre o jurídico e o político. *In*: BUCCI, Maria Paula Dallari; GASPARDO, Murilo (Org.). *Teoria do Estado*: sentidos contemporâneos. São Paulo: Saraiva Educação, 2018.

BUCCI, Maria Paula Dallari. Contribuição para a redução da judicialização da saúde. Uma estratégia jurídico-institucional baseada na abordagem Direito e Políticas Públicas. *In*: BUCCI, Maria Paula Dallari; DUARTE, Clarice Seixas (Coord.). *Judicialização da saúde*: a visão do Poder Executivo. São Paulo: Saraiva, 2017. p. 31-88.

BUCCI, Maria Paula Dallari. *Direito Administrativo e Políticas Públicas*. São Paulo: Saraiva, 2002.

BUCCI, Maria Paula Dallari. *Fundamentos para uma teoria jurídica das políticas públicas*. São Paulo: Saraiva, 2013.

BUCCI, Maria Paula Dallari. Gestão Democrática da Cidade (arts. 43-45). *In*: DALLARI, Adilson A.; FERRAZ, Sérgio (Org.). *Estatuto da cidade*: comentários à Lei federal 10.257/2001. São Paulo: Malheiros, 2002b. p. 322-340.

BUCCI, Maria Paula Dallari; COUTINHO, Diogo R. Arranjos jurídico-institucionais da política de inovação tecnológica: uma análise baseada na abordagem de direito e políticas públicas. *In*: COUTINHO, Diogo R.; FOSS, Maria Carolina; MOUALLEM, Pedro Salomon B. (Org.). *Inovação no Brasil*: avanços e desafios jurídicos e institucionais. São Paulo: Blucher, 2017. p. 313-339.

BUENO, Vera Scarpinella. Parcelamento, Edificação ou Utilização Compulsórios da Propriedade Urbana (arts. 5º e 6º). *In*: DALLARI, Adilson Abreu; FERRAZ, Sérgio (Coord.). *Estatuto da Cidade (Comentários à Lei Federal 10.257/2001)*. São Paulo: Malheiros, 2002. p. 89-100.

CANTISANO, Pedro Jimenez. Políticas urbanas, conflitos sociais e direito de propriedade no Brasil na virada do século XX. *In*: UNGARETTI, Débora [*et al.*] (Ed.). *Propriedades em transformação*: abordagens multidisciplinares sobre a propriedade no Brasil. São Paulo: Blucher, 2018. p. 17-40.

CARDOSO JR., José Celso. *Estado, planejamento, gestão e desenvolvimento*. Balanço da experiência brasileira e desafios no século XXI. Chile: Nações Unidas, 2014. p. 9-35.

CARTY, Carolina Gabriel; COSTA, Luiz Augusto Maia. Dos Movimentos Sociais ao Estatuto da Cidade: breve histórico do processo de fomentação de uma nova concepção de planejamento urbano no Brasil. *In*: ENCONTRO DA ASSOCIAÇÃO NACIONAL DE PESQUISA E PÓS-GRADUAÇÃO EM ARQUITETURA E URBANISMO, 3., São Paulo, 2014.

CARVALHO FILHO, José dos Santos. *Manual de direito administrativo*. 32. ed. rev., atual e ampl. São Paulo: Atlas, 2018.

CASTELLS, Manuel. *A questão urbana*. São Paulo: Paz e Terra, 1983.

CASTILHO, José Roberto Fernandes. *Disciplina urbanística da propriedade*: o lote e seu destino. São Paulo: Pillares, 2013.

COMPARATO, Fábio Konder. *Afirmação histórica dos direitos humanos*. São Paulo: Saraiva, 1999.

COMPARATO, Fábio Konder. Função social da propriedade dos bens de produção. *Revista de Direito Mercantil, Industrial, Econômico e Financeiro*, São Paulo, n. 63, p. 71-79, 1986.

COSTA, Regina Helena. Instrumentos Tributários para a Implementação da Política Urbana (art. 7º). *In*: DALLARI, Adilson Abreu; FERRAZ, Sérgio (Coord.). *Estatuto da Cidade (Comentários à Lei Federal 10.257/2001)*. São Paulo: Malheiros, 2002. p. 101-116.

COSTA, Regina Helena. Princípios de Direito Urbanístico na Constituição de 1988. *In*: DALLARI, Adilson Abreu; FIGUEIREDO, Lucia Valle (Org.). *Temas de Direito Urbanístico* 2. São Paulo: Revista dos Tribunais, 1991. p. 110-128.

CRAWFORD, Colin. A função social da propriedade e o direito à cidade: teoria prática atual. *In*: INSTITUTO DE PESQUISA ECONÔMICA APLICADA – IPEA. *Texto para Discussão*. Brasília: Rio de Janeiro: Ipea, 1990.

CRETELLA JR., José. *Dos bens públicos no Direito Brasileiro*. Tese apresentada para o Concurso de Professor Titular da Cátedra de Direito Administrativo na Faculdade de Direito da Universidade de São Paulo, São Paulo, 1969.

CYMBALISTA, Renato. Política urbana e regulação urbanística no Brasil – conquistas e desafios de um modelo em construção. *In*: BUCCI, Maria Paula Dallari (Org.). *Políticas Públicas* – reflexões sobre o conceito jurídico. São Paulo: Saraiva, 2006. p. 279-300.

DALLARI, Adilson; FERRAZ, Sérgio. *O Estatuto da Cidade*: comentário à Lei federal 10.257/2001. São Paulo: Malheiros, 2002.

DI PIETRO, Maria Sylvia Zanella. *Direito Administrativo*. 31. ed. rev. atual e ampl. Rio de Janeiro: Forense, 2018.

DI PIETRO, Maria Sylvia Zanella. Função social da propriedade pública. *Revista Eletrônica de Direito do Estado*, Salvador, n. 6, abr.-jun. 2006.

DI SARNO, Daniela Campos Libório. *Elementos de direito urbanístico*. Barueri: Manole, 2004.

DUGUIT, Léon. *Les Transformations Genérales Du Droit Privé Depuis Le Code Napoleón*. Paris: Librairie Félix Alcan, 1912.

DUNKER, Christian Ingo Lenz. A lógica do Condomínio ou: o Síndico e seus Descontentes. *Revista Leitura Flutuante*, São Paulo, v. 1, p. 1-8, 2009.

DURKHEIM, Émile. *Da Divisão Social do Trabalho*. Trad. por Eduardo Brandão. São Paulo: Martins Fontes, 1999.

ESCRIBANO COLLADO, Pedro. *La Propiedad Privada Urbana*. Madrid: Montecorvo, 1979.

ESCRIBANO COLLADO, Pedro. *Las Vías Urbanas* – Concepto y Regimen de Uso. Madri: Montecorvo, 1973.

ETZIONI, Amitai. Mixed-Scanning: a third approach to decision-making. *Public Administration Review*, v. 27, n. 5, p. 385-392, dez. 1967.

EWALD, François. A concept of social Law. *In*: TEUBNER, Gunther (Ed.). *Dilemmas of Law in the Welfare State*. New York: Walter de Gruyter, 1988.

FERNANDES, Edésio. A nova ordem jurídico-urbanística no Brasil. *In*: ALFONSIN, Betânia; FERNANDES, Edésio (Org.). *Direito urbanístico*: estudos brasileiros e internacionais. Belo Horizonte: Del Rey, 2006. p. 3-23.

FERRAZ, Sérgio. Usucapião Especial (arts. 9º a 14). *In*: DALLARI, Adilson Abreu; FERRAZ, Sérgio (Coord.). *Estatuto da Cidade (Comentários à Lei Federal 10.257/2001)*. São Paulo: Malheiros, 2002. p. 138-148.

FIGUEIREDO, Lúcia Vale. *Curso de Direito Administrativo*. 7. ed. São Paulo: Malheiros, 2004.

GLAESER, Edward L. *Os centros urbanos*: a maior invenção da humanidade. Como as cidades nos tornam mais ricos, inteligentes, saudáveis e felizes. Rio de Janeiro: Elsevier, 2011.

GONÇALVES, Rafael Soares. Reflexões preliminares sobre a reforma urbana e o direito à cidade. *In*: SOUSA JUNIOR, José Geraldo de [*et al.*] (Org.). *Introdução crítica ao direito urbanístico* [recurso eletrônico]. Brasília: Ed. Universidade de Brasília, 2019.

GRAU, Eros. Bens de uso comum. *Revista de Direito Público*, São Paulo, v. 18, n. 76, p. 49-56, out./dez. 1985.

GRAU, Eros. *Planejamento Econômico e Regra Jurídica*. Tese de concurso à Livre Docência na Faculdade de Direito da USP, São Paulo, 1977.

HADDAD, Eduardo A.; VIEIRA, Renato S. Mobilidade, Acessibilidade e Produtividade: Nota sobre a Valoração Econômica do Tempo de Viagem na Região Metropolitana de São Paulo. *In*: TD Nereus 08-2015, São Paulo, 2015.

HADDAD, Frederico. *O direito ao transporte como direito fundamental*. Orientadora: Maria Paula Dallari Bucci. Monografia (Bacharelado em Direito) – Faculdade de Direito, Universidade de São Paulo, São Paulo, 2014.

HADDAD, Luís Gustavo. *Função social do contrato*: um ensaio sobre seus usos e sentidos. São Paulo: Saraiva, 2013.

HARVEY, David. *A produção capitalista do espaço*. São Paulo: Annablume, 2005.

HARVEY, David. *Cidades Rebeldes*: do direito à cidade à Revolução urbana. São Paulo: Martins Fontes, 2014.

HARVEY, David. *Os limites do capital*. Trad. por Magda Lopes. São Paulo: Boitempo, 2013.

HESPANHA, António Manuel. *A cultura jurídica europeia*. Coimbra: Almedina, 2012.

HOUAISS, Antônio; VILLAR, Mauro de Salles (Dir.). *Dicionário Houaiss da Língua Portuguesa*. Rio de Janeiro: Objetiva, 2007.

IGLIORI, Danilo. O nó urbano. *Exame CEO*, p. 102-106, out. 2010.

IPEA. Instituto de Pesquisa Econômica Aplicada. A Nova Lei de Diretrizes da Política Nacional de Mobilidade Urbana. *Comunicado nº 128*, Ipea, jan. 2012.

JACOBS, Jane. *Morte e vida nas grandes cidades*. Trad. Carlos S. Mendes Rosa. São Paulo: WMF Martins Fontes, 2011.

KANASHIRO, Milena. Da antiga à nova Carta de Atenas – em busca de um paradigma espacial de sustentabilidade. *Revista Desenvolvimento e Meio Ambiente*, Curitiba, n. 9, jan./jun. 2004, p. 33-37.

LAURIANO, William. *Gentrificação*: estratégias de enobrecimento do solo urbano. Dos tijolos de barro no subúrbio paulistano aos blocos de Brasília. Dissertação (Mestrado), Faculdade de Arquitetura e Urbanismo, Universidade de Brasília, 2013.

LEFEBVRE, Henri. *O direito à cidade*. São Paulo: Centauro, 2001.

LINDBLOM, Charles E. Muddling through 1: a ciência da decisão incremental (1956). Trad. Francisco G. Heidemann. *In*: HEIDEMANN, Francisco G.; SALM, José Francisco. *Políticas públicas e desenvolvimento*: bases epistemológicas e modelos de análise. Brasília: UnB-Esag/Udesc, 2006. p. 133-153.

LINDBLOM, Charles E. Muddling through 2: a ubiqüidade da decisão incremental (1976). Trad. Francisco G. Heidemann. *In*: HEIDEMANN, Francisco G.; SALM, José Francisco. *Políticas públicas e desenvolvimento*: bases epistemológicas e modelos de análise. Brasília: UnB-Esag/Udesc, 2006. p. 161-203.

LOCKE, John. *Segundo tratado sobre o governo civil*: ensaio sobre a origem, os limites e os fins verdadeiros do governo civil. Trad. Maga Lopes e Marisa Lobo Costa. Petrópolis: Vozes, 1994.

LOMEU, Gustavo Soares. A função social da propriedade pública e a desafetação do bem público. *In*: DIREITO URBANÍSTICO, CIDADE E ALTERIDADE [Recurso eletrônico *on-line*]. Organização: COPENDI/UnB/UCB/IDP/UDF; Coordenação: Edson Ricardo Saleme, Ludmila Albuquerque Douettes Araújo, Marconi do Ó Catão. Florianópolis: CONPEDI, 2016.

LOPES, Miguel Victor Tavares. *Estado, transportes e desenvolvimento regional [manuscrito]*: a "era rodoviária" em Minas Gerais, 1940-1980. Dissertação (Mestrado) – Centro de Desenvolvimento e Planejamento Regional da Faculdade de Ciências Econômicas, Universidade Federal de Minas Gerais, 2015.

LOPEZ Y LOPEZ, Angel M. *La Disciplina Constitucional de La Propiedad Privada*. Madri: Tecnos, 1988.

LOWI, Theodore. *Public Policy Theories, Models, and Concepts*. New Jersey: Prentice-Hall, 1995.

MALDANER, Alisson Thiago; AZEVEDO, Fatima Gabriela Soares De. León Duguit e a função social da propriedade no ordenamento jurídico brasileiro. Uma abordagem crítica na perspectiva da História do Direito. *In*: ENCONTRO NACIONAL DO CONPEDI – UFS, 14., Florianópolis, CONPEDI, 2015. *Anais...*, p. 401-432.

MARICATO, Ermínia. As idéias fora do lugar e o lugar fora das idéias. *In*: ARANTES, Otília; VAINER, Carlos; MARICATO, Ermínia. *A cidade do pensamento único*: desmanchando consensos. Petrópolis: Vozes, 2000. p. 121-192.

MARICATO, Ermínia. *O impasse da política urbana no Brasil*. São Paulo: Vozes, 2011.

MARQUES NETO, Floriano de Azevedo. *Bens públicos*: função social e exploração econômica – O regime jurídico das utilidades públicas. Universidade de São Paulo, São Paulo, 2008.

MARQUES NETO, Floriano de Azevedo. Outorga Onerosa do Direito de Construir (Solo Criado). *In*: DALLARI, Adilson A.; FERRAZ, Sérgio (Org.). *Estatuto da cidade*: comentários à Lei federal 10.257/2001. São Paulo: Malheiros, 2002. p. 221-245.

MARX, Karl. *O capital*. 8. ed. São Paulo: Diffel, 1982.

MEDAUAR, Odete. *Direito Administrativo Moderno*. Belo Horizonte: Fórum, 2018.

MEIRELLES, Hely Lopes. *Direito Administrativo Brasileiro.* São Paulo: Malheiros, 2016.

MEIRELLES, Hely Lopes. *Direito Municipal Brasileiro.* 16. ed. São Paulo: Malheiros, 2008.

MICHAELIS. *Moderno Dicionário da Língua Portuguesa.* Disponível em: https://michaelis.uol.com.br/.

MOREIRA, Mariana. A história do Estatuto da Cidade (art. 1º). *In: In:* DALLARI, Adilson A.; FERRAZ, Sérgio (Org.). *Estatuto da cidade*: comentários à Lei federal 10.257/2001. São Paulo: Malheiros, 2002, p. 27-43.

MUKAI, Toshio. *Direito e Legislação Urbanística no Brasil*: história, teoria e prática. São Paulo: Saraiva, 1988.

MUKAI, Toshio. Impossibilidade jurídica da desafetação legal de bens públicos de uso comum do povo, na ausência de desafetação de fato. *Revista de Direito Público*, v. 75, p. 246-249, jul./set. 1985.

NIGRIELLO, Andreina; OLIVEIRA, Rafael Henrique de. A rede de transporte e a ordenação do espaço urbano. *Revista dos Transporte Públicos – ANTP*, ano 35, p. 101-122, 1º quadr. 2013.

OLIVEIRA, Maria Chambarelli de. *A história do rodoviarismo no Brasil.* Rio de Janeiro: Memórias Futuras, 1986.

OSTROM, Elionor. Institucional Rational Choice – an assessment of the institutional analysis and development framework. *In*: SABATIER, Paul A. *Theories of the Policy Process.* California: Westview Press, 2007. p. 25-44.

PAULA, Dilma Andrade de. Estado, sociedade civil e hegemonia do rodoviarismo no Brasil. *Revista Brasileira de História da Ciência*, Rio de Janeiro, v. 3, n. 2, jul./dez. 2010, p. 142-156.

PEREIRA, Luiz; Andrei Gonçalves; LESSA, Simone Narciso. O processo de planejamento e desenvolvimento do transporte rodoviário no Brasil. *Caminhos da Geografia*, Uberlândia, v. 12, n. 40, p. 26-46, 2011.

PEREZ, Marcos Augusto. A participação da sociedade na formulação, decisão e execução das políticas públicas. *In:* BUCCI, Maria Paula Dallari (Org.). *Políticas Públicas*: reflexões sobre o conceito jurídico. São Paulo: Saraiva, 2006. p. 163-176.

PINTO, Victor Carvalho. *Direito Urbanístico*: plano diretor e direito de propriedade. São Paulo: Ed. Revista dos Tribunais, 2005.

PRADO JR., Caio. *Evolução Política do Brasil e outros estudos.* São Paulo: Companhia das Letras, 2012.

PREFEITURA DE SÃO PAULO. *A cidade.* O habitante. A Administração (1975-1979). Prefeitura de São Paulo, 1979.

RICARDO, David. *Princípios de economia política e tributação.* Trad. Paulo Henrique Ribeiro Sandroni. São Paulo: Nova Cultural, 1996.

ROCHA, Sílvio Luís Ferreira da. *Função social da propriedade pública.* São Paulo: Malheiros, 2005.

ROLNIK, Raquel. *A cidade e a lei*: legislação, política urbana e territórios na cidade de São Paulo. São Paulo: Studio Nobel: Fapesp, 1999.

ROLNIK, Raquel. Dez anos do Estatuto da Cidade: das lutas pela reforma urbana às cidades da Copa do Mundo. *In:* RIBEIRO, Ana Clara; VAZ, Lilian V.; SILVA, Maria Lais P. (Org.). *Leituras da cidade.* Rio de Janeiro: ANPUR; Letra Capital, 2012. p. 87-104.

ROUSSEAU, Jean-Jacques. *O contrato social.* Trad. Por Antonio de Pádua Danesi. São Paulo: Martins Fontes, 1996.

RUBIM, Barbara; LEITÃO, Sérgio. O plano de Mobilidade Urbana e o futuro das cidades. *Revista Estudos Avançados do Instituto de Estudos Avançados da Universidade de São Paulo,* v. 277, n. 79, p. 55-66, set./dez. 2013.

SADIK-KHAN, Janette; SOLOMONOW, Seth. *Streetfight* – handbook for an urban revolution. Washington: Island Press, 2016.

SAMUELSON, Paul A. The Pure Theory of Public Expenditure. *The Review of Economics and Statistics,* v. 36, Issue, 4, p. 387-389, nov. 1954.

SANTOS, Isabel Morim. *Sistema viário estrutural de São Paulo e suas estratégias urbanísticas*: planos, projetos e intervenções, 1930 a 2002. Dissertação (Mestrado) – IAU, Universidade de São Paulo, São Carlos, 2014.

SANTOS, Milton. *A natureza do espaço*: técnica e tempo, razão e emoção. 4. ed. São Paulo: Ed. da Universidade de São Paulo, 2006.

SANTOS, Milton. *A urbanização brasileira.* São Paulo: HUCITEC, 1993.

SANTOS, Wanderley Guilherme dos. *Razões da Desordem.* Rio de Janeiro: Rocco, 1993.

SARMENTO, Daniel. *Ordem constitucional econômica, liberdade e transporte individual de passageiros*: o "caso Uber". [Parecer Jurídico], 2015.

SAULE JUNIOR, Nelson. *Direito urbanístico* – vias jurídicas das políticas urbanas. São Paulo: Sérgio Antonio Fabris, 2007.

SAULE JUNIOR, Nelson. *Novas perspectivas do direito urbanístico brasileiro* – ordenamento constitucional da política urbana. Aplicação e Eficácia do Plano Diretor. Porto Alegre: Sergio Antonio Fabris, 1997.

SCARPINELLI, Eduardo. *Estudos dos problemas urbanísticos do Elevado Presidente Costa e Silva – SP.* Orientador: Prof. Enos Arneiro N. Silva, Unesp, Guaratinguetá, 2014.

SILVA, José Afonso da. *Direito Urbanístico Brasileiro.* São Paulo: Malheiros, 2012.

SILVA, Virgílio Afonso da. Federalismo e articulação de competências no Brasil. *In:* PETERS, B. Guy; PIERRE, Jon (Org.). *Administração Pública.* Coletânea. São Paulo: Unesp, 2010.

SILVA, Virgílio Afonso da. O conteúdo essencial dos direitos fundamentais e a eficácia das normas constitucionais. *Revista Latino-Americana de Estudos Constitucionais,* n. 1, p. 607-630, 2003.

SMITH, Neil. Gentrificação, a fronteira e a reestrutução do espaço urbano. Trad. Por Daniel de Mello Sanfelici. *GEOUSP – Espaço e Tempo,* n. 21, p. 15-31, 2007.

SPECK, Jeff. *Cidade Caminhável.* Trad. Anita Dimarco. São Paulo: Perspectiva, 2016.

SPOSITO, Maria Encarnação Beltrão; GÓES, Eda Maria. *Espaços fechados e cidades*: insegurança urbana e fragmentação socioespacial. São Paulo: Ed. Unesp, 2013.

SUNDFELD, Carlos Ari. Função social da propriedade. *In:* DALLARI, Adilson Abreu; FIGUEIREDO, Lúcia Valle (Coord.). *Temas de direito urbanístico.* São Paulo: RT, 1987. p. 1-22.

SUNDFELD, Carlos Ari. *Fundamentos de direito público*. São Paulo: Malheiros, 2009.

SUNDFELD, Carlos Ari. O Estatuto da Cidade e suas Diretrizes Gerais (art. 2º). *In*: DALLARI, Adilson Abreu; FERRAZ, Sérgio (Coord.). *Estatuto da Cidade (Comentários à Lei Federal 10.257/2001)*. São Paulo: Malheiros, 2002. p. 45-60.

TAVOLARI, Bianca. Direito à cidade: uma trajetória conceitual. *Novos Estudos – CEBRAP*, n. 104, p. 93-109, mar. 2016.

THISSE, Jacques-François. Geografia Economica. *In*: CRUZ, Bruno de Oliveira [*et al.*] (Org.). *Economia Regional e urbana* – teorias e métodos com ênfase no Brasil. Brasília: Ipea, 2011.

VAINER, Carlos B. Pátria, empresa e mercadoria. *In:* ARANTES, Otília; VAINER, Carlos; MARICATO, Ermínia. *A cidade do pensamento único*: desmanchando consensos. Petrópolis: Vozes, 2000. p. 75-103.

VARELLA, Guilherme Rosa. *Direito à folia*: o direito ao carnaval e a política pública do carnaval de rua na cidade de São Paulo. Orientadora: Maria Paula Dallari Bucci (Tese de Doutorado). Faculdade de Direito, Universidade de São Paulo, 2021.

VASCONCELLOS, Eduardo Alcântara de. O trânsito de São Paulo tem solução? *Folha de S.Paulo*, São Paulo, 10 dez. 2017. Tendências e debates. Disponível em: https://www1.folha.uol.com.br/opiniao/2017/12/1942003-o-transito-de-sao-paulo-tem-solucao.shtml. Acesso em: 24 dez. 2018.

VASCONCELLOS, Eduardo Alcântara de. *Políticas de Transportes no Brasil*: a construção da mobilidade excludente. Barueri, SP: Manole, 2013.

VASCONCELLOS, Eduardo Alcântara de. *Transporte urbano, espaço e equidade*: análise das políticas públicas. São Paulo: Annablume, 2001.

VASCONCELLOS, Eduardo Alcântara de. *Transportes urbanos nos países em desenvolvimento*: reflexões e propostas. *São Paulo: Unidas*, 1996.

WEBER, Max. *Economia e Sociedade*. Brasília: UNB, 2009. v. II.

YÁZIGI, Eduardo. *O mundo das calçadas* – por uma política democrática de espaços públicos. São Paulo: Humanitas/FFLCH/USP; Imprensa Oficial do Estado, 2000.